Kommunalrecht Nordrhein-Westfalen

Hemmer/Wüst/Christensen/Kübbeler

August 2011

Repetitorium hemmer

Hauptkurs Zivilrecht - Öffentliches Recht - Strafrecht
hemmer-Methode heißt

Lernen am examenstypischen Fall!
Wir orientieren uns am Niveau des Examensfalls!

Wir sind weder Richter noch Professoren. Gemäß unserem Berufsverständnis als Repetitoren vermitteln wir Ihnen nur das, worauf es ankommt: Wie gehe ich bestmöglich mit dem großen Fall, dem Examensfall, um. Aus diesem Grund konzentrieren wir uns nicht auf Probleme in einzelnen juristischen Teilbereichen. Bei uns lernen Sie, mit der Vielzahl von Rechtsproblemen fertig zu werden, die im Examensfall erkannt und zu einem einheitlichen Ganzen zusammengesetzt werden müssen („Struktur der Klausur"). Verständnis für das Ineinandergreifen der Rechtsinstitute und die Entwicklung eines Problembewusstseins sind aber zur Lösung typischer Examensfälle notwendig.

Ausgangspunkt unseres erfolgreichen Konzepts ist die generelle Problematik der Klausur oder Hausarbeit: Der Bearbeiter steht bei der Falllösung zunächst vor einer Dekodierungs- (Entschlüsselungs-) und dann vor einer (Ein-) Ordnungsaufgabe: Der Examensfall kann nur mit juristischem Verständnis und dem entsprechenden Begriffsapparat gelöst werden. Damit muss Wissen von vorneherein unter Anwendungsgesichtspunkten erworben werden. Abstraktes, anwendungsunspezifisches Lernen genügt nicht.

Man hofft auf die leichten Rezepte, die Schemata und den einfachen Rechtsprechungsfall. Die unnatürlich klare Zielsetzung der Schemata lässt aber keine Frage offen und suggeriert eine Einfachheit, die im Examen nicht besteht. Auch bleibt die der Falllösung zugrunde liegende juristische Argumentation auf der Strecke. Mit einer solchen Einstellung wird aber die korrekte, sachgerechte Lösung von Klausur und Hausarbeit verfehlt.

Ersteller als „imaginärer Gegner"

Der Ersteller des Examensfalls hat auf verschiedene Problemkreise und ihre Verbindung geachtet. Diesen Ersteller muss der Student als imaginären Gegner bei seiner Falllösung berücksichtigen. Er muss also versuchen, sich in die Gedankengänge, Annahmen und Ideen des Erstellers hineinzudenken und dessen Lösungsvorstellung wie im Dialog möglichst nahe zu kommen. Dazu gehört auch der Erwerb von Überzeugungssystemen, Denkmustern und ethischen Standards, die typischerweise und immer wieder von Klausurenerstellern den Examensfällen zugrunde gelegt werden.

Wir fragen daher konsequent bei der Falllösung:
Was will der Ersteller des Falls („Sound")?
Welcher „rote Faden" liegt der Klausur zugrunde („mainstreet")?
Welche Fallen gilt es zu erkennen?
Wie wird bestmöglicher Konsens mit dem Korrektor erreicht

Wer sich überwiegend mit Grundfällen und dem Auswendig lernen von Meinungen beschäftigt, dem fehlt zum Schlus die Zeit, Examenstypik einzutrainieren. Es droht das Schreck gespenst des „Subsumtionsautomaten". Examensfälle z lösen ist eine praktische und keine theoretische Aufgabe

Spezielle Ausrichtung auf Examenstypik

Die Thematik der Examensfälle ist bei uns auffällig häufi vorher im Kurs behandelt worden. Auch in Zukunft ist dam zu rechnen, dass wir mit Ihnen innerhalb unseres Kurses di examenstypischen Kontexte besprechen, die in den nächste Prüfungsterminen zu erwarten sind.

Schon beim alten Seneca galt: „Wer den Hafen nicht kenn für den ist kein Wind günstig". Vertrauen Sie auf unser Expertenkniffe. Seit 1976 analysieren wir Examensfälle un die damit einhergehenden wiederkehrenden Problemfelde Problem erkannt, Gefahr gebannt. Die „HEMMER-METHODE setzt richtungsweisende Maßstäbe und ist Gebrauchs anweisung für Ihr Examen.

Das Repetitorium Hemmer ist bekannt für sein Spitzenergebnisse. Sehen Sie dieses Niveau al Anreiz für Ihr Examen. Orientieren Sie sich nac oben, nicht nach unten.

Unsere Hauptaufgabe sehen wir aber nicht darin, nur Spitzer noten zu produzieren: Wir streben auch für Sie ein solide Prädikatsexamen an. Regelmäßiges Training an examens typischem Material zahlt sich also aus.

Gehen Sie mit dem sicheren Gefühl ins Examen, sich richtig vorbereitet zu haben. Gewinnen Sie m der „HEMMER-METHODE".

www.hemmer.d

Juristisches Repetitorium hemmer

Mergentheimer Str. 44 / 97082 Würzbur
Tel.: 0931-7 97 82 30 / Fax: 0931-7 97 82 3

Online-Recherche für nur 2,90 Euro monatlich*

juris by hemmer – zwei starke Marken!

Ihre Online-Recherche: So leicht ist es, bequem von überall – zu Hause, im Zug, in der Uni – zu recherchieren. Ob Sie einen Gesetzestext suchen, Entscheidungen aus allen Gerichtsbarkeiten, zitierte und zitierende Rechtsprechung, Normen, Kommentare oder Aufsätze – **juris by hemmer** bietet Ihnen weitreichend verlinkte Informationen auf dem aktuellen Stand des Rechts.

Erfahrung trifft Erfahrung

juris verfügt inzwischen über mehr als dreißig Jahre Erfahrung in der Bereitstellung und Aufbereitung von Rechtsinformationen und war der erste, der digitale Rechtsinformationen angeboten hat. hemmer bildet seit 1976 Juristen aus. Das umfassende Lernprogramm des Marktführers bereitet gezielt auf die Staatsexamina vor. Jetzt ergänzt durch die intuitive Online-Recherche von juris.

Nutzen Sie die durch das Kooperationsmodell von **juris by hemmer** geschaffene Recherche-Möglichkeit: Immer online, auch von daheim! Für Hausarbeiten, die Klausurvorbereitung, vor dem Examen die neuesten Entscheidungen abrufen, schnelle Vorbereitung auf die mündliche Prüfung, effektives Nachlesen der Originalentscheidung passend zur Life&Law und den hemmer-Skripten. So erleichtern Sie sich durch frühzeitigen Umgang mit Onlinedatenbanken die spätere Praxis. Schon für Referendare ist die Online-Recherche unentbehrlich. Erst recht für den Anwalt oder im Staatsdienst ist der schnelle Zugriff obligatorisch. hemmer hat ein umfassendes juris-Paket geschnürt: Über 800.000 Entscheidungen, der juris PraxisKommentar zum BGB und Fachzeitschriften zu unterschiedlichen Rechtsgebieten ermöglichen eine Voll-Recherche!

*Das „juris by hemmer"-Angebot für hemmer.club-Mitglieder

Ihr Vorteil: Nur 2,90 € monatlich, solange Sie Jurastudent oder Rechtsreferendar sind. Voraussetzung ist die Mitgliedschaft im hemmer.club. Die Mitgliedschaft im hemmer.club ist kostenlos. Eine Kündigung ist jederzeit zum Monatsende möglich!

So einfach ist es, **juris by hemmer** kennenzulernen:
Jetzt anmelden unter „juris by hemmer": www.hemmer.de

Recherche-Anleitung

Mit dem exklusiv für Sie konzipierten Online-Recherche-Angebot bieten wir Ihnen zusätzliche Unterstützung bei Ihrer Prüfungsvorbereitung. Lesen Sie hier, wie Sie „juris by hemmer" schnell und effektiv nutzen.

Loggen Sie sich zunächst unter **www.juris.de/hemmer** mit Ihren Kennungsdaten in die juris-Datenbank ein.

Der einfachste Weg, eine Gerichtsentscheidung zu recherchieren, führt über die Eingabe eines Ihnen bekannten Aktenzeichens. Geben Sie dieses in der Eingabezeile der Suche über alle Dokumente (Schnellsuche) ein und lösen Sie dann die Suche durch Klick auf den Button oder die Enter-Taste aus.

Neben der Aktenzeichen-Suche können Sie auch Fundstellen, Normen oder relevante Textbegriffe in die Suchzeile eingeben. Bei mehreren Suchworten wird automatisch nach der Schnittmenge Ihrer Eingaben gesucht (logische UND-Verknüpfung).

Erhalten Sie zu einer Suchanfrage mehr als einen Treffer, wird Ihnen zunächst eine Trefferliste angezeigt. Aus dieser können Sie den Treffer, den Sie sich im Detail ansehen möchten, per Mausklick aufrufen.

In der Dokumentansicht werden Ihre Suchbegriffe dort, wo sie im Text auftauchen, farblich hervorgehoben. Gerade bei der Textsuche erleichtert dies Ihnen die Orientierung.

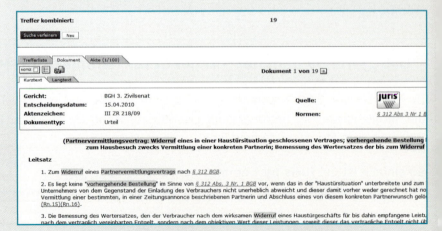

„JURIS BY HEMMER"

Durch Hyperlinks, z.B. in der Normenkette mit entscheidungserheblichen Normen im Dokumentkopf, können Sie sich Querverweise schnell erschließen.

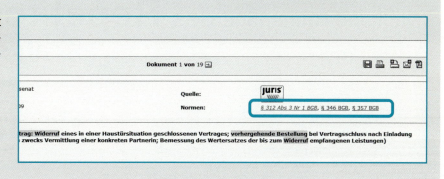

Rufen Sie den gewünschten Gesetzestext per Klick auf und navigieren Sie auch von dort aus zu weiterführenden Informationen. Beispielsweise zur Kommentierung der Norm im juris PraxisKommentar BGB.

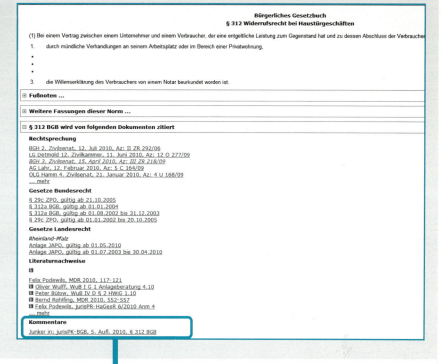

Der juris PraxisKommentar wird von den Verfassern ständig an die aktuelle Rechtslage angepasst. Die entsprechenden Aktualisierungshinweise werden direkt in den Text eingearbeitet und sind grau hinterlegt.

Sie haben noch keinen Zugang zu „juris by hemmer"? Bestellen Sie das exklusive Online-Angebot noch heute zu Sonderkonditionen! Telefonisch beim hemmer/wüst Verlag unter 09 31 / 797 82 57, oder online unter www.hemmer.de (Menüpunkt „juris by hemmer").

www.repetitorium-hemmer.de

Die neue Homepage des Repetitoriums ab sofort im Netz!

Kursort wählen
Hier erfahren Sie die neuesten Meldungen bzgl. Ihres Kursortes, die aktuellen Kurstermine etc. ...

Kursorte im Überblick

Augsburg
Wüst/Skusa/Mielke/Quirling
Mergentheimer Str. 44
97082 Würzburg
Tel.: (0931) 79 78 2-30
Fax: (0931) 79 78 2-34
augsburg@hemmer.de

Bayreuth
Daxhammer/d´Alquen
Parkweg 7
97944 Boxberg
Tel.: (07930) 99 23 38
Fax: (07930) 99 22 51
bayreuth@hemmer.de

Berlin-Dahlem
Gast
Schumannstraße 18
10117 Berlin
Tel.: (030) 240 45 738
Fax: (030) 240 47 671
mitte@hemmer-berlin.de

Berlin-Mitte
Gast
Schumannstraße 18
10117 Berlin
Tel.: (030) 240 45 738
Fax: (030) 240 47 671
mitte@hemmer-berlin.de

Bielefeld
Knoll/Sperl
Salzstr. 14 / 15
48143 Münster
Tel.: (0251) 67 49 89 70
Fax.: (0251) 67 49 89 71
Mail: bielefeld@hemmer.de

Bochum
Schlömer/Sperl
Salzstr. 14/15
48143 Münster
Tel.: (0251) 67 49 89 70
Fax.: (0251) 67 49 89 71
bochum@hemmer.de

Bonn
Ronneberg/Christensen/Clobes
Leonardusstr. 24c
53175 Bonn
Tel.: (0228) 23 90 71
Fax: (0228) 23 90 71
bonn@hemmer.de

Bremen
Kulke/Berberich
Mergentheimer Str. 44
97082 Würzburg
Tel.: (0931) 79 78 257
Fax: (0931) 79 78 240
bremen@hemmer.de

Dresden
Stock
Zweinaundorfer Str. 2
04318 Leipzig
Tel.: (0341) 6 88 44 90
Fax: (0341) 6 88 44 96
dresden@hemmer.de

Düsseldorf
Ronneberg/Christensen/Clobe
Leonardusstr. 24c
53175 Bonn
Tel.: (0228) 23 90 71
Fax: (0228) 23 90 71
duesseldorf@hemmer.de

Erlangen
Grieger/Tyroller
Mergentheimer Str. 44
97082 Würzburg
Tel.: (0931) 79 78 2-30
Fax: (0931) 79 78 2-34
erlangen@hemmer.de

Frankfurt/M.
Geron
Dreifaltigkeitsweg 49
53489 Sinzig
Tel.: (02642) 61 44
Fax: (02642) 61 44
frankurt.main@hemmer.de

Frankfurt/O.
Gast
Schumannstraße 18
10117 Berlin
Tel.: (030) 240 45 738
Fax: (030) 240 47 671
frankurt.oder@hemmer.de

Freiburg
Behler/Rausch
Rohrbacher Str. 3
69115 Heidelberg
Tel.: (06221) 65 33 66
Tel.: (06221) 40 02 72
Fax: (06221) 65 33 30
freiburg@hemmer.de

Gießen
Knoll/Sperl
Hinter dem Zehnthofe 18a
38173 Sickte
Tel.: (05305) 91 25 77
Fax: (05305) 91 25 88
gießen@hemmer.de

Göttingen
Sperl/Schlömer
Kirchhofgärten 22
74635 Kupferzell
Tel.: (07944) 94 11 05
Fax: (07944) 94 11 08
goettingen@hemmer.de

Greifswald
Burke/Lück
Buchbinderstr. 17
18055 Rostock
Tel.: (0381) 3 77 74 00
Fax: (0381) 3 77 74 01
greifswald@hemmer.de

Halle
Luke
Grimmaische Str. 2-4
04109 Leipzig
Tel.: (0177) 3 34 26 51
Fax: (0341) 4 62 68 79
halle@hemmer.de

Hamburg
Schlömer/Sperl
Pinnasberg 45
20359 Hamburg
Tel.: (040) 317 669 17
Fax: (040) 317 669 20
hamburg@hemmer.de

Hannover
Daxhammer/Sperl
Matzenhecke 23
97204 Höchberg
Tel.: (0931) 400 337
Fax: (0931) 404 3109
hannover@hemmer.de

Heidelberg
Behler/Rausch
Rohrbacher Str. 3
69115 Heidelberg
Tel.: (06221) 40 02 72
Fax: (06221) 65 33 30
heidelberg@hemmer.de

Jena
Hannich
Parkweg 7
97944 Boxberg
Tel.: (07930) 99 23 38
Fax: (07930) 99 22 51
jena@hemmer.de

Kiel
Sperl/Schlömer
Kirchhofgärten 22
74635 Kupferzell
Tel.: (07944) 94 11 05
Fax: (07944) 94 11 08
kiel@hemmer.de

Köln
Ronneberg/Christensen/Clobes
Leonardusstr. 24c
53175 Bonn
Tel.: (0228) 23 90 71
Fax: (0228) 23 90 71
koeln@hemmer.de

Konstanz
Guldin/Kaiser
Hindenburgstr. 15
78467 Konstanz
Tel.: (07531) 69 63 63
Fax: (07531) 69 63 64
konstanz@hemmer.de

Leipzig
Luke
Grimmaische Str. 2-4
04109 Leipzig
Tel.: (0177) 3 34 26 51
Fax: (0341) 4 62 68 79
leipzig@hemmer.de

Mainz
Geron
Dreifaltigkeitsweg 49
53489 Sinzig
Tel.: (02642) 61 44
Fax: (02642) 61 44
mainz@hemmer.de

Mannheim
Behler/Rausch
Rohrbacher Str. 3
69115 Heidelberg
Tel.: (06221) 65 33 66
Fax: (06221) 65 33 30
mannheim@hemmer.de

Marburg
Knoll/Sperl
Hinter dem Zehnthofe 18a
38173 Sickte
Tel.: (05305) 91 25 77
Fax: (05305) 91 25 88
marburg@hemmer.de

München
Wüst
Mergentheimer Str. 44
97082 Würzburg
Tel.: (0931) 79 78 2-30
Fax: (0931) 79 78 2-34
muenchen@hemmer.de

Münster
Sperl/Schlömer
Salzstr. 14/15
48143 Münster
Tel.: (0251) 67 49 89 70
Fax: (0251) 67 49 89 71
muenster@hemmer.de

Osnabrück
Schlömer/Sperl/Knoll
Salzstr. 14/15
48143 Münster
Tel.: (0251) 67 49 89 70
Fax: (0251) 67 49 89 71
osnabrueck@hemmer.de

Passau
Mielke/d´Alquen
Schlesierstr. 4
86919 Utting a.A.
Tel.: (08806) 74 27
Fax: (08806) 94 92
passau@hemmer.de

Potsdam
Gast
Schumannstraße 18
10117 Berlin
Tel.: (030) 240 45 738
Fax: (030) 240 47 671
mitte@hemmer-berlin.de

Regensburg
Daxhammer/d´Alquen
Parkweg 7
97944 Boxberg
Tel.: (07930) 99 23 38
Fax: (07930) 99 22 51
regensburg@hemmer.de

Rostock
Burke/Lück
Buchbinderstr. 17
18055 Rostock
Tel.: (0381) 3777 400
Fax: (0381) 3777 401
rostock@hemmer.de

Saarbrücken
Bold
Preslessstraße 2
66987 Thaleischweiler-Fröschen
Tel.: (06334) 98 42 83
Fax: (06334) 98 42 83
saarbruecken@hemmer.de

Trier
Geron
Dreifaltigkeitsweg 49
53489 Sinzig
Tel.: (02642) 61 44
Fax: (02642) 61 44
trier@hemmer.de

Tübingen
Guldin/Kaiser
Hindenburgstr. 15
78465 Konstanz
Tel.: (07531) 69 63 63
Fax: (07531) 69 63 64
tuebingen@hemmer.de

Würzburg
- ZENTRALE -
Mergentheimer Str. 44
97082 Würzburg
Tel.: (0931) 79 78 230
Fax: (0931) 79 78 234
wuerzburg@hemmer.de

www.lifeandlaw.de
Die Homepage der Life&LAW im Netz!

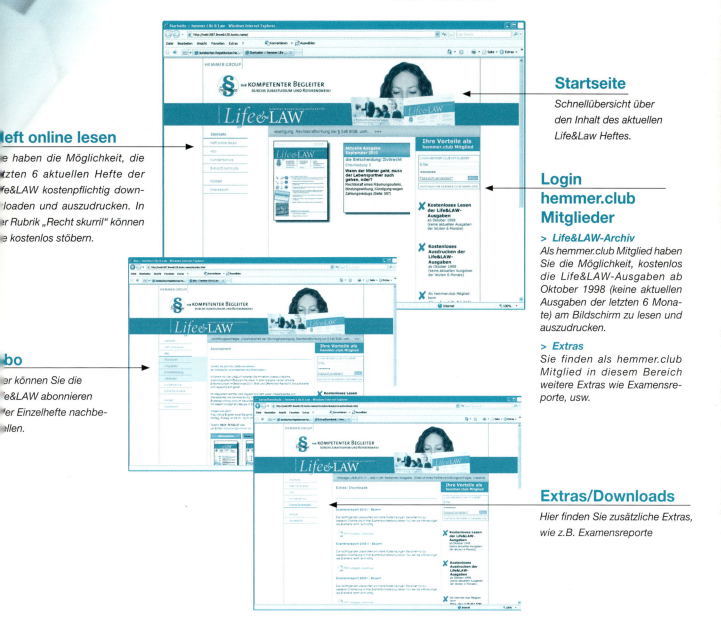

Heft online lesen

Sie haben die Möglichkeit, die letzten 6 aktuellen Hefte der Life&LAW kostenpflichtig downzuloaden und auszudrucken. In der Rubrik „Recht skurril" können Sie kostenlos stöbern.

Abo

Hier können Sie die Life&LAW abonnieren oder Einzelhefte nachbestellen.

Startseite

Schnellübersicht über den Inhalt des aktuellen Life&Law Heftes.

Login hemmer.club Mitglieder

> *Life&LAW-Archiv*
Als hemmer.club Mitglied haben Sie die Möglichkeit, kostenlos die Life&LAW-Ausgaben ab Oktober 1998 (keine aktuellen Ausgaben der letzten 6 Monate) am Bildschirm zu lesen und auszudrucken.

> *Extras*
Sie finden als hemmer.club Mitglied in diesem Bereich weitere Extras wie Examensreporte, usw.

Extras/Downloads

Hier finden Sie zusätzliche Extras, wie z.B. Examensreporte

ASSESSORKURSE

Bundesland	Standort	Kontakt
BAYERN:		RA I. GOLD, MERGENTHEIMER STR. 44, 97082 WÜRZBURG; TEL.: (0931) 79 78 2-50
BADEN-WÜRTTEMBERG:	KONSTANZ/TÜBINGEN/STUTTGART	RAE F. GULDIN/B. KAISER, HINDENBURGSTR. 15, 78467 KONSTANZ; TEL.: (07531) 69 63 63
	HEIDELBERG/FREIBURG	RAE BEHLER/RAUSCH, ROHRBACHERSTR. 3, 69115 HEIDELBERG; TEL.: (06221) 65 33 66
BERLIN/POTSDAM:		RA L. GAST, SCHUHMANNSTR. 18, 10117 BERLIN; TEL.: (030) 24 04 57 38
BRANDENBURG:		RA NEUGEBAUER/VIETH, HOLZMARKT 4a, 15230 FRANKFURT/ODER, TEL.: (0335) 52 29 32
BREMEN/HAMBURG:		RAE M. SPERL/CLOBES/DR.SCHLÖMER, KIRCHHOFGÄRTEN 22, 74635 KUPFERZELL; TEL.: (07944) 94 11 05
HESSEN:	FRANKFURT	RA A. GERON, DREIFALTIGKEITSWEG 49, 53489 SINZING; TEL.: (02642) 61 44
	MARBURG/KASSEL	RAE M.SPERL/CLOBES/DR. SCHLÖMER, HINTER DEM ZEHNTHOFE 18a, 38173 SICKTE, TEL.: (05305) 91 25 77
MECKLENBURG-VORP.:		LUDGER BURKE/JOHANNES LÜCK, BUCHBINDERSTR. 17, 18055 ROSTOCK, TEL.: (0381) 37 77 40 0
NIEDERSACHSEN:	HANNOVER	RAE M. SPERL/DR. M. KNOLL, HINTER DEM ZEHNTHOFE 18a, 38173 SICKTE, TEL.: (05305) 91 25 77
	POSTVERSAND	RAE M. SPERL/CLOBES/DR. SCHLÖMER, KIRCHHOFGÄRTEN 22, 74635 KUPFERZELL; TEL.: (07944) 94 11 05
NORDRHEIN-WESTFALEN:		DR. A. RONNEBERG, LEONARDUSSTR. 24c, 53175 BONN; TEL.: (0228) 23 90 71
RHEINLAND-PFALZ:		RA A. GERON, DREIFALTIGKEITSWEG 49, 53489 SINZING; TEL.: (02642) 61 44
SAARLAND:		RA A. GERON, DREIFALTIGKEITSWEG 49, 53489 SINZING; TEL.: (02642) 61 44
THÜRINGEN:		RA J. LUKE, ARNDTSTR. 1, 04257 LEIPZIG; TEL.: (0177) 3 34 26 51
SACHSEN:		RA J. LUKE, ARNDTSTR. 1, 04257 LEIPZIG; TEL.: (0177) 3 34 26 51
SCHLESWIG-HOLSTEIN:		RAE M. SPERL/CLOBES/DR. SCHLÖMER, KIRCHHOFGÄRTEN 22, 74635 KUPFERZELL; TEL.: (07944) 94 11 05

Kommunalrecht Nordrhein-Westfalen

Hemmer/Wüst/Christensen/Kübbeler

August 2011

Das Skript ist urheberrechtlich geschützt. Die dadurch begründeten Rechte, insbesondere des Nachdrucks, der Wiedergabe auf photomechanischem oder ähnlichem Wege und der Speicherung in Datenverarbeitungsanlagen bleiben, auch bei nur auszugsweiser Verwertung, der Hemmer/Wüst-Verlagsgesellschaft vorbehalten.

Hemmer/Wüst Verlagsgesellschaft
Hemmer/Wüst/Christensen/Kübbeler, Kommunalrecht Nordrhein-Westfalen

ISBN 978-3-86193-076-1

8. Auflage, August 2011

gedruckt auf chlorfrei gebleichtem Papier
von Schleunungdruck GmbH, Marktheidenfeld

Vorwort

Kommunalrecht/NRW mit der hemmer-Methode

Wer in vier Jahren sein Studium abschließen will, kann sich einen Irrtum in Bezug auf Stoffauswahl und -aneignung nicht leisten. Hoffen Sie nicht auf leichte Rezepte und den einfachen Rechtsprechungsfall. Hüten Sie sich vor Übervereinfachung beim Lernen. Stellen Sie deswegen frühzeitig die Weichen richtig.

Dieser Grundsatz gilt speziell für den Bereich des Kommunalrechts, denn eine reine Kommunalrechtsklausur kommt nur selten vor. Kommunalrecht wird dagegen häufig als einer von mehreren Teilen der verwaltungsrechtlichen Klausur erscheinen, so. z.B. bei der Baurechtsklausur, der Sicherheitsrechtsklausur oder auch der Verfassungsrechtsklausur.

Dem **Skript Kommunalrecht/NRW** liegt die Auswertung vieler Prüfungsarbeiten zugrunde, in denen Kommunalrecht eine wichtige Rolle gespielt hat. Probleme wie Selbstverwaltungsrecht, Beschlussfassung, Rechts- und Fachaufsicht, Kommunalverfassungsstreit und vieles mehr werden ausführlich und in ihrem Zusammenhang mit anderen Problemfeldern dargestellt. Das Skript berücksichtigt in seiner Darstellung die Besonderheiten des nordrheinwestfälischen Examens. Die zusammenfassenden Einleitungen zu Beginn eines jeden Kapitels und die jedes Kapitel abschließenden Schemata ermöglichen eine schnelle und übersichtliche Vorbereitung auf die Klausuren sowohl für die Scheine als auch fürs Examen. Aufgrund seiner Ausführlichkeit ist es insbesondere auch für die Erstellung von Hausarbeiten sehr gut geeignet.

Die **hemmer-Methode** vermittelt Ihnen die **erste richtige Einordnung** und das **Problembewusstsein**, welches Sie brauchen, um an einer Klausur bzw. dem Ersteller nicht vorbeizuschreiben. Häufig ist dem Studenten nicht klar, warum er schlechte Klausuren schreibt. Wir geben Ihnen **gezielte Tipps**! Vertrauen Sie auf unsere **Expertenkniffe**.

Durch die ständige Diskussion mit unseren Kursteilnehmern ist uns als erfahrenen Repetitoren klar geworden, welche **Probleme** der Student hat, sein **Wissen anzuwenden**. Wir haben aber auch von unseren Kursteilnehmern profitiert und von Ihnen erfahren, welche **Argumentationsketten** in der Prüfung zum Erfolg geführt haben.

Die **hemmer-Methode** gibt **jahrelange Erfahrung** weiter, erspart Ihnen viele schmerzliche Irrtümer, setzt richtungsweisende Maßstäbe und begleitet Sie als **Gebrauchsanweisung** in Ihrer Ausbildung:

1. Grundwissen:

Die **Grundwissensskripten** sind für den Studenten in den ersten Semestern gedacht. In den Theoriebänden Grundwissen werden leicht verständlich und kurz die wichtigsten Rechtsinstitute vorgestellt und das notwendige Grundwissen vermittelt. Die Skripten werden durch den jeweiligen Band unserer **Reihe „die wichtigsten Fälle"** ergänzt.

2. Basics:

Das Grundwerk für Studium und Examen. Es schafft schnell **Einordnungswissen** und mittels der hemmer-Methode richtiges Problembewusstsein für Klausur und Hausarbeit. Wichtig ist, **wann und wie** Wissen in der Klausur angewendet wird.

3. Skriptenreihe:

Vertiefendes Prüfungswissen: Über 1.000 Klausuren wurden auf ihre „essentials" abgeklopft.

Anwendungsorientiert werden die für die Prüfung nötigen Zusammenhänge umfassend aufgezeigt und wiederkehrende Argumentationsketten eingeübt.

Gleichzeitig wird durch die **hemmer-Methode** auf **anspruchsvollem Niveau** vermittelt, nach welchen Kriterien Prüfungsfälle beurteilt werden. Mit dem Verstehen wächst die Zustimmung zu Ihrem Studium. Spaß und Motivation beim Lernen entstehen erst durch Verständnis.

Lernen Sie, durch Verstehen am juristischen Sprachspiel teilzunehmen. Wir schaffen den „background", mit dem Sie die innere Struktur von Klausur und Hausarbeit erkennen: „**Problem erkannt, Gefahr gebannt**". Profitieren Sie von unserem **strategischen Wissen**. Wir werden Sie mit unserem know-how auf das Anforderungsprofil einstimmen, das Sie in Klausur und Hausarbeit erwartet Die Theoriebände Grundwissen, die Basics, die Skriptenreihe und der Hauptkurs sind als **modernes, offenes und flexibles Lernsystem** aufeinander abgestimmt und ergänzen sich ideal. Die **studentenfreundliche Preisgestaltung** ermöglicht den **Erwerb als Gesamtwerk**.

4. Hauptkurs:

Schulung am examenstypischen Fall mit der Assoziationsmethode. Trainieren Sie unter professioneller Anleitung, was Sie im Examen erwartet und wie Sie bestmöglich mit dem Examensfall umgehen.

Nur wer die Dramaturgie eines Falles verstanden hat, ist in Klausur und Hausarbeit auf der sicheren Seite! Häufig hören wir von unseren Kursteilnehmern: „**Erst jetzt hat Jura richtig Spaß gemacht**".

Die Ergebnisse unserer Kursteilnehmer geben uns Recht. Maßstab ist der Erfolg. Die Examensergebnisse zeigen, dass unsere Kursteilnehmer überdurchschnittlich abschneiden.

Die Examensergebnisse unserer Kursteilnehmer z.B. in Würzburg (seit 1991 über 100 Mal über 11,5) können auch Ansporn für Sie sein, intelligent zu lernen: Wer nur auf vier Punkte lernt, landet leicht bei drei. Lassen Sie sich aber nicht von diesen Supernoten verschrecken, sehen Sie dieses Niveau als Ansporn für Ihre Ausbildung.

Wir hoffen, als Repetitoren mit unserem Gesamtangebot bei der Konkretisierung des Rechts mitzuwirken und wünschen Ihnen **viel Spaß beim Durcharbeiten** unserer Skripten.

Wir würden uns freuen, mit Ihnen als Hauptkursteilnehmer mit der **hemmer-Methode** gemeinsam Verständnis an der Juristerei zu trainieren. Nur wer erlernt, was ihn im Examen erwartet, lernt richtig!

So leicht ist es uns kennenzulernen, Probehören ist jederzeit in den jeweiligen Kursorten möglich.

Karl-Edmund Hemmer & Achim Wüst

INHALTSVERZEICHNIS

§ 1 Einleitung 1
A) Allgemein 1
B) Wichtige Reformen 2
C) Das Vorgehen des Skriptes 4

§ 2 Kommunale Selbstverwaltung 5
A) Rechtliche Grundlage des Selbstverwaltungsrechts 5
B) Sinn und Zweck der gemeindlichen Selbstverwaltung 5
- I. Die Gemeinden als Grundlage des demokratischen Staatsaufbaus (§ 1 S. 1 GO NRW) 5
- II. Dezentralisation innerhalb der Länder 6

C) Inhalt der kommunalen Selbstverwaltung 6
- I. Abwehrrechtliche Dimension 6
  - 1. Schutzbereich 7
    - a) Allgemeine Rechtssubjektgarantie bzw. Institutsgarantie 7
    - b) Geschützter Aufgabenkreis 7
    - c) Die Allzuständigkeit der Gemeinde 12
    - d) Eigenverantwortlichkeit 12
  - 2. Eingriff 13
  - 3. Verfassungsrechtliche Rechtfertigung von Eingriffen 13
    - a) Verhältnismäßigkeit 14
    - b) Wesensgehalt 14
- II. Leistungsrechtliche Dimension 15
- III. Das Selbstverwaltungsrecht der Gemeindeverbände (Art. 28 II S. 2 GG) 16

D) Verfassungsgerichtlicher Rechtsschutz der Gemeinde 17
- I. Verfassungsbeschwerde von Gemeinden oder Gemeindeverbänden an den VerfGH (Art. 75 Nr. 4 LV, §§ 12 Nr. 8, 52 VGHG) 17
- II. Kommunale Verfassungsbeschwerde an das BVerfG (Art. 93 I Nr. 4b GG, § 13 Nr. 8a, §§ 91 ff. BVerfGG) 18

E) Grundrechtsberechtigung der Gemeinden? 23

§ 3 Die Gemeinden und Gemeindeverbände im Staatsaufbau 25
A) Verwaltungsorganisation 25
B) Aufgaben 26
- I. Allseitigkeit des gemeindlichen Wirkungskreises 26
- II. Arten gemeindlicher Aufgaben 26
  - 1. Selbstverwaltungsaufgaben 26
    - a) Freiwillige Selbstverwaltungsaufgaben 26
    - a) Pflichtige Selbstverwaltungsaufgaben 27
  - 2. Pflichtaufgaben zur Erfüllung nach Weisung 28
  - 3. Auftragsangelegenheiten (§ 132 GO NRW) 29
- III. Die Aufgaben des Landkreises 32

C) Gemeindetypen 33

I. Kreisangehörige und kreisfreie Gemeinden 33

II. Gestuftes Aufgabenmodell für kreisangehörige Gemeinden 33

§ 4 Aufsicht 35

A) Einführung 35

B) Allgemeine Aufsicht 35

I. Aufsichtsbehörden 35

II. Aufsichtsmittel 36

1. Präventive Aufsicht 36
a) Anzeige 36
b) Genehmigung 37

2. Repressive Aufsicht 43
a) Unterrichtungsrecht, § 121 GO NRW 43
b) Beanstandungs- und Aufhebungsrecht, § 122 GO NRW 43
c) Anordnungsrecht und Ersatzvornahme, § 123 GO NRW 45
d) Bestellung eines Beauftragten, § 124 GO NRW 50
e) Auflösung des Rats, § 125 GO NRW 51

III. Grundsätze der Aufsichtsführung 51

1. Opportunitätsprinzip 51

2. Grundsätze der Ermessensausübung 52
a) Entschließungsermessen 52
b) Auswahlermessen 52

IV. Rechtsschutz der Gemeinde gegen Maßnahmen der allgemeinen Aufsicht 53

1. Statthafte Klageart 53
a) Beanstandung (§ 122 II GO NRW) 53
b) Anweisung an den Bürgermeister zur Beanstandung (§ 122 I S. 1 GO NRW) 54
c) Weitere Maßnahmen der allgemeinen Aufsicht 55

2. Klagebefugnis, § 42 II VwGO 55

3. Vorverfahren 55

4. Prozessfähigkeit 56

C) Sonderaufsicht 56

I. Sonderaufsichtsbehörden 56

II. Aufsichtsmittel 56

III. Rechtsschutz der Gemeinde gegen Weisungen der Sonderaufsicht 58

1. Statthafte Klageart 58

2. Klagebefugnis, § 42 II VwGO 60

3. Begründetheit 60

D) Fachaufsicht 60

I. Aufsichtsbehörden 61

II. Aufsichtsmittel 61

III. Rechtsschutz der Gemeinde 62

§ 5 Handeln der Gemeinde 66

A) Überblick 66

B) Rat 67

I. Einleitung 67

II. Rechtsstellung der Ratsmitglieder 67
1. Rechte der Ratsmitglieder 68
2. Pflichten der Ratsmitglieder 71
   - a) Verschwiegenheitspflicht, § 43 II GO NRW i.V.m. § 30 GO NRW 72
   - b) Vertretungsverbot, § 43 II GO NRW i.V.m. § 32 I S. 2 GO NRW 73
     - aa) Voraussetzungen 74
     - bb) Rechtsfolgen eines Verstoßes gegen § 32 I S. 2 GO NRW 75
   - c) Offenbarungspflicht, § 43 III GO NRW 75

III. Rechtmäßigkeit von Beschlüssen des Rats 78
1. Formelle Rechtmäßigkeit 79
   - a) Zuständigkeit 79
     - aa) Verbandszuständigkeit der Gemeinde 79
     - bb) Organzuständigkeit des Rats 81
   - b) Verfahren 81
     - aa) Einberufung, §§ 47 I S. 1, 48 I GO NRW 81
     - bb) Beschlussfähigkeit (§ 49 GO NRW) 84
     - cc) Sitzungszwang 85
     - dd) Öffentlichkeit (§ 48 II GO NRW) 85
     - ee) Ordnungsgemäße Sitzungsleitung durch den Bürgermeister (§ 51 I GO NRW) 87
     - ff) Beschlüsse und Wahlen (§ 50 GO NRW) 88
     - gg) Befangenheit (§ 50 VI GO NRW) 90
2. Materielle Rechtmäßigkeit 98

IV. Rechtspositionen Außenstehender bei der Ratssitzung 99
1. Ausübung des Hausrechts in den Ratssitzungen 99
2. Tonbandaufnahmen in der Ratssitzung 100

C) Ausschüsse 101

I. Die Bildung der Ausschüsse 101

II. Die Regelungen über Zusammensetzung und Befugnisse der Ausschüsse 103
1. Regelung der Befugnisse des Ausschusses 103
2. Zahl der Ausschussmitglieder 104
3. Sachkundige Bürger als Ausschussmitglieder (§ 58 III GO NRW) 105
4. Sachkundige Einwohner als Mitglieder mit beratender Stimme (§ 58 IV GO NRW) 105

III. Die Besetzung der Ausschüsse 105
1. Wahl 105
2. Abberufung 108

IV. Bestimmung der Ausschussvorsitzenden 109

V. Rechtsstellung der Ausschussmitglieder und Verfahren 110

VI. Teilnahme an Ausschusssitzungen 112

VII. Einspruchsrecht 112

D) Bürgermeister 113

I. Wahl und Abwahl 113

II. Rechtsstellung 115

III. Organzuständigkeit des Bürgermeisters ... 115
1. Der Bürgermeister als Vorsitzender des Rats ... 115
a) Vertretung und Repräsentation des Rats, § 40 II S. 3 GO NRW ... 115
b) Vorbereitung der von den Kollegialorganen zu treffenden Beschlüsse ... 115
c) Leitung und Organisation der Ratsarbeit ... 116
2. Entscheidungszuständigkeit des Bürgermeisters ... 116
a) Leitung der Verwaltung ... 116
b) Geschäfte der laufenden Verwaltung ... 117
c) Übertragene Angelegenheiten ... 118
d) Dringlichkeitsentscheidungen ... 118
- aa) Eilbeschlussrecht des Hauptausschusses nach § 60 I S. 1 GO NRW ... 119
- bb) Dringlichkeitsbeschlussrecht nach § 60 I S. 2 GO NRW ... 120
- cc) Eilbeschlussrecht des Bürgermeisters nach § 60 II GO NRW ... 120
- dd) Genehmigungserfordernis und Fehlerfolge ... 120
3. Vertretung der Gemeinde ... 120
a) Vertretungsmacht des Bürgermeisters, § 63 I GO NRW ... 120
b) Vertretungsmacht und Entscheidungsbefugnis ... 121
c) Überschreitung der gemeindeinternen Organzuständigkeit ... 122
d) Verpflichtungserklärungen, § 64 GO NRW ... 124
4. Ausführung von Beschlüssen und Weisungen ... 125
5. Widerspruch und Beanstandung von Beschlüssen ... 126
a) Widerspruch, § 54 I GO NRW ... 126
b) Beanstandung, § 54 II, III GO NRW ... 127

IV. Vertretung des Bürgermeisters ... 127
1. Ehrenamtliche Stellvertreter, § 67 GO NRW ... 127
2. Allgemeine Vertreter des Bürgermeisters ... 129
3. Beigeordnete ... 130
a) Aufgaben der Beigeordneten ... 131
b) Rechtsstellung ... 131
c) Abberufung des Beigeordneten, § 71 VII GO NRW ... 132
4. Die weiteren Bediensteten der Gemeindeverwaltung ... 133

E) Weitere Organe der Gemeinde ... 133
I. Der Verwaltungsvorstand, § 70 GO NRW ... 133
II. Bezirksvertretungen, §§ 36, 37 GO NRW ... 134
III. Bezirksausschüsse und Ortsvorsteher, § 39 GO NRW ... 135
1. Bezirksausschuss, § 39 III - V GO NRW ... 135
2. Ortsvorsteher, § 39 VI, VII GO NRW ... 136
IV. Integrationsrat/-ausschuss, § 27 GO NRW ... 136

F) Die Organe des Kreises ... 137
I. Kreistag ... 137
II. Kreisausschuss ... 138
III. Landrat ... 139

§ 6 Kommunalverfassungsstreit ... 140
A) Einführung ... 140
B) Prüfung des KVS als Klage in der Klausur ... 141
I. Eröffnung des Verwaltungsrechtswegs (§ 40 I VwGO) ... 141
1. Öffentlich-rechtliche Streitigkeit ... 141
2. Streitigkeit nichtverfassungsrechtlicher Art ... 142

II. Zulässigkeit 142
1. Statthafte Klageart 142
- a) Keine Klage eigener Art (sui generis) 142
- b) Keine Anfechtungs- oder Verpflichtungsklage 143
- c) Feststellungsklage oder allgemeine Leistungsklage 144
  - aa) Allgemeine Leistungsklage 144
  - bb) Feststellungsklage 145

2. Klagebefugnis (§ 42 II VwGO analog) 145
3. Bei der Feststellungsklage: Berechtigtes Interesse (§ 43 I VwGO) 146
4. Klagegegner 146
5. Beteiligtenfähigkeit (§ 61 VwGO) 147
6. Sonstige Zulässigkeitsvoraussetzungen 148

III. Begründetheit 149
1. Streitigkeiten im Zusammenhang mit der Sitzung und Beschlussfassung des Rats 149
- a) Beteiligte 149
- b) Typische Konstellationen 150
- c) Handhabung der Ordnung 151
  - aa) Insbesondere: Der Ausschluss von Ratsmitgliedern 151
  - bb) Innerorganisatorischer Störungsbeseitigungsanspruch 152
- d) Minderheitenrechte aus §§ 47 I S. 4, 48 I S. 2, 69 I S. 2 GO NRW 153
- e) Die Geschäftsordnung des Rats 154
  - aa) Inhalt 154
  - bb) Streitigkeiten um die Geschäftsordnung 155
- f) Fraktionen und Gruppen im Rat 157

2. Streitigkeiten mit dem Bürgermeister außerhalb seiner Funktionen im Rat 159
- a) Beteiligte 159
- b) Typische Konstellationen 159
- c) Informationsrechte nach § 55 GO NRW 160
  - aa) Informationsrechte des Rats, § 55 I S. 1, III S. 2 GO NRW 160
  - bb) Informationsrechte von Minderheiten, § 55 IV GO NRW 161
  - cc) Informationsrecht des Bezirksvorstehers / Ausschussvorsitzenden, § 55 II GO NRW 162
  - dd) Informationsrecht des einzelnen Ratsmitglieds und des Mitglieds einer Bezirksvertretung, § 55 I S. 2 und V S. 1 GO NRW 162

3. Fraktionsinterne Streitigkeiten 162

C) Abschlussfall zum KVS (zugleich zum vorläufigen Rechtsschutz) 164

§ 7 Mitwirkungsrechte der Einwohner und Bürger 168

A) Einführung 168

B) Einwohner und Bürger der Gemeinde 168

C) Unverbindliche Mitwirkung 169

I. Unterrichtung der Einwohner und Gelegenheit zu Äußerung und Erörterung (§ 23 I, II GO NRW) 169

II. Anregungen und Beschwerden, § 24 GO NRW 170

III. Einwohnerantrag (§ 25 GO NRW) 170
1. Anforderungen an den Antrag 170
2. Verfahren und Rechtsschutz der antragstellenden Einwohner 171

D) Bürgerbegehren und Bürgerentscheid 171

I. Bürgerbegehren (§ 26 II - VI GO NRW) 172
1. Anforderungen an den Antrag 172
2. Verfahren und Rechtsschutz 175

II. Bürgerentscheid 177
1. Durchführung des Bürgerentscheids 177
2. Wirksamkeit des Bürgerentscheids 178
3. Rechtsfolgen des wirksamen Bürgerentscheids 178

§ 8 Wirtschaftliche und nichtwirtschaftliche Betätigung der Gemeinde ... 180

A) Einführung ... 180

B) Wirtschaftlichkeit kommunaler Unternehmen ... 180

C) Organisationsformen kommunaler Unternehmen ... 182

    I. Öffentlich-rechtliche Organisationsformen ... 182
        1. Eigenbetriebe, § 114 GO NRW, §§ 1 ff. EigVO NRW ... 182
        2. Selbstständige juristische Personen des öffentlichen Rechts ... 182

    II. Privatrechtliche Organisationsformen ... 183

D) Allgemeine Vorschriften über Unternehmen und Einrichtungen ... 184

E) Zulässigkeit wirtschaftlicher Unternehmen (§ 107 GO NRW) ... 185

    I. Öffentlicher Zweck ... 185
    II. Angemessenheit zur Leistungsfähigkeit der Gemeinde ... 186
    III. Subsidiaritätsklausel ... 186
    IV. Verfahrensanforderungen nach § 107 V GO NRW ... 187
    V. Wirtschaftliche Betätigung außerhalb des Gemeindegebiets, § 107 III GO NRW ... 187
    VI. Nichtwirtschaftliche Betätigung außerhalb des Gemeindegebiets, § 107 IV GO NRW ... 188
    VII. Rechtsschutz privater Konkurrenten ... 189
    VIII. Zulässigkeit energiewirtschaftlicher Betätigung, § 107a I GO NRW ... 190

F) Privatrechtlich organisierte Unternehmen und Einrichtungen ... 190

§ 9 Öffentliche Einrichtungen ... 193

A) Begriff der öffentlichen Einrichtung ... 193

    I. Unterhaltung im öffentlichen Interesse ... 193
    II. Widmung ... 194
    III. Zugänglichmachung für die allgemeine Benutzung durch Gemeindeangehörige ... 194
    IV. Verfügungsmacht der Gemeinde ... 195

B) Zulassung zu öffentlichen Einrichtungen ... 197

    I. Eröffnung des Verwaltungsrechtswegs ... 197
        1. § 8 GO NRW als streitentscheidende Norm ... 198
        2. Zwei-Stufen-Theorie ... 198

    II. Zulässigkeit der Klage ... 200
        1. Statthafte Klageart ... 200
        2. Klagebefugnis ... 200
        3. Sonstige Zulässigkeitsvoraussetzungen ... 202

    III. Begründetheit ... 202
        1. Berechtigter Personenkreis nach § 8 II - IV GO NRW ... 202
            a) Einwohner ... 202
            b) Gewerbetreibende und Eigentümer von Grundstücken in der Gemeinde (§ 8 III GO NRW) ... 203
            c) Juristische Personen und Personenvereinigungen (§ 8 IV GO NRW) ... 203

2. Ausschluss des Benutzungsanspruchs 203
a) Widmungszweck 204
b) Ausschluss aus sicherheitsrechtlichen Gründen 205
c) Kapazität 205

IV. Häufiges Klausurproblem: Zulassung politischer Parteien zu kommunalen öffentlichen Einrichtungen (Stadthallen) 206
1. Beteiligtenfähigkeit, § 61 VwGO 206
2. Versagungsgründe 207

V. Klausurschema: Zulassung zu öffentlichen Einrichtungen der Gemeinde 209

C) Anschluss- und Benutzungszwang 210

I. Bedeutung 210

II. Voraussetzungen 211

III. Verfassungsrechtliche Zulässigkeit des Anschluss- und Benutzungszwangs 213
1. Eingriff in das Eigentum gem. Art. 14 I GG 213
2. Eingriff in Art. 12 I GG eines privaten Anbieters 215

IV. Besonderheiten für Einrichtungen zur Versorgung mit Fernwärme 215

§ 10 Rechtsetzung 217

A) Überblick 217

I. Pflicht zum Erlass bestimmter Satzungen 217

II. Die Hauptsatzung 217

III. Satzungsermächtigungen 218

IV. Inkrafttreten 220

B) Prüfung der Wirksamkeit einer Satzung 220

I. Rechtmäßigkeit der Satzung 220
1. Ermächtigung 221
2. Formelle Rechtmäßigkeit 221
a) Zuständigkeit 221
aa) Verbandszuständigkeit 221
bb) Organzuständigkeit 222
b) Verfahren 222
aa) Beschlussfassung 222
bb) Besondere Verfahrensanforderungen 222
cc) Genehmigung 222
c) Form 224
aa) Verfahren vor der Bekanntmachung, § 2 BekanntmVO 224
bb) Öffentliche Bekanntmachung 224
3. Materielle Rechtmäßigkeit 226
4. Voraussetzungen der Ermächtigung und Vereinbarkeit mit sonstigem, höherrangigem Recht 227
a) Voraussetzungen der Ermächtigung 227
b) Sonstiges höherrangiges Recht 227
5. Ermessen 227
a) Ermessensvoraussetzungen 227
b) Das Satzungsermessen 228

II. Wirksamkeit der Satzung 229
1. Unbeachtlichkeit nach § 7 VI GO NRW 229
a) Voraussetzungen der Unbeachtlichkeit 229
aa) Erfasste formelle Fehler 229
bb) Ablauf eines Jahres 230
cc) Erforderliche Genehmigung erteilt bzw. erforderliches Anzeigeverfahren erfolgt 230
dd) Ordnungsgemäße öffentliche Bekanntmachung 230

ee) Keine Beanstandung durch den Bürgermeister 230
ff) Keine Geltendmachung des Fehlers 231
gg) Hinweis bei der Bekanntmachung der Satzung 231
b) Die Wirkung der Unbeachtlichkeit nach § 7 VI GO NRW 232
2. §§ 214 ff. BauGB 234

III. Prüfungsschema 234

C) Rechtsverordnungen 235

D) Rechtsschutz gegen Satzungen und Verordnungen der Gemeinde 236

I. Feststellungsklage gem. § 43 I VwGO 236

II. Verfassungsbeschwerde, Art. 93 I Nr. 4a GG 238

§ 11 Kommunale Zusammenarbeit 239

A) Überblick 239

I. Privatrechtliche Zusammenarbeit 239

II. Öffentlich-rechtliche Möglichkeiten kommunaler Zusammenarbeit 239

B) Kommunale Arbeitsgemeinschaft 239

C) Zweckverband 240

D) Öffentlich-rechtliche Vereinbarung 243

E) Das gemeinsame Kommunalunternehmen 245

F) Sonderproblem der zusätzlichen originären Aufgabenzuteilung an die Mittleren und Großen kreisangehörige Städte nach § 4 I GO NRW 246

§ 12 Kommunales Haushaltsrecht 248

§ 13 Exkurs: Gemeindliches Abgabenrecht 250

A) Überblick 250

B) Kommunalabgaben 251

I. Begriffe 251

II. Allgemeines 252
1. Rechtsgrundlage für kommunale Abgaben 252
2. Verwaltungsverfahren 252
3. Rechtsweg 253
4. Abgabensatzungen 253

III. Steuern nach dem KAG 253

IV. Gebühren und Beiträge 255
1. Zweck 255
2. Beiträge, § 8 KAG 255
3. Benutzungsgebühren, § 6 KAG 256

V. Sonstige Abgaben 256
1. Fremdenverkehrsbeitrag, § 11 V KAG 256
2. Kurbeitrag, § 11 I, II KAG 257
3. Grundstücksanschlusskosten, § 10 KAG 257

VI. Der Grundstücksbegriff im Kommunalabgabenrecht 257

VII. Bemessungsgrundsätze 258
1. Kostendeckungsprinzip, vgl. § 6 I S. 3 KAG 258
2. Äquivalenzprinzip, vgl. §§ 6 III S. 1, 8 II S. 2, IV S. 4, VI KAG 259

LITERATURVERZEICHNIS

Kommentare:

Battis/Krautzberger/Löhr	Baugesetzbuch, 11. Auflage 2009
Dästner	Die Verfassung des Landes Nordrhein-Westfalen 2. Auflage 2002
Ernst/Zinkahn/Bielenberg /Krautzberger	Baugesetzbuch, Loseblattsammlung; 98. Ergänzungslieferung, 2011
Held/Becker/Decker/Kirchhof/ Krämer/Wansleben	Kommunalverfassungsrecht Nordrhein-Westfalen, Loseblattsammlung, 25. Nachlieferung, Dezember 2010
Jarass/Pieroth	Grundgesetz, 11. Auflage 2011
Kleerbaum/Palmen	Gemeindeordnung Nordrhein-Westfalen Kommentar für die kommunale Praxis 1. Aufl. 2008
Kopp/Ramsauer	Verwaltungsverfahrensgesetz, 11. Auflage 2010
Kopp/Schenke	Verwaltungsgerichtsordnung, 16. Auflage 2009
Maunz/Dürig	Grundgesetz, 61. Ergänzungslieferung, 2011
Rauball, J./Rauball, R./ Rauball, W./Pappermann/Roters	Gemeindeordnung für Nordrhein-Westfalen, 3. Auflage 1981
Rehn/Cronauge/v. Lennep	Gemeindeordnung für das Land Nordrhein-Westfalen, Loseblattsammlung, 2. Aufl. 36. Ergänzungslieferung, Januar 2011
Schoch/Schmidt-Aßmann/Pietzner	Verwaltungsgerichtsordnung, Loseblattsammlung; 20. Ergänzungslieferung Mai 2010
Stelkens/Bonk/Sachs	Verwaltungsverfahrensgesetz, 7. Auflage 2008

Lehrbücher:

Bösche	Kommunalverfassungsrecht Nordrhein-Westfalen, 2. Auflage 1989
Buhren	Allgemeines Kommunalrecht Nordrhein-Westfalen, 7. Auflage 2004

Dietlein/Burgi/Hellermann	Öffentliches Recht in Nordrhein-Westfalen, 3. Auflage 2009
Erichsen	Kommunalrecht des Landes Nordrhein-Westfalen, 2. Auflage 1997
Hofmann/Muth/Theisen	Kommunalrecht in Nordrhein-Westfalen, 14. Auflage 2010
Knemeyer	Bayerisches Kommunalrecht, 10. Auflage 2000
Krell/Wesseler	Das neue kommunale Verfassungsrecht in Nordrhein-Westfalen, 1994
Maurer	Allgemeines Verwaltungsrecht, 17. Auflage 2009
Pieroth/Schlink	Grundrechte Staatsrecht II, 25. Auflage 2009
Tettinger/Erbguth/Mann	Besonderes Verwaltungsrecht, 10. Auflage 2009
Waechter	Kommunalrecht, 3. Auflage 1997

Weitere Nachweise (insbesondere auf Aufsätze) in den Fußnoten.

§ 1 EINLEITUNG

Kommunalrecht = Summe diverser Gesetze u. VOen

Das Kommunalrecht ist in einer Vielzahl von Gesetzen geregelt, so z.B. in den Verfassungen (GG, LV) dem Recht der Gemeinden (GO NRW) oder der Kreise (KrO NRW) oder dem Gesetz über kommunale Gemeinschaftsarbeit (GkG).

Wichtige gesetzliche Grundlagen des Kommunalrechts:

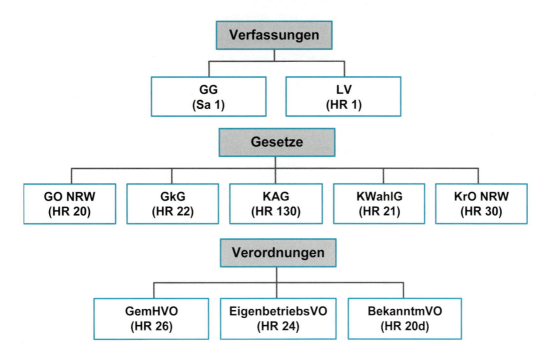

A) Allgemein

Zu dieser Darstellung sei angemerkt, dass die Gesetze nicht wahllos teils mit, teils ohne den Zusatz NRW abgekürzt wurden. Eine freie Wahl der Abkürzung ist nur dort angebracht, wo sich diese nicht bereits aus dem Gesetz ergibt. Die Abkürzung GO NRW (zuvor GO NW) für die Gemeindeordnung und KrO NRW (zuvor KrO) für die Kreisordnung hat der Gesetzgeber im Zuge der letzten Reform festgelegt. Die korrekte Abkürzung ist dem Normkopf zu entnehmen.

richtige Prüfungsposition in Klausur entscheidend

Dieses Skript beschränkt sich darauf, die in der Praxis und in der Klausur relevanten Gebiete darzustellen. Dabei wurde besonderer Wert auf die richtige Prüfungsposition der Probleme gelegt. In der Klausur reicht es nämlich nicht aus, von einem Problem schon einmal gehört zu haben, wichtig ist es vielmehr zu wissen, in welchen Konstellationen (wann) und auch im Rahmen welcher Klageart an welcher Stelle im Prüfungsaufbau (wo) dieses Problem auftauchen kann.

> *Bsp.: Gegenüber einer Kommune ergeht eine aufsichtliche Beanstandung (Einzelheiten dazu in § 4 Staatsaufsicht).*

Es reicht nicht, sich zu merken, dass die VA-Qualität einer solchen Maßnahme streitig ist.

Wichtig ist, zwischen allgemeiner Aufsicht und Sonderaufsicht zu trennen. Bei rechtsaufsichtlichen Maßnahmen nach §§ 119 ff. GO NRW handelt es sich grundsätzlich - mit Ausnahme der Anweisung zur Beanstandung nach § 122 I GO NRW[1] - um Verwaltungsakte.

---

[1] Hier ist die VA-Qualität umstr.; h.M. (kein VA) vgl. OVG Münster, DVBl 1985, S. 172 (173); Held u.a. 25. NachLfg. (2010), § 122 GO NRW, Anm. 5; ehn/Conauge, 2. Aufl. 36. Erg.Lfg. (2011), § 122, Anm. II 2; Tettinger/Erbguth/Mann Rn. 352; Rauball/Pappermann/Roters § 108, Rn. 3; a.A. Bösche,

Anders hingegen im Bereich der Fachaufsicht, wo diese Frage höchst umstritten ist. Also sind grundsätzlich auch nur hier breitere Ausführungen und eine Entscheidung der Streitfrage angebracht (Frage des „wann"). Auswirkungen hat die Rechtsnatur einer solchen Maßnahme auf die Frage nach der richtigen Klageart, da nur beim Vorliegen eines VA eine Anfechtungsklage in Betracht kommt, § 42 I VwGO (Frage des „wo").

> **hemmer-Methode:** Natürlich gibt es im Kommunalrecht weitere, nicht im Rahmen dieses Skripts behandelte Probleme. Sollte ein solches einmal in einer Klausur auftauchen, dürfen Sie aber davon ausgehen, dass keine Detailkenntnisse verlangt werden. Es reicht der saubere Umgang mit dem Gesetzestext (den Sie im Hemmer-Hauptkurs ausgiebig üben).
> Sollten Sie etwa für die mündliche Prüfung im öffentlichen Recht bei einem „Praktiker" weitere Detailkenntnisse im Kommunalrecht benötigen, empfiehlt es sich sowieso, sich diese anhand von Prüfungsprotokollen vorangegangener Prüfungen unter Heranziehung der einschlägigen Kommentierungen anzueignen.

Kommunalrecht in der Klausur heißt vor allem Gemeinderecht. Deshalb wird in diesem Skript auch der Schwerpunkt der Darstellung auf Probleme aus diesem Bereich gelegt. Das Recht der Kreise weicht nur in wenigen Punkten von dem der Gemeinden ab (z.B. der Kreisausschuss, vgl. Rn. 344). Wenn Sie im Gemeinderecht „fit" sind, werden Sie sich im Gegenteil auch problemlos in der Kreisordnung zurechtfinden, da diese weitgehend der Regelungssystematik der Gemeindeordnung entspricht, die nahezu identischen Regelungen lediglich um einige Paragraphen verschoben sind.

B) Wichtige Reformen

Reform des Kommunalrechts: Gesetz zur Stärkung der kommunalen Selbstverwaltung

Oktober 2007 wurde das Gesetz zur Stärkung der kommunalen Selbstverwaltung erlassen. Damit hat man das Kommunalrecht grundlegend reformiert.[2] Es wurde an den Grundgedanken der Kommunalverfassungsreform von 1994 festgehalten. Seitdem teilen sich zwei unabhängige, gleichwertige Organe die kommunale Verwaltung. Auf Gemeindeebene sind dies Rat und Bürgermeister und auf Kreisebene Kreistag und Landrat. Vor der Reform 1994 wurde die Funktion des Hauptverwaltungsbeamten der Gemeinde noch durch den Gemeindedirektor wahrgenommen, während der ehrenamtliche Bürgermeister Vorsitzender des Rats und dessen Vertreter war. Die Abschaffung dieser sogenannten Doppelspitze hat sich bewährt, sodass die neue Konstruktion nun weiter ausgebaut wurde.

Kernpunkte dieser Reform

Die wesentlichen Kernpunkte dieser Reform waren:
- ⇨ Stärkung der Stellung des Hauptverwaltungsbeamten, also des Bürgermeisters und des Landrates
- ⇨ Stärkung des ehrenamtlichen Elements der Kommunalverwaltung im Hinblick auf die Rechte der einzelnen Ratsmitglieder und ihrer Fraktionen
- ⇨ Stärkung der demokratischen Beteiligung der Bürger
- ⇨ Herabsetzung der Anforderung an den Status einer Mittleren oder Großen kreisangehörigen Stadt und Ermöglichung der aufgabenunabhängigen Gemeindekooperation
- ⇨ Änderungen des Gemeindewirtschaftsrechts (vor allem § 107 GO NRW betroffen)

S. 350 ff.; Hassel, VR 1984, S. 421 (425), s. u. Rn. 126 ff.

2 Vgl. zur Reform: Wellmann, Die Reformpläne der NRW-Landesregierung für die kommunale Wirtschaft, NWVBl. 2007, S. 1 ff.

§ 1 EINLEITUNG

Gesetz zur Revitalisierung des Gemeindewirtschaftsrechts

Zum 28.12.2010 wurden jedoch die im Wege des „Gesetzes zur Stärkung der kommunalen Selbstverwaltung" eingeführten Änderungen des Gemeindewirtschaftsrechts durch das „Gesetz zur Revitalisierung des Gemeindewirtschaftsrechts"[3] wieder auf den Stand vor der Reform zurückgesetzt. Darüber hinaus wurden die wirtschaftliche Betätigung in den Bereichen der Strom-, Gas- und Wärmeversorgung gesondert geregelt (§ 107a GO NRW), sowie Arbeitnehmerbestimmungen für den kommunalwirtschaftlichen Bereich eingeführt (§ 108 GO NRW).

Gesetz zur Modernisierung und Bereinigung von Justizgesetzen im Land Nordrhein-Westfalen

Auch auf ein anderes Gesetz sei hier hingewiesen. Es beeinflusst in NRW das gesamte Verwaltungsrecht. So wurde am 08.02.2010 das „Gesetz zur Modernisierung und Bereinigung von Justizgesetzen im Land Nordrhein-Westfalen" vom 26.01.2010 verkündet.[4] Dessen Art. 2 Nr. 28 hob zum 01.01.2011[5] das gesamte AG VwGO NRW auf. Gleichzeitig trat gem. Art. 1 das JustG NRW in Kraft. Einzelne Normen wurden unter Beibehaltung des Wortlautes lediglich in das neue Gesetz verschoben:

⇨ § 6 AG VwGO NRW a.F. = § 110 JustG NRW

⇨ § 8 AG VwGO NRW a.F. = § 112 JustG NRW

Aber das neue Gesetz bringt auch entscheidende Änderungen mit sich:

⇨ § 5 AG VwGO NRW a.F. wurde ersatzlos gestrichen

Damit wird von der in § 78 I Nr. 2 VwGO eingeräumten Möglichkeit, durch Landesgesetz eine Klage gegen die Behörde zuzulassen, nicht weiter Gebrauch gemacht. Es gilt der bundesgesetzliche Grundfall: das Rechtsträgerprinzip gem. § 78 I Nr. 1 VwGO.

Das Behördenprinzip, welches früher für die Anfechtungs- und Verpflichtungsklagen (aber auch für Fortsetzungsfeststellungsklagen) galt, ist somit abgeschafft.[6]

> **hemmer-Methode:** Im Rahmen des Prüfungspunkts „Klagegegner" ist nun gem. § 78 I Nr. 1 VwGO der Rechtsträger der handelnden Behörde zu bestimmen (und mit dem Beklagten zu vergleichen). Die Prüfung erfolgt also in drei Schritten:
> 1. Bestimmung der handelnden Behörde. Dies ist eine rein tatsächliche Feststellung. Es erfolgt keine Korrektur über die Regeln der Zuständigkeit (es zählt wer handelt, nicht wer hätte handeln sollen).
> 2. Bestimmung deren Rechtsträgers. Auch dies wird zunächst rein faktisch betrachtet. Jedoch kann hier eine Korrektur erforderlich sein. Zu problematisieren etwa bei:
>   - Organleihe (vgl. Rn. 75, Ergebnis: Korrektur zu entleihender Rechtsträger als Klagegegner),
>   - Kommunalverfassungsstreitigkeit (Vgl. Rn. 367, auch 408, Ergebnis: Korrektur zu Organ oder Organteil anstelle des Rechtsträgers)
>   - Ersatzvornahme durch Aufsichtsbehörde (Vgl. Rn. 116, Ergebnis: keine Korrektur zu Klagegegnerschaft der Gemeinde,) oder
>   - Amtshilfe/Vollzugshilfe (vgl. Hemmer/Wüst, Polizeirecht NRW, Rn. 77 bis 79, Ergebnis: Keine Korrektur zu Rechtsträger der Hilfe ersuchenden Behörde als Klagegegner, aber a.A. gut vertretbar)
> 3. Wurde der so bestimmte Klagegegner, auch tatsächlich verklagt? (Kurz: Beklagter = Klagegegner?) hinzuweisen hat.

---

3 Gesetz vom 21.12.2010 GV.NW. 2010, S. 688.
4 Gesetz vom 26.01.2010 GVBl. NRW., S. 29 ff.
5 Gem. Art. 5 des Gesetzes der Zeitpunkt des Inkrafttretens der Art. 1 und 2.
6 Vgl. hierzu: Wahlhäuser, NWBl. 2010, S. 466 f.

> Auch hier kommen Korrekturen in Betracht: Ist die Klage gegen eine Behörde gerichtet, so ordnet § 78 I Nr. 1 VwGO a.E. an, die Klage von Amts wegen auf deren Rechtsträger umzustellen. Wird eine andere als die handelnde Behörde oder der Rechtsträger einer solchen Behörde verklagt, ist nicht (!) von Amts wegen der Klagegegner einzusetzen. Es bedarf der Klageänderung gem. § 91 VwGO, worauf der Richter, sofern die Klage ansonsten zulässig ist, gem. § 82 II VwGO

C) Das Vorgehen des Skriptes

Allgemein zur Darstellung im Skript

Im Gegensatz etwa zur typischen Polizeirechtsklausur zeichnet sich eine „typische" Kommunalrechtsklausur gerade dadurch aus, dass sie nur in Ausnahmefällen eine reine Kommunalrechtsklausur ist. Der Regelfall ist eine kombinierte Klausur aus Problemen des Kommunalrechts (häufig Beschlussfassung bzw. Setzung von Ortsrecht) mit einem Aufhänger in einem beliebigen anderen Bereich.

> *Bsp.: Kombination mit Baurecht (Erlass eines Bebauungsplans), mit Polizei- und Ordnungsrecht (Erlass einer Verordnung nach §§ 27 ff. OBG[7]), aber auch z.B. mit Grundrechtsproblematiken (Überprüfung einer Satzung, deren Inhalt grundrechtlich sensible Bereiche berührt) - diese Aufzählung ließe sich beliebig fortsetzen.*

hemmer-Methode: Dies ist das Resultat jahrelanger Klausurerfahrung und -auswertung. Daran sehen Sie, dass Sie es sich nicht leisten können, in diesem Gebiet „auf Lücke" zu setzen, da Kommunalrecht häufiger Klausurgegenstand ist.

Sie finden alle relevanten prozessualen Konstellationen in diesem Skript. Die meisten Kapitel enthalten als Anhang eine Übersicht, wie die Problematik in einer Klausur darzustellen ist. Eine Sonderstellung nimmt insoweit die Darstellung der Kommunalverfassungsstreitigkeit in § 6 ein. Diese ergänzt unmittelbar die Darstellungen des vorhergehenden Kapitels, in welchem die Probleme des inneren Gemeindeverfassungsrechts ausführlich erörtert werden.

hemmer-Methode: Nutzen Sie diese Schemata zur Überprüfung Ihres Wissensstandes. Überlegen Sie sich anhand der Stichwörter, was Sie in der Klausur an dieser Stelle schreiben würden. Sind Sie in der einen oder anderen Frage noch nicht „fit", nutzen Sie die Randnummernverweise und lesen Sie die jeweilige Problematik noch einmal nach!

Lassen Sie sich auch vom Umfang einzelner Kapitel (insbesondere § 6) nicht schrecken. Sie müssen in einer Klausur keine Detailprobleme parat haben. Nutzen Sie das Skript vielmehr auch als Nachschlagewerk sowie den Vorteil, dass dieses Skript in einer Skriptenreihe erschienen ist. An vielen Stellen wird auf die entsprechenden Darstellungen in den anderen Skripten verwiesen, wenn es sich nicht nur um Probleme des Kommunalrechts handelt. Dort können Sie dann noch tiefer in die entsprechende Problematik eindringen.

---

[7] HR 55.

§ 2 KOMMUNALE SELBSTVERWALTUNG

A) Rechtliche Grundlage des Selbstverwaltungsrechts

Garantie der kommunalen Selbstverwaltung in Art. 28 II GG, Art. 78 I u. II LV

Das kommunale Selbstverwaltungsrecht wird auf Bundesebene durch Art. 28 II S. 1 GG garantiert. Auf Landesebene gilt zusätzlich die Gewährleistung in Art. 78 LV.

Einleitender Beispielsfall: Die nordrhein-westfälische Landesregierung will im Rahmen ihrer neuesten Sparmaßnahmen durch formelles Gesetz die Gemeinden als Verwaltungsorgane gänzlich abschaffen, weil hier keine effektive Verwaltungsarbeit möglich sei. Die Verwaltungsaufgaben sollen stattdessen von Zentralbehörden, die bei der jeweils zuständigen Bezirksregierung angesiedelt sind, erledigt werden. Aus rechtsstaatlichen Gesichtspunkten sieht man keine Bedenken, da die Bürger durch die Bundes- bzw. Landtagswahlen an der staatlichen Willensbildung ausreichend mitwirkten. Auch seien die Entscheidungen auf kommunaler Ebene eher unwichtig. Schließlich seien auch die Zentralbehörden an Recht und Gesetz gebunden.

Wie ist die materielle Verfassungsmäßigkeit eines solchen Gesetzes zu beurteilen?

Ein solches Gesetz wäre unmittelbar am Grundgesetz und an der nordrhein-westfälischen Verfassung (LV) zu messen. Gem. Art. 28 II S. 1 GG ist den Gemeinden das Recht gewährleistet, alle Angelegenheiten der örtlichen Gemeinschaft i.R.d. Gesetze in eigener Verantwortung zu regeln. Art. 78 I LV übernimmt durch die Verwendung des Wortes „Selbstverwaltung" die Gewährleistung des Art. 28 II S. 1 GG in die Landesverfassung.

Dieses Recht will das Gesetz den Gemeinden gerade nehmen. Art. 78 II LV, der insoweit noch über die Gewährleistungen des Grundgesetzes hinausgeht, bestimmt die Gemeinden zu grundsätzlich alleinigen Trägern der öffentlichen Verwaltung in ihrem Gebiet. Eine gänzliche Abschaffung der Gemeinden als Selbstverwaltungsorgane würde auch hiergegen verstoßen. Bereits aus diesen Gründen ist das Gesetz verfassungswidrig.

Auf die Frage, ob eine zentralistische Wahrnehmung der Aufgaben auf unterster Ebene mit den Verfassungsprinzipien im Übrigen vereinbar wäre, sowie auf die der Effizienz der jetzigen Verwaltung, braucht nicht eingegangen zu werden, da der Verfassungsgeber mit der jetzigen Form der Selbstverwaltung etwa verbundene Nachteile bewusst in Kauf genommen hat. Zu einem Gesetz, das dies ändern wollte, wäre also in jedem Fall eine Verfassungsänderung erforderlich.

Art. 78, 79 LV

Die Garantie des Selbstverwaltungsrechts in Art. 78 LV steht neben der Gewährleistung durch Art. 28 II GG und entspricht ihr im Wesentlichen bezüglich des Umfangs. Seine Gewährleistung geht allerdings insofern über Art. 28 II GG hinaus, als sie sich nicht auf das Recht zur Wahrnehmung von Angelegenheiten der örtlichen Gemeinschaft beschränkt, sondern die Gemeinde in ihrem Gebiet grundsätzlich zum alleinigen Träger der öffentlichen Verwaltung bestimmt.

B) Sinn und Zweck der gemeindlichen Selbstverwaltung

I. Die Gemeinden als Grundlage des demokratischen Staatsaufbaus (§ 1 S. 1 GO NRW)

Mitwirkung der Bürger

Im überschaubaren Gemeindebereich sollen Verantwortungsbewusstsein und Einsatzbereitschaft der Bürger für das Gemeindewohl aktiviert werden.

Dadurch können die Interessen sowie die besonderen Orts- und Sachkenntnisse der Bürger genutzt und die geschichtliche und heimatliche Eigenart gewahrt werden. Das BVerfG spricht von „Aktivierung der Beteiligten für ihre eigenen Angelegenheiten",[8] von „wirksamer Teilnahme an den Angelegenheiten des Gemeinwesens".

neu: Generationengerechtigkeit

Mit dem im Wege der letzten Reform eingeführten § 1 S. 3 GO NRW ist die Verpflichtung zur Generationengerechtigkeit der Gemeinden und ihrer Organe eingeführt worden. Diesen soll die Nachhaltigkeit ihrer Entscheidungen vor Augen geführt werden, um auch zukünftigen Generationen die Gestaltungs- und Verantwortungschancen zu sichern.[9]

II. Dezentralisation innerhalb der Länder

Dezentralisation als Reduzierung staatl. Macht

Dezentralisation (Aufgabenerfüllung in mittelbarer Staatsverwaltung, d.h. nicht durch staatliche Organe selbst) führt zu einer Reduzierung staatlicher Macht und dient damit der Sicherung staatsbürgerlicher Freiheit. Weitere Vorteile sind Sach- und Bürgernähe sowie Einfachheit und u.U. auch größere Effektivität der Verwaltung.

C) Inhalt der kommunalen Selbstverwaltung

I. Abwehrrechtliche Dimension

primär: Abwehrfunktion

Ähnlich wie ein Grundrecht dient auch das gemeindliche Selbstverwaltungsrecht primär der Abwehr staatlicher Eingriffe bzw. der Gewährleistung eines gewissen Mindeststandards an Selbstverwaltung. Insoweit sind Art. 28 II GG und Art. 78 I, II LV hinsichtlich der Reichweite ihrer Gewährleistung nahezu deckungsgleich (s.o. Rn. 5 ff.). Angelehnt an den üblichen Aufbau einer abwehrrechtlichen Grundrechtsprüfung stellt sich das gemeindliche Selbstverwaltungsrecht als Abwehrrecht im Klausuraufbau folgendermaßen dar:

Prüfungsaufbau Art. 28 II GG, Art. 78 I, II LV als Abwehrrecht

Gedankliche Vorprüfung: Abgrenzung abwehrrechtliche und leistungsrechtliche Dimension - nur wenn abwehrrechtliche betroffen:

1. **Schutzbereich**
   - ⇨ allgemeine Rechtssubjekts- bzw. Institutsgarantie
   - ⇨ Geschützter Aufgabenkreis (Hoheiten, Allzuständigkeit)
   - ⇨ Eigenverantwortlichkeit
2. **Eingriff**
3. **Verfassungsrechtliche Rechtfertigung**
   - ⇨ Selbstverwaltungsrecht steht unter Gesetzesvorbehalt
   - a) Verhältnismäßigkeit
   - b) Wesensgehalt

---

[8] BVerfGE 11, 266 (275 f.) = **juris**byhemmer (Wenn dieses Logo hinter einer Fundstelle abgedruckt wird, finden Sie die Entscheidung online unter „juris by hemmer": www.hemmer.de.).

[9] So Begründung des Gesetzesentwurf, Landtag NRW Drs. 14/3979, zu Art. I, Nr. 2, S. 130.

§ 2 KOMMUNALE SELBSTVERWALTUNG

> **hemmer-Methode:** Auch wenn Art. 28 II GG und Art. 78 LV nach h.M. keine grundrechtsgleichen Rechte sind, kann man das vorangegangene Prüfungsschema zu ihrer Prüfung verwenden. Wichtig ist dann nur, nicht vom Grundrecht oder grundrechtsgleichen Recht zu sprechen.

1. Schutzbereich

drei Schutzbereichselemente

Im Wesentlichen lassen sich folgende Schutzbereichselemente unterscheiden:

a) Allgemeine Rechtssubjektgarantie bzw. Institutsgarantie

Gewährleistung der Gemeinde als Institution

Gewährleistet wird nur das Institut der Gemeinde[10] und der gemeindlichen Selbstverwaltung. Der Bestand jeder einzelnen Gemeinde ist nur relativ geschützt. Denn die Auflösung einer Gemeinde oder Eingriffe in ihren territorialen Bestand sind aus Gründen des öffentlichen Wohls und nach vorheriger Anhörung der Gemeinde zulässig.[11] Das Gleiche gilt im Rahmen des Art. 78 LV.[12]

b) Geschützter Aufgabenkreis

Problem: Angelegenheiten der örtlichen Gemeinschaft

Nach der Definition des BVerfG[13] sind Angelegenheiten der örtlichen Gemeinschaft „diejenigen Bedürfnisse und Interessen, die in der örtlichen Gemeinschaft wurzeln oder auf sie einen spezifischen Bezug haben, die also den Gemeindeeinwohnern gerade als solchen gemeinsam sind, indem sie das Zusammenleben und -wohnen der Menschen in der Gemeinde betreffen". Andere formulieren, es handle sich um solche Aufgaben, die innerhalb der Grenzen der Gemeinde anfallen und sich nicht zugleich als Aufgaben einer größeren Organisationseinheit darstellen.[14]

> **hemmer-Methode:** Auch wenn Sie die Definition des BVerfG nicht immer direkt zum Ziel führen wird, sondern weiter konkretisiert werden muss, sollten Sie sich zumindest den ersten, griffigeren Teil merken, und in der Klausur als „Sound" bringen.

Der Rahmen der örtlichen Gemeinschaft wird in jedem Fall dann gesprengt, wenn eine Aufgabe wegen ihres notwendigerweise größeren Einzugsgebiets sinnvoll nicht von einer oder mehreren[15] Gemeinden erfüllt werden kann.

Maßgeblich und ausreichend ist, dass ein **Bezug zur Gemeindebevölkerung oder dem Gemeindegebiet** besteht. Es kann genügen, dass in einer funktionsbezogenen Betrachtungsweise eine Tätigkeit i.R.d. Daseinsvorsorge den Gemeindeeinwohnern zugutekommt.[16]

Die Fernwasserversorgung kann auch dann zu den Angelegenheiten der örtlichen Gemeinschaft zählen, wenn sich die Anlage selbst nicht auf dem Gemeindegebiet befindet.[17]

---

[10] Dies wird gelegentlich auch als „Rechtsinstitutionsgarantie" bezeichnet.
[11] BVerfGE 50, 50; 50, 195 (202 f.) = **juris**byhemmer.
[12] VerfGH NRW OVGE 25, 310, 313; 26, 286, 287 f. = **juris**byhemmer.
[13] DVBl. 1989, S. 300 = **juris**byhemmer.
[14] Knemeyer, Rn. 30.
[15] Etwa im Rahmen einer Zusammenarbeit nach dem GkG, dazu Rn. 586 ff.
[16] BVerwG NVwZ 2005, S. 958 = **juris**byhemmer.
[17] BVerwG NVwZ 2005, S. 958 = **juris**byhemmer.

KOMMUNALRECHT NRW

Einschätzungsspielraum des Gesetzgebers

Dem Gesetzgeber kommt hinsichtlich der Frage, ob eine Aufgabe die erforderlichen örtlichen Bezüge aufweist, ein **Einschätzungsspielraum zu**, wobei er auch typisieren darf. Die gesetzgeberische Einschätzung ist gerichtlich auf ihre Vertretbarkeit hin kontrollierbar.[18]

Gemeindehoheiten

Zu den örtlichen Angelegenheiten werden insbesondere die sog. **Gemeindehoheiten** gezählt.[19] Hierzu zählen:

Organisation i.R.d. GO NRW

⇨ Die **Organisationshoheit**[20] ist das Recht, die eigene Verwaltung zu organisieren. Es ist allerdings zu beachten, dass der Rahmen hierfür durch den Landesgesetzgeber in der Gemeindeordnung durch die Vorschriften über die Gemeindeorgane und -verwaltung abgesteckt wird (sog. relatives Hoheitsrecht).[21]

Ausdruck der Organisationshoheit ist, dass der Rat[22] und der Bürgermeister,[23] d.h. die Gemeinde (und nicht etwa die Aufsichtsbehörde), die Organisation der Gemeindeverwaltung bestimmen, oder dass der Rat die Möglichkeit hat, bestimmte Aufgaben auf Ausschüsse oder den Bürgermeister zur Entscheidung zu übertragen (§ 41 II GO NRW).

Personalplanung und -einsatz

⇨ **Personalhoheit**[24] (nun aus § 73 III S. 1 GO NRW[25]), also die Befugnis, eigenes Personal auszuwählen, anzustellen, zu befördern und zu entlassen.

hemmer-Methode: Beachten Sie aber insoweit die Beeinflussung durch LBG, LVO usw.[26], die allerdings nur für Beamte gelten.

Die mit einer Aufgabenübertragung einhergehende Überleitung der diese Aufgabe bisher wahrnehmenden Beamten verstößt nicht gegen die gemeindliche Organisations- oder Personalhoheit. Dem Nachteil nichtausgesuchtes Personal beschäftigen zu müssen, steht der Vorteil derer Sachkompetenz gegenüber.[27]

Gewährleistung finanzieller Lebensfähigkeit

⇨ **Finanzhoheit**[28] (= Einnahmen-, Ausgaben- und Haushaltshoheit; §§ 75 ff. GO NRW), die beinhaltet, dass die Kommunen ihre Einnahmen- und Ausgabenwirtschaft im Rahmen eines geordneten Haushaltswesens selbstständig führen.[29] Die Finanzhoheit umfasst darüber hinaus einen gegen das Land gerichteten Anspruch auf eine angemessene Finanzausstattung, da eigenverantwortliches Handeln eine entsprechende Leistungsfähigkeit voraussetzt.[30]

---

18 BVerfG DVBl. 1989, S. 300 (304 f.) = **juris**byhemmer.
19 Dästner, LVerf NRW 2. Aufl. (2002), Art. 78 Rn. 4 f.; Jarass/Pieroth, 11. Aufl. (2011), Art. 28 GG, Rn. 13.
20 Vgl. BVerfG BayVBl. 1987, S. 557; Hofmann/Muth/Theisen, KommR NRW 14. Aufl. (2010), Kapitel 2.2.5.2, S.91; Rauball/Pappermann/Roters, § 1 GO NW, Rn. 2.
21 BVerfGE 91, 228 (240); VerfGH NRW DVBl. 1979, S. 668 (669); zur begrifflichen Unterscheidung von äußerer und innerer Organisationshoheit: Hofmann/Muth/Theisen, KommR NRW 14. Aufl. (2010), Kapitel 2.2.5.2, S. 101.
22 Vgl. § 41 I S. 2a GO NRW.
23 Vgl. § 62 I S. 2 - 4 GO NRW.
24 Vgl. dazu BVerfGE 1, 167 (175), BayVerfGH 20, S. 101 (109); Buhren, S. 26.
25 Vor der Reform § 74 I GO NW a.F.
26 Vgl. zur Zulässigkeit eines Entscheidungsvorbehalts in kommunalbeamtenrechtlichen Angelegenheiten zugunsten des Staates, der dazu dient, eine gleichmäßige Handhabung für alle Beamten im Land zu gewährleisten, etwa BVerfGE 7, 358 (365) = **juris**byhemmer; BayVGH BayVBl. 1964, S. 191.
27 VerfGH NRW, NWVBl. 2010, S. 269 (270).
28 Dazu grds. BayVGH BayVBl. 1986, S. 622 ff.
29 Hofmann/Muth/Theisen, KommR NRW 14. Aufl. (2010), Kapitel 2.2.5.4, S. 106; Bösche, S. 50.
30 VerfGH NRW, NWVBl. 2011, S. 54 (56); NWVBl. 2008, S. 223 (224); NWVBl. 2003, S. 261 (263) = **juris**byhemmer.

Abgesichert und konkretisiert wird dieser Finanzausstattungsanspruch durch Art. 78 III LV, wonach der Landesgesetzgeber verpflichtet ist, mit der Übertragung neuer Aufgaben auf die Gemeinden die Deckung der Kosten zu regeln (auch § 3 IV GO NRW),[31] sowie durch Art. 79 S. 2 LV, wonach das Land verpflichtet ist, im Rahmen seiner finanziellen Leistungsfähigkeit einen übergemeindlichen Lastenausgleich zu gewähren (auch Art. 106 VII GG).[32]

Exkurs: Konnexitätsprinzip

striktes Konnexitätsprinzip

Während Art. 78 III LV a.F. nach der Rechtsprechung des VerfGH NRW neben Art. 79 LV kaum eigene Bedeutung zukam,[33] handelt es sich mittlerweile um zwei voneinander unabhängige Finanzgarantien.[34] Dies geht auf eine am 01.07.2004 in Kraft getretene Neufassung des Art. 78 III LV zurück.[35] Nun gilt das sog. strikte Konnexitätsprinzip (zwischen gesetzlicher Aufgabenveranlassung und Finanzierungslast). Ergänzend zum Art. 78 III LV werden Einzelheiten in dem gemäß der Forderung des S. 5 geschaffenen Konnexitätsausführungsgesetz (KonnexAG NRW, HR 6b) geregelt.

hemmer-Methode: Während diese Thematik für eine Klausur wohl zu speziell und auch zu schwer darzustellen ist, bietet sie sich für eine mündliche Prüfung geradezu an.

Struktur des Art. 78 III LV

A) Konnexitätsrelevanter Sachverhalt

1. Übertragung neuer oder die Veränderung bestehender und übertragbarer Aufgaben betrifft eine Kommune (vgl. Art. 78 III S. 2 LV).

2. Aufgabenübertragungen bzw. -änderungen erfolgt durch Landesgesetz oder Landesrechtsverordnung (vgl. Art. 78 III S. 1 LV).

   ⇨ Dieses Erfordernis impliziert, dass das Konnexitätsprinzip eine dem Landesgesetzgeber ursächlich zurechenbare Entscheidung voraussetzt.[36]

   ⇨ Dies kann aber selbst dann noch angenommen werden, wenn das Land Bundesrecht umsetzt. Erforderlich ist nur, dass das Land dabei einen Gestaltungsspielraum ausübt.[37]

   ⇨ Eine landesgesetzliche Regelung stellt auch dann noch eine Übertragung neuer Aufgaben i.d.S. dar, wenn diese Regelung zuvor durch eine wortgleiche Bundesnorm getroffen wurde.[38]

---

[31] VerfGH NRW, DVBl. 1985, S. 685 f. = **juris**byhemmer.
[32] VerfGH NRW, DVBl. 1989, S. 151 (152).
[33] Zu Rspr. des VerfGH NRW zu Art. 78 III LV a.F. und der Kritik daran Wieland FS VerfGH NRW, S. 415 (418 - 422).
[34] VerfGH NRW, NWVBl. 2011, S. 54 (56); NWVBl. 2010, S. 269 (272).
[35] Eingeführt durch Art. 1 des „Gesetz zur Änderung der Verfassung für das Land Nordrhein-Westfalen und zur Regelung eines Kostenfolgeabschätzungs- und eines Beteiligungsverfahrens gemäß Artikel 78 Abs. 3 der Verfassung für das Land Nordrhein-Westfalen", vom 22. Juni 2004, GV.NW. 2004, S. 360.
[36] VerfGH NRW, NWVBl. 2011, S. 54 (56) = **juris**byhemmer.
[37] VerfGH NRW, NWVBl. 2011, S. 54 (56); zustimmend Kraack NWVBl. 2011, S. 41 ff.
[38] VerfGH NRW, NWVBl. 2011, S. 54 (57); auch dies begrüßend Kraack NWVBl. 2011, S. 41 ff.

3. Aufgabenübertragungen bzw. -änderungen führt zu wesentliche Belastung der Kommune (vgl. Art. 78 III S. 2 LV).
   ⇨ Das Ausgleichserfordernis besteht danach immer dann, wenn in nennenswertem Umfang kommunale Ressourcen in Anspruch genommen werden müssten.[39]
   ⇨ Dies ist gegeben wenn eine Bagatellgrenze überschritten wird, was in der Regel bei geschätzter jährlicher Nettomehrbelastung von 0,25 € pro Einwohner der Fall ist.[40]
   ⇨ Mehrere Übertragungen auf eine Behörde innerhalb von fünf Jahren sind zusammenfassbar, § 2 V S. 2 KonnexAG NRW.

B) Daraus resultierender konnexer Ausgleichsanspruch
1. entsprechender finanzieller Ausgleich (S. 2)
   ⇨ Die bewusste Verfassungsgeberwahl eines strikten anstelle eines relativen Konnexitätsprinzips wird im verfassungsrechtlichen Gebot eines „entsprechenden" und nicht nur „angemessenen" Ausgleichs erkennbar.[41]
2. Frist (S. 1)
   ⇨ muss zeitgleich mit Aufgabenregelung bestimmt werden (Wortlaut S. 1: „dabei gleichzeitig")
   ⇨ Kostendeckung in einem jährlichen Finanzausgleich zu erreichen, sollte gerade ausgeschlossen werden[42]
3. Form (S. 2)
   ⇨ auch der Ausgleich ist durch Gesetz oder Rechtsverordnung zu regeln (S. 2),
   ⇨ muss aber nicht in der die Aufgabenregelung treffenden Norm geregelt werden (kein Junktim).[43]
4. aber: Höhe pauschal anzugeben (S. 3)
   ⇨ Der Verwaltungsaufwand sollte möglichst gering gehalten werden, weswegen sich bewusst gegen einen Ausgleich im Wege der Spitzabrechnung entschieden wurde.[44]
5. daher: Kostenfolgeabschätzung (S. 2)
   ⇨ abgeschätzt werden die entstehenden notwendigen, durchschnittlichen Aufwendungen (S. 2)
   ⇨ genauere Bestimmungen in § 3 KonnexAG NRW
   ⇨ Das strikte Konnexitätsprinzip verpflichtet den Gesetzgeber, sich schon bei der Aufgabenübertragung über deren finanziellen Auswirkungen auf die Gemeinden und Gemeindeverbände klar zu werden und seine Entscheidungsgrundlagen transparent zu machen.[45]
   ⇨ Im Rahmen dieses Verfahrens sind auch die kommunalen Spitzenverbände (frühzeitig) zu beteiligen, Art. 78 III S. 5, § 7 KonnexAG NRW.

---

39 VerfGH NRW, vom Urteil vom 23.03.2010 – Az. 21/08.
40 LT-Drs. 13/5515, S. 21, 23.
41 VerfGH NRW, NWVBl. 2010, S. 269 (272); auch NWVBl. 2011, S. 54 (56).
42 LT-Drs. 13/5515, S. 21.
43 Dietlein/Burgi/Hellermann, § 1 Rn. 206.
44 LT-Drs. 13/5515, S. 20, 22.
45 VerfGH NRW, NWVBl. 2010, S. 269.

> **6. regelmäßige Korrektur**
> ⇨ Trotz Pauschalisierung soll eine Entsprechung von Aufwendung und Ausgleichzahlung gewährleistet werden. Daher ist bei Abweichung der tatsächlichen Kosten von der Abschätzung für die Zukunft anzugleichen (S. 4).
> keine Rückforderung oder Nachzahlung geschuldet

Selbstbindung des Landesgesetzgebers

Das KonnexAG NRW kann als einfaches Landesgesetz natürlich jederzeit durch den Landesgesetzgeber geändert werden. Dennoch ist er bei der Aufgabenübertragung an die von ihm gesetzten Maßstäbe gebunden.[46]

Prüfungsumfang bei Normenkontrolle

Für den Verfassungsgerichtshof NRW hingegen ist das KonnexAG NRW nicht Teil des Prüfungsmaßstabs (da eben nichtverfassungsrechtlich), weshalb es nur prüft, ob der Gesetzgeber seine grundsätzliche verfassungsrechtliche Bindung an das Ausführungsgesetz verkannt hat.[47]

Exkurs Ende

Erhebung von Abgaben zur Kostendeckung

⇨ **Steuer- oder Abgabenhoheit**, die in engem Zusammenhang mit der Finanzhoheit steht; sie gewährleistet den Gemeinden die Befugnis, eigenständig i.R.d. Gesetze Steuern, Gebühren und Beiträge zu erheben, um die Kosten zu decken, die durch die Erfüllung gemeindlicher Aufgaben entstehen.[48]

19

örtliche Planung

⇨ **allgemeine Planungshoheit** (z.B. bzgl. der Haushaltsplanung § 75 I GO NRW), die der Kommune das Recht sichert, die örtlichen planungsfähigen Aufgaben im Rahmen ihrer Zuständigkeit eigenverantwortlich wahrzunehmen und dort, wo ihr diese Zuständigkeit entzogen ist, angemessen beteiligt zu werden.[49]

20

örtliche Raumplanung

⇨ **Raumplanungshoheit**[50] (§ 2 I S. 1 BauGB[51]).

21

Ausdruck der Planungshoheit ist im Baurecht die Befugnis der Gemeinde, die Bauleitpläne auszustellen (§§ 1 III, 2 I S. 1 BauGB), und das Einvernehmenserfordernis nach § 36 I BauGB für die Einzelzulassung von Vorhaben in bestimmten Fällen.

Satzungserlass

⇨ **Satzungsautonomie**[52] (§ 7 GO NRW).

22

hemmer-Methode: Hier handelt es sich nur um eine **beispielhafte Aufzählung,** die dementsprechend keinen Anspruch auf Vollständigkeit erhebt. Die einzelnen Begriffe (Schlagworte) **überschneiden sich teilweise.** Dementsprechend werden in der Literatur zum Teil auch gleiche Sachverhalte unterschiedlichen Begriffen zugeordnet.

weitere Kriterien

Geht es in der Klausur um eine Tätigkeit der Gemeinde, die sich nicht unter die Gemeindehoheiten subsumieren lässt, so müssen weitere Kriterien herangezogen werden, um die Örtlichkeit der Angelegenheit zu bestimmen:

23

---

46 VerfGH NRW, NWVBl. 2010, S. 269 (272).
47 VerfGH NRW, NWVBl. 2010, S. 269 (272).
48 Hofmann/Muth/Theisen, KommR NRW 14. Aufl. (2010), Kapitel 2.2.5.4., S. 107; Rauball/Pappermann/Roters, § 1 GO NW, Rn. 2.
49 Vgl. zur Möglichkeit der Gemeinde, sich gegen überörtliche Planung zu wehren: VerfGH NRW, NWVBl. 1990, S. 51 ff. = jurisbyhemmer; 1992, S. 242 ff. = **juris**byhemmer; BVerwGE 81, 95 ff., 116 f. = **juris**byhemmer; BVerwG DVBl. 1990, S. 427 ff. (429).
50 Vgl. dazu ausführlich **Hemmer/Wüst, Baurecht NRW, Rn. 502 ff.**
51 Sa 300.
52 Dazu Näheres in § 10 Rechtsetzung.

Traditionsargument

Wurde eine Aufgabe in der geschichtlichen Entwicklung als örtliche angesehen, so ist dies ein Indiz dafür, dass dies auch aktuell der Fall ist.[53] Dieses Indiz kann allerdings widerlegt werden, denn es ist nicht ausgeschlossen, dass im Laufe der Zeit eine Angelegenheit den örtlichen Charakter verliert, etwa durch technischen Fortschritt oder gesellschaftliche und wirtschaftliche Veränderungen.

aktueller Bestand eigenverantwortlich wahrgenommener Aufgaben

Bleiben danach noch Zweifel, so kann in der Regel davon ausgegangen werden, dass diejenigen Aufgaben, welche die Gemeinden derzeit in eigener Verantwortung wahrnehmen, zu den örtlichen Angelegenheiten zu zählen sind.

c) Die Allzuständigkeit der Gemeinde

generelle Zuständigkeit der Gemeinde für alle örtlichen Aufgaben

Neben diesen Einzelbereichen ist Art. 28 II GG zu entnehmen, dass die Gemeinden „alle" örtlichen Angelegenheiten wahrnehmen. Dies bedeutet zum einen, dass es keinen umfassenden Katalog der einzelnen gemeindlichen Aufgaben gibt, und auch nicht geben muss. Die Gemeinde bedarf **keiner speziellen Zuständigkeitszuweisung**. Während die Zuständigkeiten anderer Verwaltungsträger grundsätzlich durch spezielle Gesetze einzeln zu bestimmen sind, werden der Gemeinde sämtliche Angelegenheiten der örtlichen Gemeinschaft zugewiesen. Deshalb wird von der Allzuständigkeit der Gemeinden im Bereich der örtlichen Aufgaben gesprochen,[54] oder von der Universalität des Wirkungskreises.

hemmer-Methode: In diesem Zusammenhang wird bisweilen ungenau von einer „Vermutung" der Zuständigkeit zugunsten der Gemeinde gesprochen.[55] Gemeint ist damit nicht anderes als das sich aus der Allzuständigkeit ergebende Regel-Ausnahme-Verhältnis, dass die Gemeinde für die Wahrnehmung örtlicher Angelegenheiten zuständig ist, sofern nicht gesetzlich etwas anderes vorgesehen ist. Da „Vermutungen" nur Tatsachen, nicht aber Rechtsfragen betreffen können, kann auf diese Begrifflichkeit verzichtet werden. Eine Vermutung kann aber dahingehend angenommen werden, dass eine Aufgabe einen örtlichen Bezug aufweist.

Zukunftsoffenheit der gemeindlichen Aufgaben

Sind die kommunalen Aufgaben nicht einzeln bestimmt, sondern nur durch den weiten Oberbegriff der „Angelegenheiten der örtlichen Gemeinschaft", so folgt hieraus auch die Zukunftsoffenheit dieses Aufgabenkreises: Durch entsprechende gesellschaftliche Veränderungen können neue örtliche Aufgaben entstehen, die es in der Vergangenheit nicht gab, oder nicht als öffentliche Aufgaben angesehen wurden.[56] Dies wird auch mit einem „Aufgabenerfindungsrecht" der Gemeinde beschrieben.[57]

d) Eigenverantwortlichkeit

Weisungsfreiheit

Betrifft die Beschreibung des gemeindlichen Aufgabenkreises das „Ob" der Wahrnehmung der örtlichen Aufgaben, so bestimmt Art. 28 II S. 1 GG zudem, dass die Gemeinden die Angelegenheiten „in eigener Verantwortung" erledigen.

Dabei geht es um das „Wie", die Art und Weise des kommunalen Handelns und Entscheidens.

---

53 BVerfGE 26, 228 (238); Rehn/Cronauge, 2. Aufl. 36. Erg.Lfg. (2011), § 2 Anm.II.
54 Hofmann/Muth/Theisen, KommR NRW 14. Aufl. (2010), Kapitel 2.2.4, S. 97; Erichsen, § 4 A 4, S. 49.
55 Vgl. Held u.a. 25. NachLfg. (2010), § 2 GO NRW, Anm. 3; Hofmann/Muth/Theisen, KommR NRW 14. Aufl. (2010), Kapitel 2.2.4., S. 97.
56 Erichsen, § 4 A 4, S. 49 (dort Recht der Spontaneität genannt).
57 Z.B. Hofmann/Muth/Theisen, KommR NRW 14. Aufl. (2010), Kapitel 2.2.4, S. 97.

nur Rechts-, keine Zweckmäßigkeitskontrolle

In eigener Verantwortung bedeutet, dass die Gemeinde weisungsfrei handelt. Dies bezieht sich auf Ob, Wann und Wie der Aufgabenwahrnehmung[58]. Die Gemeinde ist nur an die bestehenden Gesetze gebunden. Für die örtlichen Angelegenheiten bestehen grundsätzlich kein Weisungsrecht und keine Aufsicht hinsichtlich der Zweckmäßigkeit. Soll die Wahrnehmung der örtlichen Angelegenheiten geregelt und der Gestaltungs- und Entscheidungsspielraum der Gemeinde eingeschränkt werden, so muss ein Gesetz erlassen werden. Dieses Gesetz muss als Eingriff in die Selbstverwaltung wiederum verfassungsrechtlich gerechtfertigt sein[59].

27

Einfachgesetzlicher Ausdruck der Eigenverantwortlichkeit ist insbesondere, dass die Aufsicht über die Gemeinde gem. § 119 I GO NRW grundsätzlich auf die Einhaltung der Gesetzmäßigkeit beschränkt ist.

2. Eingriff

Beispiele von Eingriffen in Art. 28 II GG

Nach dem beschriebenen Schutzbereich kommen unterschiedliche Arten von Eingriffen in die kommunale Selbstverwaltungsgarantie in Betracht:

28

⇨ Auflösung einer Gemeinde oder Eingriff in den territorialen Bestand

⇨ eine Angelegenheit der örtlichen Gemeinschaft wird entzogen

⇨ sonstiger Eingriff in die Wahrnehmung der örtlichen Angelegenheiten[60]

⇨ die Eigenverantwortlichkeit der Aufgabenwahrnehmung wird beschränkt, z.B. durch Einführung einer Zweckmäßigkeitskontrolle

3. Verfassungsrechtliche Rechtfertigung von Eingriffen

Gesetzesvorbehalt

Das gemeindliche Selbstverwaltungsrecht besteht nur „i.R.d. Gesetze". Art. 28 II S. 1 GG enthält damit einen Gesetzesvorbehalt für die Selbstverwaltungsgarantie. „Gesetze" meint dabei Gesetze im materiellen Sinn, also nicht nur Parlamentsgesetze, sondern auch Rechtsverordnungen und Satzungen.

29

Der Gesetzesvorbehalt umfasst nicht nur (wie der Wortlaut des Art. 28 II S. 1 GG es nahelegt) die Art und Weise der Erledigung der Angelegenheiten der örtlichen Gemeinschaft, sondern ebenso die gemeindliche Zuständigkeit für diese Angelegenheiten,[61] also Autonomie und Universalität.

Differenzierung zwischen Kern- und Randbereich

Natürlich kann die Selbstverwaltungsgarantie aber nicht beliebig durch Gesetze eingeschränkt werden, vielmehr sind dem Gesetzesvorbehalt seinerseits Schranken gesetzt. Das BVerfG unterscheidet hinsichtlich dieser „Schranken-Schranken" zwischen Eingriffen in den Kernbereich und solchen in den Randbereich („Spiegelei-Modell").

30

---

58 BVerfGE 107, S. 1 (13) = **juris**byhemmer; Jarass/Pieroth, 11. Aufl. (2011), Art. 28 GG, Rn. 16.
59 Dazu sogleich Rn. 29 ff.
60 Vgl. VerfGH NRW, NWVBl. 2002, 376: Eingriff in kommunale Planungshoheit durch die Gebietsentwicklungspläne anderer Behörden = **juris**byhemmer.
61 BVerfGE 79, 127 = **juris**byhemmer.

a) Verhältnismäßigkeit

im Randbereich verhältnismäßige Eingriffe zulässig

Wie bei Grundrechten ist die Verhältnismäßigkeit eine Schranken-Schranke. Sie ist zu prüfen wie immer, mit der einzigen Besonderheit, dass auf der Stufe der Erforderlichkeit bei mehreren gleichgeeigneten Eingriffsmitteln, ein Raum für freiwillige politische Lösungen der Gemeinde verbleiben muss.

Der Gesetzgeber muss also einen legitimen Zweck (Gemeininteresse) verfolgen, und die Beschränkung des Selbstverwaltungsrechts muss im Hinblick auf diesen Zweck geeignet, erforderlich und angemessen sein. Ein legitimer Zweck liegt insbesondere dann nicht vor, wenn der Gesetzgeber es ausschließlich darauf abgesehen hat, **die mit der dezentralen Aufgabenansiedlung wesensnotwendig verbundenen Nachteile** zu beseitigen. Denn Grundgesetz und Landesverfassung haben sich - unter Inkaufnahme dieser Nachteile - für das Institut der gemeindlichen Selbstverwaltung entschieden, den mit ihm verbundenen Vorteilen (s.o. Rn. 8) also größeres Gewicht beigemessen.

Folgende Gesichtspunkte scheiden daher als alleinige Motivation für einen Aufgabenentzug aus:[62]

⇨ Verwaltungsvereinfachung, Zuständigkeitskonzentration, Verbesserung der Übersichtlichkeit der öffentlichen Verwaltung

⇨ Wirtschaftlichkeits- und Sparsamkeitsüberlegungen (jedenfalls solange ein Belassen der Aufgabe bei den Gemeinden nicht zu einem unverhältnismäßigen Kostenanstieg führt)

⇨ Gleichheitserwägungen

Der Gleichbehandlungsgrundsatz verlangt lediglich die Gleichbehandlung der Bürgers durch den jeweils zuständigen Hoheitsträger, nicht aber auch ihre Gleichbehandlung durch mehrere, voneinander unabhängige Träger öffentlicher Gewalt. Unterschiede zwischen verschiedenen, rechtlich selbstständigen Hoheitsträgern wie den Gemeinden sind eben der Dezentralisation immanent.

Grundlegende Ausführungen zum Selbstverwaltungsrecht der Gemeinden finden sich in der „**Rastede**"-Entscheidung des BVerfG.[63]

b) Wesensgehalt

keine Aushöhlung der Selbstverwaltung

Ob Art. 28 II GG einen Wesensgehalt aufweist, war früher umstritten. So wurde etwa vertreten, dass man der Gemeinde jegliche Betätigung entziehen kann, solange man ihr Mitwirkungsrechte auf der höheren Verwaltungsebene zugesteht. Eine solche Auffassung ist aber mit Art. 78 LV nicht vereinbar und wurde vom Bundesverfassungsgericht für Art. 28 II GG zurückgewiesen. Denn die Selbstverwaltung darf nicht innerlich derart ausgehöhlt werden, dass die Gemeinde die Gelegenheit zu kraftvoller Betätigung verliert und nur noch ein Scheindasein zu führen vermag.[64]

---

62 Vgl. BVerfG DVBl. 1989, S. 300 (303/304) = **juris**byhemmer.
63 BVerfGE 79, S. 127 = DVBl. 1989, S. 300 = **juris**byhemmer.
64 Vgl. BVerfGE 22, 180 (205).

Bei der Ermittlung der Grenze zwischen Kern- und Randbereich muss jeweils untersucht werden, welche Bedeutung dem Selbstverwaltungsrecht in verfassungsrechtlicher und politischer Hinsicht unter Berücksichtigung der geschichtlichen Entwicklung zukommt und welche Funktion es nach der getroffenen Einschränkung noch entfalten kann.[65]

BVerfG: Substanztheorie

Das BVerfG stellt darauf ab, ob die Masse der Aufgaben den Gemeinden zur Erledigung belassen wird, die ihrem Wesen nach Angelegenheiten der örtlichen Gemeinschaft sind, d.h. die sich ihrem Wesen nach unmittelbar auf örtliche Verhältnisse beziehen. Hierfür lassen sich nach mehreren Methoden Kriterien entwickeln. Die **Substanztheorie** des Bundesverfassungsgerichts geht somit von einem historisch bestimmten Kern des Selbstverwaltungsrechts aus.[66]

Subtraktionstheorie

Die **Subtraktionsmethode** betrachtet als Kriterium den Rest, der nach dem gesetzlichen Eingriff für die Selbstverwaltung verbleibt.[67]

neuere Literatur

In der neueren Literatur wird die Kerngehaltsvorstellung überwiegend nur noch dazu benutzt, die relative Abwägungsposition der Gemeinde i.R.d. Übermaßverbots zu bestimmen.[68]

Jedenfalls ist der Kernbestand dann betroffen, wenn grundlegende Selbstverwaltungsinhalte wie etwa die Rechtssetzungsgewalt, die Finanz- oder die Personalhoheit insgesamt oder in wesentlichen Teilen beschränkt oder ganze Aufgabenarten entzogen werden.

hemmer-Methode: Was zum Wesensgehalt gehört und was zum Randbereich bestimmen sie über das Gedankenmodell des Wegdenkens. Wenn die kommunale Selbstverwaltung ohne diesen Handlungsbereich (etwa Personalhoheit oder Finanzhoheit) gar nicht funktionieren kann, befinden wir uns im Kernbereich, ansonsten im Randbereich.

II. Leistungsrechtliche Dimension

Gewährleistung von Leistungsrechten

Neben der negativen, abwehrrechtlichen Dimension weist das Selbstverwaltungsrecht der Gemeinden auch eine positive Komponente auf, es verbürgt also in gewissem Umfang auch Leistungs- und Teilhaberechte:

⇨ Recht auf Schutz durch den Staat (auch § 11 GO NRW)

⇨ Recht auf Förderung und Stärkung der Selbstverwaltung, wozu auch die Erhaltung der finanziellen Leistungsfähigkeit der Gemeinden gehört

⇨ Auftrag an den Gesetzgeber, lebens- und leistungsfähige Selbstverwaltungskörperschaften zu schaffen

⇨ Grundsatz des gemeindefreundlichen Verhaltens

⇨ Mitwirkungsrechte (z.B. Anhörungsrechte, Einvernehmen nach § 36 BauGB, Mitwirkungsbefugnis bei überörtlicher, aber ortsrelevanter Planung[69])

---

65 Vgl. Meder, Art. 11 BayGO, Rn. 6 m.w.N.
66 Vgl. BVerfGE 1, 167 (175) = **juris**byhemmer ; 26, 228 (238) = **juris**byhemmer.
67 Vgl. BVerwGE 6, 19.
68 Vgl. Held u.a. 25. NachLfg. (2010), § 1 GO NRW, Anm. 2; zur Kritik an der herkömmlichen Kernbereichsvorstellung: Wahl, Rechtsfragen der Landesplanung und Landesentwicklung, 1978, S. 135 ff.; v. Unruh, JA 1992, S. 110 ff.
69 BVerwG DVBl. 1969, S. 336.

> **hemmer-Methode: Klausurtaktik:** Das Schlagwort „Kommunale Selbstverwaltung" taucht sehr häufig in Klausuren mit zahlreichen anderen Problemen auf, in denen sich eine Gemeinde gegen Maßnahmen wehrt. Typischerweise ist in solchen Klausuren in der Zulässigkeitsprüfung unter dem Prüfungspunkt der Klagebefugnis, § 42 II VwGO, - ohne nähere Untersuchung - festzustellen, dass eine Verletzung der Gemeinde in ihrem Recht auf kommunale Selbstverwaltung wegen der thematischen Weite der kommunalen Selbstverwaltung möglich erscheint bzw. sich der behauptete Anspruch möglicherweise daraus ergeben könnte (Möglichkeitstheorie[70]). In der Begründetheitsprüfung wird sich dann aber regelmäßig wegen der großen Einschränkungsmöglichkeit aufgrund des Gesetzesvorbehalts bald als Ergebnis der Prüfung ergeben, dass eine Verletzung des Rechts auf kommunale Selbstverwaltung ausscheidet. In diesen Klausuren werden die eigentlichen Probleme woanders liegen, sodass es auf das Recht auf kommunale Selbstverwaltung nicht entscheidend ankommt. Der Klausurersteller wollte in diesen Fällen nur einen zusätzlichen Prüfungspunkt einbauen, der dann dementsprechend knapp abzuhandeln ist.

III. Das Selbstverwaltungsrecht der Gemeindeverbände (Art. 28 II S. 2 GG)

insbes. Landkreise

Die Gemeindeverbände, zu denen insbesondere die Landkreise zählen, haben gem. Art. 28 II S. 2 GG und Art. 78 I, II LV ebenfalls das Recht der Selbstverwaltung. Während die Landesverfassung Gemeinden und Gemeindeverbände gleichstellt,[71] ist die Selbstverwaltung der Gemeindeverbände im Grundgesetz jedoch in verschiedener Hinsicht abgeschwächt.

str.: Verhältnis Selbstverwaltung zwischen Gemeinde und Kreis

Streitig ist das Verhältnis der gemeindlichen Selbstverwaltung zur Selbstverwaltung der Kreise. Nach einer Auffassung kommt den Kreisen unter den Gemeindeverbänden eine Sonderstellung zu. Dies ergebe sich aus Art. 28 I S. 2 GG, wonach auch für die Kreise eine demokratische Struktur vorgegeben sei. Sie stünden insoweit den Gemeinden gleich (sog. einheitliches kommunales Leistungsniveau).

Daraus wird gefolgert, dass auch den Kreisen ein ihrem Status nach angemessener Wirkungskreis übertragen sein müsse;[72] letztendlich soll damit den Kreisen wie auch den Gemeinden ein von vornherein festgelegter, unantastbarer Aufgabenbereich garantiert sein. Darüber hinaus gelte die Garantie der kommunalen Selbstverwaltung auch im Verhältnis zueinander.

Diese sei jeweils in ihrem Kernbereich unantastbar. Im Randbereich sei ein Ausgleich nach dem Verhältnismäßigkeitsgrundsatz herzustellen.[73]

Nach Auffassung u.a. des BVerfG[74] unterscheidet Art. 28 II S. 1 GG nicht zwischen lokalen (Gemeinde-) und regionalörtlichen (Kreis-) Aufgaben. Art. 28 II S. 1 GG lasse mithin die Kreise an seinem Gewährleistungsbereich **nicht** teilhaben. Bei Regelungen der Aufgabenausstattung der Gemeinden habe der Gesetzgeber demgemäß den Vorrang zu berücksichtigen, den Art. 28 II GG den Gemeinden auch vor der Kreisebene einräumt.

---

70 Vgl. dazu näher **Hemmer/Wüst, Verwaltungsrecht I, Rn. 114 ff.**
71 Zu den Gemeindeverbänden i.S.d. Art. 78 LV zählen auch die Landschaftsverbände (VerfGH NRW NWVBl. 2001, S. 340.; Dästner, LVerf NRW 2. Aufl. (2002), Art. 78 LV, Rn. 3).
72 Vgl. BVerwGE 6, 19 (23).
73 Vgl. BVerwGE 67, 321 (324 f.) = **juris**byhemmer.
74 BVerfGE 83, 363 (382) = **juris**byhemmer.

Eine Aufgabe mit örtlichem Charakter dürfe der Gesetzgeber den Gemeinden nur dann entziehen, wenn den Aufgabenentzug Gründe tragen, die gegenüber diesem Aufgabenverteilungsprinzip überwiegen. Dabei sind Gründe der Wirtschaftlichkeit und Sparsamkeit als Rechtfertigung nicht ausreichend.

keine originären Aufgaben

Der Aufgabenkreis ist nur nach näherer gesetzlicher Bestimmung gewährleistet, es gibt demnach keine feststehenden, originären Aufgaben, die den Kreisen von Verfassungs wegen grundsätzlich zugewiesen sind. Das Selbstverwaltungsrecht beinhaltet demnach lediglich, dass den Gemeindeverbänden überhaupt Aufgaben zugewiesen sein müssen. Zudem besteht im Verhältnis zu den Gemeinden für die Aufgabenwahrnehmung ein Regel-Ausnahme-Prinzip zugunsten der Gemeinden.[75] Die Gemeinden haben im Verhältnis zu den Kreisen einen Zuständigkeitsvorrang.[76]

h.M.: Art. 28 II GG enthält institutionelle Garantie des Kreises in derzeit üblicher Form

Unabhängig von dieser Frage der Aufgabenverteilung sieht aber die ganz h.M. in Art. 28 II S. 2 GG eine institutionelle Garantie des Kreises in der derzeit üblichen Form.[77]

40

D) Verfassungsgerichtlicher Rechtsschutz der Gemeinde

I. Verfassungsbeschwerde von Gemeinden oder Gemeindeverbänden an den VerfGH (Art. 75 Nr. 4 LV, §§ 12 Nr. 8, 52 VGHG[78])

Art. 76 LV

Die Gemeinden und Gemeindeverbände können sich gem. §§ 12 Nr. 8, 52 VGHG an den nordrhein-westfälischen VerfGH wenden, um die Verletzung der Selbstverwaltung durch Landesrecht geltend zu machen.

41

Prüfungsgegenstand: alle landesrechtlichen Rechtsnormen

Landesrecht in diesem Sinne sind sowohl die formellen Landesgesetze als auch Rechtsverordnungen und Satzungen des Landesrechts.[79]

Prüfungsschema

Prüfungsschema für die Verfassungsbeschwerde zum VerfGH:[80]

I. Zulässigkeit

1. **Zuständigkeit des VerfGH** gem. Art. 75 Nr. 4 LV, §§12 Nr. 8, 53 VGHG

2. **Beschwerdeführer**
   ⇨ Gemeinde oder Gemeindeverband

3. **Beschwerdegegenstand**
   ⇨ Landesrecht: formelle Gesetze, Rechtsverordnungen und Satzungen des Landesrechts

42

---

75 Jarass/Pieroth, 11. Aufl. (2011), Art. 28 GG, Rn. 28.
76 Rehn/Cronauge, 2. Aufl. 36. Erg.Lfg. (2011), § 2 Anm. I. 1.
77 Vgl. Erichsen, § 16 B 1, S. 363.; Knemeyer, Rn. 43 m.w.N.
78 HR 15.
79 Erichsen, § 17 C 4 b, S. 388 und § 17 C 4 d, S. 391.
80 Vgl. auch Dietlein/Burgi/Hellermann, § 1 Rn. 251, S. 108 f.; Erichsen, § 17 C, S. 382 ff.

4. Beschwerdebefugnis (§ 52 I VGHG)

Gem. § 52 I VGHG ist erforderlich, dass eine Verletzung des Selbstverwaltungsrechts geltend gemacht wird. Dies sind die Vorschriften Art. 78, 79 LV. Die Möglichkeit einer konkreten Rechtsverletzung darf nicht ausgeschlossen sein. Der Beschwerdeführer muss selbst, gegenwärtig und unmittelbar betroffen sein.[81]

5. Form und Frist

⇨ Form: schriftlich mit Begründung, § 18 I VGHG

⇨ Jahresfrist gem. § 52 I VGHG

II. Begründetheit

Die Beschwerde ist begründet, wenn die Vorschrift gegen die Art. 78, 79 LV verstößt, oder gegen sonstige Verfassungsbestimmungen und -grundsätze, die das „verfassungsrechtliche Bild der Selbstverwaltung" mitbestimmen.[82]

II. Kommunale Verfassungsbeschwerde an das BVerfG (Art. 93 I Nr. 4b GG, § 13 Nr. 8a, §§ 91 ff. BVerfGG)

Beschwerdeberechtigung

1) Beschwerdeberechtigt zur kommunalen Verfassungsbeschwerde sind ebenfalls Gemeinden und Gemeindeverbände.

Beschwerdegegenstand: auch Gesetze im materiellen Sinn

2) Beschwerdegegenstand sind Gesetze. Darunter versteht das BVerfG alle Gesetze im formellen und auch im bloß materiellen Sinne. Da die kommunale Verfassungsbeschwerde nicht auf Bundesrecht beschränkt ist, könnte zunächst Gegenstand auch eine Rechtsvorschrift des Landesrechts sein.

Subsidiarität der kommunalen Verfassungsbeschwerde zum BVerfG

3) Jedoch ist die kommunale Verfassungsbeschwerde gegen Landesgesetze ausgeschlossen, sofern Beschwerde beim Landesverfassungsgericht erhoben werden kann, Art. 93 I Nr. 4b GG a.E. (**Subsidiarität**). Eine solche Möglichkeit ist in §§ 12 Nr. 8, 52 VGHG gerade vorgesehen. Demnach ist die kommunale Verfassungsbeschwerde nach Art. 93 I Nr. 4b GG für das Landesrecht wegen Subsidiarität ausgeschlossen.[83]

keine verfassungsgerichtlichen Rechtsbehelfe gg. Einzelmaßnahmen

Gegen Einzelmaßnahmen staatlicher Stellen stehen den Gemeinden keine verfassungsgerichtlichen Rechtsbehelfe zur Verfügung.[84]

Insbesondere sind nur „Gesetze" Gegenstand der kommunalen Verfassungsbeschwerde nach Art. 93 I Nr. 4b GG bzw. „Landesrecht" gem. § 12 Nr. 8 VGHG sein.[85] Gegen Einzelmaßnahmen kann die Gemeinde daher nur im Verwaltungsrechtsweg vorgehen.[86]

Abschließender Fall zur verfassungsrechtlichen Rechtsstellung der Gemeinden:

---

[81] H.M. (str., vgl. Erichsen, S. 392 ff.).
[82] VerfGH NRW, NWVBl. 2001, S. 340, 348 = **juris**byhemmer.
[83] Dazu auch BVerfG NVWZ 2004, S. 1349 = **juris**byhemmer.
[84] BVerfG NVWZ 2004, S. 1349 = **juris**byhemmer.
[85] Vgl. Sie demgegenüber die „Jedermann-„ Verfassungsbeschwerde nach Art. 93 I Nr. 4a GG, die gegen jeden Akt der öffentlichen Gewalt gerichtet werden kann. Diese steht aber der Gemeinde nicht zur Verfügung, mangels Grundrechtsberechtigung, s. Rn. 48 ff.
[86] Dazu s.u. Rn. 163 ff.

§ 2 KOMMUNALE SELBSTVERWALTUNG

Bsp.:[87] *Um die Leistungsfähigkeit der Kommunalverwaltung zu erhöhen und die Fehlerquote zu senken, beschließt der nordrhein-westfälische Landtag ein Gesetz, nach dem künftig die beabsichtigte Einstellung von Bediensteten der Aufsichtsbehörde anzuzeigen ist. Vor der Einstellung muss die Gemeinde abwarten, ob die Aufsicht der Einstellung widerspricht. Dabei wird der Aufsicht Ermessen eingeräumt. Zudem wird der Aufsicht die Befugnis eingeräumt, die Gemeinde anzuweisen, die Verteilung der Aufgaben innerhalb der Gemeindeverwaltung anders zu bestimmen, insbesondere Stellen mit anderen Personen zu besetzen. Durch die Überwachung werde sichergestellt, dass Aufgaben nicht von Personen erfüllt würden, die dazu nicht geeignet seien.*

Die nordrhein-westfälische Gemeinde Streitsbach (S) hält dieses Gesetz für nichtig und will sich dagegen zur Wehr setzen, weil sie darin eine Einmischung in ihre inneren Angelegenheiten und ihre verfassungsrechtlich garantierten Rechtspositionen sieht, die jedenfalls durch einfaches Gesetz nicht verfassungsgemäß vorgenommen werden könne.

Kann die Gemeinde erfolgreich Rechtsbehelfe ergreifen?

Abwandlung: *Würde sich etwas ändern, wenn das Landesgesetz die Kreise betreffen würde?*

Lösung des Ausgangsfalls:

A) Verwaltungsgerichtliche Klage

Der Verwaltungsrechtsweg ist nicht eröffnet. Vorliegend ist zwar eine öffentlich-rechtliche Streitigkeit[88] gegeben, da hier zwei Träger öffentlicher Gewalt miteinander streiten (modifizierte Subjektstheorie).

Die Streitigkeit ist jedoch verfassungsrechtlicher Art, obwohl eine sog. „doppelte Verfassungsunmittelbarkeit" hier nicht vorliegt, da die Gemeinde kein Verfassungsorgan ist. Dennoch wird die Klage gegen ein formelles Gesetz nach einer Auffassung als verfassungsrechtliche angesehen.[89] Nach anderer Auffassung handelt es sich zwar um eine nichtverfassungsrechtliche Streitigkeit. Für die Klage gegen ein formelles Gesetz sei jedoch die Verfassungsbeschwerde abdrängende Sonderzuweisung.[90] Einigkeit besteht jedenfalls darüber, dass für die Klage gegen ein formelles Gesetz der Verwaltungsrechtsweg nicht eröffnet ist. Die Streitentscheidung kann daher dahinstehen.

hemmer-Methode: Die gleiche Frage stellt sich natürlich, wenn nicht eine Gemeinde, sondern der Einzelne gegen ein formelles Gesetz klagt. Übereinstimmend wird davon ausgegangen, dass die prinzipale Überprüfung eines formellen Gesetzes nicht dem Verwaltungsrechtsweg unterfällt. Dies ist insbesondere im Zusammenhang mit Art. 100 I GG zu sehen, der für die Verwerfung formeller Gesetze das Monopol des BVerfG bestimmt.

B) Normenkontrolle gem. § 47 VwGO

Diese scheidet bereits deshalb aus, weil ein formelles Gesetz nicht Gegenstand einer Normenkontrolle nach § 47 VwGO sein kann, § 47 I VwGO. Zudem ist in Nordrhein-Westfalen die Normenkontrolle auf Satzungen nach dem BauGB (§ 47 I Nr. 1 VwGO) beschränkt, da der Landesgesetzgeber von der Nr. 2 keinen Gebrauch gemacht hat.

C) Normenkontrollen gem. Art. 93 I Nr. 2, 100 GG

Diese Verfahren stehen der Gemeinde nicht zur Verfügung, da sie jeweils nicht antragsberechtigt ist.

---

87 Angelehnt an Scholz, Fälle 8, 8a, 8b.
88 Ausführlich zu diesem Prüfungspunkt **Hemmer/Wüst, Verwaltungsrecht I, Rn. 22 ff.**
89 Kopp/Schenke, 16. Aufl. (2009), § 40 VwGO, Rn. 32a; a.A. Schmitt Glaeser, Verwaltungsprozessrecht, Rn. 56.
90 Schmitt Glaeser, Verwaltungsprozessrecht, Rn. 62.

D) Verfassungsbeschwerde gem. Art. 93 I Nr. 4a GG, §§ 13 Nr. 8a, 90 ff. BVerfGG

Diese wäre unzulässig, da Art. 28 II GG kein Grundrecht ist, sondern nur eine institutionelle Garantie.

Die Gemeinde ist nach der Rechtsprechung des BVerfG[91] auch nicht Grundrechtsträger. Zudem ist die kommunale Verfassungsbeschwerde nach Art. 93 I Nr. 4b GG spezieller.

E) Kommunale Verfassungsbeschwerde zum VerfGH NW, Art. 75 Nr. 4 LV, §§ 12 Nr. 8, 52 VGHG

Die Verfassungsbeschwerde hat Erfolg, wenn sie zulässig und begründet ist.

I. Zulässigkeit

Der VerfGH entscheidet gem. Art. 75 Nr. 4 LV, §§ 12 Nr. 8, 52 VGHG über Verfassungsbeschwerden der Gemeinden.

1. Beschwerdeberechtigung

Beschwerdeberechtigt in diesem Verfahren sind Gemeinden und Gemeindeverbände (= Kreise und Landschaftsverbände). Dies liegt für S als Gemeinde vor.

2. Beschwerdegegenstand

Hier kommen alle Rechtsnormen des nordrhein-westfälischen Landesrechts in Betracht. Das streitgegenständliche formelle Gesetz ist tauglicher Beschwerdegegenstand.

3. Beschwerdebefugnis

Die Beschwerdeführerin muss gem. § 52 I VGHG eine Verletzung der durch Art. 78 LV gewährleisteten Selbstverwaltungsgarantie behaupten. Für die Beschwerdebefugnis ist es erforderlich, aber auch ausreichend, dass die behauptete Verletzung nach den vorgetragenen Tatsachen als möglich erscheint. Darüber hinaus muss die Beschwerdeführerin durch die angegriffene Rechtsnorm selbst, gegenwärtig und unmittelbar betroffen sein.[92] Diese Voraussetzungen sind vorliegend erfüllt.

4. Form, § 18 I VGHG; Frist, § 52 II VGHG

Gem. § 18 I VGHG sind Anträge schriftlich und begründet sowie unter Angabe der erforderlichen Beweismittel beim VerfGH NW einzureichen. Gem. § 52 II VGHG kann die Verfassungsbeschwerde nur innerhalb eines Jahres nach Inkrafttreten der angegriffenen Rechtsnorm erhoben werden. Diese Voraussetzungen müssten erfüllt werden.

5. Zwischenergebnis

Eine Verfassungsbeschwerde der Gemeinde S zum VerfGH gem. § 52 I VGHG wäre mithin zulässig.

II. Begründetheit

Die Beschwerde ist begründet, wenn das Gesetz wegen Verstoß gegen das Selbstverwaltungsrecht gem. Art. 78 LV verfassungswidrig ist.

---

91 Vgl. dazu BVerfGE 50, 50; 56, 298 (312); s.u. Rn. 48 ff.
92 Erichsen, § 17 C 5, S. 392 ff.

1. Schutzbereich des Selbstverwaltungsrechts

Art. 78 LV enthält die Garantie der kommunalen Selbstverwaltung. Der Schutzbereich dieser Selbstverwaltungsgarantie umfasst das Recht, in selbstständiger, weisungsfreier Verwaltung durch eigene, selbstbestimmte Organe die Aufgaben zu erfüllen. Die Entscheidung über das Personal und die Aufgaben des einzelnen Bediensteten gehören als Personalhoheit ohne Zweifel zu den gemeindlichen Aufgaben.

2. Eingriff

Eingriff ist eine Maßnahme, die ein durch das Selbstverwaltungsrecht geschütztes Verhalten unmöglich macht oder zumindest wesentlich erschwert. Die Aufsicht wird zur Entscheidung über die Einstellung von Personal und konkrete Aufgabenzuweisungen an die Bediensteten ermächtigt.

Sie kann Entscheidungen der Gemeinde in diesen Fragen verhindern und ihre eigenen Vorstellungen gegen den Willen der Gemeinde durchsetzen. Dadurch wird die Möglichkeit der Gemeinde, eine bestimmte Person einzustellen oder ihr bestimmte Aufgaben zuzuweisen, unmöglich gemacht, wenn die Aufsicht andere Vorstellungen hat. Ein Eingriff liegt vor.

3. Verfassungsrechtliche Rechtfertigung des Eingriffs

a) Fraglich ist, ob dieser gerechtfertigt ist. Das gemeindliche Selbstverwaltungsrecht besteht nur i.R.d. Gesetze, es unterliegt demnach einem Gesetzesvorbehalt. Vorliegend erfolgte der Eingriff durch ein Gesetz, bzw. das Gesetz ermächtigt die Aufsicht zu Eingriffen.

Dies macht den Eingriff aber noch nicht per se rechtmäßig. Das einschränkende Gesetz hat vielmehr seinerseits die Bedeutung des eingeschränkten Rechts als Grenze der Einschränkungsmöglichkeit zu berücksichtigen. Ob dies durch das fragliche Gesetz gewährleistet ist, richtet sich danach, ob das Gesetz das Recht auf kommunale Selbstverwaltung nur in einem Randbereich betrifft, oder aber ob eine Verletzung im Kernbereich vorliegt.

b) Zunächst ist die Verhältnismäßigkeit als Schranken-Schranke zu prüfen. Zwar verfolgt es ein legitimes Ziel, indem die geeignetsten Personen bei der Einstellung ausgewählt werden und mit denjenigen Aufgaben befasst werden, die ihren Fähigkeiten am besten entsprechen. Die Entscheidung der Aufsichtsbehörde darüber ist auch ohne Zweifel geeignet, dieses Ziel zu erreichen.

c) Fraglich ist aber die Erforderlichkeit des Eingriffs. An der Erforderlichkeit fehlt es, wenn ein alternatives Mittel zur Verfügung steht, mit dem das Ziel ebenso effektiv zu erreichen ist. Alternatives Mittel ist die (alleinige) Entscheidung der Gemeinde über die Einstellung. Auch die Gemeinde hat die dafür notwendigen Mittel und Personen, um über die Auswahl und die Aufgabenzuweisung zu entscheiden. Es ist nicht ersichtlich, dass die zusätzliche Entscheidungsbefugnis der Aufsicht eine qualitative Steigerung bei der Auswahl von Personen mit sich bringt. Da üblicherweise mehrere Personen die Einstellungsgespräche führen und die Entscheidung treffen, vermag die Kontrolle dieser Entscheidung durch eine weitere Anzahl von Personen (in der Aufsicht) die Qualität der Wahl nicht zu verbessern.

d) Ein Eingriff in den Kernbereich ist dabei grundsätzlich unzulässig - wie bei Grundrechten gilt auch hier: Der „Wesensgehalt"[93] der kommunalen Selbstverwaltung muss unangetastet bleiben. Vorliegend ist insoweit zu berücksichtigen, dass die Entscheidung der Gemeinde über Auswahl und Aufgaben der Bediensteten seit jeher Wesensmerkmal der kommunalen Selbstverwaltung war. Dies legt nach der Substanztheorie einen Eingriff in den Kernbereich nahe. Durch das vorliegende Gesetz würde derart tief in das Selbstverwaltungsrecht der Gemeinde eingegriffen, dass die „Selbstorganisationsfähigkeit" der Gemeinde aufgehoben würde.

---

[93] Art. 19 II GG gilt natürlich nicht für die kommunale Selbstverwaltung (nach Art. 28 II GG)!

Damit liegt auch nach der Subtraktionsmethode ein Eingriff in den Kernbereich vor. Da insoweit auch das typische Erscheinungsbild nicht mehr gewahrt wäre, läge auch bei Zugrundelegung dieses Kriteriums ein Eingriff in den Kernbereich vor. Das Handeln in der Gemeindeverwaltung würde maßgeblich durch die Aufsicht bestimmt. Von der Personalhoheit bliebe nicht mehr viel übrig.

hemmer-Methode: A.A. vertretbar mit dem Argument, „vier Augen sehen mehr als zwei", und der Einschätzungsprärogative des Gesetzgebers bei der Beurteilung der Erforderlichkeit. Die Erforderlichkeit wäre eher zu bejahen, wenn nicht nur die Aufsichtsbehörde die Befugnisse nach dem Gesetz ausüben würde, sondern etwa eine spezielle, besonders für Personalauswahl, -führung und -organisation qualifizierte Behörde oder sonstige Einrichtung. So aber kann man nicht einmal sagen, dass die Aufsichtsbehörde an sich kompetenter ist als die Gemeinde. In jedem Fall würde das Gesetz aber trotzdem noch an der Angemessenheit scheitern.

e) Im Übrigen ist der Eingriff auch nicht angemessen, denn das dadurch betroffene Rechtsgut wiegt hier schwerer als die mit dem Gesetz verfolgten Interessen. Das Gesetz beseitigt die Personalhoheit als wesentliche Ausprägung des Selbstverwaltungsrechts in Teilen völlig. Dagegen ist die Chance, dass Entscheidungen der Aufsicht über Einstellung und Aufgabenverteilung in der Gemeindeverwaltung „besser" als die der Gemeinde sind und damit letztlich die Gemeindeverwaltung effektiver arbeitet, jedenfalls unsicher. Ob sich dadurch ein messbarer Effekt ergibt, bleibt zweifelhaft. Jedenfalls kann dieses Interesse nicht die Beeinträchtigung der Selbstverwaltung überwiegen.

Dabei ist auch zu berücksichtigen, dass an der Kompetenz und Leistungsfähigkeit der Gemeindeverwaltungen bis heute kein Zweifel bestehen können, auch wenn in Einzelfällen Fehlentscheidungen getroffen wurden und werden.

Das Gesetz ist mangels Erforderlichkeit und Angemessenheit unverhältnismäßig.

Es verletzt somit Art. 78 LV und ist verfassungswidrig. Die kommunale Verfassungsbeschwerde nach Art. 75 Nr. 4 LV, §§ 12 Nr. 8, 52 VGHG der Gemeinde S hätte damit Erfolg. Der VerfGH wird das Gesetz für unvereinbar mit Art. 78 LV erklären, oder seine Nichtigkeit feststellen (§ 52 III VGHG i.V.m. § 49 S. 1 VGHG).

**hemmer-Methode: Schöpfen Sie die Möglichkeiten der Klausur vollständig aus. Wer hier direkt auf die kommunale Verfassungsbeschwerde nach Art. 93 I Nr. 4b GG zusteuert, vergibt die Chance, dem Korrektor zu zeigen, dass er die Rechtsbehelfe von VwGO und Grundgesetz kennt und den Umgang mit ihnen sicher beherrscht. Gerade die Fragestellung des vorliegenden Falles war darauf angelegt, sämtliche denkbaren Rechtsbehelfe abzudecken.
Schreiben Sie aber die Klausur von leichter Hand: Hier kam außer der kommunalen Verfassungsbeschwerde nach der LV kein anderes Rechtsmittel ernsthaft in Betracht. Geben Sie dies bereits dadurch zu erkennen, dass Sie, statt den Korrektor durch Abspulen auswendig gelernter Prüfungsschemata im aufwändigen Gutachtenstil zu langweilen, im Urteilsstil direkt die maßgeblichen Erwägungen darstellen und zum nächsten Problem übergehen.**

F) Kommunale Verfassungsbeschwerde gem. Art. 93 I Nr. 4b GG

Eine kommunale Verfassungsbeschwerde zum BVerfG scheidet aus Subsidiaritätsgründen aus, Art. 93 I Nr. 4b letzter HS GG, § 91 S. 2 BVerfGG.

Lösung Abwandlung:

Da die Kreise Gemeindeverbände i.S.d. § 52 I VGHG sind[94] und sie als solche auch von der Gewährleistung des Art. 78 LV erfasst werden, entspricht die Lösung dem Ausgangsfall. Insbesondere unterscheidet die Landesverfassung, anders als das Grundgesetz, hinsichtlich der kommunalen Selbstverwaltung nicht zwischen den Gemeinden und den Gemeindeverbänden.

E) Grundrechtsberechtigung der Gemeinden?

jur. Personen des ÖR grds. nicht grundrechtsberechtigt

Nach BVerfG und h.M. sind juristische Personen des öffentlichen Rechts prinzipiell nicht grundrechtsberechtigt, weil die Grundrechte ihrem Wesen nach nicht auf sie anwendbar sind (Art. 19 III GG).[95]

Gründe für diese Auffassung sind:

keine „grundrechtstypische Gefährdungslage"

a) Primärer Zweck der Grundrechte ist der Schutz natürlicher Personen gegen Eingriffe des Staats. Dem entspricht auch die traditionelle Funktion der Grundrechte im Verhältnis „Staat-Bürger".

„Die Ausformung der Grundrechte geschah im Hinblick auf die Erfahrung typischer Gefährdungen und Verletzungen der Würde, der Freiheit und der rechtlichen Gleichheit der einzelnen Menschen oder von Menschengruppen durch öffentliche Gewalten."[96] Grundrechte gelten damit nur bei einer **„grundrechtstypischen Gefährdungslage"**[97].

Juristische Personen des öffentlichen Rechts befinden sich prinzipiell nicht in einer solchen Lage. Denn „die Erfüllung öffentlicher Aufgaben durch juristische Personen des öffentlichen Rechts vollzieht sich grundsätzlich nicht in Wahrnehmung unabgeleiteter, ursprünglicher Freiheiten, das eigene Leben, die Existenz, nach eigenen Entwürfen zu gestalten oder über sich selbst zu bestimmen, sondern aufgrund von Kompetenzen, die vom positiven Recht zugeordnet und inhaltlich bemessen und begrenzt sind".[98]

hemmer-Methode: Eine Ausnahme gilt für diejenigen juristischen Personen des öffentlichen Rechts, deren Aufgaben der unmittelbaren Grundrechtsverwirklichung dienen, wie die Rundfunkanstalten hinsichtlich Art. 5 I GG und die Universitäten gem. Art. 5 III GG.

auch nicht bei privatrechtlichem Handeln, ...

Die Grundrechtsberechtigung verneint die h.M. auch dann, wenn eine juristische Person des öffentlichen Rechts privatrechtlich tätig wird, und dabei nicht (unmittelbar) öffentliche Aufgaben erfüllt.

... da nicht grundrechtsschutzbedürftig

Auch dann fehlt es an der erforderlichen grundrechtstypischen Gefährdungslage, die juristische Person des öffentlichen Rechts ist nicht „grundrechtsschutzbedürftig".[99] Dabei ist insbesondere zu berücksichtigen, dass eine Gemeinde sich bei rein „fiskalischem" Handeln außerhalb ihres eigentlichen Aufgabenbereichs bewegt.

---

94   Erichsen, § 17 C 2 a, S. 383.
95   BVerfGE 75, 192 (196) = **juris**byhemmer; Jarass/Pieroth, 9. Aufl. (2007), Art. 19 GG, Rn. 22.
96   BVerfGE 61, 82, (100) (Sasbach) = **juris**byhemmer.
97   BVerfGE 61, 82 (102) = **juris**byhemmer.
98   BVerfGE 61, 82 (101) = **juris**byhemmer.
99   BVerfG a.a.O. (105) = **juris**byhemmer.

So ist auch in der GO NRW festgelegt, dass eine wirtschaftliche Betätigung ohne Bezug zu den öffentlichen Aufgaben nicht zulässig ist (§ 107 I Nr. 1 GO NRW).

Fiskusprivilegien

Zudem sei die Gemeinde auch bei privatrechtlichem Handeln staatlichen Eingriffen nicht ebenso unterworfen wie ein Privater. Das BVerfG verweist insofern auf verschiedene „Fiskusprivilegien"[100] wie § 17 VwVG und § 882a ZPO, Besonderheiten hinsichtlich der Polizei- und Steuerpflichtigkeit öffentlich-rechtlicher Körperschaften und Möglichkeiten staatsinterner Einflussnahme.

personales Substrat

b) Ist ein „**personales Substrat**" Voraussetzung für die Grundrechtsberechtigung juristischer Personen, so fehlt dieses gerade bei den juristischen Personen des öffentlichen Rechts. Denn hinter diesen stehen keine natürlichen Personen, sondern stets der Staat.

Konfusionsargument

Staatliche Funktionsträger seien stets nur Erscheinungsformen der einheitlichen Staatsgewalt und könnten nicht gleichzeitig Verpflichtete und Berechtigte der Grundrechte sein (sog. Konfusionsargument).[101]

> **hemmer-Methode:** Auf die sog. Justizgrundrechte können sich dagegen nach allg. Meinung auch juristische Personen des öffentlichen Rechts berufen. Dies sind das Recht auf den gesetzlichen Richter (Art. 101 I S. 2 GG) und das Recht auf rechtliches Gehör (Art. 103 I GG).[102] Insoweit, aber auch nur insoweit sind die Gemeinden grundrechtsberechtigt, und kann die „Jedermanns"-Verfassungsbeschwerde erfolgreich sein.

Insbesondere das Eigentum der Gemeinde wird nach h.M. verfassungsrechtlich nicht von Art. 14 I S. 1 GG, aber durch die kommunale Selbstverwaltungsgarantie insoweit geschützt, als dies für die eigenverantwortliche Wahrnehmung der Angelegenheiten der örtlichen Gemeinschaft erforderlich ist.

Ohne Zweifel bedeutet dies einen geringeren Schutz, als dies i.R.d. Eigentumsgrundrechts bestehen würde.

a.A.

c) Von der a.A. wird dem entgegengehalten, dass sich eine grundsätzliche Unterscheidung von juristischen Personen des Privatrechts und solchen des öffentlichen Rechts nicht aus Art. 19 III GG begründen lasse.[103] Ferner sei das Argument der Einheit der Staatsgewalt nicht tragfähig, da das Grundgesetz an verschiedenen Stellen unterschiedliche Träger der Staatsgewalt vorsehe und voraussetze.[104]

Lit.: Kritik an BVerfG

Jedenfalls dann, wenn sich die Kommunen als juristische Personen im fiskalischen Bereich zulässigerweise wie ein Privater am allgemeinen Rechtsverkehr beteiligten, seien sie gegenüber staatlichen Eingriffen in gleicher Weise schutzbedürftig, sodass insoweit auch eine grundrechtstypische Gefährdungslage bestehe und die Grundrechtsfähigkeit zu bejahen sei.[105]

d) Der h.M. folgend, ist die Gemeinde mangels Grundrechtsberechtigung nicht beschwerdeberechtigt für eine (Jedermanns-)Verfassungsbeschwerde gem. Art. 93 I Nr. 4a GG. Eine Ausnahme gilt nur für die „Justizgrundrechte" nach Art. 101 I S. 2, 103 I GG.[106]

---

100 BVerfG a.a.O. (106) = **juris**byhemmer.
101 BVerfGE 21, 362 (369 f.) = **juris**byhemmer; vgl. Pieroth/Schlink, Staatsrecht II, 23. Aufl. (2007), Rn. 154.
102 BVerfGE 6, 45 (49 f.); 13, 132 (139 f.); Jarass/Pieroth, 11. Aufl. (2011), Art. 19 GG, Rn. 25.
103 Pieroth/Schlink, Staatsrecht II, 23. Aufl. (2007), Rn. 160.
104 Vgl. dazu Knemeyer, BayVBl. 1988, S. 129; Pieroth/Schlink, Staatsrecht II, 23. Aufl. (2007), Rn. 160, m.w.N. In der Rspr. wird eine (teilweise) Grundrechtsberechtigung der Gemeinden nur vom BayVerfGH angenommen, s. BayVerfGH NVwZ 1985, S: 260 (261); dazu **Hemmer/Wüst, Kommunalrecht Bayern, Rn. 56.**
105 Erichsen, § 3 C, S. 43 f.; Hofmann/Muth/Theisen, KommR NRW 14. Aufl. (2010), Kapitel 2.3.2.1, S. 138; Erlenkämper, NVwZ 1984, S. 621 (622).
106 BVerfG NVwZ 2005, S. 82 = **juris**byhemmer.

§ 3 DIE GEMEINDEN UND GEMEINDEVERBÄNDE IM STAATSAUFBAU

A) Verwaltungsorganisation

Teil der Verwaltung

1. Die Gemeinden und Gemeindeverbände sind Teil der Staatsfunktion (Staatsgewalt) „Verwaltung" im Gegensatz zu Gesetzgebung und Rechtsprechung.

Teil der Länderverwaltung

2. Im föderalen Bund-Länder-Verhältnis sind die Gemeinden und Gemeindeverbände Teil der Staatsgewalt der Länder. Insoweit erscheint es nicht korrekt, von den Gemeinden als einer „Dritten Ebene" neben Bund und Ländern zu sprechen. Angesichts ihrer Bedeutung und des Umfangs der von ihnen erfüllten Aufgaben stellen die Gemeinden nicht staatsrechtlich, aber funktional eine solche „Dritte Ebene" dar.

unmittelbare und mittelbare Staatsverwaltung

3. Die Verwaltungsorganisation auf der Ebene der Länder besteht zum einen aus dem Bundesland als Verwaltungsträger (Körperschaft, juristische Person des öffentlichen Rechts), wie dem „Land Nordrhein-Westfalen". Das Land ist Verwaltungsträger der unmittelbaren Staatsverwaltung.[107] Zur unmittelbaren Landesverwaltung zählen z.B. die Landesministerien und die Bezirksregierungen, und die sonstigen Landesober-, Landesmittel- und unteren Landesbehörden (§§ 6, 7, 9 LOG[108]). Rechtsträger dieser unmittelbaren Staatsverwaltung ist das Land.

Neben dem Land gibt es weitere selbstständige juristische Personen des öffentlichen Rechts, welche herkömmlicherweise in Körperschaften, Anstalten und Stiftungen unterschieden werden. Diese gegliederte Verwaltungsorganisation ist u.a. in Art. 77 LV vorausgesetzt[109] und wird in §§ 18 ff. LOG näher bestimmt. Die juristischen Personen des öffentlichen Rechts werden als die „mittelbare Staatsverwaltung" oder als „Selbstverwaltung" bezeichnet.

Selbstständige juristische Personen (außer dem Land selbst) müssen durch Gesetz vorgesehen sein,[110] wie sich aus Art. 77 LV und § 18 LOG ergibt. Die Rechtspersönlichkeit der Gemeinden bestimmt § 1 II GO NRW. Für die Landkreise ist dies in § 1 II KrO NRW, für Zweckverbände in § 5 I S. 1 GkG festgelegt. Als weiteres Beispiel sei für die Universitäten § 2 I S. 1 HG[111] genannt.

> **hemmer-Methode:** Die Gemeinden sind also nicht die einzigen verselbstständigten Verwaltungsträger. Tatsächlich gibt es eine Vielzahl weiterer juristischer Personen des öffentlichen Rechts. Kennzeichnend für den häufigsten Fall der Körperschaft des öffentlichen Rechts sind die Erfüllung bestimmter, gesetzlich festgelegter Aufgaben, die eigenverantwortliche Wahrnehmung von Aufgaben (d.h. nur Rechtsaufsicht) sowie die Mitwirkung einer bestimmten Bevölkerungsgruppe an der Willensbildung dieser juristischen Person. Die Gemeinden nehmen unter den Verwaltungsträgern der mittelbaren Staatsverwaltung aber eine Sonderstellung ein. Zum einen sind sie historisch gewachsen und verfassungsrechtlich verankert, zum anderen haben sie hohe politische und praktische Bedeutung.

---

107 Die Begrifflichkeiten werden hier unterschiedlich gebraucht. Z.T. wird die unmittelbare Staatsverwaltung auch bloß als „Staatsverwaltung" bezeichnet, in Unterscheidung zur „Kommunalverwaltung" oder zur „Selbstverwaltung".
108 HR 70.
109 Vgl. Dästner, LVerf NRW, 2. Aufl. (2002), Art. 77 LV, Rn. 14. Für die Bundesebene ist dies in Art. 86 GG vorgesehen.
110 Vgl. auch Jarass/Pieroth, 11. Aufl. (2011), Art. 86 GG, Rn. 2
111 HR 240.

> In jüngster Zeit wird die mittelbare Staatsverwaltung neben den Gemeinden auch als „funktionale Selbstverwaltung" (als Gegensatz zur „kommunalen Selbstverwaltung") bezeichnet, da es bei ihr regelmäßig nur um begrenzte Aufgaben geht (Universitäten, Kammern, Sozialversicherungsträger, usw.).

B) Aufgaben

Die Verwaltung des Landes Nordrhein-Westfalen liegt gem. Art. 3 II LV in den Händen der Landesregierung, der Gemeinden und der Gemeindeverbände. Sie ist damit gemeinsame Aufgabe der Landes- und Kommunalverwaltung.[112]

I. Allseitigkeit des gemeindlichen Wirkungskreises

Art. 78 II LV, § 2 GO NRW

Grundsätzlich werden alle öffentlichen Aufgaben auf Gemeindeebene von einer Behörde wahrgenommen.

Dies ergibt sich aus Art. 78 II LV sowie § 2 GO NRW, wonach die Gemeinden in ihrem Gebiet grundsätzlich alleinige Träger der öffentlichen Verwaltung sind. Ausnahmsweise gibt es aber auch auf kommunaler Ebene Sonderbehörden, wie z.B. die Finanzämter.

II. Arten gemeindlicher Aufgaben

Aufgabenarten nach Art. 78 II LV, §§ 2, 3 GO NRW

Art. 78 LV und in einfachgesetzlicher Wiedergabe die §§ 2, 3 GO NRW unterscheiden drei grundsätzliche Arten von gemeindlichen Aufgaben.

1 Selbstverwaltungsaufgaben

Die erste Gruppe bilden die Selbstverwaltungsaufgaben. Dies sind die Aufgaben, welche die Kommunen ausüben, ohne dem Einfluss der Landesverwaltung unterworfen zu sein.

Jedenfalls hierher gehören die Aufgaben im Bereich der örtlichen Angelegenheiten, denn diese werden den Gemeinden durch Art. 28 II GG als in eigener Verwaltung zu regelnde Materie zugesichert. Art. 78 II LV geht sogar noch weiter und bestimmt, dass die Gemeinden und Gemeindeverbände in ihrem Gebiet ausschließliche und eigenverantwortliche Träger der öffentlichen Verwaltung sind. Einfachgesetzlich ist dies für Gemeinden in § 2 GO NRW (für Kreise in § 2 I S. 1 KrO NRW) wiedergegeben.

Denkbar sind Selbstverwaltungsaufgaben wiederum in zwei Unterformen.

a) Freiwillige Selbstverwaltungsaufgaben

Freiwillige Aufgaben

Die „eigenverantwortliche" Aufgabenwahrnehmung bedeutet insbesondere auch die Entscheidung darüber, ob eine bestimmte Aufgabe wahrgenommen wird oder nicht. Grundsätzlich sind die Gemeinden zur Erfüllung einer bestimmten Aufgabe nicht verpflichtet, sondern gem. Art. 78 II HS 1 LV (§ 2 GO NRW) lediglich dazu berechtigt, d.h. ihnen steht sowohl das Entschließungs- als auch das Auswahlermessen hinsichtlich der Aufgabenerfüllung zu.

---

112 Hofmann/Muth/Theisen, KommR NRW 14. Aufl. (2010), Kapitel 3, S. 502.

Man spricht daher von „freiwilligen Aufgaben", bzw. von „freiwilligen Selbstverwaltungsaufgaben".

darunter fallen:

Bsp.: *Die Errichtung und der Betrieb kultureller Einrichtungen wie Theater, Opernhäuser, Orchester und Chöre, aber auch Häfen, Flughäfen, Verkehrseinrichtungen, Sportanlagen, Alters- und Kinderheime.[113]*

keine abschließende Aufzählung möglich

Aufgrund der Allzuständigkeit der Gemeinde ließe sich diese Aufzählung theoretisch unendlich fortsetzen. Bestehende Aufgaben können überflüssig werden, neue jederzeit hinzukommen. Die einzigen Grenzen liegen dort, wo eine ausschließliche Zuständigkeit des Bundes oder des Landes gegeben ist.[114]

weitestgehende Freiheit, daher nur Rechtsaufsicht

Der Begriff der Selbstverwaltung impliziert nicht die vollkommene Unabhängigkeit, sondern nur eine solche von der Landesverwaltung, also der Exekutive. An die durch die Legislativgewalt vorgegebenen Gesetze ist auch die Selbstverwaltung gebunden (vgl. Wortlaut Art. 28 II GG). Daher ist deren Einhaltung durch die Rechtsaufsicht des Landes sicherzustellen, vgl. Art. 78 IV S. 1 LV. Diese allgemeine Aufsicht (vgl. zu dieser Rn. 83, 85 ff.) ist notwendiges Korrelat zur Selbstverwaltungsgarantie.[115]

a) Pflichtige Selbstverwaltungsaufgaben

Pflichtaufgaben

Nun bestimmt Art. 78 III S. 1 LV (ebenso § 3 I GO NRW), dass die Gemeinden zur Wahrnehmung von Aufgaben verpflichtet werden können. Es handelt sich also um eine Ausnahme vom Grundsatz des Art. 78 II HS. 1 LV (§ 2 GO NRW).

Mit der Selbstveraltungsgarantie des Art. 28 GG lässt sich dies jedoch nur vereinen, sofern sich die Verpflichtung zur Aufgabenwahrnehmung, auf das „Ob" beschränkt und der Gemeinde keine Vorgaben zum „Wie" macht. In diesen Fällen steht der Gemeinde kein Entschließungs-, sondern nur das Auswahlermessen hinsichtlich der Aufgabenerfüllung zu.

Man spricht von „Pflichtaufgaben", bzw. von „pflichtigen Selbstverwaltungsaufgaben".

darunter fallen:

Bsp.: *Die Bauleitplanung (§ 1 III S. 1 BauGB), die Gewährleistung angemessener Klassen- und Schulgrößen (§ 81 I S. 1 SchulG[116]), die Aufgaben der Denkmalpflege (§ 22 DSchG[117]) und die Abwasserbeseitigung (§ 53 LWG[118]).*

Ebenfalls nur Rechtsaufsicht

Auch bei diesen Pflichtaufgaben handelt es sich um Selbstverwaltungsaufgaben, da die staatliche Exekutive allein die Einhaltung der Gesetze überwacht. Die Kommune untersteht nur der Allgemeinen Aufsicht § 119 I GO NRW.

Besonderheit

Die Bedeutung der Unterscheidung von pflichtigen und freiwilligen Selbstverwaltungsaufgaben besteht darin, dass die Gemeinde von der Aufsicht dazu angehalten werden kann, pflichtige Aufgaben wahrzunehmen. Mittel hierzu ist insbesondere das Anordnungsrecht nach § 123 I GO NRW.[119] Aufgegriffen werden die Pflichtaufgaben auch in § 13 GkG und § 26 GkG.[120]

---

113 Rehn/Cronauge, 2. Aufl. 36. Erg.Lfg. (2011), § 2 Anm. I.5.
114 Hofmann/Muth/Theisen, KommR NRW 14. Aufl. (2010), Kapitel 2.2.4, S. 97 f.; Rehn/Cronauge, 2. Aufl. 36. Erg.Lfg. (2011), § 2 Anm. I.
115 Hofmann/Muth/Theisen, KommR NRW 14. Aufl. (2010), Kapitel 3, S. 502, m.w.N.
116 HR 75.
117 HR 116.
118 HR 125.
119 Zu § 120 I GO NRW s.u. Rn. 108 ff.
120 Zu Zweckverband und öffentlich-rechtlicher Vereinbarung s.u. § 12.

Anforderungen an die Verpflichtung

Nach § 3 I GO NRW muss die Verpflichtung zur Aufgabenwahrnehmung durch Gesetz erfolgen. Wie sich aus der begrifflichen Abgrenzung von Gesetz und Rechtsverordnung innerhalb des § 3 GO NRW ergibt, ist Gesetz in diesem Sinne nur ein formelles Gesetz.[121] Da aber Art. 78 III S. 1 LV ausdrücklich Gesetz oder Rechtsverordnung als Mittel der Aufgabenübertragung vorsieht, kann sich der Landesgesetzgeber jederzeit über die Einschränkung des § 3 I GO NRW hinwegsetzen.[122]

2. Pflichtaufgaben zur Erfüllung nach Weisung

Pflichtaufgaben zur Erfüllung nach Weisung

Neben der Möglichkeit Gemeinden zur Übernahme von Aufgaben zu verpflichten (Art. 78 III S. 1 LV), räumt die Landesverfassung auch die Möglichkeit ein, sich hinsichtlich einer solchen Pflichtaufgabe ein Weisungsrecht vorzubehalten (Art. 78 IV S. 2 LV).

Vergleich mit den Selbstverwaltungsaufgaben

Damit wird der Grundsatz der Eigenverantwortlichkeit aus Art. 78 II HS 1 LV (§ 2 GO NRW) noch in einer weiteren Hinsicht durchbrochen: Denn eigenverantwortlich in diesem Sinne bedeutet auch Weisungsfreiheit, d.h. die Gemeinde ist lediglich einer Kontrolle der Rechtmäßigkeit ihres Handelns unterworfen, wie dies gem. § 119 I GO NRW die allgemeine Aufsicht wahrnimmt. Die Zweckmäßigkeit des gemeindlichen Handelns wird nicht kontrolliert. Weisungen und andere aufsichtliche Maßnahmen über die Zweckmäßigkeit bestimmter Maßnahmen sind gem. Art. 78 II HS 1 LV (§ 2 GO NRW) grundsätzlich unzulässig.

Folge des Weisungsvorbehalts

Durch den Weisungsvorbehalt hingegen ist den Gemeinden nicht nur das Entschließungsermessen entzogen, sondern auch das Auswahlermessen beschränkt. Der Einfluss der staatlichen Verwaltung auf die kommunale Aufgabenwahrnehmung zeigt, dass dieser Aufgabentyp von der Selbstverwaltung abzugrenzen ist. Aus dem Regelungsgehalt leitet sich der diese Aufgabe bezeichnende Begriff „Pflichtaufgaben zur Erfüllung nach Weisung" ab.[123]

> **hemmer-Methode:** Die „harte" juristische Aussage der landesgesetzlichen Umsetzung in § 3 I, II GO NRW ist geringer als es auf den ersten Blick scheint. Denn die Vorschrift bestimmt ja nicht selbst, welche Aufgaben denn Pflichtaufgaben sind und für welche ein Weisungsrecht besteht. Dies ergibt sich jeweils erst aus den Fachgesetzen. Die eigentliche Aussage des § 3 I, II GO NRW selbst besteht darin, dass eine Pflichtaufgabe und ein Weisungsrecht nur dann vorliegen, wenn ein Gesetz dies so vorsieht. Vgl. auch § 3 III S. 1 GO NRW, wonach Eingriffe in die Rechte der Gemeinden allgemein nur durch Gesetz zulässig sind.

Weisungsaufgaben ⇒ Sonderaufsicht

Die Pflichtaufgaben zur Erfüllung nach Weisung haben insbesondere Bedeutung bei der Aufsicht. So wird die Art der Aufsicht gem. § 119 GO NRW danach unterschieden, ob eine Pflichtaufgabe zur Erfüllung nach Weisung vorliegt oder nicht. Im ersteren Fall besteht Sonderaufsicht nach den Fachgesetzen, für die sonstigen Aufgaben gelten die Vorschriften über die allgemeine Aufsicht (§§ 120 ff. GO NRW).

> **hemmer-Methode:** Für die Pflichtaufgaben zur Erfüllung nach Weisung ist die Bezeichnung Weisungsaufgaben üblich. Die freiwilligen und die Pflichtaufgaben werden in Abgrenzung dazu auch als weisungsfreie Aufgaben bezeichnet.[124]

---

121 Held u.a. 25. NachLfg. (2010), § 3 GO NRW, Anm. 2; Rehn/Cronauge, 2. Aufl. 36. Erg.Lfg. (2011), § 3 Anm. II. 1.
122 Ebenfalls Held u.a. 25. NachLfg. (2010), § 3 GO NRW, Anm. 2; Rehn/Cronauge, 2. Aufl. 36. Erg.Lfg. (2011), § 3 Anm. II. 1.
123 Hofmann/Muth/Theisen, KommR NRW 14. Aufl. (2010), Kapitel 2.5.3, S. 272.
124 Gebräuchlich ist auch der Begriff „Selbstverwaltungsaufgaben", vgl. Held u.a. 25. NachLfg. (2010), § 2 GO NRW, Anm. 4.

§ 3 DIE GEMEINDEN UND GEMEINDEVERBÄNDE IM STAATSAUFBAU

darunter fallen:

Bsp.: *Die Ausführung des OBG (§§ 3, 9 OBG), die Aufgaben der unteren Bauaufsichtsbehörden (§ 60 I, II S. 1 BauO NRW i.V.m. §§ 12 I, 3, 9 OBG), der Denkmalbehörden (§ 20 III DSchG i.V.m. §§ 12 I, 3, 9 OBG), als untere Wasserbehörde (§§ 136, 138 LWG i.V.m. §§ 12 I, 3, 9 OBG), sowie die Durchführung von Bundesrecht oder EG-Recht, wenn die Rechtsverordnung zur Zuständigkeit diese Aufgaben als Pflichtaufgaben zur Erfüllung nach Weisung bezeichnet (§ 5 III LOG).*

hemmer-Methode: Wenn es auf das Vorliegen einer Weisungsaufgabe ankommt und Sie es mit einem unbekannten Gesetz zu tun haben, so müssen Sie das Gesetz durchgehen, ob es selbst eine Weisungsbefugnis vorsieht oder auf §§ 12 I, 3, 9 OBG verweist, indem die Behörden nach diesem Gesetz Sonderordnungsbehörden sind und die Aufgabe als eine solche der Gefahrenabwehr gilt.

Umfang des Weisungsrechts

Charakteristisch für Pflichtaufgaben zur Erfüllung nach Weisung ist, dass das Gesetz, in dem das Weisungsrecht vorbehalten ist, auch dessen Umfang bestimmt (Art. 78 IV S. 2 LV, § 3 II GO NRW und z.B. § 9 OBG).

67

Hieraus wird nahezu einhellig[125] gefolgert, dass das Weisungsrecht auf keinen Fall total sein könne, sondern der Gemeinde (bzw. dem Kreis) einen weisungsfreien Spielraum belassen müsse.[126] Aus der Änderung des § 3 II GO NRW i.R.d. Gesetzes zur Änderung der Kommunalverfassung vom 17.5.1994, durch § 3 II GO a.F. um den Zusatz „ ... , das in der Regel zu begrenzen ist." ergänzt wurde, wird - soweit überhaupt darauf eingegangen wird - lediglich gefolgert, dass der Gesetzgeber das Weisungsrecht noch stärker als bisher beschränken wollte.[127]

Dieser Auffassung könnte entgegengehalten werden, dass es keine Regel ohne Ausnahme gibt, und die Änderung des § 3 GO NRW daher ihrem Wortlaut nach gerade den gegenteiligen Schluss nahe legt, der Staat könne sich in Ausnahmefällen eben doch ein im Umfang unbegrenztes Weisungsrecht vorbehalten. Letztlich kann diese Frage aber dahinstehen, da der Gesetzgeber bei dem Erlass eines Gesetzes, durch das er den Gemeinden (bzw. Kreisen) neue Pflichtaufgaben zur Erfüllung nach Weisung überträgt, nicht an § 3 II GO NRW, sondern ausschließlich an Art. 78 IV S. 2 LV gebunden ist.

3. Auftragsangelegenheiten (§ 132 GO NRW)

Auftragsangelegenheiten

Die dritte Gruppe gemeindlicher Aufgaben sind die Auftragsangelegenheiten. Deren Verhältnis zu den anderen beiden Aufgabentypen ist im historischen Kontext zu verstehen.

68

Aufgabendualismus

Herkömmlich wurden die gemeindlichen Aufgaben in solche des eigenen und solche des übertragenen Wirkungskreises unterschieden (sog. Aufgabendualismus). Dies hat vor allem historische Gründe. Von jeher erfüllten die Gemeinden als „ursprüngliche" Gebietskörperschaften die Aufgaben des örtlichen Gemeinschaftslebens in eigener Verantwortung, der Staat hingegen die die Gesamtheit interessierenden Aufgaben.

---

125 Vgl. zu abweichenden Auffassungen bei: Held u.a. 25. NachLfg. (2010), § 3 GO NRW, Anm. 6.
126 Rehn/Cronauge, 2. Aufl. 36. Erg.Lfg. (2011), § 3 Anm. III.1.; Körner, § 3 GO, Anm. 6; Hofmann/Muth/Theisen, KommR NRW 14. Aufl. (2010), Kapitel 2.5.3, S. 272 f.; Krell/Wesseler, Rn. 204.
127 Krell/Wesseler, Rn. 204.

KOMMUNALRECHT NRW

Aus Zweckmäßigkeitsgründen wurden den Gemeinden aber in zunehmendem Maße auch diese staatlichen Aufgaben als Auftragsangelegenheiten zur Wahrnehmung nach Maßgabe staatlicher Weisung übertragen. So erreichte man eine ortsnahe Verwaltung und ersparte sich die Einrichtung zahlreicher staatlicher Sonderbehörden auf Gemeindeebene.[128]

Aufgabenmonismus in NRW

Indem Art. 78 II LV und § 2 GO NRW bestimmen, dass die Gemeinden in ihrem Gebiet grundsätzlich alleinige bzw. ausschließliche und eigenverantwortliche Träger der öffentlichen Verwaltung sind, bringen sie eine Abkehr vom beschriebenen Aufgabendualismus zum Ausdruck.

Dieses neue Aufgabenverständnis, wonach die Unterscheidung von Staats- und Gemeindeaufgaben entfällt und durch einen einheitlichen Begriff der öffentlichen Aufgaben ersetzt wird (sog. Aufgabenmonismus), geht zurück auf den 1948 von den Innenministern der Länder und den kommunalen Spitzenverbänden erarbeiteten Entwurf einer Gemeindeordnung für die Länder der Bundesrepublik Deutschland, den Weinheimer Entwurf.

Durch die Übernahme des monistischen Aufgabenverständnisses in die Landesverfassung ist der nordrhein-westfälische Gesetzgeber gehindert, den Gemeinden die Wahrnehmung staatlicher Aufgaben (vgl. auch die Formulierung in Art. 78 III LV) als Auftragsangelegenheiten zu übertragen.

Stattdessen hat er nach Art. 78 III und IV S. 2 LV die Möglichkeit, Pflichtaufgaben zu schaffen und sich hierbei ein Weisungs- und Aufsichtsrecht nach näherer gesetzlicher Vorschrift vorzubehalten. Nach nordrhein-westfälischem Landesrecht treten daher neben die in eigener Verantwortung wahrzunehmenden weisungsfreien (Selbstverwaltungs-)Aufgaben die Pflichtaufgaben zur Erfüllung nach Weisung (vgl. etwa §§ 3 I und 9 OBG).[129]

Mit der Unterscheidung der gemeindlichen Aufgaben in Weisungs-, Pflicht- und sonstige Aufgaben wollte der nordrhein-westfälische Gesetzgeber die traditionellen Auftragsangelegenheiten beseitigen.[130] In den Landesgesetzen spielen die Auftragsangelegenheiten daher kaum noch eine Rolle.[131] § 132 GO NRW sieht vor, dass solche Aufgaben nach den bisher geltenden Vorschriften durchzuführen sind.

neue Landesauftragsangelegenheiten

Entgegen der Konzeption der Landesverfassung hat der nordrhein-westfälische Gesetzgeber darüber hinaus auch neue Auftragsangelegenheiten kraft Landesrechts geschaffen. Die verfassungsrechtliche Zulässigkeit dieses Vorgehens ist sehr umstritten,[132] was die Praxis der Landesgesetzgebung jedoch nicht nachhaltig beeindruckt hat.

> **Bsp.:** Zu den spärlichen Beispielen zählt etwa die Vorbereitung und Durchführung der Landtagswahlen nach dem Landeswahlgesetz.

hemmer-Methode: Die Auftragsangelegenheiten kraft Landesrechts sind hier in erster Linie der Vollständigkeit halber aufgeführt. Es ist sicherlich gut, davon gehört zu haben. Merken sollten Sie sich jedoch, dass es Auftragsangelegenheiten in Nordrhein-Westfalen im Wesentlichen nur noch kraft Bundesrechts gibt.

---

128 Vgl. Knemeyer, Rn. 119.
129 Hofmann/Muth/Theisen, KommR NRW 14. Aufl. (2010), Kapitel 2.5.3, S. 272 f.; Erichsen, § 4 A 4, S. 49 f., § 5 C, S. 69 f.
130 Held u.a. 25. NachLfg. (2010), § 2 GO NRW, Anm. 6.
131 Vgl. die Bspe. bei Held u.a. 25. NachLfg. (2010), § 2 GO NRW, Anm. 5.
132 Vgl. die Nachweise bei Bösche, S. 58; Sundermann, S. 62; Held u.a. 25. NachLfg. (2010), § 132 GO NRW, Anm. 2.

§ 3 DIE GEMEINDEN UND GEMEINDEVERBÄNDE IM STAATSAUFBAU

Auftragsangelegenheiten kraft Bundesrechts

Der Bundesgesetzgeber ist demgegenüber nicht durch Art. 78 II LV gehindert, die Gemeinden i.R.d. Art. 85 I GG in den Vollzug von Gesetzen einzubeziehen, die im Auftrag des Bundes und nach Maßgabe seiner Weisungen (Art. 85 III GG) auszuführen sind. Daher gibt es auch in Nordrhein-Westfalen (im Wesentlichen kraft Bundesrechts) noch die oben angesprochenen Auftragsangelegenheiten.[133]

71

> *Bsp.: Aufgaben (der Standesämter) nach dem Personenstandsgesetz,[134] dem BAföG,[135] dem Zivilschutzgesetz (§ 2 I ZSG),[136] dem Wassersicherstellungsgesetz (§ 16 I).*

Für die Aufgaben, die das Land in Bundesauftragsverwaltung (Art. 85 GG) wahrnimmt, für deren Ausführung jedoch die Gemeinden zuständig sind, sieht § 16 I S. 1 LOG ein Weisungsrecht der Aufsichtsbehörden vor. Bei den Auftragsangelegenheiten kraft Landesrechts wird ebenfalls ein unbeschränktes Weisungsrecht angenommen,[137] das letztlich nur gewohnheitsrechtlich begründet werden kann.

72

volle Organisationshoheit der Gemeinde

Dass die Auftragsangelegenheiten Staatsaufgaben sind, wirkt sich nur am Umfang der Staatsaufsicht aus. Die Gemeinden handeln auch hier selbst, im eigenen Namen. Das Weisungsrecht des Staates bezieht sich lediglich auf die unmittelbare Aufgabenerledigung nach außen.[138] Dementsprechend kommt der Gemeinde auch bei der Wahrnehmung der Auftragsangelegenheiten volle Organisations- und Personalhoheit zu.[139]

73

> *Bsp.: Die nach § 16 I LOG für Weisungen zuständige Behörde kann die kreisfreie Stadt Schmuddelhausen nicht anweisen, endlich die Räume des städtischen Amtes für Ausbildungsförderung (§§ 41 BAföG, 1 I S. 1 AG BAföG-NW) zu renovieren.*

Auch wenn die Wahrnehmung der Aufgaben der Ämter für Ausbildungsförderung eine Bundesauftragsangelegenheit ist, gehören doch die Einrichtung und Ausstattung der Behörde als Bestandteile der Organisationshoheit zu dem Bereich der weisungsfreien Aufgaben, in dem die Gemeinde nicht dem Weisungsrecht nach § 16 I S. 1 LOG ausgesetzt ist, sondern nach eigenem Ermessen tätig wird.

Auch Handlungen im Bereich der Auftragsangelegenheiten sind solche der Gemeinde, nicht des Landes. Sie ist Klagegegnerin im verwaltungsgerichtlichen Verfahren, sie ist es,[140] die vom Bürger haftungsrechtlich in Anspruch zu nehmen ist.

74

Exkurs: Organleihe

Bürgermeister als staatliche Behörde ...

1. Bestimmte Gesetze sehen vor, dass der Bürgermeister Aufgaben als staatliche Behörde wahrnimmt. So wird gem. § 9 IV OBG der Bürgermeister bei der Ausführung einer ordnungsbehördlichen Weisung als staatliche Verwaltungsbehörde tätig, wenn dies in der Weisung so bestimmt ist.

75

nicht als Organ der Gemeinde

Folge einer solchen Bestimmung ist, dass in diesem Fall nicht die Gemeinde, sondern das Land Nordrhein-Westfalen durch seine Behörde „Bürgermeister" handelt.

---

133 Erichsen, § 5 C, S. 69.
134 Sa 260.
135 Sa 420.
136 Sa 680.
137 Rehn/Cronauge, 2. Aufl. 36. Erg.Lfg. (2011), § 129 Anm. V
138 Bösche, S. 59.
139 Bösche, S. 59, Schmidt-Jortzig, Rn. 547.
140 Vgl. BGHZ 2, 350 (351) = NJW 1951, S. 919 = **juris**byhemmer.; Sundermann, S. 61.

Der Bürgermeister handelt dann nicht im Namen der Gemeinde, sondern als Vertreter des Landes. Er ist insoweit kein Gemeindeorgan, sondern ein Organ (eine Behörde) des Landes.[141] Die Tätigkeit des Bürgermeisters als staatliche Verwaltungsbehörde ist kein Handeln der Gemeinde. Soweit er als staatliche Behörde tätig wird, ist der Bürgermeister damit Teil der unmittelbaren Staatsverwaltung.

> **hemmer-Methode: Die Fälle der Organleihe sind daher keine Aufgaben der Gemeinde, denn die Gemeinde hat mit der Tätigkeit des Bürgermeisters als staatliche Verwaltungsbehörde nichts zu tun. Vielmehr wird dabei eine Behörde des Landes Nordrhein-Westfalen tätig. Gewissermaßen „zufällig" ist diese Behörde auch ein Organ der Gemeinde. Wird üblicherweise davon gesprochen, dass der Bürgermeister als staatliche Behörde tätig wird, so könnte man - zugespitzt - umgekehrt davon sprechen, dass die staatliche Behörde „Bürgermeister" zugleich Gemeindeorgan ist.**

Wenn die ordnungsbehördliche Weisung gem. § 9 IV OBG bestimmt, dass sie durch den Bürgermeister als staatliche Verwaltungsbehörde durchzuführen ist, so ist die staatliche Behörde „Bürgermeister" zuständig. **Nicht zuständig** ist also die **Gemeinde**, deren Organ der Bürgermeister zugleich ist.

Fachaufsicht über den Bürgermeister gem. § 13 LOG

2. Da bei der Organleihe die Gemeinde nicht tätig wird, gelten auch die Vorschriften über die Aufsicht über die Gemeinde gem. §§ 119 ff. GO NRW und das Weisungsrecht bei den Auftragsangelegenheiten nach § 16 LOG nicht. Da der Bürgermeister aber insoweit Behörde des Landes ist, unterliegt er insbesondere der Fachaufsicht gem. § 13 LOG. Die Weisung der Bezirksregierung als Ordnungsbehörde an den Bürgermeister nach § 9 IV GO NRW ist nicht anders zu behandeln als eine Weisung des Innenministeriums an die Bezirksregierung oder an eine sonstige nachgeordnete Behörde.

Exkurs Ende

III. Die Aufgaben des Landkreises

Aufgabenarten

Für die Landkreise enthält § 2 I, II KrO NRW zunächst die Einteilung freiwillige weisungsfreie Aufgaben (§ 2 I), pflichtige weisungsfreie Aufgaben (§ 2 II S. 2) und Weisungsaufgaben (§ 2 II S. 3). Gem. § 2 I S. 1 KrO NRW sind die Kreise für die Wahrnehmung der auf ihr Gebiet begrenzten überörtlichen Angelegenheiten zuständig.

Wie der Bürgermeister, so wird auch der Landrat in bestimmten Fällen als staatliche Verwaltungsbehörde tätig. Diese Organleihe hat jedoch für den Landrat eine erheblich größere Bedeutung, denn gem. § 58 I KrO NRW, § 9 II LOG betrifft dies die gesamte Zuständigkeit als untere staatliche Verwaltungsbehörde.[142]

> *Bsp.: Die Aufsicht über die Gemeinden (§ 120 I GO NRW), die Aufgaben als Straßenaufsichtsbehörde (§ 54 StrWG NRW),[143] als Bauaufsichtsbehörde (§ 60 I, II BauO NRW, §§ 12, 7 OBG).[144]*

---

141 Held u.a. 25. NachLfg. (2010), § 62 GO NRW, Anm. 14. 1.
142 Held u.a. 25. NachLfg. (2010), § 58 KrO NRW, Anm. 1. 1.
143 HR 95.
144 Weitere Beispiele bei Held u.a. 25. NachLfg. (2010), § 58 KrO NRW, Anm. 2.

C) Gemeindetypen

Gemeindetyp bestimmt Aufgabenumfang

Der Aufgabenumfang, für den eine Gemeinde zuständig ist, richtet sich nach dem Gemeindetyp (§ 4 GO NRW). Zwar geht die Gemeindeordnung vom Bild der Einheitsgemeinde aus,[145] d.h. alle Gemeinden sind grundsätzlich gleich strukturiert, der Landesgesetzgeber kann jedoch nicht umhin, den in der Realität bestehenden Unterschieden z.B. hinsichtlich der Bevölkerungszahlen oder der wirtschaftlichen Leistungsfähigkeit durch einige Differenzierungen im Rechtsstatus und des zugewiesenen Aufgabenumfangs Rechnung zu tragen:

I. Kreisangehörige und kreisfreie Gemeinden

zwei Grundtypen: kreisangehörig und kreisfrei

Gemeinden sind entweder kreisangehörig (Normalfall) oder kreisfrei. Die kreisfreien Gemeinden - im Gesetzestext wie im Folgenden als kreisfreie Städte bezeichnet (vgl. z.B. § 35 GO NRW) - sind vom Landesgesetzgeber in den Neugliederungsgesetzen bestimmt worden, d.h. der Status der Kreisfreiheit ist ihnen besonders zuerkannt. Kreisangehörige Gemeinden bilden im Gegensatz zu den kreisfreien Städten mit ihrem Gebiet und ihren Einwohnern einen Teil des Gebiets (§ 15 KrO NRW) und der Einwohner (§ 20 KrO NRW) des Kreises. Die kreisfreien Städte stehen demgegenüber den Kreisen gleich.

kreisfreie Städte übernehmen zusätzlich die Aufgaben der Kreise

Die Unterscheidung zwischen kreisangehörigen und kreisfreien Gemeinden ist für die wahrzunehmenden Aufgaben von Bedeutung. Die kreisfreien Städte nehmen nämlich über die Aufgaben, deren Erfüllung auch den kreisangehörigen Gemeinden obliegt, hinaus diejenigen Aufgaben selbst wahr, die für die kreisangehörigen Gemeinden der Kreis erfüllt.[146]

II. Gestuftes Aufgabenmodell für kreisangehörige Gemeinden

Unterschiede hinsichtlich der wahrzunehmenden Aufgaben bestehen auch innerhalb der kreisangehörigen Gemeinden. Aufgrund der im Zuge der Funktionalreform in die Gemeindeordnung eingefügten Regelung des § 4 GO NRW können den kreisangehörigen Gemeinden je nach Größe Aufgaben übertragen werden, die früher den Kreisen zugewiesen waren; es entsteht ein gestuftes Aufgabenmodell.

Reform der Stufenbildung

Als einer der wesentlichen Kernpunkte der letzten Reform, wurde § 4 GO NRW durch das Gesetz zur Stärkung der kommunalen Selbstverwaltung umstrukturiert und erweitert.

Maßgebend für die Zugehörigkeit zu einer dieser Stufen ist gem. § 4 VI S. 3 GO NRW auch weiterhin (zuvor § 4 II GO NW a.F.) eine Rechtsverordnung der Landesregierung.[147] Änderungen der Rechtsverordnung treten ein Jahr nach Verkündung in Kraft.

Stufen nach Einwohnerzahl

Entscheidendes Kriterium für die Einstufung ist die Einwohnerzahl. So werden Gemeinden von mehr als 25.000 Einwohner gem. § 4 II S. 2 GO NRW zu Mittleren und Gemeinden mit mehr als 60.000 Einwohnern gem. § 4 III S. 2 GO NRW zu Großen kreisangehörigen Städten von Amts wegen bestimmt. Insoweit entspricht die Regelung inhaltlich der alten und ist nur anders verortet.

---

145 Schmidt-Aßmann in: Schmidt-Aßmann, Bes. VerwR, Rn. 50.
146 Sundermann, S. 66.
147 HR 20b.

neue Mitentscheidungsoption der Gemeinden	Daneben soll aber auch kleineren Gemeinden die Möglichkeit erhalten, im größeren Umfang verwaltend tätig zu werden. Neu ist daher das Recht der Gemeinden auf Antrag aufgestuft zu werden. Eine Gemeinde von mehr als 20.000 Einwohnern kann sich nun auf eigenen Antrag zu einer Mittleren (§ 4 II S. 1 GO NRW) und Gemeinden mit mehr als 50.000 zu einer Großen kreisangehörigen Stadt (§ 4 II S. 1 GO NRW) bestimmen lassen. Die Möglichkeit der Umklassifizierung auf Antrag bestand bis dahin nur i.R.d. Herabsetzung der Stufe.
neue Grenzen für Rückstufung	Auch bei der Rückstufung gibt es neue Regelungen. Die maßgeblichen Einwohnerzahlgrenzen haben sich verschoben. So werden Große kreisangehörige Städte bei weniger als 50.000 (zuvor 54.000) Einwohnern auf eigenen Antrag und bei weniger als 45.000 (zuvor 48.000) Einwohnern von Amts wegen zu Mittleren kreisangehörigen Städte bestimmt (§ 4 IV GO NRW). Fällt die Einwohnerzahl Mittlerer oder Großer kreisangehörige Städte sogar unter 15.000 (zuvor 20.000) werden sie von Amts wegen aus der Rechtsverordnung gestrichen. Auf eigenen Antrag können sie die Streichung bereit bei weniger als 20.000 (zuvor 22.500) Einwohnern erreichen. (§ 4 V GO NRW)
Grundlage der Bestimmung	Grundlage für alle diese Bestimmungen der Einwohnerzahl sind gem. § 4 VII GO NRW ausschließlich die vom Landesamts für Datenverarbeitung und Statistik veröffentlichten Zahlen zu den, auf den 30. Juni und 31. Dezember festgelegten, Stichtagen. Für einen Aufstieg im Stufenverhältnis sind dabei immer die letzten drei, bei einem Abstieg stets die letzten fünf aufeinanderfolgenden Stichtage heranzuziehen. Schwankungen zwischen diesen Stichtagen sind unbeachtlich.
	Über den Antrag, sei er nun auf Auf- oder Rückstufung gerichtet, entscheidet gem. § 4 VI S. 1 GO NRW das Innenministerium.
neue Anspruchsvoraussetzung	Neue eingeführt ist auch, dass für den Anspruch der Gemeinde auf Änderung der Bestimmung in der Rechtsverordnung einer weiteren Voraussetzung bedarf. Gem. § 4 VI S. 2 GO NRW kann der Antrag negativ beschieden werden, wenn zwingende übergeordnete Interessen entgegenstehen.
Kein neuer Aufgabentyp	§ 4 I GO NRW schafft nicht etwa - wie es sein Wortlaut ("neben den Aufgaben nach §§ 2 und 3 zusätzliche Aufgaben") vermuten lässt - einen neuen Aufgabentyp. Er ermöglicht vielmehr, Verwaltungsaufgaben unabhängig von ihrer Art auf die kommunalen Stufen, d.h. die Kreise und die kreisangehörigen Gemeinden (differenziert nach Typ), neu zu verteilen.[148]
	Bsp.: Die Großen kreisangehörigen Städte sind neben ihren sonstigen Aufgaben für die Bewilligung von Darlehen und Zuschüssen im Wohnungsbau und zur Wohnungsmodernisierung zuständig (§ 2 WBFG[149]). Die Mittleren kreisangehörigen Städte sind untere Bauaufsichtsbehörden nach § 60 I Nr. 3a BauO NRW.[150]
Rückübertragung auf Kreise vereinfacht	Diese schon 1978 eingeführte Aufgabenübertragung löst die Sperrwirkung des § 1 I S. 2 Alt. 2 GkG aus. Eine Übertragung auf andere Gemeinden oder zurück auf den Kreis ist daher grundsätzlich ausgeschlossen.[151] Jedoch wurden 2004 mit Abs. 4 a.F. hierzu Ausnahmen eingefügt. Deren Anforderungen wurden nun in dessen Neufassung in Abs. 8 herabgesetzt.[152]

---

148 Sundermann, S. 64.
149 HR 91.
150 Rauball/Pappermann/Roters, § 3a GO NW, Rn. 5 f. mit weiteren Beispielen.
151 Vgl. OVG Münster DVBl. 1987, S. 142 f.
152 Dazu ausführlich Rn. 604b.

§ 4 AUFSICHT

A) Einführung

Aufsicht nach Aufgabentyp

Die staatliche Aufsicht richtet sich nach der Art der Aufgabe, zu deren Erfüllung die Gemeinde im konkreten Fall tätig wird. Damit finden sich in Parallele zu den drei Aufgabenarten (vgl. oben Rn. 62 ff.) auch hier drei Arten staatlicher Aufsicht über diese Gemeindetätigkeit. So unterliegt die Gemeinde

allgemeine Aufsicht

⇨ bei Selbstverwaltungsaufgaben (sowohl freiwilligen, als auch pflichtigen) lediglich der allgemeinen Aufsicht nach § 119 I GO NRW (Rn. 85 ff.),[153] daneben

Sonderaufsicht

⇨ bei Pflichtaufgaben zur Erfüllung nach Weisung (§ 3 II GO NRW) der Sonderaufsicht, § 119 II GO NRW (Rn. 135 ff.),

Fachaufsicht

⇨ in Auftragsangelegenheiten der Fachaufsicht (Rn. 150 ff.).

Zweck: Stärkung der Selbstverwaltung

Die staatliche Aufsicht ist Korrelat des Selbstverwaltungsrechts, d.h. sie ergibt sich als das Gegenstück der kommunalen Selbstverwaltung aus der Einbeziehung der Gemeinden in das Gesamtgefüge des Staates. Hierbei beschränkt sich die Aufgabe des Staates auf die Wahrung der Rechtmäßigkeit und der Interessen des Staatsganzen gegenüber den Einzelinteressen der Kommunen bei deren Aufgabenwahrnehmung.

Zweck ist aber nicht die Einschränkung der Selbstverwaltung, vielmehr soll die Aufsicht die Entschlusskraft und Selbstverantwortung stärken. Deshalb besteht die „Aufsicht" auch in beratender, fördernder und schützender Tätigkeit, setzt also bereits im Vorfeld gemeindlicher Beschlüsse ein (§ 11 GO NRW). Sie darf sich nicht als „Einmischungsaufsicht" darstellen, d.h. solange weder die Rechtmäßigkeit gemeindlicher Maßnahmen in Frage steht noch Staatsinteressen gefährdet sind, besteht grundsätzlich auch kein Bedürfnis nach aufsichtsrechtlicher Tätigkeit.

B) Allgemeine Aufsicht

Wesen der allgemeinen Aufsicht

Die allgemeine Aufsicht bezieht sich nach § 119 I GO NRW darauf, dass die Gemeinden ihre Aufgaben „im Einklang mit den Gesetzen", d.h. rechtmäßig wahrnehmen. Sie ist Rechtsaufsicht. Eine Zweckmäßigkeitskontrolle findet i.R.d. allgemeinen Aufsicht daher (grundsätzlich) nicht statt.[154] Die Ermessensausübung der Gemeinde ist lediglich daraufhin zu überprüfen, ob das Ermessen rechtmäßig, also nach den Maßstäben des § 40 VwVfG NRW fehlerfrei, ausgeübt wurde.[155]

I. Aufsichtsbehörden

für kreisangehörige Gemeinden der Landrat, für kreisfreie die Bezirksregierung

Aufsichtsbehörde ist für die kreisangehörigen Gemeinden nach § 120 I GO NRW der Landrat (als untere staatliche Verwaltungsbehörde), für die kreisfreien Städte die Bezirksregierung nach § 120 II GO NRW.

---

153 Hofmann/Muth/Theisen, KommR NRW 14. Aufl. (2010), Kapitel 3.2, S. 509 f.
154 Zuletzt VG Köln, NWVBl. 2005, S. 111, 113.
155 Vgl. Rehn/Cronauge, 2. Aufl. 36. Erg.Lfg. (2011), § 119 Anm. III.4.; Hofmann/Muth/Theisen, KommR NRW 14. Aufl. (2010), Kapitel 3.2, S. 509 f.; Schmidt-Aßmann in: Schmidt-Aßmann, Bes. VerwR, Rn. 41.

Obere und oberste Aufsichtsbehörden sind gem. § 120 III, IV GO NRW die Bezirksregierung und das Innenministerium.

Aufsichtsbehörden für die Landkreise sind gem. § 57 I S. 1 KrO NRW die Bezirksregierungen und das Innenministerium.

II. Aufsichtsmittel

präventive und repressive Aufsicht

Die Aufsichtsbehörden können sowohl präventiv als auch repressiv tätig werden. Während die Präventivaufsicht im Vorfeld gemeindlichen Handeln tätig wird, greift die Repressivaufsicht danach (nach §§ 121 ff. GO NRW) ein.[156]

1. Präventive Aufsicht

Mittel der präventiven Aufsicht

Nach § 11 GO NRW hat die Aufsicht neben ihrer Aufgabe zu gewährleisten, dass die Gemeinden ihre Pflichten erfüllen, auch die, sie in ihren Rechten zu schützen. Wichtigstes Mittel, dieser Funktion gerecht zu werden, ist die Beratung in rechtlichen und tatsächlichen Zweifelsfragen.[157] Daneben zählen zu den Mitteln der präventiven Aufsicht die gesetzlich vorgeschriebenen Genehmigungsvorbehalte und Anzeigepflichten.[158]

a) Anzeige

Anzeige

Verschiedene Entscheidungen der Gemeinde sind der Aufsichtsbehörde anzuzeigen:

⇨ die Haushaltssatzung, § 80 V GO NRW

⇨ Entscheidungen über kreditähnliche Geschäfte, § 86 IV S. 1 GO NRW

⇨ Entscheidungen über Bürgschaften und Verpflichten aus Gewährverträgen, § 87 II GO NRW

⇨ bestimmte Entscheidungen Unternehmen und Beteiligungen der Gemeinde, § 115 GO NRW

Anzeige ermöglicht Prüfung durch die Aufsicht

Anzeigepflichten haben den Zweck, der Aufsicht die Prüfung der Rechtmäßigkeit der anzuzeigenden Maßnahme zu ermöglichen. Damit hierfür ein ausreichender Zeitraum bleibt, ist jeweils eine Dauer bestimmt, innerhalb derer die Satzung nicht bekanntgemacht bzw. die Entscheidung nicht vollzogen werden darf.

Die Anzeige führt damit im Grunde nur zur Information der Aufsichtsbehörde, die andernfalls in vielen Fällen davon überhaupt keine Kenntnis erlangen würde. Aufgrund der Prüfung der Maßnahme kann die Aufsicht entscheiden, ob sie den Bürgermeister anweist, den Beschluss des Rats zu beanstanden (§ 122 I S. 1 GO NRW), bzw. eine Anordnung des Bürgermeister beanstanden (§ 122 II S. 1 GO NRW).[159]

---

156 Bösche, S. 330.
157 Rehn/Cronauge, 2. Aufl. 36. Erg.Lfg. (2011), § 11 Anm. II.
158 Bösche, S. 330.
159 Zu diesen Befugnissen s. Rn. 98 ff.

keine Auswirkung auf die RMK der Maßnahme	Die Verletzung einer Anzeigepflicht hat keine Auswirkung auf die Wirksamkeit der anzeigepflichtigen Maßnahme. Erfolgt die Anzeige nicht, so kann die Aufsichtsbehörde die Gemeinde zur Anzeige auffordern. Rechtsgrundlage dafür ist § 123 I GO NRW, da die Gemeinde die Anzeigepflicht nicht erfüllt hat. Alternativ dazu kommt die Ausübung des Unterrichtungsrechts gem. § 121 GO NRW in Betracht.	91

b) Genehmigung

Genehmigungspflichten

Genehmigungspflichten bestehen für

⇨ die Änderung des Gemeindenamens, § 13 I S. 3 GO NRW,

⇨ die Verbandssatzung des Zweckverbands, § 10 I S. 1 GkG,

⇨ die öffentlich-rechtliche Vereinbarung, § 24 I S. 1 GkG,

⇨ Satzungen über bestimmte Steuern der Gemeinde, § 2 II KAG,[160]

⇨ den Flächennutzungsplan, § 6 I BauGB, und bestimmte Bebauungspläne, § 10 II BauGB.

Weitere Genehmigungsvorbehalte sind in § 14 III GO NRW (die Änderung und die Einführung von Dienstsiegeln, Wappen und Flaggen), § 18 II S. 1 GO NRW (Gebietsänderungsverträge), § 75 IV S. 1 GO NRW (Rücklagenverminderung in der Haushaltssatzung), § 76 II S. 2 GO NRW (Haushaltssicherungskonzept[161]), §§ 82 II, 86 III GO NRW (bestimmte Kreditaufnahmen) und § 100 II GO NRW (bestimmte Maßnahmen im Zusammenhang mit Stiftungen) vorgesehen.

§ 130 GO NRW

§ 130 GO NRW bestimmt, dass eine Verletzung der Genehmigungspflicht zur Unwirksamkeit führt. Dabei ist eine nachträgliche Genehmigung möglich.[162] Die Vorschrift gilt allerdings nach ihrem Wortlaut lediglich für Genehmigungserfordernisse der GO NRW, nicht aber des GkG oder des KAG.[163] Sie gilt nur für privatrechtliche Rechtsgeschäfte, die der Genehmigung bedürfen.[164]

Verstoß gegen Genehmigungspflicht: RWK der Maßnahme

Der Verstoß gegen die Genehmigungspflicht aus anderen Gesetzen (GkG, KAG) ist daher nach allgemeinen Grundsätzen zu beurteilen. Wird eine Steuersatzung ohne Genehmigung unter Verstoß gegen § 2 II KAG erlassen, so ist sie - formell - rechtswidrig, denn die Genehmigungspflicht ist eine Anforderung an das Verfahren. Sie ist unwirksam, da rechtswidrige Satzungen grundsätzlich unwirksam sind. Der Fehler kann auch nicht gem. § 7 VI GO NRW unbeachtlich werden, vgl. dort S. 1 lit. a.[165]

Das Gleiche gilt für die Verbandssatzung des Zweckverbands, der gegen das Genehmigungserfordernis nach § 10 I S. 1 GkG verstößt. Die öffentlich-rechtliche Vereinbarung im Sinne von § 23 GkG ist, da sie ein öffentlich-rechtlicher Vertrag ist, nach den §§ 54 ff. VwVfG zu beurteilen.

---

160 HR 130.

161 Hier ist zu beachten, dass das Sicherungskonzept den Haushaltsausgleich nicht mehr innerhalb der dreijährigen Frist der mittelfristigen Ergebnis- und Finanzplanung (§ 84 GO NRW), sondern einer 10-Jahresfrist erreichen muss (geändert durch Gesetz vom 24.05.2011 verkündet am 03.06.2011 GVBl. NRW., S. 271).

162 Rehn/Cronauge, 2. Aufl. 36. Erg.Lfg. (2011), § 130 Anm. II.

163 Dieckmann/Heinrichs, zu § 127 GO NW.

164 Rehn/Cronauge, 2. Aufl. 36. Erg.Lfg. (2011), § 130 Anm. I.1.

165 Ausführlich zur Unbeachtlichkeit formeller Fehler gem. § 7 VI GO NRW s. Rn. 560 ff.

Hier wird man vertreten können, dass der Verstoß gegen die Genehmigungspflicht (§ 24 II S. 1 GkG) einen qualifizierten Rechtsfehler darstellt, der zur Nichtigkeit des Vertrags gem. § 59 I VwVfG i.V.m. § 134 BGB führt.[166]

Flächennutzungspläne und nach § 10 II BauGB genehmigungspflichtige Bebauungspläne sind ebenfalls unwirksam, § 214 I Nr. 4. BauGB. Der Fehler kann nur in einem ergänzenden Verfahren nach § 214 IV BauGB behoben werden, wobei auch eine rückwirkende Inkraftsetzung möglich ist.[167]

Klage auf Erteilung einer Genehmigung

Wird eine Genehmigung nicht erteilt, so stellt sich die Frage, ob die Gemeinde erfolgreich auf Erteilung der Genehmigung klagen kann.

> **Bsp.:** *Die Gemeinde G hat erstmalig eine Hundesteuersatzung erlassen. Die Satzung wurde am 21.04.2004 in dem Amtsblatt der Gemeinde bekannt gemacht.*
>
> *Der Innenminister wies die kreisangehörige Gemeinde darauf hin, dass die Satzung wegen fehlender Genehmigung durch ihn unwirksam sei. Die Genehmigung würde versagt, da die Regierung zu dem Ergebnis gekommen sei, grundsätzlich keine neuen Steuern mehr einzuführen. Zudem sei eine Hundesteuer unzulässig, da es dann Teilen der Bevölkerung aus finanziellen Gründen nicht mehr möglich sei, einen Hund zu halten.*
>
> *Die Gemeinde ist der Ansicht, dass die Satzung genehmigt werden müsse. Zum einen habe sie einen Rechtsanspruch auf die Genehmigungserteilung, zum anderen habe die Genehmigung wegen der bereits erfolgten Verkündung nur noch deklaratorischen Charakter und außerdem sei das Genehmigungserfordernis wegen Verstoßes gegen das gemeindliche Selbstverwaltungsrecht verfassungswidrig. Daher erhebt die Gemeinde gegen die Versagung der Genehmigung Klage zum Verwaltungsgericht. Mit Erfolg?*

Lösung:

I. Verwaltungsrechtsweg

Gem. § 40 I VwGO ist der Verwaltungsrechtsweg eröffnet, wenn es sich um eine öffentlich-rechtliche Streitigkeit nichtverfassungsrechtlicher Art handelt, für die keine abdrängende Sonderzuweisung besteht. Die Streitigkeit betrifft die Frage, ob die Genehmigung der Hundesteuersatzung zu erteilen ist. Dies bestimmt sich nach den Vorschriften der GO NRW und des KAG (§§ 2 II, 3 KAG), mithin nach Normen, die dem öffentlichen Recht angehören. Da diese auch nichtverfassungsrechtlicher Art und eine andere Zuweisung nicht ersichtlich ist, ist der Verwaltungsrechtsweg eröffnet.

hemmer-Methode: Zwar ist das Kommunalabgabenrecht nicht Prüfungsstoff. Dies schließt aber nicht aus, dass im Examen der Aufhänger in einem solchen Gebiet liegt.

II. Zulässigkeit

1. Klageart

Da es der Gemeinde darum geht, die versagte Genehmigung, falls eine solche erforderlich ist, zu erhalten, kommt die Verpflichtungsklage gem. § 42 I Alt. 2 VwGO in Betracht. Dazu müsste es sich bei der zu erteilenden Genehmigung um einen Verwaltungsakt gem. § 35 VwVfG handeln.

---

[166] Zur Auslegung des § 59 I VwVfG, insbesondere einer Verweisung auf § 134 BGB, Kopp/Ramsauer, 11. Aufl. (2010), § 59 VwVfG, Rn. 9 ff.

[167] Ausführlich zur Fehlerfolgenregelung nach §§ 214 ff. BauGB **Hemmer/Wüst, Baurecht NRW, Rn. 558 ff.**

§ 4 AUFSICHT

Hieran könnte es fehlen, wenn die Genehmigung als Bestandteil des Rechtsetzungsverfahrens an der rechtlichen Qualifikation der Satzung teilhätte und gleich dieser ein Akt der Rechtsetzung wäre. Fraglich ist hier, ob die Genehmigung die Regelung eines Einzelfalls ist, oder aber wie die Satzung eine abstrakt-generelle Regelung aufweist.

Diese u.a. auch vom OVG Münster früher[168] vertretene Auffassung wurde jedoch vom BVerwG[169] verworfen. Seither ist ganz h.M., dass derartige Genehmigungen nicht als Mitwirkung an der kommunalen Rechtsetzung zu begreifen sind, sondern Maßnahmen der präventiven Rechtsaufsicht darstellen. Bei der Genehmigung gemeindlicher Satzungen handelt es sich deshalb um einen Verwaltungsakt im Sinne von § 35 S. 1 VwVfG.[170] Daher ist vorliegend die Verpflichtungsklage die richtige Klageart.

hemmer-Methode: Der Genehmigungs-VA hat die Besonderheit, dass er mit Verkündung der Rechtsvorschrift mit dieser untrennbar verbunden ist. Eine Aufhebung des Verwaltungsakts über §§ 48, 49 VwVfG NRW kommt dann nicht mehr in Betracht, da ansonsten die speziellen Verfahren zur Aufhebung einer Rechtsnorm umgangen würden.[171]

2. Klagebefugnis § 42 II VwGO

Die Gemeinde müsste geltend machen können, durch die Verweigerung der Genehmigung möglicherweise in einem subjektiv-öffentlichen Recht verletzt zu sein. Dazu müsste sie einen Anspruch auf Erteilung der Genehmigung haben.

Da das Satzungsrecht, ebenso wie die Finanzhoheit, Gegenstand des kommunalen Selbstverwaltungsrechts ist, kann sich ein Anspruch aus Art. 28 II GG, Art. 78 I und II LV ergeben.

Zwar ist fraglich, ob einer Gemeinde ein Rechtsanspruch auf Erteilung der Genehmigung zusteht oder ob der Genehmigungsbehörde insoweit ein Ermessen eingeräumt ist. Die Gemeinde hat jedoch auch im letzteren Fall zumindest einen Anspruch auf fehlerfreie Ermessensausübung.

3. Vorverfahren, §§ 68 ff. VwGO

Das Vorverfahren ist gem. § 110 I S. 2 JustG NRW entbehrlich.[172]

4. Klagegegner[173]

hemmer-Methode: Die Bezeichnung „Richtiger Klagegegner" ist zu vermeiden. Der durch den Kläger Benannte ist der Beklagte (vgl. § 82 I S. 1 VwGO). Nur dieser kann der „Richtige" oder „Falsche" sein, je nachdem, ob er dem Klagegegner entspricht oder nicht. Klagegegner hingegen ist der, gegen welchen die Klage zu richten ist. Er wird durch das Gesetz, nicht durch den Kläger bestimmt, kann also nie falsch und damit auch nie richtig sein.

Die Klage ist gem. § 78 I Nr. 1 VwGO gegen das Land NRW zu richten.

hemmer-Methode: Am 01.01.2011 wurde das alte AG VwGO NRW im Wege der Einführung des JustG NRW aufgehoben. Während einzelne Normen lediglich in das andere Gesetz verschoben wurden (§ 6 AG VwGO NRW a.F. ist nun § 110 JustG NRW; § 8 AG VwGO NRW a.F. ist nun § 112 JustG NRW) wurde § 5 AG VwGO NRW a.F. ersatzlos gestrichen.

---

168 Vgl. OVG Münster, Der Gemeindehaushalt 1975, S. 72.
169 BVerwG, BayVBl. 1963, S. 283.
170 Held u.a. 25. NachLfg. (2010), § 7 GO NRW, Anm. 2. 1. 3.
171 Vgl. Kopp/Ramsauer, 11. Aufl. (2010), § 48 VwVfG, Rn. 39.
172 Vgl. zur Reform des Widerspruchsverfahrens: Kamp NWVBl. 2008, S. 41 ff.; dort zu der dem § 110 JustG NRW wortgleichen Vorgängernorm: § 6 AG VwGO NRW a.F.
173 In NRW im Rahmen der Zulässigkeit zu prüfen (dogmatisch als Fall der passiven Prozessführungsbefugnis zu verstehen), hierzu **Hemmer/Wüst, Verwaltungsrecht I, Rn. 230.**

> **Ohne ein Landesgesetz i.S.d. § 78 I Nr. 2 VwGO gilt der Grundfall nach § 78 I Nr. 1 VwGO: Das Rechttsrägerprinzip.**
> **Das Behördenprinzip ist hingegen in keiner verwaltungsgerichtlichen Klage mehr anwendbar.**[174]

5. Von der Einhaltung der Form und Frist ist auszugehen, sodass die Klage zulässig ist.

III. Begründetheit

Die Klage ist begründet, wenn die Versagung der Genehmigung rechtswidrig und die Gemeinde hierdurch in ihren Rechten verletzt worden ist sowie die Sache spruchreif ist, § 113 V S. 1 VwGO. Dies ist der Fall, wenn die Gemeinde einen Anspruch auf die Genehmigung hat.[175]

1. Ein Anspruch scheitert nicht wegen der bereits erfolgten Bekanntmachung der Satzung. Hierfür kommt es auf die Funktion der Genehmigung i.R.d. Rechtsetzungsverfahrens an. Die erforderliche Genehmigung ist Wirksamkeitserfordernis und hat der Bekanntmachung vorauszugehen. Andernfalls ist die Satzung nichtig.[176] Gleichwohl lässt die h.M. eine gewisse Rückwirkung der Genehmigung in dem Sinne zu, dass der Mangel nicht geheilt wird, es aber andererseits keiner Wiederholung des gesamten Rechtsetzungsverfahrens, insbesondere keines weiteren Ratsbeschlusses bedarf. Notwendig ist allerdings eine erneute Bekanntmachung.[177]

2. Fraglich ist daher, ob der Gemeinde ein Anspruch auf Genehmigung der Satzung zusteht, oder lediglich ein Anspruch auf ermessensfehlerfreie Entscheidung.

a) Dazu müsste die Satzung überhaupt genehmigungspflichtig sein. Die Genehmigungsbedürftigkeit der Satzung ergibt sich aus § 2 II KAG. Genehmigungspflichtig ist die Satzung aber nur dann, wenn diese Vorschrift nicht verfassungswidrig und unwirksam ist.

> **hemmer-Methode: Ist die Satzung gar nicht genehmigungsbedürftig, darf das Ministerium auch keine Genehmigung erteilen, d.h. die Ablehnung der Genehmigung ist nicht rechtswidrig, sondern korrekt! Die Verpflichtungsklage auf Erteilung der Genehmigung kann dann mangels Begründetheit keinen Erfolg haben.**

Das Genehmigungserfordernis verstößt nicht gegen die verfassungsrechtliche Gewährleistung des Selbstverwaltungsrechts der Gemeinde. Staatliche Genehmigungsvorbehalte sind deshalb zulässig, weil das Selbstverwaltungsrecht (Art. 28 II GG und Art. 78 LV) nur „i.R.d. Gesetze" gewährleistet ist und gesetzliche Regelungen wie § 2 II KAG als vorgezogene Rechtsaufsicht gerade die Einhaltung dieses gesetzlichen Rahmens gewährleisten sollen. Die institutionelle Garantie dieses Rechts wird demnach nicht angetastet. Die Genehmigungspflicht besteht folglich.

> **hemmer-Methode: Würde man an dieser Stelle ein anderes Ergebnis vertreten, so müsste das Gericht dem VerfGH die Frage vorlegen, ob § 2 II KAG gegen Art. 78 LV verstößt, bzw. das BVerfG zur Überprüfung der Vorschrift hinsichtlich Art. 28 II S. 1 GG angerufen werden (§ 12 Nr. 7, §§ 50 f. VGHG, bzw. Art. 100 I GG). Das ist aber in der Klausur regelmäßig nicht gewollt!**

b) Voraussetzung einer Genehmigung ist, dass die Satzung rechtmäßig ist. Eine rechtswidrige Satzung muss und darf die Aufsicht nicht genehmigen. Anhaltspunkte für die Rechtswidrigkeit bestehen nicht.

---

174 Vgl. hierzu: Wahlhäuser NWBl. 2010, S. 466 f.

175 Zur Begründetheit der Verpflichtungsklage vgl. **Hemmer/Wüst, Verwaltungsrecht II, Rn. 55 ff.**

176 Held u.a. 25. NachLfg. (2010), § 7 GO NRW, Anm. 2. 2; zur nachträglichen Genehmigung vgl. Rn. 549.

177 Dazu ausführlich u. Rn. 551 ff.

c) Fraglich ist, ob die Genehmigung zu erteilen ist, wenn die Satzung über die Hundesteuer rechtmäßig ist, oder ob die Genehmigungsbehörde dabei einen Ermessensspielraum hat. Die Frage eines Anspruchs der Gemeinde auf Genehmigungen dieser Art ist umstritten. Zum Teil wird vertreten, dass die Genehmigungsbehörde immer die Möglichkeit einer Zweckmäßigkeitskontrolle hat und ihr damit ein Ermessensspielraum offen steht,[178] sodass die Gemeinde allenfalls einen Anspruch auf fehlerfreie Ermessensausübung hat.

Nach anderer Ansicht kann die Genehmigung einer gemeindlichen Satzung in keinem Fall im Ermessen der Aufsichtsbehörde stehen. Lägen die gesetzlichen Voraussetzungen für die Genehmigungserteilung vor, sei es der Aufsichtsbehörde im Hinblick auf Art. 28 II GG und Art. 78 IV S. 1 LV nicht gestattet, Ermessenserwägungen in die Entscheidung über die Erteilung der Genehmigung einfließen zu lassen.[179] Dieser Auffassung zufolge bestünde ein strikter Rechtsanspruch der Gemeinde hinsichtlich der Genehmigung, falls die Satzung formell und materiell rechtmäßig wäre.

Das OVG Münster[180] und die h.M.[181] gehen indessen davon aus, dass zwei Arten von Genehmigungen zu unterscheiden sind:

⇨ solche, mit denen der Staat primär im Interesse der jeweiligen Gemeinde und ihrer Einwohner lediglich eine Unbedenklichkeitserklärung abgibt, und

⇨ solche, bei denen es um Fälle eines Zusammenwirkens von Staat und Gemeinde im Grenzbereich zwischen kommunaler Eigenverantwortlichkeit und überörtlichem Allgemeinwohl geht, bei denen also der Staat nicht nur tätig wird, um die Gesetzmäßigkeit des Gemeindehandelns zu kontrollieren, sondern eigene, allein ihm zugewiesene Verwaltungsziele verfolgt (sog. **Kondominium** von Staat und Gemeinde).[182]

Bei der ersten Gruppe sei lediglich eine reine Rechtskontrolle zulässig, während der Aufsichtsbehörde bei der zweiten Gruppe die Möglichkeit einer Zweckmäßigkeitskontrolle und mithin auch ein Ermessensspielraum eingeräumt sei.

Für diese vermittelnde Auffassung spricht, dass über die Differenzierung in rechtsaufsichtliche und kondominiale Genehmigungsvorbehalte eine Grundlage dafür geschaffen wird, kommunale und staatliche Interessen sachgerecht auszugleichen. Der Einräumung einer Rechts- und Zweckmäßigkeitsgesichtspunkte umfassenden Prüfungsmöglichkeit kann auch nicht die Verfassungsnorm des Art. 78 IV S. 1 LV entgegengehalten werden, da über die kommunale Verantwortungssphäre hinausgehende Belange vom Wesensgehalt der kommunalen Selbstverwaltung nicht erfasst werden. In Bereichen, die auch diese überörtlichen Belange betreffen, muss daher eine staatliche Ermessensausübung hinsichtlich der Genehmigungserteilung grundsätzlich zulässig sein.[183]

d) Die Genehmigung nach § 2 II KAG sieht - anders als die meisten Genehmigungsvorbehalte - die Zustimmung sowohl des Finanz- als auch des Innenministeriums vor. Sollte es nur um eine reine Rechtskontrolle gehen, so wäre naheliegend, dass nur eines dieser Ministerien die Rechtmäßigkeit der Steuersatzung prüft. Das Erfordernis zweier Genehmigungen verschiedener Ministerien spricht vielmehr dafür, dass diese nicht nur zur Rechtmäßigkeits-, sondern auch zu (finanz- und wirtschaftspolitischen) Zweckmäßigkeitserwägungen berufen sind.

---

178 Sundermann, S. 202; wohl auch Körner, § 4 GO, Anm. 2.
179 Vgl. Erichsen, NWVBl. 1990, S. 37 (41); Ehlers NWVBl. 1990, S. 80 (84 f.).
180 OVG Münster NVwZ 1990, S. 689 (690 f.) = **juris**byhemmer, DVBl. 1988, S. 796; OVGE 19, 192 (197).
181 Rehn/Cronauge, 2. Aufl. 36. Erg.Lfg. (2011), § 11 Anm. IV.2.; Held u.a. 25. NachLfg. (2010), § 119 GO NRW, Anm. 5; Rauball/Pappermann/Roters, § 4 GO NW, Rn. 8; Bösche, S. 331; Hofmann/Muth/Theisen, KommR NRW 14. Aufl. (2010), Kapitel 3.3.2.4.3, S. 530.
182 Vgl. Held u.a. 25. NachLfg. (2010), § 119 GO NRW, Anm. 5.
183 OVG Münster NVwZ 1990, S. 689 (690 f.) = **juris**byhemmer.; Held u.a. 25. NachLfg. (2010), § 119 GO NRW, Anm. 5.

Beanstandung nach § 122 I GO NRW ist unbedingte Pflicht des Bürgermeisters

Der Bürgermeister ist verpflichtet, der Anweisung der Aufsichtsbehörde Folge zu leisten. Er hat im Beanstandungsverfahren nach § 122 I GO NRW - anders als bei einer Beanstandung aus eigener Initiative nach § 54 II oder III GO NRW - die Stellung einer nachgeordneten Behörde, sodass die Anweisung mangels Außenwirkung keinen Verwaltungsakt darstellt, sondern lediglich eine innerdienstliche Weisung.[192] Klagefähige Rechte des Bürgermeisters sind nicht betroffen, sodass seine Klage unzulässig wäre.

101

Da auch die Gemeinde durch die Weisung noch nicht in ihren Rechten verletzt sein kann - eine Rechtsverletzung kann erst durch die Beanstandung selbst herbeigeführt werden - steht ihr auch kein Rechtsbehelf gegen die Anweisung zur Verfügung.[193]

Beanstandung durch die Aufsichtsbehörde nach §§ 122, 123 GO NRW analog

Weigert sich der Bürgermeister, den Beschluss zu beanstanden, kann die Aufsichtsbehörde die Beanstandung analog §§ 122, 123 GO NRW selbst vornehmen.[194] Einer unmittelbaren Aufhebung des Beschlusses steht entgegen, dass die Voraussetzungen des § 122 I S. 2 GO NRW (noch) nicht erfüllt sind.[195]

103

Aufhebung bei bestätigenden Beschlüssen

Nach erfolgter Beanstandung hat die Aufsichtsbehörde eine erneute Beratung im Rat bzw. Ausschuss abzuwarten, § 54 II GO NRW. Bestätigt der Rat seinen Beschluss, kann ihn die Aufsichtsbehörde nach § 122 I S. 2 GO NRW aufheben. Wurde ein Ausschussbeschluss beanstandet und hält der Ausschuss nach erneuter Beratung an seinem Beschluss fest, so hat der Rat nach § 54 III S. 2 GO NRW über die Angelegenheit zu beschließen. Bestätigt er den Ausschussbeschluss, so kann dieser Beschluss ohne erneute Beanstandung gem. § 122 I S. 2 GO NRW aufgehoben werden.[196]

104

Adressat der Aufhebungsverfügung

Adressat der Aufhebungsverfügung ist nicht der Rat oder Ausschuss, sondern die Gemeinde selbst.[197]

Änderung = Teilaufhebung

Häufig wird die Rechtsaufsicht nicht den gesamten Beschluss beanstanden und Aufhebung verlangen, sondern nur einen Teil der Regelung beanstanden und insoweit eine Aufhebung anordnen. Dies ist grundsätzlich möglich.

105

Zu beachten ist, dass sich in diesem Fällen die gewünschte Aufhebung häufig als Änderungsverlangen darstellt. Dies ist jedoch nichts anderes als eine Teilaufhebung.

> *Bsp.:* Der Rat beschließt neue „Richtlinien über die Zulassung zu den öffentlichen Einrichtungen der Gemeinde". In diesen wird u.a. die Gemeindeverwaltung verpflichtet, eine Zulassung abzulehnen, wenn eine Beschädigung der Einrichtung droht, oder bei Anträgen extremistischer Personen oder Vereinigungen. Der Bürgermeister beanstandet nach Anordnung durch die Aufsicht den Beschluss, soweit Extremisten abzulehnen sind, und die Aufsicht verlangt einen entsprechenden Änderungsbeschluss des Rats.

Rechtsgrundlage für die Anordnung zur teilweisen Beanstandung und das Änderungsverlangen ist § 122 I S. 1 u. 2 GO NRW. Die verlangte Änderung ist eine teilweise Aufhebung des Beschlusses des Rats und damit ein Aufhebungsverlangen gem. § 122 I S. 2 GO NRW.

---

192 OVG Münster, OVGE 10, 314 (315 f.); Bösche, S. 339; Buhren, S. 128; Held u.a. 25. NachLfg. (2010), § 122 GO NRW, Anm. 4.
193 Hofmann/Muth/Theisen, KommR NRW 14. Aufl. (2010), Kapitel 3.3.2.3.2, S. 521.
194 OVG Münster, OVGE 11, 201 (202 f.); Rehn/Cronauge, 2. Aufl. 36. Erg.Lfg. (2011), § 122 Anm. II 3c.
195 Hofmann/Muth/Theisen, KommR NRW 14. Aufl. (2010), Kapitel 3.3.2.3.2, S. 521.
196 Hofmann/Muth/Theisen, KommR NRW 14. Aufl. (2010), Kapitel 3.3.2.3.2, S. 522.
197 OVG Münster, OVGE 35, 73 (73 f.); VG Arnsberg Gew Arch 1989, S. 389; vgl. Beckedorf, VR 1988, S. 420 (425); vgl. auch zur früheren Auffassung des OVG Münster, OVGE 19, 62 (64); 28, 185 (188).

§ 4 AUFSICHT

Beanstandung und Aufhebung nach § 122 II GO NRW

Nach § 122 II GO NRW kann die Aufsichtsbehörde rechtswidrige Anordnungen des Bürgermeisters beim Rat beanstanden. Auch diese Beanstandung ist schriftlich in Form einer begründeten Darlegung dem Rat mitzuteilen, § 122 II S. 2 GO NRW, und hat aufschiebende Wirkung, § 122 II S. 3 GO NRW. Billigt der Rat die Anordnung des Bürgermeisters, kann die Aufsichtsbehörde sie aufheben, § 122 II S. 4 GO NRW.

106

keine unmittelbaren Konsequenzen für die Wirksamkeit und Rechtmäßigkeit der Ausführung

Beanstandung und Aufhebung rechtswidriger Rats- bzw. Ausschussbeschlüsse oder rechtswidriger Anordnungen des Bürgermeisters haben keinen Einfluss auf die rechtliche Wirksamkeit ihrer Ausführung. Die Gemeinde ist jedoch auf Verlangen der Aufsichtsbehörde verpflichtet, Maßnahmen, die bereits getroffen wurden, rückgängig zu machen. Ist allerdings ein Beschluss oder eine Anordnung bereits vollzogen und kann der Vollzug nicht rückgängig gemacht werden, wäre eine Beanstandung nicht geeignet, den Aufsichtszweck zu erreichen und würde daher einen übermäßigen Eingriff in das Selbstverwaltungsrecht darstellen. Die Einleitung der Aufsichtsmaßnahme wäre daher in einem solchen Fall ermessensfehlerhaft.[198]

107

> **Bsp.:** Die Aufsichtsbehörde kann die Aufhebung eines (rechtswidrigen) Verwaltungsakts also nur verlangen, wenn die Aufhebung nach §§ 48 ff. VwVfG zulässig ist.

c) Anordnungsrecht und Ersatzvornahme, § 123 GO NRW

Regelungsgehalt des § 123 I und II GO NRW

Wenn die Gemeinde die ihr obliegenden Pflichten oder Aufgaben nicht erfüllt, kann die Aufsichtsbehörde nach § 123 I GO NRW anordnen, dass sie innerhalb einer bestimmten Frist das Erforderliche veranlasst. Kommt die Gemeinde der Anordnung nicht fristgerecht nach, so kann die Aufsichtsbehörde die Anordnung an Stelle der Gemeinde und auf deren Kosten selbst durchführen (Selbstvornahme) oder einen Dritten mit der Durchführung betrauen (Fremdvornahme), § 123 II GO NRW.

108

Während in den Fällen des § 122 GO NRW ein rechtswidriges Handeln der Gemeinde beseitigt werden soll, zielt § 123 GO NRW darauf ab, die Gemeinde bei rechtswidrigem Unterlassen zum Handeln zu veranlassen und gegebenenfalls eine Pflichterfüllung durch die Aufsichtsbehörde zu ermöglichen.[199] Beanstandungs- und Anordnungsbefugnis sind komplementär und erfassen damit jedes rechtswidrige Verhalten der Gemeinde.

Dabei geht § 123 GO NRW in den Fällen rechtswidrigen Unterlassens nach der Ansicht des OVG Münster der Regelung des § 122 GO NRW vor; beruhe die Untätigkeit der Gemeinde auf einem entsprechenden Beschluss des Rats, könne im Verfahren nach § 123 GO NRW auch die Aufhebung dieses Beschlusses verlangt werden, ohne dass das Verfahren nach § 122 GO NRW durchlaufen werden müsste.[200]

Pflichten und Aufgaben i.S.d. § 123 I GO NRW

Pflichten und Aufgaben i.S.d. § 123 I GO NRW sind alle auf einer gültigen Rechtsnorm beruhenden öffentlich-rechtlichen Verpflichtungen der Gemeinde.[201] Daher ist § 123 I GO NRW auch anwendbar, wenn die Gemeinde öffentliche Aufgaben unmittelbar in den Formen des Privatrechts erfüllt (etwa beim Betrieb einer öffentlichen Einrichtung nach § 8 GO NRW).

109

---

198 OVG Münster, OVGE 28, 185 (194); Held u.a. 25. NachLfg. (2010), § 122 GO NRW, Anm. 11; Erichsen, § 15 B 3 b, S. 354.
199 Vgl. Kallerhoff, NWVBl. 1996, S. 93 (94); Held u.a. 25. NachLfg. (2010), § 123 GO NRW, Anm. 1.
200 Vgl. OVG Münster, NWVBl. 1995, S. 304 = **juris**byhemmer; Hofmann/Muth/Theisen, KommR NRW 14. Aufl. (2010), Kapitel 3.3.2.3.3, S. 524.
201 Held u.a. 25. NachLfg. (2010), § 123 GO NRW, Anm. 1.

Anders ist dies, wenn die Gemeinde durch privatrechtliches Handeln nicht (unmittelbar) öffentliche Aufgaben wahrnimmt, etwa als Verkäuferin eines Grundstücks oder als Vermieterin einer Wohnung.[202] Dies gilt auch dann, wenn der Dritte selber dem öffentlichen Recht angehört.[203]

Fristsetzung

Die der Gemeinde zu setzende Frist muss so bemessen sein, dass die Gemeinde auch tatsächlich in der Lage ist, der Anordnung Folge zu leisten, etwa einen dazu notwendigen Ratsbeschluss herbeizuführen. Schließlich muss die Verfügung ausdrücklich auf § 123 GO NRW und die Möglichkeit einer Ersatzvornahme[204] Bezug nehmen sowie ausreichend begründet sein.[205]

110

Form der Androhung

Dabei bedarf die Androhung der Ersatzvornahme nach § 123 II GO NRW keiner gesonderten Form. Insbesondere sind § 63 VI S. 1 VwVG NW, welcher für die Ersatzvornahme nach § 59 VwVG NW eine förmliche Zustellung erfordert, und § 64 IV VwVG NW, welcher die Angabe der voraussichtlichen Kosten verlangt, hier nicht anwendbar.[206] Auch das Zwangsmittelfestsetzungserfordernis des § 64 VwVG NW ist weder direkt noch analog anwendbar.[207]

Folgen der aufschiebenden Wirkung gegen die Anordnung

Eine Ersatzvornahme gem. § 123 II GO NRW ist möglich, wenn die Gemeinde der Anordnung der Aufsichtsbehörde nicht innerhalb der bestimmten Frist nachkommt. Die Gemeinde muss demnach gegen das in der Anordnung bestimmte Verhaltensgebot verstoßen. Voraussetzung hierfür ist allerdings, dass die Anordnung wirksam und vollziehbar ist. Eine Ersatzvornahme ist daher solange nicht zulässig, wie ein Rechtsbehelf der Gemeinde aufschiebende Wirkung gem. § 80 I VwGO hat.

111

Legt die Gemeinde Klage ein, so muss die Aufsichtsbehörde gem. § 80 II Nr. 4 VwGO die sofortige Vollziehung anordnen, um die Anordnung wieder vollziehbar zu machen. Dann kann eine Ersatzvornahme erfolgen, sofern nicht wiederum das Gericht auf Antrag der Gemeinde gem. § 80 V VwGO die aufschiebende Wirkung der Klage wiederherstellt. Maßgeblicher Beurteilungszeitpunkt für die Rechtmäßigkeit einer Anordnung gem. § 123 I GO NRW ist der Zeitpunkt, in der sie erlassen wird.[208]

112

> **hemmer-Methode:** Hierbei handelt es sich um kein spezifisches Problem des Kommunalrechts, vielmehr dürfte die o.g. Konstellation (Stichwort: Suspensiveffekt) aus dem allgemeinen Verwaltungsrecht bekannt sein. Im Zusammenhang mit einer Aufsichtsmaßnahme wird sie den meisten Bearbeitern einer Klausur, die eine entsprechende Konstellation zum Inhalt hätte, allerdings noch nie begegnet sein.
> In solchen Fällen gilt: Lassen Sie sich durch die „Aufhänger" einer Klausur in einem bestimmten Spezialbereich nicht den Blick für - Ihnen aus den „Normalkonstellationen" bekannte - Probleme des Allgemeinen Verwaltungsrechts verstellen. Gerade solche Konstellationen sind typisch für die Examensklausur, wo man sehen will, dass Sie über Ihr juristisches Verständnis die bekannten Probleme auch in neuer „Verpackung" wiedererkennen.

„anderer" i.S.d. § 123 II GO NRW

„Anderer" i.S.d. § 123 II GO NRW kann grundsätzlich jeder und damit auch z.B. der Bürgermeister der Gemeinde sein.

113

---

202 Rehn/Cronauge, 2. Aufl. 36. Erg.Lfg. (2011), § 123 Anm. II.2.
203 VG Gelsenkirchen NWVBl. 2008, 192 (192 f.).
204 Hinweis auf Möglichkeit einer Ersatzvornahme entfällt bei unvertretbaren Handlungen oder Untunlichkeit der sofortigen Zwangsmittelandrohung.
205 Vgl. Rehn/Cronauge, 2. Aufl. 36. Erg.Lfg. (2011), § 123 Anm. II.3.; Held u.a. 25. NachLfg. (2010), § 123 GO NRW, Anm. 2.
206 Vgl. OVG Münster, NWVBl. 2008, 69 (70) = jurisbyhemmer.
207 OVG Münster, NWVBl. 2011, S. 104 = jurisbyhemmer.
208 OVG NRW vom 26.03.2010, Az. 15 B 27/10 und 17.12.2008, Az. 15 B 1755/08.

§ 4 AUFSICHT

Eine Pflicht des Dritten, die Durchführung zu übernehmen, besteht allerdings nicht.[209] Beauftragt die Aufsichtsbehörde einen Dritten, so kommt nur zwischen diesen beiden ein Vertragsverhältnis zustande, da die Aufsichtsbehörde nur „an Stelle" der Gemeinde und nicht als deren Vertreterin handelt. Daher muss sich der Dritte wegen seines Entgelts an die Aufsichtsbehörde halten, während die Gemeinde intern zum Kostenersatz verpflichtet ist.[210]

Umfang der aufsichtsbehördlichen Befugnisse und Kostentragung

Handelt die Aufsichtsbehörde an Stelle der Gemeinde, so hat sie die gleichen Befugnisse wie die Gemeinde - etwa nach § 36 II BauGB - unterliegt aber auch denselben rechtlichen Beschränkungen, z.B. aus § 64 I S. 1 GO NRW. Die Aufsichtsbehörde kann eine Satzung[211] oder einen Verwaltungsakt erlassen, einen öffentlich-rechtlichen oder zivilrechtlichen Vertrag schließen oder eine tatsächliche Handlung vornehmen.

114

Die Gemeinde hat sowohl die Kosten[212] der Maßnahme selbst als auch die durch das Tätigwerden der Aufsichtsbehörde entstehenden Kosten zu tragen.[213] Die Aufsichtsbehörde ist grundsätzlich nicht befugt, den Ersatzvornahmeakt von sich aus wieder aufzuheben.[214]

Verwaltungsakt ⇒ Anfechtungsklage

Die Ersatzvornahme wird zugleich als Verwaltungsakt angesehen, den die Gemeinde mit der Anfechtungsklage[215] angreifen kann. Die Regelung soll darin liegen, dass der Gemeinde für die Maßnahme die Zuständigkeit entzogen wird.[216]

115

ggü. Bürger Rechtsnatur der Ersatzhandlung maßgeblich

Dem Bürger gegenüber entfaltet die Ersatzvornahme hingegen jeweils die Wirkung, die der Rechtsnatur der Ersatzvornahmehandlung entspricht. Es kann sich z.B. ebenfalls um einen Verwaltungsakt, aber auch etwa um eine Satzung oder eine sonstige Maßnahme handeln.

richtiger Bekl. str.

Sehr str. ist, wer richtiger Beklagter bei einer Klage eines betroffenen Bürgers gegen eine Ersatzvornahme ist.[217] Entscheidend ist, wem das aufsichtsbehördliche Handeln zuzurechnen ist. In Betracht kommt die Gemeinde oder der Rechtsträger der Aufsichtsbehörde. Das OVG Münster sieht die Aufsichtsbehörde als an Stelle der Gemeinde und nicht nur des Gemeindeorgans Handelnde. Es sei gerade keine Aufsichtsvertretung der Gemeinde. Folglich sei das Land NRW als Rechtsträger der Aufsichtsbehörde Klagegegner.[218]

116

> **Bsp.:** *Die Gemeinde Mauschelsdorf hat es unterlassen, vom Gemeindebürger Mauschler den satzungsgemäßen Erschließungsbeitrag (§§ 127 ff. BauGB) für seine Grundstücke im Erschließungsgebiet einzufordern, weil Mauschler ein alter Freund des Bürgermeisters ist und darüber hinaus verwandtschaftliche Beziehungen zu sämtlichen Ratsmitgliedern unterhält.*
>
> *Daher blieb die Gemeinde auch trotz entsprechender Anordnung durch die Aufsichtsbehörde gem. § 123 I GO NRW untätig. Nach Ablauf der Frist erließ die Aufsichtsbehörde einen an Mauschler gerichteten Gebührenbescheid.*

---

209 Hofmann/Muth/Theisen, KommR NRW 14. Aufl. (2010), Kapitel 3.3.2.3.3, S. 524.
210 OVG Münster, NVwZ 1989, S. 987 = **juris**byhemmer.; Held u.a. 25. NachLfg. (2010), § 123 GO NRW, Anm. 3.
211 Kein Widerspruch zum Satzungsermessen der Gemeinde; OVG Münster, NWVBl. 2011, S. 103 (104) = **juris**byhemmer.; NWVBl. 2007, S. 347 ff. = **juris**byhemmer.
212 Zu den Kosten der Ersatzvornahme allgemein, vgl. **Life&Law 2009, 696 ff.**
213 Rehn/Cronauge, 2. Aufl. 36. Erg.Lfg. (2011), § 123 Anm. III.1.
214 Vgl. BayVGH BayVBl. 1983, S. 212.
215 Ein Widerspruchsverfahren findet gem. § 110 I JustG NRW nicht statt. Dasselbe ergibt sich aus § 123 GO NRW.
216 So Kunze/Bronner/Katz, GO BW, § 123, Rn. 27.
217 Für Gemeinde: Diewald BayVBl. 2006, S. 42; Schnapp/Rawert, JuS 1986, S. 631, 638; Quecke/Schmid, SächsGO, § 116, Rn. 19; Bauer/Böhle/Masson/Samper, BayGO, Art. 113, Rn. 16; BayVGH BayVBl. 1976, S. 48; Hölzl/Hien, BayGO, Art. 113, Rn. 4b (Gemeinde); a.A. BayVGH BayVBl. 1983, S. 212 f.; Kopp/Schenke, 16. Aufl. (2009), § 78 VwGO, Rn. 7; Knemeyer, BayVBl. 1977, S. 129, 131 f.
218 DVBl. 1989, S. 1272; wohl auch Rehn/Cronauge, 2. Aufl. 36. Erg.Lfg. (2011), § 123 Anm. III.1.

Nunmehr erhebt er Anfechtungsklage, in der er unter anderem rügt, dass die Behörde hier gegen den Willen der Gemeinde gehandelt hätte und i.Ü. auch unzuständig für den Erlass dieses Bescheids sei.

Lösung des Beispielfalls:

I. Verwaltungsrechtsweg, § 40 I VwGO

Der Verwaltungsrechtsweg müsste gem. § 40 I VwGO eröffnet sein.

Da die streitentscheidenden Vorschriften gem. § 127 BauGB und der GO NRW öffentlich-rechtlich sind, liegt eine öffentlich-rechtliche Streitigkeit vor. Sie ist auch nichtverfassungsrechtlich, und eine abdrängende Sonderzuweisung greift nicht ein. Der Verwaltungsrechtsweg ist eröffnet.

II. Zulässigkeit

1. Statthafte Klageart

Bei dem Bescheid, dessen Aufhebung M begehrt, handelt es sich um einen Verwaltungsakt i.S.v. § 35 S. 1 VwVfG, sodass die Anfechtungsklage die richtige Klageart ist.

2. Klagebefugnis, § 42 II VwGO

Schon aus seiner Stellung als Adressat einer belastenden Maßnahme besteht für M die Möglichkeit einer Verletzung in Art. 2 I GG. Darüber hinaus könnte er in seinem Grundrecht aus Art. 14 I GG verletzt sein. Mithin ist er gem. § 42 II klagebefugt.

3. Vorverfahren, §§ 68 ff. VwGO

Das grundsätzlich bundesrechtlich geforderte Vorverfahren (§§ 68 ff. VwGO) ist gem. § 110 I S. 1 JustG NRW entbehrlich.[219]

4. Form und Frist

§§ 81, 82 VwGO und § 74 I VwGO sind mangels gegenteiliger Angaben als gewahrt zu betrachten

5. Klagegegner, § 78 I Nr. 1 VwGO

Nach § 78 I Nr. 1 VwGO ist die Anfechtungsklage gegen den Rechtsträger der Behörde zu richten, die den angegriffenen Verwaltungsakt erlassen hat. Handelnde Behörde ist in Fällen, in denen der Erlass wie vorliegend im Wege einer Ersatzvornahme nach § 123 II GO NRW erfolgte, die Aufsichtsbehörde. Dies ist der Landrat als untere staatliche Verwaltungsbehörde (falls Mauschelsdorf kreisangehörige Gemeinde ist, § 120 I GO NRW) oder die Bezirkregierung (falls Mauschelsdorf kreisfrei Stadt ist, § 120 II GO NRW). Klagegegner wäre demnach (in beiden Fällen) das Land NRW.

Dennoch wird z.T. vertreten, dass die Gemeinde Klagegegner sei, weil die Aufsichtsbehörde an ihrer Stelle handelt und ihr die im Wege der Ersatzvornahme durchgeführte Maßnahme im Außenverhältnis materiell-rechtlich zugerechnet wird.[220] Dem ist mit der h.M. entgegenzuhalten, dass angesichts des Gesetzeswortlauts unzweifelhaft die Aufsichtsbehörde Handelnde bleibt. § 123 II GO NRW sieht keine Vertretung der Gemeinde, sondern lediglich ein Handeln „an Stelle" vor. Auch spricht die Formulierung, dass die Aufsichtsbehörde die Anordnung „selbst" durchführen kann, dafür, die getroffene Maßnahme ihr und nicht der Gemeinde zuzurechnen.

---

219 Vgl. zur Reform des Widerspruchsverfahrens: Kamp NWVBl. 2008, S. 41 ff.
220 Schnapp/Rawert, JuS 1986, S. 631 (638).

Dieses Ergebnis entspricht auch der Zielsetzung des § 78 I VwGO, dessen Regelungen der allgemeine Rechtsgedanke zu entnehmen ist, dass in einem Rechtsstreit derjenige der Klagegegner ist, der über den Streitgegenstand verfügen kann.

Schließlich geriete die Gemeinde in einen Interessenkonflikt, wenn sie ein Handeln verteidigen müsste, das sie weder gewollt noch vorgenommen hat, sodass die Konsequenz der die Klagegegnerschaft der Gemeinde begründenden Ansicht als dem Verfahren kaum förderlich erscheint.[221] Klagegegner ist das Land NRW.

hemmer-Methode: Folgt man der h.M., so ist die Gemeinde nach § 65 II VwGO notwendig beizuladen. Erwähnen Sie dies kurz, wenn Sie wie vorliegend eine gerichtliche Entscheidung vorbereiten sollen.

III. Beiladung

Da die Entscheidung der Gemeinde gegenüber nur einheitlich ergehen kann, ist diese gem. § 65 II VwGO notwendig beizuladen.

IV. Begründetheit

Die Anfechtungsklage wäre begründet, wenn der Gebührenbescheid rechtswidrig und M dadurch in seinen Rechten verletzt wäre, § 113 I S. 1 VwGO.

1. Ermächtigungsgrundlage

Ermächtigungsgrundlage ist die Satzung der Gemeinde.

2. Formelle Rechtmäßigkeit

a) Zuständigkeit

Die Verbandszuständigkeit für den Erlass des Gebührenbescheids liegt grundsätzlich bei der Gemeinde. Bei einer Ersatzvornahme tritt aber die Aufsichtsbehörde an die Stelle der Gemeinde, d.h. sie hat deren Befugnisse. Damit war die Aufsichtsbehörde für den Erlass des Bescheids zuständig.

b) Verfahren/Form

Verfahrens- oder Formverstöße sind nicht ersichtlich.

3. Materielle Rechtmäßigkeit

Der Bescheid ist materiell rechtmäßig, wenn er von der Satzung gedeckt ist und die Aufsichtsbehörde hier tätig werden durfte.

a) Laut Sachverhalt war der Gebührenbescheid satzungsgemäß.

b) Die Aufsichtsbehörde hat die Ersatzvornahmemaßnahme rechtmäßigerweise getroffen, da die Gemeinde trotz Anordnung, einen der Satzung entsprechenden Bescheid zu erlassen, innerhalb einer ihr ordnungsgemäß gesetzten Frist untätig geblieben ist, § 123 I und II GO NRW.

Der Bescheid ist daher rechtmäßig. Die Klage ist zulässig, aber unbegründet.

---

[221] OVG Münster, DVBl. 1989, S. 1272 (1273); BayVGH BayVBl. 1983, S. 212 (213); Eyermann/Fröhler, § 78 VwGO, Rn. 1; Knemeyer, BayVBl. 1977, S. 129 (132).

Die Klage gegen die Ersatzvornahme ist nur dann erfolgreich, wenn die Ersatzvornahme selbst rechtswidrig ist. Deren Rechtmäßigkeitsvoraussetzungen sind aber (nur) eine wirksame (und vollziehbare) Anordnung, die Nichterfüllung der Pflicht durch die Gemeinde und das Verstreichen der Frist.

Bsp.: Die Anordnung wurde vor Ablauf der gesetzten Frist durchgeführt.

Nicht zu prüfen ist die Rechtmäßigkeit der Anordnung und die Frage, ob das Unterlassen der Gemeinde rechtswidrig ist. Dies ist nur bei einer Klage gegen die Anordnung selbst zu prüfen.

d) Bestellung eines Beauftragten, § 124 GO NRW

wenn und solange die Befugnisse nach §§ 121 - 123 GO NRW nicht ausreichen

Gem. § 124 GO NRW kann der Innenminister einen Beauftragten bestellen, wenn und solange die Befugnisse der Aufsichtsbehörde nach den §§ 121 bis 123 GO NRW nicht ausreichen. Anders als der Wortlaut der Vorschrift es vermuten lässt, ist die Bestellung nicht erst dann zulässig, wenn die Aufsichtsmittel erfolglos praktiziert worden sind. Ausreichend ist vielmehr, dass nur so der gesetzmäßige Zustand wieder hergestellt werden kann.[222]

Stellung des Beauftragten

Der Beauftragte hat gem. § 124 S. 2 GO NRW die Stellung eines Organs der Gemeinde. Ihm können sowohl einzelne als auch alle Aufgaben eines Organs übertragen werden, nicht jedoch Aufgaben mehrerer Organe.

Ist erforderlich, die Aufgaben mehrerer Organe zu übertragen, muss für jedes Organ jeweils ein besonderer Beauftragter bestellt werden.[223]

Der Beauftragte ist bei seinen Maßnahmen einerseits an die Weisungen des Innenministers gebunden, hat jedoch andererseits bei seinem Handeln die Interessen der Gemeinde im Blick zu haben. Weiterhin ist er an die Formvorschriften gebunden, die das Kommunalverfassungsrecht und andere Rechtsvorschriften für die rechtswirksame Willensbildung vorsehen.[224]

Beauftragter ist abzuberufen, sobald milderes Mittel greift

§ 124 GO NRW lässt die Bestellung eines Beauftragten nur „solange" zu, wie andere Aufsichtsmittel nicht ausreichen, sodass der Beauftragte abzuberufen ist, sobald ein anderes, geringer beeinträchtigendes Aufsichtsmittel den Zweck zu erfüllen vermag.[225]

Kosten der Bestellung

Der Beauftragte nimmt die ihm übertragenen Aufgaben gem. § 124 S. 1 GO NRW auf Kosten der Gemeinde wahr. Hierzu zählen nicht nur die Kosten der von dem Beauftragten getroffenen Maßnahmen, sondern auch Ausgaben, die durch die Bestellung selbst entstehen (z.B. Gehalt, Reisekosten- und Trennungsentschädigung).[226]

---

222 Held u.a. 25. NachLfg. (2010), § 124 GO NRW, Anm. 1; Rehn/Cronauge, 2. Aufl. 36. Erg.Lfg. (2011), § 124 Anm. I 1; Rauball/Pappermann/Roters, § 110 GO NW, Rn. 5.
223 Rehn/Cronauge, 2. Aufl. 36. Erg.Lfg. (2011), § 121 Anm. II.
224 Held u.a. 25. NachLfg. (2010), § 124 GO NRW, Anm. 5 u. 6.
225 Bösche, S. 347.
226 Held u.a. 25. NachLfg. (2010), § 124 GO NRW, Anm. 8.

e) Auflösung des Rats, § 125 GO NRW

Voraussetzungen des § 125 GO NRW

Nach § 125 S. 1 GO NRW kann der Innenminister, nachdem ihn die Landesregierung dazu ermächtigt hat, den Rat auflösen, wenn dieser dauerhaft beschlussunfähig oder eine ordnungsgemäße Erledigung der Gemeindeaufgaben aus anderen Gründen nicht gesichert ist.

Beide Anwendungsfälle des § 125 GO NRW sind theoretisch zwar denkbar, tauchen praktisch aber nicht auf.[227]

Eine dauernde Beschlussunfähigkeit des Rats liegt beispielsweise dann vor, wenn die Zahl der Ratsmitglieder unter drei sinkt und ein Nachrücken aus der Reserveliste (§ 45 KWahlG NRW[228]) nicht mehr möglich ist, weil dann nach der dauerhaften Zusammensetzung der Vertretung eine Beschlussfassung mit Stimmenmehrheit unmöglich wird.[229]

Weiterhin wird eine dauernde Beschlussunfähigkeit dann gegeben sein, wenn sich die Mehrheit der Ratsmitglieder über einen längeren Zeitraum hinweg weigert, in der Vertretung mitzuwirken, sodass Beschlüsse nur noch über § 49 II GO NRW gefasst werden könnten.[230]

Andere Gründe, aus denen eine ordnungsgemäße Erledigung der Gemeindeaufgaben nicht mehr gesichert ist, § 125 S. 1 Alt. 2 GO NRW, müssen solche sein, die mit der Amtsführung des Rats im Zusammenhang stehen.[231] Denkbar ist, dass zwei gleichstarke Gruppen beharrlich gegeneinander stimmen und so eine Beschlussfassung unmöglich wird.[232] Theoretisch möglich ist weiterhin, dass der Rat sich andauernd weigert, die Pflichtausschüsse zu bilden.[233]

Neuwahl, § 125 S. 2 GO NRW

Nach der Auflösung ist gem. § 125 S. 2 GO NRW eine Neuwahl innerhalb von drei Monaten nach Bekanntgabe durchzuführen.

III. Grundsätze der Aufsichtsführung

1. Opportunitätsprinzip

h.M.: Opportunitätsprinzip

I.R.d. allgemeinen Aufsicht gilt nach ganz h.M. das Opportunitätsprinzip. Danach kann die Aufsichtsbehörde bei Vorliegen eines Rechtsverstoßes nicht nur nach pflichtgemäßem Ermessen entscheiden, welcher Aufsichtsmittel sie sich bedient (Auswahlermessen), sondern auch, ob sie überhaupt einschreitet (Entschließungsermessen).[234]

a.A.: Legalitätsprinzip

Teilweise wird demgegenüber davon ausgegangen, dass die Aufsichtsbehörde bei Vorliegen der gesetzlichen Voraussetzungen zu einem Einschreiten verpflichtet sei (Legalitätsprinzip).[235]

---

227 Vgl. Rehn/Cronauge, 2. Aufl. 36. Erg.Lfg. (2011), § 125 Anm. I.
228 HR 21.
229 Vgl. eingehend Held u.a. 25. NachLfg. (2010), § 125 GO NRW, Anm. 2.
230 Held u.a. 25. NachLfg. (2010), § 125 GO NRW, Anm. 2; eingehend Rehn/Cronauge, 2. Aufl. 36. Erg.Lfg. (2011), § 125 Anm. II. 2.
231 Rehn/Cronauge, 2. Aufl. 36. Erg.Lfg. (2011), § 125 Anm. III.
232 Held u.a. 25. NachLfg. (2010), § 125 GO NRW, Anm. 3.
233 Rehn/Cronauge, 2. Aufl. 36. Erg.Lfg. (2011), § 125 Anm. III.
234 OVG Münster, OVGE 18, 104 (106); Rauball/Pappermann/Roters, § 106 GO NW, Rn. 7; Schmidt-Aßmann in: Schmidt-Aßmann, Bes. VerwR, Rn. 43; Tettinger, Rn. 180.
235 Knemeyer in: Püttner, HKWP Bd. 1, S. 269; Schmidt-Jortzig, Rn. 78; Pagenkopf, S. 384; Borchert, DÖV 1978, S. 721.

Zur Begründung wird darauf verwiesen, dass für die Frage nach dem Entschließungsermessen auf die Normen abzustellen sei, durch die den Aufsichtsbehörden ihre Aufgaben zugewiesen würden.[236] Diese Aufgabenzuweisung erfolge nicht durch die §§ 121 ff. GO NRW, sondern durch die Festlegung der Aufsichtspräsenz in Art. 78 IV S. 1 LV sowie die Umschreibung ihrer Aufgaben in § 11 GO NRW. Diesen Normen sei indessen nichts für die Geltung des Opportunitätsprinzips, sondern die Pflicht zu entnehmen, bei Rechtsverstößen gegen die Gemeinde einzuschreiten.

Kritik der h.M.

Dem ist jedoch entgegenzuhalten, dass es nicht Zweck staatlicher Aufsicht ist, lückenlos und automatisch jeden Rechtsverstoß zu ahnden.[237] Eine Pflicht, bei jeder unbedeutenden Rechtsverletzung einzuschreiten, würde das erforderliche Vertrauensverhältnis zwischen Aufsicht und Gemeinde empfindlich belasten und die Entschlusskraft und Verantwortungsbereitschaft der Kommunen über Gebühr beeinträchtigen.[238]

2. Grundsätze der Ermessensausübung

a) Entschließungsermessen

Beschränkung durch den Grundsatz der Gesetzmäßigkeit der Verwaltung

Die Aufsichtsbehörde hat bei ihrer Entscheidung darüber, ob sie einschreitet, sorgfältig zwischen dem Selbstverwaltungsinteresse der Kommune und dem Interesse der Allgemeinheit an der Beseitigung der Rechtsverletzung abzuwägen.[239] Sie muss dabei insbesondere Schwere und Auswirkungen des jeweiligen Rechtsverstoßes berücksichtigen.[240]

123

Dies erfordert grundsätzlich ein Einschreiten bei Verletzungen materiellen Rechts, während bei Verfahrensfehlern davon abgesehen werden kann.[241] Ein Untätigbleiben im Falle materieller Rechtsverstöße kommt ausnahmsweise dann in Betracht, wenn etwa ein rechtswidriger Ratsbeschluss auf einen bestimmten Zeitraum bezogen ist, der jedoch abgelaufen ist und der Beschluss deshalb keine Wirkungen mehr entfaltet.[242]

b) Auswahlermessen

Ermessensgrenzen

Bei der Entscheidung darüber, welches Aufsichtsmittel sie anwendet, hat die Aufsichtsbehörde die Grundsätze der Verhältnismäßigkeit und des gemeindefreundlichen Verhaltens zu beachten.[243]

124

Grundsatz der Verhältnismäßigkeit

Nach dem Grundsatz der Verhältnismäßigkeit muss die angeordnete Maßnahme geeignet, erforderlich und angemessen sein, den angestrebten Zweck zu erreichen.[244]

---

236 Knemeyer in: Püttner, HKWP Bd. 1, S. 269; Borchert, DÖV 1978, S. 721 (724 f.).
237 Stober, S. 257; Salzwedel, VVDStRL 22, S. 206 (221 f.).
238 BVerfGE 8, 122 (137) = **juris**byhemmer; Salzwedel, VVDStRL 22, S. 206 (221); Bracker in: FS für v. Unruh, S. 459 (465); Stober, S. 257; Andrick, JA 1987, S. 546 (552).
239 Held u.a. 25. NachLfg. (2010), § 119 GO NRW, Anm. 6; Stober, S. 257.
240 Held u.a. 25. NachLfg. (2010), § 119 GO NRW, Anm. 6 sowie § 122 GO NRW, Anm. 2.
241 OVG Lüneburg NVwZ 1988, S. 464 (465).
242 Held u.a. 25. NachLfg. (2010), § 122 GO NRW, Anm. 2.
243 Held u.a. 25. NachLfg. (2010), § 119 GO NRW, Anm. 6.
244 OVG Münster, NJW 1981, S. 838 (839); vgl. auch Bösche S. 335.

Hierbei ist zu berücksichtigen, dass die §§ 121 ff. GO NRW der Aufsichtsbehörde ein vielfältiges und hinsichtlich der Eingriffsintensität deutlich abgestuftes Instrumentarium zur Verfügung stellen: Vom Unterrichtungsrecht über Beanstandung und Aufhebung einerseits sowie Anordnung und Ersatzvornahme andererseits bis hin zur Bestellung eines Beauftragten und zur Auflösung des Rats.

Insbesondere die beiden härtesten Mittel der Kommunalaufsicht, die Bestellung eines Beauftragten und die Auflösung des Rats, dürften daher nur in seltensten Fällen zur Anwendung kommen.

Grundsatz des gemeindefreundlichen Verhaltens

Der Grundsatz des gemeindefreundlichen Verhaltens, der aus der Selbstverwaltungsgarantie des Art. 28 II GG sowie den entsprechenden Landesverfassungsnormen abgeleitet wird (Art. 78 LV), beinhaltet eine Verpflichtung des Staats, die Interessen der Gemeinde zu berücksichtigen und sie nur bei hinreichender Notwendigkeit zu beeinträchtigen[245] (allgemeine Rücksichtnahmepflicht[246]). Ursprünglich für den Bereich der Ermessensausübung bei staatlichen Genehmigungsvorbehalten in den Fällen des Kondominiums entwickelt, wird dieser Grundsatz heute generell auf die Beziehung von Staat und Gemeinde angewandt.[247]

IV. Rechtsschutz der Gemeinde gegen Maßnahmen der allgemeinen Aufsicht

1. Statthafte Klageart

Klageart

Statthaft ist die Anfechtungsklage, wenn die Aufhebung eines Verwaltungsakts gem. § 35 S. 1 VwVfG begehrt wird. Fraglich ist, ob die Maßnahmen der allgemeinen Aufsicht Verwaltungsakte sind.

125

a) Beanstandung (§ 122 II GO NRW)

Beanstandung nach h.M. kein VA

Umstritten ist, ob die Beanstandung eine Regelung darstellt. Dazu ist erforderlich, dass die Behörde eine Rechtsfolgebestimmung ausspricht.[248]

126

Während z.T. vertreten wird, dass die Beanstandung die Feststellung beinhalte, das beanstandete Verhalten sei rechtswidrig und deshalb zu ändern,[249] geht die wohl h.M. davon aus, dass die Beanstandung lediglich ein unselbstständiges Teilstück des Aufhebungsverfahrens sei, welches keine Regelung trifft.[250]

127

Hierbei ließe sich anführen, dass bei Annahme eines selbstständig anfechtbaren Verwaltungsakts - wie im Verhältnis von Anordnung und Ersatzvornahme[251] - ein gestuftes Verfahren vorläge und dadurch der Rechtsschutz der Gemeinde beschränkt würde. Die Beanstandung unterläge nämlich als Verwaltungsakt im Rahmen einer Anfechtungsklage gegen die Aufhebungsverfügung nur dann der gerichtlichen Überprüfung, wenn sie mit angefochten würde und im Zeitpunkt der Klageerhebung noch nicht unanfechtbar wäre.

---

245 VerfGH NRW, NWVBl. 2001, S. 340, 346 f. = **juris**byhemmer.
246 Schmidt-Aßmann in: Schmidt-Aßmann, Bes. VerwR, Rn. 25.
247 Stern, S. 418 f.
248 Kopp/Ramsauer, 11. Aufl. (2010), § 35 VwVfG, Rn. 47.
249 Vgl. Hassel, VR 1984, S. 421 (425); vgl. auch Bösche, S. 350 f., der allerdings nicht hinreichend zwischen der Anweisung zur und der Beanstandung selbst unterscheidet. Ebenso wohl Rehn/Cronauge, 2. Aufl. 36. Erg.Lfg. (2011), § 123 Anm. I. 1.
250 Held u.a. 25. NachLfg. (2010), § 122 GO NRW, Anm. 5 m.w.N.; Kallerhoff, NWVBl. 1996, 53, 55.
251 Vgl. Rn. 113, 117.

Bliebe sie unangefochten, gäbe sie für die gerichtliche Entscheidung über die Aufhebungsverfügung bindend vor, dass das beanstandete Verhalten rechtswidrig ist. Eine Anfechtung der Aufhebungsverfügung könnte mithin nur aus Gründen Erfolg haben, die lediglich die Aufhebungsverfügung als solche betreffen.[252] Das ist aber nicht gewollt.

hemmer-Methode: Auch hier begegnet Ihnen eine Frage aus dem Verwaltungsrecht AT in ungewohnter Umgebung: Eine „Regelung" i.S.d. § 35 VwVfG erfordert, dass die Behörde eine Rechtsfolge setzen will, und nicht lediglich eine (einfache) Erklärung oder Mitteilung ausspricht. Fraglich ist, ob die Aufsicht mit einer Beanstandung die Rechtsfolge setzen will, die Rechtswidrigkeit der Maßnahme des Bürgermeisters festzustellen. Dies hat Konsequenzen für die Rechtmäßigkeit einer nachfolgenden Aufhebung nach § 122 II S. 3 GO NRW: Ist die Beanstandung ein Verwaltungsakt, so ist die darin ausgesprochene Rechtsfolge wirksam (§ 43 I VwVfG) unabhängig davon, ob die Maßnahme des Bürgermeisters rechtswidrig ist oder nicht. Diese Regelung, die Feststellung der Rechtswidrigkeit der Maßnahme des Bürgermeisters, ist dann im Weiteren zugrunde zu legen. Für die nachfolgende Aufhebung bedeutet dies, dass von der Rechtswidrigkeit der Maßnahme auszugehen ist. Wird die Verwaltungsaktqualität dagegen verneint, so ist der Rückgriff auf die anderweitig bestehende Rechtslage nicht ausgeschlossen, und die Aufhebung kann nur dann rechtmäßig sein, wenn die Maßnahme des Bürgermeisters rechtswidrig ist.

Ist die Anfechtungsklage unstatthaft, so könnte man jedoch an andere Klagearten denken, so etwa die Feststellungsklage. Allerdings läge ein Problem dann im Rechtsschutzbedürfnis. Dies würde fehlen, wenn man der Gemeinde zumutet, die Aufhebung des Ratsbeschlusses abzuwarten. Das erforderliche berechtigte Interesse gem. § 43 I VwGO an der Feststellung der Rechtswidrigkeit der Beanstandung könnte damit begründet werden, dass die aufsichtsrechtliche Beanstandung von der Rechtswidrigkeit des Ratsbeschlusses ausgeht.

Ist der Beschluss aber tatsächlich rechtmäßig, so stellt es ein berechtigtes Interesse der Gemeinde dar, gerichtlich feststellen zu lassen, dass die Beanstandung unberechtigt, d.h. rechtswidrig, ist.

b) Anweisung an den Bürgermeister zur Beanstandung (§ 122 I S. 1 GO NRW)

Maßnahme nach § 122 I S. 1 GO NRW kein VA

Die Anweisung an den Bürgermeister gem. § 122 I S. 1 GO NRW, Beschlüsse des Rats zu beanstanden, kann nicht auf Außenwirkung gerichtet sein. Wird dieser wie eine nachgeordnete Behörde tätig, so soll durch diese Maßnahme die Gemeinde gerade nicht in einer selbstständigen Rechtsposition betroffen werden. Die kommunale Selbstverwaltung gem. Art. 28 II S. 1 GG, Art. 78 LV ist dann nicht berührt. Auch dem Bürgermeister selbst stehen insoweit keine klagefähigen Rechte gegen diese Maßnahme der Aufsicht zu.[253] Diese Maßnahme ist demnach kein Verwaltungsakt, und eine Anfechtungsklage ist nicht statthaft.

hemmer-Methode: Statthaft ist aber eine allgemeine Leistungsvornahmeklage auf Aufhebung der Anweisung (oder eine Klage auf Feststellung ihrer Rechtswidrigkeit). Fraglich ist hier wiederum, ob die Gemeinde analog § 42 II VwGO klagebefugt ist bzw. ihr ein berechtigtes Interesse an der Feststellung zusteht. Dies wird man mit der Begründung verneinen, dass Rechtsschutz der Gemeinde gegen eine Aufhebungsverfügung gem. § 122 I S. 2 GO NRW ausreichend ist.

---

252 Dies entspräche weder der aufsichtsbehördlichen noch der gerichtlichen Praxis; vgl. zu dieser Argumentation Kallerhoff, NWVBl. 1996, S. 53 (55).
253 Held u.a. 25. NachLfg. (2010), § 122 GO NRW, Anm. 4; s. bereits o. Rn. 101.

§ 4 AUFSICHT

c) Weitere Maßnahmen der allgemeinen Aufsicht

Anfechtungsklage

Statthafte Klageart ist die Anfechtungsklage, denn die Maßnahmen der allgemeinen Aufsicht sind Verwaltungsakte gem. § 35 VwVfG.

130

auf Außenwirkung gerichtet im Sinne von § 35 VwVfG

Insbesondere sind Sie auf unmittelbare Rechtswirkung nach außen gerichtet im Sinne von § 35 VwVfG. Auf Außenwirkung ist eine Maßnahme gerichtet, wenn sie über den verwaltungsinternen Bereich hinausgreift und Rechte und Pflichten für außen stehende Rechtspersonen begründet[254].

Bei Maßnahmen der allgemeinen Aufsicht gegen die Gemeinde erscheint dies zunächst fraglich, denn die Gemeinde ist selbst ein Verwaltungsträger und Teil der (mittelbaren) Staatsverwaltung.

Wirkung auf selbstständige Rechtsposition des Verwaltungsträgers "Gemeinde"

Maßnahmen gegenüber einem anderen Verwaltungsträger sind jedoch dann auf Außenwirkung gerichtet, wenn sie sich auf eine **selbstständige Rechtsposition des Verwaltungsträgers** beziehen.[255] Eine solche Rechtsposition der Gemeinden enthalten Art. 28 II S. 1 GG, Art. 78 LV, denn hierdurch wird den Gemeinden das Recht gewährt, Aufgaben selbstständig und eigenverantwortlich wahrzunehmen.

131

Da die kommunale Selbstverwaltungsgarantie die Gemeinden vor dem (übrigen) Staat schützen soll, stehen sie den staatlichen Aufsichtsbehörden insoweit ähnlich wie ein Privater gegenüber.[256]

Da Maßnahmen der allgemeinen Aufsicht den Schutzbereich des Art. 28 II S. 1 GG, Art. 78 LV betreffen, ist das rechtsaufsichtliche Tätigwerden auf Außenwirkung gerichtet im Sinne von § 35 VwVfG.

hemmer-Methode: Da dies anerkannt ist, müssen Sie die Außenwirkung in der Klausur nicht so ausführlich begründen. Sie sollten jedoch zumindest klarstellen, dass die Maßnahme auf Außenwirkung gerichtet ist, da sie Selbstverwaltungsaufgaben betrifft und auf einen Eingriff in die Rechtsposition der Gemeinde aus Art. 28 II GG, Art. 78 LV zielt!

2. Klagebefugnis, § 42 II VwGO

aus Art. 28 II GG, Art. 78 LV

Die Klagebefugnis der Gemeinde gegen die Verwaltungsakte ergibt sich stets aus dem Selbstverwaltungsrecht gem. Art. 28 II GG, Art. 78 LV.

132

hemmer-Methode: Klagebefugt in einem Rechtsstreit gegen die Aufsichtsbehörde ist die Gemeinde als Träger des Selbstverwaltungsrechts, in das durch Aufsichtsmaßnahmen eingegriffen wird, nicht das Organ, dessen Handeln betroffen ist.[257]

3. Vorverfahren

§ 110 I S. 1 JustG NRW: Widerspruchsverfahren entfällt

Das Vorverfahren ist nach § 110 I S. 1 JustG NRW entbehrlich. Dasselbe ergab sich schon früher aus dem jetzt verdrängten § 126 GO NRW. Gem. § 126 GO NRW können die Aufsichtsmaßnahmen unmittelbar mit der Klage angegriffen werden.

133

---

[254] Maurer Allg. VwR 17. Aufl. (2009), § 9 Rn. 26; Kopp/Ramsauer, 11. Aufl. (2010), § 35 VwVfG, Rn. 73.

[255] Kopp/Ramsauer, 11. Aufl. (2010), § 35 VwVfG, Rn. 75 und Rn. 98 ff.

[256] Kopp/Ramsauer, 11. Aufl. (2010), § 35 VwVfG, Rn. 98.

[257] Rehn/Cronauge, 2. Aufl. 36. Erg.Lfg. (2011), § 126 Anm. I.3; vgl. auch OVG Münster, OVGE 35, S. 73 ff.; a.A. Rauball/Pappermann/Roters, § 112 GO NW, Rn. 2 und § 108 GO NW, Rn. 11; Körner, § 112 GO, Anm. 1 in Anlehnung an die frühere Rspr. des OVG Münster, OVGE 19, S. 62 (64); 28, S. 185 (188).

Ein Vorverfahren entfällt demnach,[258] der Widerspruch der Gemeinde wäre unstatthaft.

> **hemmer-Methode:** Beachten Sie, dass § 126 GO NRW als Ausnahme i.S.d. § 68 I S. 2 Alt. 1 VwGO nur die aufsichtlichen Maßnahmen nach §§ 121 - 125 GO NRW betrifft, nicht aber die Maßnahmen der „präventiven Aufsicht".[259]

4. Prozessfähigkeit

Vertretung durch den Bürgermeister

Vertreten wird die Gemeinde durch den Bürgermeister (§ 62 III VwGO, § 63 I S. 1 GO NRW).[260]

C) Sonderaufsicht

bei Pflichtaufgaben zur Erfüllung nach Weisung

Die Sonderaufsicht (§ 119 II GO NRW) bezieht sich auf die Erfüllung der Pflichtaufgaben zur Erfüllung nach Weisung (§ 3 II GO NRW).

I. Sonderaufsichtsbehörden

über kreisangehörige Gemeinden der Landrat, i.Ü. spezialgesetzliche Regelung

Über die kreisangehörigen Gemeinden führt gem. § 59 I KrO NRW grundsätzlich der Landrat als staatliche Verwaltungsbehörde die Sonderaufsicht.

Wer im Übrigen als Sonderaufsichtsbehörde tätig wird, bestimmt sich nach den jeweiligen, die Aufgaben übertragenden Gesetzen (z.B. § 7 II OBG).

> **hemmer-Methode:** In aller Regel sind es die Bezirksregierungen, welche die Sonderaufsicht über die kreisfreien Städte und die Landkreise führen. Die Behörden der allgemeinen und der Sonderaufsicht sind damit üblicherweise identisch!

II. Aufsichtsmittel

begrenzte Zweckmäßigkeitskontrolle, Weisungsbefugnis

Die Sonderaufsichtsbehörde ist nicht nur zur Rechtmäßigkeitskontrolle berechtigt, sondern i.R.d. fachgesetzlich bestehenden Weisungsrechts auch zur Entscheidung über die Zweckmäßigkeit der Aufgabenwahrnehmung. Hierzu hat sie die Möglichkeit, den Gemeinden Weisungen zu erteilen. Inhalt und Grenzen des Weisungsrechts sind den über die jeweilige Weisungsaufgabe erlassenen Gesetzen zu entnehmen (vgl. z.B. § 9 II und III OBG).

Ausgeübt wird das Weisungsrecht durch allgemeine Weisungen (Verwaltungsvorschriften) oder Einzelweisungen[261] (vgl. z.B. § 9 IIa und b OBG). Dadurch kann den Gemeinden von vornherein ein bestimmtes Verhalten auferlegt, aber auch im Nachhinein etwa die Aufhebung von Ratsbeschlüssen oder Verfügungen des Bürgermeisters verlangt werden[262] (z.B. nach § 9 IIb OBG).

---

258 Rehn/Cronauge, 2. Aufl. 36. Erg.Lfg. (2011), § 126 Anm. I.1.
259 Held u.a. 25. NachLfg. (2010), § 126 GO NRW, Anm. 2.
260 Für den Fall, dass der Bürgermeister einen Ratsbeschluss nach § 54 II GO NRW von sich aus beanstandet hat, sodass er im Rahmen einer Klage gegen die Aufhebungsverfügung nach § 122 I S. 2 GO NRW in eine Interessenkollision geriete, war die Vertretung nach früherer Rechtsprechung des OVG Münster [OVGE 35, 73 (75)] durch den stellvertretenden Bürgermeister durchzuführen; ebenso Beckedorf, VR 1988, S. 420 (426); nach heutiger Rechtsprechung des OVG Münster (NVwZ-RR 2001, S. 49); vgl. auch Held u.a. 25. NachLfg. (2010), § 126 GO NRW, Anm. 3: wird der Rat auch in diesem Fall durch den Bürgermeister selbst vertreten.
261 Bösche, S. 56.
262 Vgl. Knemeyer, Rn. 321; Maurer Allg. VwR 17. Aufl. (2009), § 23, Rn. 23.

§ 4 AUFSICHT

Um effektiv von der Weisungsbefugnis Gebrauch machen zu können, haben die Sonderaufsichtsbehörden auch das Recht, sich über die Erledigung der Weisungsaufgabe zu unterrichten[263] (vgl. auch § 8 OBG, der ein Unterrichtungsrecht ausdrücklich regelt).

Durchsetzung der Weisung durch die allgemeine Aufsichtsbehörde

Im Übrigen ist die Sonderaufsichtsbehörde jedoch auf Weisungen beschränkt. Sie ist insbesondere **nicht** zur Durchsetzung einer Weisung mit den Mitteln der allgemeinen Aufsicht nach §§ 121 ff. GO NRW berechtigt.

138

Missachtet eine Gemeinde eine Weisung, so kann die Sonderaufsicht die Weisung nicht selbst durchsetzen. Ihr stehen keine vergleichbaren Befugnisse wie der allgemeinen Aufsicht nach §§ 121 - 125 GO NRW zu. § 127 GO NRW legt darüber hinaus auch ausdrücklich fest, dass andere Behörden als die der allgemeinen Aufsicht zu derartigen Maßnahmen nicht berechtigt sind.

> **hemmer-Methode: § 10 OBG sieht vor, dass die Aufsichtsbehörden die Befugnisse der Ordnungsbehörden selbst ausüben können, in entsprechender Anwendung des § 123 II GO NRW (welcher dem in § 10 OBG genannten damaligen § 109 II GO NW a.F. inhaltlich entspricht). Dieser sog. Selbsteintritt besteht jedoch nur in den Fällen des § 9 IV GO NRW, d.h. wenn in der Weisung bestimmt ist, dass der Bürgermeister die Weisung als staatliche Verwaltungsbehörde ausführt. Liegt kein Fall dieser Organleihe vor, so gilt § 10 OBG nicht.**

Will die Sonderaufsichtsbehörde im Einzelfall eine Weisung wegen Nichtbeachtung seitens der Gemeinde durchsetzen, muss sie - soweit sie nicht ohnehin mit dieser identisch ist (vgl. z.B. § 120 I GO NRW, § 59 I KrO NRW) - **die allgemeine Aufsichtsbehörde ersuchen**, nach §§ 121 ff. GO NRW einzuschreiten.

§ 11 OBG!

§ 11 OBG sieht gerade für diesen Fall vor, dass die Befugnisse der allgemeinen Aufsicht nach der GO NRW auch in ordnungsbehördlichen Angelegenheiten Anwendung finden, und die Behörden der allgemeinen Aufsicht auf dieser Grundlage Maßnahmen treffen dürfen.

139

Die Voraussetzungen für ein solches Einschreiten sind regelmäßig erfüllt, da die Gemeinde verpflichtet ist, den ihr erteilten Weisungen nachzukommen, sodass im Falle der Nichtbefolgung ein rechtswidriges Gemeindehandeln gegeben ist.

Denn die Missachtung einer Weisung durch die Gemeinde stellt ausnahmslos ein rechtswidriges Verhalten dar. Dies ist auch dann der Fall, wenn die Weisung selbst nur Zweckmäßigkeitsaspekte betrifft. Die Gemeinde, die eine Weisung nicht beachtet, verstößt dann gegen diejenigen Rechtsvorschriften, welche die Weisungsbefugnis vorsehen, z.B. § 9 OBG. Sie bricht damit geltendes Recht.

Verpflichtung der allgemeinen Aufsicht

Die allgemeine Aufsichtsbehörde ist ihrerseits grundsätzlich verpflichtet, dem Ersuchen der Sonderaufsichtsbehörde Folge zu leisten. Sie handelt dabei allerdings aufgrund eigener Befugnis und hat somit das Vorliegen der Voraussetzungen für ihr Einschreiten selbstständig zu prüfen.

140

Deshalb kann die allgemeine Aufsicht tätig werden und Maßnahmen nach den §§ 121 - 125 GO NRW ergreifen, d.h. mittels einer Beanstandung, eines Aufhebungsverlangens oder einer Anordnung nach § 123 GO NRW die Gemeinde anhalten, entsprechend den Weisungen zu handeln.

---

[263] Vgl. Held u.a. 25. NachLfg. (2010), § 127 GO NRW, Anm. 3.

> **hemmer-Methode:** Da Sonder- und allgemeine Aufsichtsbehörden in der Regel identisch sind, sieht das „Ersuchen" der Sonderaufsicht an die allgemeine Aufsicht so aus, dass sich die Abteilung „Ordnung und Sicherheit" des Landratsamts/der Bezirksregierung an die Abteilung „Aufsicht" im selben Hause wendet, eine nichtbeachtete Weisung durchzusetzen.

Ist das Eingriffsersuchen rechtswidrig - etwa weil die handelnde Sonderaufsichtsbehörde nicht zuständig war -, hat die Kommunalaufsichtsbehörde ihre Unterstützung im Hinblick auf § 11 GO NRW zu verweigern, da sie danach auch verpflichtet ist, die Gemeinde in ihren Rechten zu schützen. Hinsichtlich der Zweckmäßigkeit der „der Gemeinde erteilten Weisung" hat die allgemeine Aufsichtsbehörde jedoch kein Prüfungsrecht, da diese ausschließlich von der jeweiligen Sonderaufsichtsbehörde zu beurteilen ist.[264]

III. Rechtsschutz der Gemeinde gegen Weisungen der Sonderaufsicht

1. Statthafte Klageart

Klageart

Für die Statthaftigkeit der Anfechtungsklage ist erforderlich, dass ein Verwaltungsakt vorliegt. Fraglich ist, ob Weisungen der Sonderaufsicht auf Außenwirkung gerichtet sind i.S.d. § 35 VwVfG.

Auf Außenwirkung gerichtet?

Die intendierte Außenwirkung einer Regelung ist gegeben, wenn sie sich auf eine selbstständige Rechtsposition des Verwaltungsträgers bezieht[265].

Eine solche Rechtsposition der Gemeinden enthalten Art. 28 II S. 1 GG, Art. 78 LV, denn hierdurch wird den Gemeinden das Recht gewährt, Aufgaben selbstständig und eigenverantwortlich wahrzunehmen. Es kommt daher maßgeblich darauf an, ob man die Pflichtaufgaben zur Erfüllung nach Weisung als von Grundgesetz und Landesverfassung geschützt sieht oder nicht.

> **hemmer-Methode:** Ordnen Sie Problemkreise richtig ein! Für das Merkmal „gericht auf Außenwirkung" gem. § 35 VwVfG kommt es bei Maßnahmen gegen einen Verwaltungsträger darauf an, ob dieser in eigenen Rechten wie etwa Art. 28 II S. 1 GG oder Art. 78 LV betroffen ist.

OVG Münster: Außenwirkung (+)

a) Nach dem OVG Münster betreffen Maßnahmen der Sonderaufsicht stets eine selbstständige Rechtsposition der Gemeinde. Auch im Bereich der Weisungsaufgaben werde die Gemeinde in ihrem Recht auf Selbstverwaltung aus Art. 28 II S. 1 GG, Art. 78 LV betroffen. Maßnahmen der Sonderaufsicht sind daher auf Außenwirkung gerichtet und haben Verwaltungsaktqualität.[266]

Zur Begründung wird auf das monistische Aufgabenverständnis der nordrhein-westfälischen Verfassung verwiesen, wonach die Gemeinden in ihrem Gebiet alleinige Träger der öffentlichen Verwaltung sind.

---

264 Rauball/Pappermann/Roters, § 106 GO NW, Rn. 3.
265 Kopp/Ramsauer, 11. Aufl. (2010), § 35 VwVfG, Rn. 75 und Rn. 98 ff.
266 OVG Münster, DVBl. 1995, S. 300 (301); VerfGH NRW, DVBl. 1985, S. 685 (687) = jurisbyhemmer; Erichsen § 5 C, S. 70 und § 15 E 2, S. 357 f.; Rehn/Cronauge, 2. Aufl. 36. Erg.Lfg. (2011), § 3 Anm. IV 1., 2.; Körner, § 3 GO, Anm. 6; Hofmann/Muth/Theisen, KommR NRW 14. Aufl. (2010), Kapitel 3.4.1, S. 534 f., jeweils m.w.N.

§ 4 AUFSICHT

Vor diesem Hintergrund sei aber eine Unterscheidung in staatliche und gemeindliche Aufgaben unzulässig. Es handle sich daher auch bei den Pflichtaufgaben zur Erfüllung nach Weisung um eigene Angelegenheiten der Gemeinde.[267]

a.A.: keine eigenständige Rechtsposition der Gemeinde betroffen

b) Nach a.A. wird die Betroffenheit in eigenen Rechtspositionen der Gemeinde bei den Weisungsaufgaben abgelehnt. Bei diesen Aufgaben handele es sich um die alten Auftragsangelegenheiten unter neuem Etikett,[268] oder aber um Angelegenheiten kommunaler Fremdverwaltung (also staatliche Angelegenheiten).[269] Maßnahmen in diesem Aufgabenbereich wiesen deshalb keine Außenwirkung auf und seien nicht als Verwaltungsakte zu qualifizieren.

145

Teilweise wird mit dem Argument, die Gemeinde nehme keine eigenen Aufgaben wahr, gefolgert, dass sie bei der Erledigung der Pflichtaufgaben zur Erfüllung nach Weisung keine andere Funktion habe als eine unmittelbar nachgeordnete staatliche Behörde, die funktionell in den hierarchischen Verwaltungsaufbau eingeordnet ist.

Dementsprechend könne sie in diesem Bereich grundsätzlich nicht in ihrem Selbstverwaltungsrecht betroffen werden, sodass Weisungen keine Außenwirkung entfalten könnten.[270]

a.A.: Außenwirkung (+), wenn Weisungsrecht gesetzlich beschränkt

c) Eine vermittelnde Auffassung geht davon aus, dass es für die intendierte Außenwirkung bereits ausreiche, wenn das Weisungsrecht überhaupt beschränkt sei.[271] Dies führt aber im Ergebnis dazu, dass die Maßnahmen stets Verwaltungsakte sind, da das Weisungsrecht bei den Weisungsaufgaben (anders bei den Auftragsangelegenheiten!)[272] grundsätzlich beschränkt ist (vgl. etwa § 9 OBG).

146

a.A.: Außenwirkung (+), wenn Weisungsrecht im Einzelfall überschritten

d) Weiter wird vertreten, dass eigene Rechtspositionen der Gemeinde betroffen seien, wenn das Weisungsrecht überschritten sei.[273] Durch die regelmäßige Begrenzung des Weisungsrechts (wie etwa in § 9 OBG) seien die Gemeinden auch im Bereich der Weisungsaufgaben Träger eigener Rechte und Pflichten, und sie seien nicht einer nachgeordneten Behörde der Landesverwaltung vergleichbar.

147

hemmer-Methode: Z.T. wird die Auseinandersetzung an den Begriffen „Selbstverwaltungsaufgaben", „Auftragsangelegenheiten" und „staatliche Aufgaben" festgemacht. Dies sind aber nur Synonyme dafür, ob selbstständige Rechtspositionen der Gemeinden nach Art. 28 II S. 1 GG, Art. 78 LV („Selbstverwaltung") berührt werden, und die intendierte Außenwirkung gem. § 35 VwVfG vorliegt. Bleiben Sie nicht bei den Begriffen stehen! Denken Sie immer von der Rechtsfolge her, um die es geht! Hier ist die Frage, ob die Maßnahmen Verwaltungsaktqualität haben und ob die Gemeinde klagebefugt ist.
In der Klausur erscheint es angesichts der Rspr. von OVG und VerfGH NW empfehlenswert, dieser Ansicht zu folgen, wobei praktisch kein Unterschied besteht zu der Auffassung, die eine gesetzliche Begrenzung des Weisungsrechts für ausreichend hält, um die Gerichtetheit auf Außenwirkung grundsätzlich zu bejahen. Für die Auffassung des OVG spricht insbesondere Art. 78 II LV, der jegliche Aufgaben den Gemeinden zuweist.

---

267 Erichsen, § 5 C, S. 70.
268 Gönnenwein, S. 105 f.; Schweer, DVBl. 1956, S. 703 (706 f.).
269 Maurer Allg. VwR 17. Aufl. (2009), § 23, Rn. 16; Wolff/Bachof/Stober, VerwR II, § 86, Rn. 191, Schmidt-Jortzig, Rn. 541.
270 Vgl. OVG Lüneburg, NVwZ 1982, S. 385 (386); Redeker/v. Oertzen, § 42 VwGO, Rn. 49.
271 Held u.a. 25. NachLfg. (2010), § 3 GO, Anm. 5; Rauball/Pappermann/Roters, § 3 GO NW, Rn. 3 und 4; Bösche, S. 64; Sundermann, S. 59; Buhren, S. 37 sowie früher das OVG Münster, vgl. OVGE 13, 356 (358 f.); v. Mutius, JuS 1978, S. 28 (31); Tettinger, Rn. 185.
272 Dazu sogleich Rn. 150 ff.
273 Vgl. Schmidt-Jortzig, Rn. 558.

> Der Auffassung, nach der es auf die Überschreitung des Weisungsrechts ankommen soll, ist entgegenzuhalten, dass es für die Erfüllung der Verwaltungsaktmerkmale des § 35 VwVfG grundsätzlich nicht darauf ankommt, ob die Maßnahme rechtmäßig oder rechtswidrig ist[274] (Sound: Rechtsnatur und Rechtmäßigkeit sind auseinander zu halten).

bei Ablehnung eines VA: Leistungs- oder Feststellungsklage

Lehnt man grundsätzlich oder im Einzelfall das Vorliegen eines Verwaltungsakts ab, so ist Rechtsschutz der Gemeinde nicht ausgeschlossen. Sie kann vielmehr allgemeine Leistungs- oder Feststellungsklage mit der Begründung erheben, die sonderaufsichtliche Weisung sei rechtswidrig. Die Klagebefugnis bzw. das Feststellungsinteresse wird man damit begründen können, dass die Weisungsbefugnis überschritten sei.[275]

2. Klagebefugnis, § 42 II VwGO

Art. 78 LV

Wird die Verwaltungsakteigenschaft bejaht und damit die Betroffenheit in eigenständigen Rechtspositionen, so ist die Gemeinde durch die Maßnahme der Sonderaufsicht möglicherweise in ihrem Recht auf Selbstverwaltung gem. Art. 78 LV verletzt.

148

Die Auffassung, die die Beschränkung oder Überschreitung des Weisungsrechts für entscheidend hält, kann ein subjektives Recht in §§ 2, 3 GO NRW und der Vorschrift, welches das - beschränkte - Weisungsrecht vorsieht, sehen.

3. Begründetheit

Weisung rechtswidrig, wenn formeller Fehler oder Grenzen des Weisungsrechts überschritten

Unabhängig von allen Ansichten ist die Weisung nur dann rechtswidrig, wenn ein formeller Fehler (insbes. Zuständigkeit) vorliegt, oder die Grenzen des Weisungsrechts überschritten wurden.

149

Inhalt der Weisung ist nicht zu prüfen

Für die Rechtmäßigkeit der Weisung ist es unerheblich, ob das Verhalten, zu dem die Gemeinde angewiesen wird, selbst rechtmäßig ist. Denn die Entscheidung über den Inhalt der Weisung ist der weisungsberechtigten Behörde zugewiesen, nicht der Gemeinde. Deren eigenständige Rechtsposition erstreckt sich lediglich darauf, dass die Voraussetzungen einer Weisung und die Grenzen der Weisungsbefugnis eingehalten werden. Die inhaltliche Entscheidung ist kein Recht der Gemeinde.[276]

> **Bsp.:** Die Gemeinde kann also gerichtlich geltend machen, eine Weisung verletze sie in ihrem Selbstverwaltungsrecht, weil im jeweiligen Fall überhaupt keine Weisung bzw. keine Weisung dieses Inhalts zulässig sei.

D) Fachaufsicht

Fachaufsicht

Bei der Ausführung von Auftragsangelegenheiten unterstehen die Gemeinden der Fachaufsicht. Die Regelungen dazu differenzieren je nach Art der Auftragsangelegenheitsregelung.

150

Landesrechtliche Regelungen zur Fachaufsicht finden sich in den §§ 11, 13 LOG NRW. Nach § 13 III LOG NRW wird den Fachaufsichtsbehörden ein unbeschränktes Weisungsrecht eingeräumt.

---

274 Kopp/Ramsauer, 11. Aufl. (2010), § 35 VwVfG, Rn. 9.
275 Vgl. auch Maurer Allg. VwR 17. Aufl. (2009), § 23, Rn. 23.
276 Vgl. Maurer Allg. VwR 17. Aufl. (2009), § 23, Rn. 23.

§ 4 AUFSICHT

Die Regelungen der Fachaufsicht nach §§ 11, 13 LOG NRW gelten jedoch nur für die Aufsicht über nachrangige Landesbehörden (vgl. Wortlaut). Die Behörden der Kommunen sind aber als Selbstverwaltungskörperschaftsbehörden kein Teil der Landesbehördenhierarchie.

Bundesauftragsangelegenheiten: § 16 LOG NRW

Die Mitwirkung der Gemeinden und Gemeindeverbände sind im LOG NRW in einem eigenen Abschnitt (Abschnitt III = § 15 ff.) geregelt. Dort sieht § 16 I LOG NRW ebenfalls ein unbeschränktes Weisungsrecht vor, jedoch wiederum nur bei der Durchführung von Bundesgesetzen, die das Land im Auftrag des Bundes ausführt (Art. 85 GG). Es handelt sich um eine eigene Regelung, ohne Rückgriff oder Verweis auf die Regelungen zur Fachaufsicht i.S.d. LOG NRW.

Landesauftragsangelegenheiten: Gewohnheitsrecht

Für die (wenigen) Auftragsangelegenheiten kraft Landesrechts besteht eine - wohl gewohnheitsrechtlich anerkannte - Weisungsbefugnis, die in § 132 GO NRW vorausgesetzt und weitergeführt wird.

Die Aufgabenwahrnehmung durch die Kommune kann nie der Aufsicht nach §§ 11, 13 LOG NRW unterstehen. Dennoch die Verwendung des Begriffs „Fachaufsicht" auch im Rahmen der Aufsicht über Kommunalverwaltung verbreitet[277] und vor allem in Anbetracht der identischen Rechtsfolgen unbedenklich.[278]

Anders bei Organleihe, dort §§ 11, 13 LOG NRW

Nicht zu verwechseln sind die hier thematisierten Fälle einer Aufgabenwahrnehmung durch eine Kommune mit den Fällen der Aufgabenerfüllung durch eine im Wege der Organleihe in die staatliche Verwaltung integrierte Kommunalbehörde. Auf eine so entliehene Behörde sind die §§ 11, 13 LOG NRW anwendbar, denn es handelt sich gerade nicht um Kommunalverwaltung als mittelbare Landesverwaltung, sondern um unmittelbare Landesverwaltung (dazu Rn. 158 ff.).

I. Aufsichtsbehörden

übergeordnete Behörden

Die übergeordneten Behörden für die Auftragsangelegenheiten ergeben sich aus den jeweiligen, die staatlichen Auftragsangelegenheiten regelnden Gesetzen.

151

II. Aufsichtsmittel

unbeschränktes Weisungsrecht

Im Gegensatz zu den Weisungsaufgaben ist das Weisungsrecht bei den Auftragsangelegenheiten unbeschränkt.[279] Allerdings bezieht sich das Weisungsrecht auch hier nur auf die unmittelbare Aufgabenerledigung nach außen (d.h. auf die Sachentscheidung dem Bürger gegenüber), nicht jedoch auf den Bereich der Organisations- oder Personalhoheit (letzteres wäre eine Frage der Dienstaufsicht).[280]

152

Für die Durchsetzung von Weisungen im Falle ihrer Nichtbefolgung durch die Gemeinde kann auf die Ausführungen zur Sonderaufsicht verwiesen werden,[281] da auch die übergeordnete Behörde im Bereich der Auftragsangelegenheiten nach § 127 GO NRW nicht zu Eingriffen in die Gemeindeverwaltung nach §§ 121 ff. GO NRW befugt ist.[282]

153

---

277 Vgl. etwa Maunz/Dürig, 61. Erg.Lfg. (2011), Art. 85 GG, Rn. 72.
278 A.A. Hofmann/Muth/Theisen, KommR NRW 14. Aufl. (2010), Kapitel 3.2, S. 511, der die Bezeichnung für nicht angemessen hält.
279 Hofmann/Muth/Theisen, KommR NRW 14. Aufl. (2010), Kapitel 3.4.1, S. 534; Rehn/Cronauge, 2. Aufl. 36. Erg.Lfg. (2011), § 132 Anm. V.
280 Bösche, S. 59.
281 Vgl. Rn. 138 f.
282 Rehn/Cronauge, 2. Aufl. 36. Erg.Lfg. (2011), § 127 Anm. 1 b).

Auf Ersuchen der weisungsberechtigten übergeordneten Behörde ist die allgemeine Aufsicht verpflichtet, die Befolgung der Weisung durch Maßnahmen nach §§ 121 ff. GO NRW durchzusetzen.[283]

III. Rechtsschutz der Gemeinde

Rechtsschutz str.

Auch im Hinblick auf Weisungen in Auftragsangelegenheiten ist umstritten, ob sie Verwaltungsakte darstellen und infolgedessen eine Anfechtungsklage statthaft ist.

h.M.: nie VA

1) Die h.M. geht davon aus, dass Weisungen i.R.d. Auftragsangelegenheiten keine Verwaltungsakte sind, da es an der erforderlichen Außenwirkung fehle.[284] Fraglich sei dies jedoch bei Überschreitung der Grenzen der Weisungsbefugnis, da ein Verwaltungsakt auf Außenwirkung gerichtet sein müsse, die Außenwirkung also unmittelbar intendiert, nicht jedoch lediglich Folgewirkung sein müsse.[285]

Übergriff in den weisungsfreien Bereich

Dies betrifft die besonderen Fälle, in denen die Gemeinde durch Maßnahmen im Bereich der Auftragsangelegenheiten (auch) in ihrem Selbstverwaltungsrecht betroffen wird.

> **Bsp.:** *Weisung, für Auftragsangelegenheit bestimmtes Personal einzusetzen*[286].

Betrifft eine Maßnahme (zugleich) die Personal- oder Organisationshoheit der Gemeinde, oder berührt sie den Selbstverwaltungsbereich in anderer Weise, so wird damit in die Selbstverwaltung „übergegriffen". Denn auch bei der Ausführung der Auftragsangelegenheiten wird der rechtlich selbstständige Verwaltungsträger „Gemeinde" tätig,[287] und die gemeindeinterne Organisation und die Auswahl des Personals, das die Gemeinde einsetzt, bleiben weisungsfrei. „Auftragsangelegenheit" ist grundsätzlich nur die Ausführung des jeweiligen Gesetzes nach außen, nicht aber die verwaltungsmäßige Erfüllung der Aufgabe[288].

str., ob Außenwirkung intendiert

In diesen Fällen bejaht die h.M. die Gerichtetheit auf Außenwirkung.[289] Die Maßnahme wird als Verwaltungsakt angesehen.[289] Nach a.A. ist die Verwaltungsaktqualität zu verneinen. Die Maßnahme habe zwar Außenwirkung, sie sei jedoch nicht auf Außenwirkung gerichtet. Bei Maßnahmen der Fachaufsicht sei stets nur eine Wirkung im Bereich der Weisungsaufgaben intendiert, nicht aber die gleichfalls eintretende Betroffenheit im Selbstverwaltungsrecht.[290]

> **hemmer-Methode:** Lassen Sie sich nicht durch diese recht diffizilen Unterscheidungen verwirren. Im Ergebnis bestehen nämlich keine Unterschiede, was die grundsätzliche Zulässigkeit von Rechtsbehelfen gegen fachaufsichtliche Maßnahmen angeht. Einigkeit besteht darüber, dass eine Klage unzulässig ist, wenn die Maßnahme nicht ausnahmsweise auch in das Selbstverwaltungsrecht eingreift.

---

283 Rehn/Cronauge, 2. Aufl. 36. Erg.Lfg. (2011), § 127 Anm. 2.
284 Held u.a. 25. NachLfg. (2010), § 126 GO NRW, Anm. 5; Hess. VGH NVwZ-RR 1990, S. 4; BayVGH, Bay VBl. 1977, S. 152 = **juris**byhemmer; Erichsen, § 15 E 3, S. 358; Tettinger, Rn. 186; Schwerdtfeger, Rn. 765.
285 Erichsen, § 15 E 3, S. 358; vgl. auch BVerwGE 60, 144 (149 f.).
286 Vgl. auch BVerwG DVBl. 1995, S: 744; VGH BW DVBl. 1994, S. 348.
287 Erichsen, § 15 E 3, S. 358 f.;
288 Schmidt-Jortzig, JuS 1979, 488, 490.
289 Held u.a 19. NachLfg. (2008), § 126 GO NRW, Anm. 5; BVerwG DVBl. 1995, S. 744; VGH BW DVBl. 1994, S. 348; zust. Kopp/Schenke, 16. Aufl. (2009), Anh. § 42 VwGO, Rn. 78.
290 Erichsen, § 15 E 3, S. 358; Schoch/Schmidt-Aßmann/Pietzner, 20. Erg.Lfg. (2010), § 42 I VwGO, Rn. 57.

> In Ausnahmefällen dagegen soll die Klage zulässig sein, insbesondere die Gemeinde auch klagebefugt sein. Uneinigkeit besteht lediglich über die Anwendung des § 35 VwVfG auf diese Sonderfälle. Dies ist allerdings für die weitere Prüfung erheblich, denn davon hängt die statthafte Klageart ab.

Anfechtungsklage nicht statthaft

Liegt kein Verwaltungsakt vor, ist eine Anfechtungsklage nicht statthaft. In Betracht kommt dann eine allg. Leistungs- oder Feststellungsklage. Die allg. Leistungsklage wäre auf Aufhebung der Weisung zu richten, die allg. Feststellungsklage hätte den Inhalt, die Rechtswidrigkeit der Weisung festzustellen.[291]

m.M.: immer VA

2) Teilweise wird vertreten, dass fachaufsichtliche Weisungen immer als Verwaltungsakte zu qualifizieren seien, da die Gemeinde dem Staat auch im Bereich der Auftragsangelegenheiten als Träger eigener, dem Außenrechtskreis zuzuordnender Rechte gegenübertrete, in die durch eine Weisung regelnd eingegriffen werde. Regelmäßig fehle es für eine Klage allerdings an der Klagebefugnis.[292] Diese Auffassung hat allerdings die unbefriedigende Konsequenz, dass die Gemeinde den Verwaltungsakt in der Regel mangels Klagebefugnis nicht angreifen kann, obwohl sie dessen Adressat ist.

157

Exkurs: Fach- und Dienstaufsicht in Fällen der Organleihe

unbeschränkte Rechtmäßigkeits- u. Zweckmäßigkeitskontrolle

In Fällen der Organleihe unterliegt das betroffene Organ der Fach- und Dienstaufsicht nach §§ 11 - 13 LOG. Der jeweiligen Aufsichtsbehörde steht eine unbeschränkte Recht- und Zweckmäßigkeitskontrolle zur Verfügung.

158

1. Aufsichtsbehörden

§§ 12, 13 LOG i.V.m. spezialgesetzlicher Regelung

Die Aufsichtsbehörden in Fällen der Organleihe ergeben sich aus § 12 LOG (Dienstaufsicht) und § 13 LOG (Fachaufsicht) i.V.m. den zum jeweiligen Aufgabenbereich erlassenen besonderen Vorschriften.

159

2. Aufsichtsmittel

Weisung an den Bürgermeister

Auch bei der Organleihe ist die Weisung Mittel der Aufsicht. Diese ergeht aber im Unterschied etwa zu den Auftragsangelegenheiten nicht gegenüber der Gemeinde selbst, sondern unmittelbar gegenüber dem Organ, das ausgeliehen werden soll, also z.B. gegenüber dem Bürgermeister, der in diesen Fällen Staatsbehörde ist und als „verlängerter Arm des Staats" tätig wird (vgl. z.B. § 9 IV OBG).

160

disziplinarische Durchsetzung der Weisung

Die Durchsetzung der Weisung erfolgt disziplinarisch. § 127 GO NRW gilt nicht, da nicht die Gemeinde betroffen ist. Die Aufsichtsbehörde kann gem. §§ 79 I S. 2, 32 I LDG[293] die Befolgung der Weisungen durch Disziplinarmaßnahmen gegen den Bürgermeister erzwingen. Daneben hat sie in bestimmten Fällen ein Selbsteintrittsrecht (vgl. z.B. § 10 OBG i.V.m. § 123 II GO NRW).

> **hemmer-Methode:** Machen Sie sich nochmals klar, dass die Weisung an den Bürgermeister i.R.d. Organleihe nicht anders zu behandeln ist als die Weisung eines Ministeriums an die Bezirksregierung.

---

291 Für Referendare: Verbreitet ist auch der Antrag festzustellen, dass der Kläger in seinen Rechten verletzt wird.
292 Vgl. Knemeyer, Rn. 327; Schröder, JuS 1986, S. 371 (375).
293 HR 40; Die zuvor einschlägigen §§ 126 I 3, II Nr. 1 DO NW wurden am 16.11.2004 mit Einführung des LDG aufgehoben.

3. Weisungen und Rechtsschutz

keine klagefähigen Rechte des Bürgermeisters ...

Da der Bürgermeister in den Fällen der Organleihe eine nachgeordnete Behörde ist, kann er grundsätzlich nicht in klagefähigen Rechten betroffen sein. Weisungen in diesem Rahmen sind daher keine Verwaltungsakte, sondern innerdienstliche Maßnahmen.

Aus diesem Grunde würde es aber auch für eine Leistungs- oder Feststellungsklage an der Klagebefugnis bzw. dem Feststellungsinteresse fehlen.

oder der Gemeinde betroffen

Mangels betroffener Rechte würde ebenfalls eine Klage der Gemeinde scheitern.

Exkurs Ende

Zusammenfassend ergibt sich folgendes Schaubild zur Aufsicht über die Gemeinde:

```
┌─────────────────┐   ┌─────────────────┐   ┌─────────────────┐
│ Selbstverwalt-  │   │ Pflichtaufgaben │   │   Auftrags-     │
│  ungsaufgaben   │   │ zur Erfüllung   │   │ angelegenheiten │
│(freiwillig/     │   │  nach Weisung   │   │                 │
│   pflichtig)    │   │                 │   │                 │
└────────┬────────┘   └────────┬────────┘   └────────┬────────┘
         │                     │                     │
         ▼                     ▼                     ▼
┌─────────────────┐   ┌─────────────────┐   ┌─────────────────┐
│ Allgemeine      │   │ Sonderaufsicht, │   │  Fachaufsicht,  │
│ Aufsicht,       │   │ z.B. § 9 OBG;   │   │  § 16 I LOG     │
│ §§ 120 ff.      │   │ Sonderfall:     │   │  oder           │
│ GO NRW          │   │ allgemeine      │   │  Gewohnheits-   │
│                 │   │ Aufsicht zur    │   │  recht          │
│                 │   │ Durchsetzung    │   │                 │
│                 │   │ von Weisungen,  │   │                 │
│                 │   │ § 11 OBG        │   │                 │
└─────────────────┘   └─────────────────┘   └─────────────────┘
```

- VA (+)
- Klagebefugnis aus Art. 28 II S. 1 GG (+)

- VA (-), allg. Leistungs-/Festst.klage?
- Klagebefugnis grds. (-); Ausnahme Übergriff in Selbstverwaltung (Personal, Organisation)

Exkurs: Verwaltungsgerichtliche Rechtsbehelfe der Gemeinde

verwaltungsgerichtliches Vorgehen

Neben den verfassungsprozessualen Rechtsbehelfen kann sich die Gemeinde u.U. auch verwaltungsgerichtlich gegen Maßnahmen anderer Verwaltungsträger verteidigen, die in ihre Rechtspositionen eingreifen.

Eingriff in die Selbstverwaltung der Gemeinde durch Einzelmaßnahmen

Dafür kommen nicht nur Maßnahmen der Aufsicht in Betracht, sondern auch andere Situationen:[294]

---

294 Vgl. auch die Bsp. bei Kopp/Schenke, 16. Aufl. (2009), § 42 VwGO, Rn. 137 ff.

§ 4 AUFSICHT

Bsp. 1: *Erteilung einer Baugenehmigung ohne das nach § 36 I BauGB erforderliche Einvernehmen der Gemeinde.*

Einvernehmen der Gemeinde nach § 36 I BauGB

Die Gemeinde muss Anfechtungsklage gegen die Baugenehmigung erheben. Sie ist in ihrem subjektiv-öffentlichen Recht aus § 36 I BauGB betroffen, das eine besondere Ausprägung der durch Art. 28 II S. 1 GG geschützten (Raum-)Planungshoheit der Gemeinde ist. Ob die Baugenehmigung rechtswidrig und die Klage begründet ist, hängt u.a. davon ab, ob das Einvernehmen rechtmäßigerweise ersetzt wurde.

Bsp. 2: *Erteilung einer Baugenehmigung unter Verstoß gegen einen Bebauungsplan.*

Bebauungsplan

Statthaft ist wiederum eine Anfechtungsklage. Sie ist klagebefugt, denn die Baugenehmigung, die u.U. gegen einen Bebauungsplan verstößt, verletzt damit zugleich möglicherweise die Planungshoheit der Gemeinde (Art. 28 II S. 1 GG). Die Gemeinde hat nicht nur gem. § 1 BauGB das Recht, einen Bebauungsplan zu erlassen, sondern kann auch zugleich dessen Einhaltung durchsetzen, wenn sie nicht Bauaufsichtsbehörde ist.

Bsp. 3: *Durch eine atomrechtliche Genehmigung wird Grundstückseigentum der Gemeinde in seiner Nutzbarkeit eingeschränkt.*

Planungen anderer Verwaltungsträger

Die Klagebefugnis ergibt sich nicht aus Art. 14 I GG, denn die Gemeinde ist nach h.M. nicht grundrechtsberechtigt. Sie kann aber in ihrem Selbstverwaltungsrecht aus Art. 28 II S. 1 GG betroffen sein, denn dieses schützt auch das Vermögen der Gemeinde, soweit es zur Aufgabenerfüllung notwendig ist.

Problem: Widerspruchsbescheid, der einer Entscheidung der Gemeinde aufhebt

Das Vorverfahren ist nun nach § 110 JustG NRW entbehrlich. Der Problemklassiker, ob ein Widerspruchsbescheid des Landes im Bereich der Gefahrenabwehr in die Selbstverwaltungsgarantie der Gemeinde eingreift, kann praktisch nicht mehr auftreten.

Exkurs Ende

§ 5 HANDELN DER GEMEINDE

A) Überblick

Handeln durch Organe

In den vorausgehenden Kapiteln war vom Handeln „der Gemeinde" die Rede. Natürlich kann die Gemeinde als solche nicht handeln, sie benötigt dazu - wie jede juristische Person - Organe und damit auch Regeln über deren Rechtsstellung und Zuständigkeit sowie über den Geschäftsgang.[295]

Hauptorgane: Rat u. Bürgermeister

„Hauptorgane" der Gemeinde sind der Rat und der Bürgermeister, § 40 II S. 1 GO NRW. Handeln der Gemeinde ist also grundsätzlich Handeln der Organe Rat oder Bürgermeister. Der Rat handelt als Kollegialorgan stets durch Beschlüsse. Die Handlungen des Bürgermeisters können unterschiedlicher Art sein. Zu beachten ist dabei, dass der Bürgermeister sowohl gemeindeintern handelt als auch „nach außen". Gemeindeintern kommen Maßnahmen des Bürgermeisters zur Vorbereitung der Ratssitzung und bei der Leitung der Sitzung, aber auch Anordnungen gegenüber den Bediensteten der Gemeindeverwaltung in Betracht. Nach außen handelt der Bürgermeister sowohl privatrechtlich als auch öffentlich-rechtlich.

Rat und Bürgermeister stehen mit separaten Zuständigkeitsbereichen nebeneinander. Dabei obliegt die Willensbildung grundsätzlich dem Rat; ihre Vorbereitung und ihr Vollzug (§ 62 II S. 1 und 2 GO NRW), die Vertretung der Gemeinde nach außen (§ 63 I S. 1 GO NRW) und die Erledigung der „Geschäfte der laufenden Verwaltung" (§ 41 III GO NRW) sind Sache des Bürgermeisters. Außenwirkung haben regelmäßig nur Maßnahmen des Bürgermeisters (und der Gemeindebediensteten, die in seinem Auftrag handeln), die Willensbildung ist ein interner Vorgang.

Wird in diesem Zusammenhang vom Bürgermeister gesprochen, so bezieht sich dies ausschließlich auf dessen Funktion als Hauptverwaltungsbeamter der Gemeinde. Daneben war der Bürgermeister schon vor der Reform 1994 (wie auch heute) Vorsitzender des Rates. Insoweit war fraglich, inwieweit er im Rat mitwirkungsberechtigt ist. Bezüglich dieser Frage hat sich durch die jüngste Reform einiges geändert. Nicht nur, dass die Rechtsposition des Bürgermeister erneut verstärkt wurde. Auch wurde diese nun im Gesetz auf eine neue Weise kenntlich gemacht.

Neu: Einheitliche Begriffszuordnung

Gem. des neugefassten § 40 II S. 2 GO NRW besteht der Rat: „aus den gewählten Ratsmitgliedern und dem Bürgermeister (Mitglied kraft Gesetzes)". In dieser Regelung ist die durch die letzte Reform eingeführte und einheitlich verwendete Begriffszuordnung festgelegt. Damit ist die Antwort auf die Frage nach einer Beteiligung des Bürgermeisters unmittelbar aus dem Wortlaut der fraglichen Norm zu entnehmen.

Mitglieder des Rates

Bestimmt eine Regelung künftig, dass „der Rat"(z.B. § 26 VI S. 1 GO NRW)), „der Rat mit der Mehrheit seiner Mitglieder"(z.B. § 7 III S. 3 GO NRW) oder „der Rat mit der Mehrheit von zwei Dritteln der gesetzlichen Zahl seiner Mitglieder"(z.B. § 67 IV S. 5 GO NRW) einer Regelung unterliegt, so sind die Ratsmitglieder zusammen mit dem Bürgermeister gemeint.

---

[295] Zur Unterscheidung Innenrecht-Außenrecht vgl. Maurer Allg. VwR 17. Aufl. (2009), § 21, Rn. 27.

§ 5 HANDELN DER GEMEINDE 67

Ratsmitglieder

Wird im Gesetz hingegen von „den Ratsmitgliedern" (z.B. § 50 III S. 1 GO NRW), dem Rat mit der Mehrheit der Stimmen der Ratsmitglieder (z.B. § 58 I S. 1 GO NRW) oder „dem Rat mit der Mehrheit von zwei Dritteln der gesetzlichen Zahl der Ratsmitglieder" (z.B. § 66 I S. 8 GO NRW) gesprochen, so ist der Bürgermeister von dieser Regelung nicht umfasst bzw. von dieser Abstimmung ausgeschlossen.

Die gesetzliche Zahl der ....

Spricht das Gesetz von der gesetzlichen Zahl der Mitglieder so ist stets von den Bestimmungen des KWahlG NRW auszugehen. Ist aber nicht ausschließlich von Ratsmitgliedern die Rede, so ist der Bürgermeister gem. § 40 II S. 1 HS 2 GO NRW hinzuzurechnen.

Negativliste der Zuständigkeit des Bürgermeister

Eine enumerative Aufzählung der Fälle, in welchen der Bürgermeister von der Abstimmung ausgeschlossen ist, wie sie mit Gesetz vom 28.03.2000[296] in § 40 I S. 6 GO NW a.F. eingeführt wurde, wäre nach dieser neuen gesetzgeberischen Konzeption überflüssig gewesen. Dennoch sollte sie erhalten bleiben, um die Fälle auf einen Blick erkennen zu können.[297] Sie wurde lediglich der neuen Gesetzeslage entsprechend überarbeitet.

B) Rat

I. Einleitung

Rat ist Verwaltungsorgan, kein Parlament

Die Verwaltung der Gemeinde wird gem. § 40 I GO NRW ausschließlich durch den Willen der Bürgerschaft bestimmt, die nach § 40 II S. 1 GO NRW durch den Rat und den Bürgermeister vertreten wird.

167

Obwohl der Rat auch Rechtsvorschriften erlässt, ist er kein Parlament wie etwa der Landtag, sondern, da die Gemeinde insgesamt Teil der Exekutive ist, ein Verwaltungsorgan.[298] Begriffe und Regeln des Parlamentsrechts lassen sich nur in Ausnahmefällen auf ihn übertragen.[299]

Allzuständigkeit für alle Verwaltungsaufgaben

Der Rat besitzt gem. § 41 I S. 1 GO NRW die Zuständigkeit für alle Verwaltungsaufgaben, soweit gesetzlich nichts anderes geregelt ist. Dieser Grundsatz wird durch spezielle gesetzliche Aufgabenzuweisungen an andere Gemeindeorgane durchbrochen. Grundsätzlich kann der Rat auch Aufgaben an den Bürgermeister oder an die Ausschüsse übertragen, § 41 II S. 1 GO NRW.

Von dieser Übertragbarkeit macht der Katalog in § 41 I S. 2 GO NRW Ausnahmen. Die dort genannten Aufgaben sind nicht übertragbar.

II. Rechtsstellung der Ratsmitglieder

trotz freien Mandats keine Abgeordneten

Die Ratsmitglieder sind bei ihrer Tätigkeit gem. § 43 I GO NRW an Aufträge nicht gebunden und verpflichtet, ausschließlich nach dem Gesetz und ihrer freien, nur durch die Rücksicht auf das öffentliche Wohl bestimmten Überzeugung zu handeln (Grundsatz des freien Mandats).

168

---

296 GVBl. NRW S. 245.
297 So Begründung des Gesetzesentwurf, Landtag NRW Drs. 14/3979, zu Art. I, Nr. 13, S. 135.
298 BayVGH BayVBl. 1984, S. 667; Schröder in: Achterberg/Püttner, Bes. VerwR II, Rn. 50; Waechter, Rn. 284.
299 Schmidt-Aßmann in: Schmidt-Aßmann, Bes. VerwR, Rn. 59; Schröder in: Achterberg/Püttner, Bes. VerwR II, Rn. 50.

Insofern ist die Stellung der Ratsmitglieder der der Abgeordneten des Bundes- (Art. 38 I GG) oder Landtags (Art. 30 II LV) angenähert. Da aber der Rat kein Parlament im staatlichen Sinne ist, genießen die Ratsmitglieder weder Immunität und Indemnität (Art. 46 GG), noch ein Zeugnisverweigerungsrecht (Art. 47 GG; vgl. aber auch §§ 43 II Nr. 2, 30 II GO NRW).[300]

ob sie ein Ehrenamt wahrnehmen, ist umstritten

Ebenfalls umstritten ist, ob Ratsmitglieder ein Ehrenamt i.S.d. § 28 II GO NRW wahrnehmen. Dies wird z.T. mit Hinweis darauf abgelehnt, dass sie nicht zur Übernahme des Mandats verpflichtet sind (§§ 36, 37 KWahlG NRW), was aber für ein Ehrenamt charakteristisch sei[301] (§ 29 GO NRW). Nach a.A. handelt es sich trotz dieses Unterschieds bei der Ratsmitgliedschaft um ein Ehrenamt.[302] Der Streit entfaltet indessen kaum praktische Bedeutung, da die Rechtsstellung der Ratsmitglieder in den §§ 42 ff. GO NRW eingehend geregelt ist und durch § 43 II GO NRW auf die wesentlichen für die ehrenamtliche Tätigkeit geltenden Vorschriften verwiesen wird.

1. Rechte der Ratsmitglieder

wichtigstes Recht: Ausübung des Mandats

Wichtigstes Recht der Ratsmitglieder ist das auf Ausübung ihres Mandats. Dieses ist zwar nicht ausdrücklich in der Gemeindeordnung geregelt, ergibt sich aber aus den Aufgaben des Rats als Willensbildungsorgan und wird in einigen Vorschriften als gegeben vorausgesetzt (z.B. § 44 I GO NRW).[303]

Hieraus ergibt sich zunächst das Recht, an Rats- oder Ausschusssitzungen teilzunehmen. Eine entsprechende Verpflichtung besteht nicht, da dies eine Beschränkung des freien Mandats i.S.d. § 43 I GO NRW bedeutete.[304]

Weiterhin bedürfen die Ratsmitglieder zur Verwirklichung ihres Mandats des Rechts auf Rede, Information (§ 47 II S. 2 GO NRW), Antragsstellung und Abstimmung (vgl. aber § 43 II GO NRW i.V.m. § 31 GO NRW).[305] Diese Rechte können durch die Geschäftsordnung (vgl. § 47 II GO NRW) konkretisiert, aber auch beschränkt werden.

Weitere Bspe.:

⇨ *§ 48 II S. 3 GO NRW: Antrag auf Ausschluss der Öffentlichkeit*

⇨ *§ 50 II S. 1 GO NRW: Widerspruch gegen die offene Abstimmung*

⇨ *§ 58 I S. 4 GO NRW: Teilnahme auch an nichtöffentlicher Ausschuss-Sitzung (vgl. auch § 58 I S. 6 GO NRW)*

Seit der letzten Reform auch:

⇨ *§ 55 I S. 2 GO NRW: Recht vom Bürgermeister Auskunft zu erlangen oder zu einem Tagesordnungspunkt Stellung zu nehmen.*
(Weder durch Geschäftsordnung, noch durch Ratsbeschluss abbedingbar. Aber thematisch beschränkt auf Bereiche der unmittelbaren oder mittelbaren Verantwortung des Bürgermeisters, die Rats- oder Ausschusszuständigkeiten berühren.)

---

300 Hofmann/Muth/Theisen, KommR NRW 14. Aufl. (2010), Kapitel 2.7.2.1, S. 321; Erichsen, § 7 A 1 b aa, S. 97.
301 Waechter, Rn. 336.
302 Rauball/Pappermann/Roters, § 30 GO NW, Rn. 1; Erichsen, § 7 A 1 b aa, S. 98.
303 Hofmann/Muth/Theisen, KommR NRW 14. Aufl. (2010), Kapitel 2.7.2.1, S. 320; Erichsen, § 7 A 1 b bb, S. 98.
304 Bösche, S. 142.
305 Erichsen, § 7 A 1 b bb, S. 98 f.

§ 5 HANDELN DER GEMEINDE

Darüber hinaus beschränkt die Pflicht zur gegenseitigen Rücksichtnahme die Antwortpflicht auf vorliegende oder mit zumutbarem Aufwand zu beschaffbare Informationen.)[306]

⇨ *§ 55 V GO NRW Einsicht in die Akten, die der Vorbereitung oder der Kontrolle von Beschlüssen des Rates, des Ausschusses oder der Bezirksregierung, der das Mitglied angehört, dient.*

Minderheitenrechte

Neben diesen bereits dem einzelnen Ratsmitglied zustehenden Rechten enthält die Gemeindeordnung eine Reihe von Rechten, die jeweils nur eine Gruppe von Ratsmitgliedern ausüben kann.[307]

Bsp.:

⇨ *§ 47 I S. 4 GO NRW: Verpflichtung zur Einberufung des Rats*

⇨ *§ 48 I S. 2 GO NRW: Verpflichtung zur Aufnahme eines Tagesordnungspunktes*

⇨ *§ 55 IV S. 1 GO NRW: Verpflichtung bestimmten einzelnen Ratsmitgliedern Akteneinsicht zu gewähren. (dem Akteneinsichtsverlangen einer Ratsminderheit gem. § 55 IV S. 1 Var. 2 GO NRW kann die Gemeindeverwaltung nicht die Verpflichtung zur Wahrung des Steuergeheimnisses entgegenhalten)*[308]

⇨ *§ 69 I S. 2 GO NRW: Verpflichtung zur Stellungnahme*

Recht auf Freistellung

Abgesichert wird das Recht der Ratsmitglieder auf Ausübung ihres Mandats durch § 44 I GO NRW, wonach niemand gehindert werden darf, sich um ein Mandat als Ratsmitglied (bzw. als Mitglied eines Ausschusses oder einer Bezirksvertretung) zu bewerben, es anzunehmen oder auszuüben. Insbesondere Benachteiligung am Arbeitsplatz, Kündigung und Entlassung sind unzulässig, § 44 I S. 2 und 3 GO NRW. Soweit es die Ausübung des Mandats erfordert, sind die Ratsmitglieder (bzw. die Mitglieder eines Ausschusses oder einer Bezirksvertretung) nach § 44 II GO NRW von ihrer Arbeit freizustellen.

Ersatz des Verdienstausfalles, Aufwandsentschädigung

Schließlich haben die Ratsmitglieder (bzw. die Mitglieder der Ausschüsse und Bezirksvertretungen) gem. § 45 I S. 1 GO NRW einen Anspruch auf Ersatz ihres Verdienstausfalles und gem. §§ 45 IV, 46 GO NRW einen Anspruch auf Aufwandsentschädigung. Auch diese Regelungen wurden i.R.d. letzten Reform völlig neu gefasst.

Exkurs: Entschädigung für Mitglieder der Kommunalvertretung

Der Verdienstausfall

Den Mitgliedern des Rates, der Bezirksvertretung und der Ausschüsse steht gem. § 45 I S. 1 GO NRW ein Anspruch auf Ersatz des Verdienstausfalls zu.

Dieser lässt sich auf vier im Alternativverhältnis stehende Arten begründen:

⇨ Voraussetzung ist, dass der Verdienstausfall durch eine während der regelmäßigen Arbeitszeit erforderliche Mandatsausübung entstanden ist. Diese regelmäßige Arbeitszeit ist gem. § 45 I S. 2 GO NRW individuell zu ermitteln.

---

306 OVG Münster, NWVBl. 2010, S. 482 f. = **juris**byhemmer.
307 Vgl. dazu Beschluss des OVG Münster NWVBl. 2007, 25 ff. = **juris**byhemmer und Übungsklausur von Günther, „Minderheitenrechte für fraktionslose Ratsmitglieder?", NWVBl. 2007, 33 ff.
308 OVG Münster, NWVBl. 98, S. 110, 111.

Außerhalb dieser Zeit liegende Verdienstmöglichkeiten und solche aus einer Nebentätigkeit bleiben gem. S. 3 ausdrücklich unberücksichtigt. Die Höhe der Entschädigung bestimmt sich nach einem in der Hauptsatzung festzulegenden Regelstundensatz, es sei denn, dass ersichtlich keine finanziellen Nachteile entstanden sind, § 45 II S. 1 GO NRW (Grundfall)

⇨ Obige Voraussetzungen und der Anspruchsteller ist abhängig Erwerbstätiger:
Die Höhe bestimmt sich nach tatsächlich entstandenem und nachgewiesenem Verdienstausfall, § 45 I S. 2 Nr. 1 GO NRW (nur auf Antrag)

⇨ Erstgenannte Voraussetzungen und der Anspruchsteller ist Selbstständiger:
Die Anspruchshöhe ist nach billigem Ermessen (auf Grundlage des glaubhaft gemachten Einkommens) zu bestimmender Verdienstausfallpauschale je Stunde zu bestimmen, § 45 I S. 2 Nr. 2 GO NRW (nur auf Antrag)

⇨ Anstelle der mandatsbedingt entgangenen Verdienstmöglichkeit während regelmäßiger Arbeitszeit kann gem. § 45 II S. 2 Nr. 3 GO NRW auch die mandatsbedingte Abwesenheit von einem Haushalt geltend gemacht werden. Die/der Anspruchsberechtigte muss einen Haushalt von mindestens zwei Personen führen und nicht oder weniger als 20 Wochenstunden erwerbstätig sein. Auch diese Hausarbeit ist individuell zu bestimmen, § 45 I S. 2 HS 2 GO NRW. Anspruchshöhe ist grundsätzlich der Regelstundensatz aus der Hauptsatzung, auf Antrag aber auch die notwendigen Kosten für eine Vertretung im Haushalt.

Für den Verdienstausfall je Stunde ist in der Hauptsatzung ein einheitlicher Höchstbetrag festzusetzen, § 45 II S. 3 GO NRW. die Festlegung eines Tages- oder Monatshöchstbetrages ist optional, § 45 II S. 4 GO NRW.

Bürgermeister

Der Wortlaut („Mitglieder des Rates") ist irreführend. Er scheint auch dem Bürgermeister einen solchen Anspruch zuzusprechen. Der Bürgermeister ist aber kommunaler Wahlbeamter (§ 62 I S. 1 GO NRW). Die Mandatsausübungen ist seine Arbeit, für welche er gem. § 2 I EingrVO[309] (Eingruppierungsverordnung) besoldet wird. Ein Verdienstausfall ist also nicht denkbar.

Die Aufwandsentschädigung

Losgelöst vom Bestehen oder Nichtbestehen eines Anspruchs auf Verdienstausfall (Wortlaut: „unabhängig") besteht ein Anspruch auf Aufwandsentschädigung, § 45 IV S. 1 GO NRW.

⇨ Einem Ratsmitglied oder einem Mitglied der Bezirksregierung werden gem. § 45 IV Nr. 1 GO NRW, je nach Festlegung in der Hauptsatzung, eine Monatspauschale oder eine Tagespauschale und Sitzungsgeld gezahlt. Das Sitzungsgeld wird für Rats-, Bezirksvertretungs-, Ausschuss- und Fraktionssitzungen gewährt. Unter letztere fallen gem. § 45 V GO NRW auch Sitzungen von Teilen der Fraktion. Jedoch ist die Anzahl der ersatzpflichtigen Fraktionssitzungen ist in der Hauptsatzung zu begrenzen.

⇨ Auch ein nicht dem Rat angehörigen Ausschussmitglied (sachkundiger Bürger oder sachkundiger Einwohner) erhält für die im Rahmen seines Mandats erforderliche Teilnahme an Ausschuss- und Fraktionssitzungen ein Sitzungsgeld, § 45 IV Nr. 2 GO NRW.

---

309 HR 45d.

§ 5 HANDELN DER GEMEINDE

Die Voraussetzung der Mandatsausübung dient der Abgrenzung zum Zuhörer, welchem gem. § 58 I S. 5 GO NRW weder Verdienstausfallersatz noch Sitzungsgeld zustehen.

⇨ Von letztgenanntem Grundsatz gewährt das Gesetz seit der Reform eine Ausnahme. Gem. § 45 IV Nr. 3 GO NRW steht dem stellvertretenden Ausschussmitglied, das dem Rat nicht angehört, für die Teilnahme an Fraktionssitzungen auch in Anwesenheit des ordentlichen Ausschussmitglieds ein Sitzungsgeld zu. Diese Ausnahme rechtfertigt sich mit dem Bedürfnis, für eine qualifizierte Vertretung im Ausschuss auch selber an den Vorbereitungen in den Fraktionssitzungen teilgenommen zu haben. Anwendung findet Nr. 3 allerdings nur auf Zuhörer. Im Vertretungsfall fungiert der Stellvertreter als Ausschussmitglied und nicht nur als Zuhörer. Der Anspruch folgt dann bereits aus Nr. 2.

Die Höhe der monatlichen Aufwandsentschädigung und der Sitzungsgelder, wie auch die Fahrtkosten- und die sonstige Auslagenerstattung werden gem. § 45 VI S. 1 GO NRW vom Innenministerium durch Rechtsverordnung (EntschVO[310]) festgesetzt. Gem. § 45 VI S. 2 GO NRW werden sie zu Beginn und zur Hälfte der Wahlzeit angepasst, wobei die Preisentwicklung ausgewählter Waren und Leistungen im Preisindex für die Lebenserhaltung aller privaten Haushalte seit dem Zeitpunkt der vorangegangenen Anpassung und die bisherige Höhe von Aufwandsentschädigung und Sitzungsgeld als Grundlage dienen.

Danebenstehende Entschädigung nach § 46 GO NRW

Zusätzlich zu der Aufwandsentschädigung nach § 45 GO NRW gewährt § 46 GO NRW den Stellvertretern des Bürgermeisters, den Fraktionsvorsitzenden und u.U. auch deren Stellvertretern eine vom Innenministerium festzusetzende angemessene Aufwandsentschädigung

Bürgermeister

Im Rahmen Aufwandsentschädigung der GO NRW ist der Bürgermeister bereits begrifflich nicht erfasst („Ratsmitglieder"). Seine Aufwandsentschädigung ist § 5 I EingrVO zu entnehmen.

Kreisebene

Für die auf der Kreisebene tätigen Mitglieder der Kommunalvertretung enthalten die §§ 30, 31 KrO NRW eine den §§ 45, 46 GO NRW entsprechende Regelung. Auch hier ist der Hauptverwaltungsbeamte entgegen des Wortlautes nicht erfasst. Der Landrat wird gem. § 3 I Nr. 1 EingrVO besoldet und erhält gem. § 5 II EingrVO eine Aufwandsentschädigung.

Exkurs Ende

2. Pflichten der Ratsmitglieder

besondere Treuepflicht

Neben der in § 43 I GO NRW normierten Verpflichtung der Ratsmitglieder auf das Gemeinwohl, besteht gem. § 43 II GO NRW i.V.m. § 32 I S. 1 GO NRW eine besondere Treuepflicht gegenüber der Gemeinde.[311] Sie verpflichtet den Mandatsträger, das Interesse der Gemeinde vorrangig zu beachten.[312]

172

---

310 HR 20 f.
311 Vgl. Erichsen, § 7 A 1 b ff, S. 102; vgl. dazu auch OVG Münster, NWVBl. 2002, 264 = **juris**byhemmer.
312 Vgl. Rehn/Cronauge, 2. Aufl. 36. Erg.Lfg. (2011), § 32 Anm. I.1.

Dahinter steht der für eine rechtsstaatliche Verwaltung unentbehrliche Gedanke, die Gemeindeverwaltung von allen Einflüssen freizuhalten, die eine objektive, unparteiische und einwandfreie Führung der Geschäfte gefährden könnten.[313]

Konkretisiert wird diese besondere Treuepflicht durch die speziellen Vorschriften der §§ 30 ff. GO NRW, auf die § 43 II GO NRW für die Ratsmitglieder, die Mitglieder der Bezirksvertretung und die Mitglieder der Ausschüsse verweist.

a) Verschwiegenheitspflicht, § 43 II GO NRW i.V.m. § 30 GO NRW

Verschwiegenheitspflicht

Die Ratsmitglieder sind gem. § 43 II GO NRW i.V.m. § 30 GO NRW zur Verschwiegenheit hinsichtlich solcher Angelegenheiten verpflichtet, deren Geheimhaltung

⇨ sich aus der Natur der Sache ergibt,

⇨ besonders gesetzlich vorgeschrieben (vgl. z.B. § 6 DSG NRW)[314] oder

⇨ vom Rat beschlossen worden ist.[315]

ihrer Natur nach geheim zu haltende Angelegenheiten

Ihrer Natur nach geheim zu halten sind nach § 30 I S. 2 GO NRW insbesondere Angelegenheiten, deren Mitteilung an andere dem Gemeinwohl oder dem berechtigten Interesse Einzelner zuwiderlaufen würde.

> **Bsp.:** Personalangelegenheiten, Vorbereitung interner Planungen, Grundstücksangelegenheiten, die Vergabe von Aufträgen, Geschäfts- und Betriebsgeheimnisse Dritter.[316]

vom Rat beschlossen

In dem Beschluss, die Öffentlichkeit von der Ratssitzung auszuschließen, liegt konkludent auch der Beschluss, dass die beratene Angelegenheit der Geheimhaltung unterliegt.[317]

Kreis der erfassten Angelegenheiten

Die Regelung des § 30 GO NRW bezieht sich auf solche Angelegenheiten, die dem Ratsmitglied (bzw. den anderen Verpflichteten) durch seine Tätigkeit bekannt geworden sind, nicht jedoch auf privat erlangte Kenntnisse. Für letztere kann sich jedoch aus der besonderen Treuepflicht des § 32 I S. 1 GO NRW (i.V.m. § 43 II GO NRW) eine Verpflichtung zur vertraulichen Behandlung ergeben.[318] Die Verschwiegenheitsverpflichtung ist nicht auf die Zeit der Ratsmitgliedschaft begrenzt, sondern gilt auch darüber hinaus (§ 30 I S. 1 GO NRW).

Verwertungsverbot

Neben der Verschwiegenheitspflicht besteht nach § 43 II GO NRW i.V.m. § 30 I S. 3 GO NRW das Verbot, die Kenntnis vertraulicher Angelegenheiten unbefugt zu verwerten.

> **Bsp.:** Danach darf ein Ratsmitglied etwa ein Grundstück nicht deshalb erwerben, weil es dessen Wertsteigerung aufgrund des in nichtöffentlicher Sitzung beratenen Bebauungsplans erwartet.

---

313 Held u.a. 25. NachLfg. (2010), § 32 GO NRW, Anm. 1.
314 HR 138.
315 Vgl. Bösche, S. 166.
316 Vgl. Rehn/Cronauge, 2. Aufl. 36. Erg.Lfg. (2011), § 30 Anm. II 2 a.
317 OVG Münster, NWVBl. 2010, S. 237 = **juris**byhemmer.
318 Rehn/Cronauge, 2. Aufl. 36. Erg.Lfg. (2011), § 30 Anm. II 3.

§ 5 HANDELN DER GEMEINDE

Dadurch soll verhindert werden, dass sich jemand aus der dienstlich erlangten Kenntnis vertraulicher Angelegenheiten persönliche Vorteile verschafft.[319]

Sanktionen

Wer die Verschwiegenheitspflicht verletzt, kann gem. § 30 VI S. 1 GO NRW zur Verantwortung gezogen werden. In Betracht kommt zunächst eine Strafverfolgung wegen Verletzung der §§ 203, 204, 201 III StGB. Ist die Tat nicht mit Strafe bedroht, kann nach §§ 30 VI S. 2, 29 III GO NRW ein Ordnungsgeld festgesetzt werden. Im Übrigen ist auch eine zivilrechtliche Haftung nach § 823 II BGB i.V.m. Art. 34 GG möglich.[320]

b) Vertretungsverbot, § 43 II GO NRW i.V.m. § 32 I S. 2 GO NRW

Zweck: „Sauberkeit der öffentlichen Verwaltung"

Nach § 43 II GO NRW i.V.m. § 32 I S. 2 GO NRW dürfen Mitglieder des Rats (Mitglieder der Ausschüsse und Bezirksvertretungen nach Maßgabe des § 43 II Nr. 6 GO NRW) Ansprüche anderer gegen die Gemeinde grundsätzlich nicht geltend machen. Zweck dieses Vertretungsverbots ist es, Kollisionen zwischen der geschäftsmäßigen beruflichen Interessenvertretung der Ratsmitglieder und ihren Amtspflichten gegenüber der Gemeinde zu verhindern und zu gewährleisten, dass sie ihre Stellung im öffentlichen Leben nicht unangemessen für ihre Berufsausübung ausnutzen.[321]

Verfassungsmäßigkeit

Die Verfassungsmäßigkeit des § 32 I S. 2 GO NRW wurde bereits in mehrfacher Hinsicht problematisiert, aber von den Gerichten stets bejaht:

⇨ Art. 12 GG

Nach Ansicht des BVerfG greift § 32 I S 2 GO NRW schon nicht in den Schutzbereich des Art. 12 I GG ein.[322] Es fehlt an der „berufsregelnden Tendenz". § 32 I S 2 GO NRW regelt (i.V.m. § 43 II GO NRW) die Mandatsausübung der Mitglieder des Rats, der Ausschüsse und der Bezirksvertretungen (Art. 2 I GG), nicht typischerweise die Berufsausübung von Rechtsanwälten.

⇨ Art. 3 I GG

Dass zwar Ratsmitglieder, nicht aber auch Landtagsabgeordnete einem Vertretungsverbot nach Art des § 32 I S. 2 GO NRW ausgesetzt sind, wird damit gerechtfertigt, dass die Verwobenheit des Bürgers in das Kommunalgeschehen „dichter" sei.[323]

⇨ Art. 74 Nr. 1, 72 I GG

§ 32 I S. 2 GO NRW ist seiner Zielsetzung nach eine kommunalrechtliche Inkompatibilitätsvorschrift, keine Regelung des Rechts der Rechtsanwaltschaft i.S.v. Art. 74 Nr. 1 GG. Die Gesetzgebungskompetenz liegt deshalb beim Land.[324]

175

---

319 Rehn/Cronauge, 2. Aufl. 36. Erg.Lfg. (2011), § 30 Anm. II 2 d.
320 Rauball/Pappermann/Roters, § 22 GO NW, Rn. 7.
321 Stober, BayVBl. 1981, S. 161 ff.
322 BVerfG NJW 1976, S. 954; 1980, S. 33; BayVBl. 1982, S. 605; offengelassen in BVerfG DVBl. 1988, S. 54 (55) = **juris**byhemmer.
323 Vgl. BVerwG NJW 1984, S. 377 = **juris**byhemmer.
324 Vgl. BVerfG NJW 1976, S. 954 = **juris**byhemmer; DVBl. 1988, S. 54 = **juris**byhemmer.

Exkurs: Wahl der Ratsmitglieder[331]

Zusammensetzung des Rats

Der Rat besteht gem. § 40 II S. 2 GO NRW aus den gewählten Ratsmitgliedern und dem Bürgermeister. Die Anzahl der Ratsmitglieder richtet sich nach der Zahl der Gemeindeeinwohner im Zeitpunkt der Ratswahl (§ 42 I S. 2 GO NRW i.V.m. § 3 II KWahlG NRW).

Wahl nach § 42 I GO NRW i.V.m. KWahlG NRW i.V.m. KWahlO NRW

Die Ratsmitglieder werden von den Gemeindebürgern gem. § 42 I GO NRW in allgemeiner, unmittelbarer, freier, gleicher und geheimer Wahl (Art. 28 I S. 2 GG) nach näherer Bestimmung des Kommunalwahlgesetzes[332] für die Dauer von fünf Jahren gewählt. Hinzu treten die Regelungen der gem. § 51 KWahlG NRW vom Innenministerium NRW erlassenen Kommunalwahlordnung.

Die Sitzverteilung bei der Wahl des Rates bestimmt sich nach dem neu gefassten § 33 KWahlG NRW. Die dort angeordnete Berechnungsmethode Saint-Laguë/Schepers,[333] welche die Methode nach Hare/Niemeyer ersetzt, soll kurz an einem Beispiel erläutert werden.

grundsätzliches Prinzip

Eine Gemeinde mit 25.000 Einwohnern hat ihren Rat neu gewählt. Als nach § 33 I KWahlG NRW (lesen) bereinigte Gesamtstimmenzahl nehmen wir 10.000 Stimmen an. Bei einer Gemeinde dieser Größe beträgt die Gesamtzahl der Ratsmitglieder gem. § 3 II S. 1a KWahlG NRW 38. Auch diese Zahl wird bereinigt, gem. § 33 II S. 1 KWahlG NRW (lesen). Für unseren Fall bleibt es bei 38 Sitzen. Nun wird die bereinigte Gesamtstimmenzahl (hier 10.000) durch die bereinigte Gesamtzahl der zu verteilenden Sitze (hier 38) geteilt. Der so entstandene Zuteilungsdivisor wird gerundet. (hier: 263). Im Folgenden wird für jede Partei die Anzahl der jeweiligen Stimmen durch den Zuteilungsdivisor geteilt. Der erhaltene Wert wird (ab 0,5 auf-, sonst ab-)gerundet und man erhält die Anzahl der Sitze.

Für unseren Beispielsfall würde das insoweit bedeuten:

Partei/ Wählergruppe	Stimmen	Divisor	Stimmen geteilt durch Divisor	Sitze
A	5.200	263	19,39	19
B	2.500	263	9,50	10
C	2.137	263	8,13	8
D	263	263	1,00	1
gesamt	10.000			38

Untergrenze der Stimmen

Soweit ergibt sich die grundsätzliche Verteilungsberechnung. Eine Besonderheit ist die Untergrenze der erforderlichen Stimmen. Gem. § 33 III KWahlG NRW sind die Parteien unberücksichtigt zu lassen, welche nach der Teilung (oben vorletzte Spalte) nicht mindestens auf 1,00 Sitze gekommen sind. Die Berechnung wird dann ohne die Partei und deren Stimmen wiederholt. Hier wäre D also mit nur einer Stimme weniger gar nicht im Rat vertreten gewesen.

---

331 Das Kommunalwahlrecht ist nicht Prüfungsgebiet im Ersten und Zweiten Staatsexamen, vgl. § 11 II Nr.13 b), § 52 I JAG.

332 Ausführlich zu den Änderungen im Kommunalwahlgesetz: Lennep/Wellmann NWVBl. 2008, 98 ff.

333 VG Düsseldorf NWVBl. 2010, S. 405 ff. bestätigt: Die Berechnungsmethode Saint-Laguë/Schepers ist mit dem Grundsatz der Gleichheit der Wahl vereinbar.

§ 5 HANDELN DER GEMEINDE 77

Zusatzmandat

Es verbleibt aber noch ein Sonderfall. Nach § 33 V KWahlG NRW wird, wenn (wie hier A) eine Partei die absolute Mehrheit der Stimmen erreicht hat, dieser ein Zusatzmandat zugesprochen. Von den Parteien, welche ihren Wert aufgerundet bekommen haben, wird der Partei mit dem niedrigsten Nachkommawert, der hinzu gerundete Sitz wieder entzogen. Damit hätte A hier 20 und B nur 9 Sitze im Rat.

aktives Wahlrecht

Wahlberechtigt (aktives Wahlrecht) ist nach § 7 KWahlG NRW, wer am Wahltag 185

⇨ Deutscher i.S.d. § 116 I GG ist oder die Staatsangehörigkeit eines Mitgliedstaates der Europäischen Union besitzt,

⇨ das sechzehnte Lebensjahr vollendet hat,

⇨ seit mindestens den 16. Tag (früher drei Monaten)[334] im Wahlgebiet seine Wohnung, bei mehreren Wohnungen seine Hauptwohnung hat und

⇨ nicht nach § 8 KWahlG NRW vom Wahlrecht ausgeschlossen ist.

Ort der Hauptwohnung i.S.d. § 7 KWahlG NRW

Dabei richtet sich der Ort der Hauptwohnung zunächst rein formal nach der Eintragung im Melderegister (§ 16 MG NRW), nach dem das Wählerverzeichnis erstellt wird. Fallen Eintragung und tatsächliche Verhältnisse auseinander, ist das Wählerverzeichnis zu berichtigen (§§ 9 - 11 KWahlG NRW).[335]

passives Wahlrecht, Inkompatibilität

Wählbar (passives Wahlrecht) ist nach § 12 KWahlG NRW grundsätzlich jede wahlberechtigte Person, es sei denn, ihm wurde die Wählbarkeit oder die Fähigkeit zur Bekleidung öffentlicher Ämter (z.B. gem. § 45 I StGB) aberkannt (Ineligibilität). Eine weitere Beschränkung des passiven Wahlrechts ergibt sich aus § 13 KWahlG NRW, wonach Beamte und Angestellte einer der in § 13 I S. 1a bis e KWahlG NRW genannten Körperschaften an der Übernahme eines Mandats gehindert sind. 186

Seine verfassungsrechtliche Grundlage findet § 13 KWahlG NRW in Art. 137 I GG.[336] Die Vorschrift soll der Gefahr von Interessenkollisionen und Entscheidungskonflikten begegnen sowie der Sicherung der organisatorischen Gewaltenteilung dienen. Konkret soll verhindert werden, dass Beamte oder Angestellte derjenigen Vertretungskörperschaft angehören, der die Kontrolle über ihre Behörde obliegt (z.B. § 13 I S. 1a KWahlG NRW) oder die durch ihre Behörde zu kontrollieren ist (z.B. § 13 I S. 1b KWahlG NRW, §§ 119 I, 120 GO NRW).

Damit zielt § 13 KWahlG NRW darauf ab, bereits den Anschein einer „Vetternwirtschaft" oder den Verdacht einer unlauteren Protektionswirtschaft zu vermeiden und so einem Misstrauen gegen die Arbeit der Vertretungskörperschaft vorzubeugen.

Inkompatibilität nicht gleich Ineligibilität

Aus § 13 KWahlG NRW ergibt sich allerdings kein Ausschluss der Wählbarkeit (Ineligibilität), sondern lediglich das Verbot, gleichzeitig das Mandat und die kontrollierende bzw. kontrollierte Beschäftigung auszuüben (Inkompatibilität). 187

---

334 Vgl. zu dieser und weiteren Änderungen auch Lennep/Wellmann NWVBl. 2008, 98 (100).
335 Hofmann/Muth/Theisen, KommR NRW 14. Aufl. (2010), Kapitel 2.6.5, S. 307 f.
336 Erichsen, § 7 A 1 a aa, S. 89; vgl. auch Menzel, DÖV 1996, S. 1037 ff.

Daher kann ein Bewerber auch bei Vorliegen eines Inkompatibilitätsgrundes durchaus gewählt werden; nur darf er die Wahl erst dann annehmen, wenn dieser Grund beseitigt ist (§ 13 III KWahlG NRW).[337]

Stellt der Wahlleiter hingegen fest, dass ein Bewerber die Wahl angenommen hat, obwohl ein Inkompatibilitätsgrund vorlag und weist der Vertreter des Rats nicht innerhalb von einer Woche nach Zustellung der nachträglichen Feststellung die Beendigung seines Dienstverhältnisses nach, so scheidet er aus dem Rat aus. Der Wahlleiter stellt den Verlust der Mitgliedschaft gem. § 13 III S. 2 u. 3 KWahlG NRW fest. Die Feststellung des Mitgliedschaftsverlustes ist ein Verwaltungsakt, gegen den das Ratsmitglied Anfechtungsklage erheben kann.[338]

Gem. § 46a I KWahlG NRW findet die Inkompatibilitätsvorschrift des § 13 KWahlG NRW auch entsprechende Anwendung auf Bezirksvertretungen. Dies bedeutet, dass eine Inkompatibilität wegen Gefahr der Interessenkollision nur dann gegeben ist, wenn der Aufgabenkreis des Beamten der Gemeinde aus seinem Dienstposten - also hinsichtlich seines konkreten Amtes im funktionellen Sinn - Gegenstände betrifft, die in den Aufgabenbereich der Bezirksvertretung, in die er gewählt ist, fallen.[339]

bei Ausscheiden: Nachrücken des Listennachfolgers

Der Erwerb der Ratsmitgliedschaft richtet sich nach § 36 I S. 1 KWahlG NRW, ihr Verlust nach § 37 KWahlG NRW.[340] Scheidet ein Ratsmitglied vor Ablauf der Wahlperiode aus oder nimmt ein gewählter Bewerber die Wahl nicht an, so rückt der Listennachfolger nach (§ 45 KWahlG NRW). Zum Zuge kommt die Reserveliste derjenigen Partei oder Wählergruppe, für die der Ausgeschiedene bei der Wahl aufgetreten ist, ein späterer Parteiwechsel des Ausgeschiedenen ist also unbeachtlich (§ 45 I S. 1 HS 2 KWahlG NRW). Von den auf der jeweiligen Reserveliste befindlichen Bewerbern können nur diejenigen nachrücken, die noch zu der Partei oder Wählergruppe gehören, für die sie auch bei der Wahl aufgestellt waren (§ 45 I S. 2 KWahlG NRW). Der Nachfolger wird gem. § 45 II KWahlG NRW vom Wahlleiter festgestellt und diese Feststellung öffentlich bekanntgemacht. Erst ab diesem Zeitpunkt schadet auch ein Parteiwechsel des Nachrückenden nicht mehr; wechselt er hingegen bereits vor der öffentlichen Bekanntgabe, so wird der nächste der Liste das Mandat erhalten.[341]

Gegen die Feststellung kann gem. §§ 45 II, 39 I KWahlG NRW Einspruch, gem. §§ 45 II, 41 KWahlG NRW Klage zum Verwaltungsgericht erhoben werden. Sobald sie unanfechtbar ist, scheidet der alte Vertreter aus und der Nachfolger rückt nach.

Exkurs Ende

III. Rechtmäßigkeit von Beschlüssen des Rats

Rat entscheidet durch Beschlüsse

Als kollegial besetztes Organ entscheidet der Rat **durch Beschlüsse**. Sie sind die „Handlungsform" des Rats. Die Beschlüsse werden mit Mehrheit gefasst, § 50 I S. 1 GO NRW.

---

337 Hofmann/Muth/Theisen, KommR NRW 14. Aufl. (2010), Kapitel 2.6.1, S. 293 f.
338 OVG Münster, NWVBl. 98, S. 58.
339 OVG Münster, NVwZ 1998, S. 768 = **juris**byhemmer.
340 Vgl. Erichsen, § 7 A 1 a, S. 88.
341 Hierzu lesenswert: OVG Münster, NWVBl. 2008, 68 f. = **juris**byhemmer.

§ 5 HANDELN DER GEMEINDE

1. Formelle Rechtmäßigkeit

hemmer-Methode: Einer Rechtsgrundlage bedürfen Beschlüsse des Rats, wenn sie von dem Grundsatz des Vorbehalts des Gesetzes erfasst werden. Dies gilt insbesondere bei Grundrechtseingriffen. Beschlüsse haben jedoch in aller Regel unmittelbar nur gemeindeinterne Wirkung. Die für einen Grundrechtseingriff erforderliche Wirkung hat erst der Vollzug durch den Bürgermeister. Etwas anderes gilt dann, wenn der Rat selbst nach außen hin („als Behörde") tätig wird.[342]

a) Zuständigkeit

aa) Verbandszuständigkeit[343] der Gemeinde

Verbandszuständigkeit

Diese ergibt sich aus Fachgesetzen, oder aber aus der GO NRW (insbes. § 2 GO NRW).

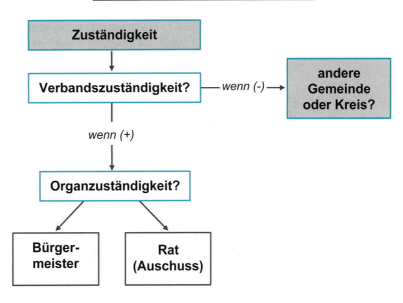

Prüfung von Handeln der Gemeinde

„Befassungskompetenz"

Beachten Sie das Problem der sog. **Befassungskompetenz** der Gemeinde. Dabei geht es um Fälle, in denen die Gemeinde eine Erklärung in einer Angelegenheit abgibt, die nicht zu ihrem Aufgabenkreis zählt.

> **Bsp.:** Erklärung des Gemeindegebiets zur „atomwaffenfreien Zone", Verurteilung von Kriegsverbrechen und Menschenrechtsverletzungen im Ausland.

unverbindliche Stellungnahme der Gemeinde

Hierbei sind zwei verschiedene Probleme auseinanderzuhalten. Zum einen kennzeichnen diese Beschlüsse, dass sie bloße Deklarationen ohne rechtliche Verbindlichkeit sind. Die Gemeinde entscheidet nicht, sondern es wird nur eine Erklärung abgegeben (sog. schlichter Beschluss, wenn der Rat handelt). Deshalb wird von „Befassungskompetenz" gesprochen, nicht von Entscheidungskompetenz.

---

342 Vgl. Bsp. bei Erichsen, § 7 A 1 d, S. 115.
343 Z.T. auch als Verbandskompetenz (und Organkompetenz) bezeichnet.

> **hemmer-Methode:** Theoretisch denkbar wären auch Beschlüsse mit (gewollter) rechtlicher Verbindlichkeit in diesem Bereich, etwa dass die Gemeinde die Bundesregierung verpflichtet, gegen Menschenrechtsverletzungen im Ausland militärisch einzugreifen. So weit ist bisher jedoch niemand gegangen.

keine Zuständigkeit der Gemeinde zur Entscheidung

Zum anderen ist in diesem Fällen regelmäßig die Zuständigkeit eines anderen Hoheitsträgers begründet, häufig die des Bundes.

> **Bspe.:** Die Stationierung von Atomwaffen durch andere Staaten ist eine Frage der Landesverteidigung und der außenpolitischen Beziehungen. Für beides ist der Bund zuständig (Art. 73 Nr. 1, 87a f. GG und Art. 32 GG). Auch die Stellungnahme zu aktuellen außenpolitischen Fragen obliegt nur dem Bund (Art. 32 GG), nicht den Gemeinden.

Relativ klar ist in diesem Fällen, dass die Gemeinden nicht zuständig sind, über diese Fragen zu entscheiden. Dies ist auch nicht Gegenstand des in Frage stehenden Beschlusses, sondern dieser befasst sich lediglich mit einer Sache und drückt den (politischen) Standpunkt der Gemeinde aus. Es stellt sich die Frage, ob die Befassungszuständigkeit weiter geht als die Entscheidungszuständigkeit.[344]

192

nur ausnahmsweise geht die Befassungskompetenz weiter als die Entscheidungskompetenz

Für rein allgemeinpolitische Themen oder sonstige Fragen, für die sie nicht zuständig sind, haben die Gemeinden grundsätzlich keine Befassungskompetenz. Entsprechende Erklärungen und Beschlüsse sind mangels Verbandszuständigkeit rechtswidrig.

193

> **Bspe.:** Erklärung des Gemeindegebiets zur atomwaffenfreien Zone[345]; Schutz der Bevölkerung vor Gefahren der Kernenergie[346]

Lediglich für Angelegenheiten, die einen konkreten, spezifischen Bezug zu der Gemeinde haben, geht die Befassungskompetenz über die Zuständigkeit zur Entscheidung hinaus.[347]

So ist anerkannt, dass eine Befassungskompetenz bei Fragen der Landesverteidigung besteht, wenn und soweit die Gemeinde spezifisch betroffen ist.

> **Bsp.:** Errichtung eines Truppenübungsplatzes auf dem Gemeindegebiet oder in unmittelbarer Nähe.

Partnerschaften mit ausländischen Städten und die dazugehörigen Aktivitäten sind grundsätzlich zulässig. Eine Zuständigkeitsüberschreitung der Gemeinde und ein Einbruch in die Zuständigkeit des Bundes zur Außenpolitik (Art. 32 GG) liegt erst dann vor, wenn der übliche Rahmen solcher Städtepartnerschaften überschritten wird, oder die Städtepartnerschaft der außenpolitischen Richtung des Bundes widerspricht.

194

> **Bsp. für den Widerspruch zur Außenpolitik der Regierung:** Die Bundesrepublik hat sich mit anderen Staaten darauf verständigt, jegliche Einmischung in innere Probleme des instabilen Staats X zu unterlassen. Die Gemeinde Betroffenhausen fühlt sich aber verantwortlich für ihre Partnerstadt in X und stellt dieser Geldmittel zur Verfügung, damit die dortige örtliche Polizei landestypisch mit allerlei Kriegsgerät ausgestattet werden kann.

---

344 Held u.a. 25. NachLfg. (2010), § 2 GO NRW, Anm. 3 (S. 6).

345 Vgl. hierzu die umfassende Rechtsprechung und Literatur, z. B. VG Kassel NVwZ 1982, S. 700; VG Frankfurt NVwZ 1983, S. 573; VG Würzburg BayVBl. 1986, S. 51; BayVGH BayVBl. 1989, S. 14 = DVBl. 1989, S. 158; Huber, NVwZ 1982, S. 662 und Uechtritz, NVwZ 1983, S. 334, jeweils mit Bezug auf BVerfGE 8, S. 122; Penski, ZRP 1983, S. 161; Süss, BayVBl. 1983, S. 513; Vitzthum, JA 1983, S. 557.

346 Vgl. BayVGH BayVBl. 1979, S. 625 = DVBl. 1979, S. 673.

347 OVG Münster, DVBl. 1984, 155; Held u.a. 25. NachLfg. (2010), § 2 GO NRW, Anm. 3 (S. 6).

bb) Organzuständigkeit des Rats

Rat oder Bürgermeister zuständig?

Die Zuständigkeit innerhalb der Gemeinde ist zwischen Rat und Bürgermeister verteilt.

Gem. § 41 I S. 1 GO NRW ist der Rat grundsätzlich für alle Angelegenheiten der Gemeindeverwaltung zuständig. Der Bürgermeister und andere Organe sind nur aufgrund einzelner gesetzlicher Zuweisung zuständig, oder nach Übertragung von Aufgaben durch den Rat.[348] Zuständigkeiten des Bürgermeisters ergeben sich insbesondere aus §§ 41 III, 62, 63 GO NRW. Ist der Bürgermeister oder ein anderes Gemeindeorgan zuständig, fehlt es an der Organzuständigkeit des Rats.

Zuständigkeit eines beschließenden Ausschusses

Der Rat ist insbesondere auch dann unzuständig, wenn ein Ausschuss mit Entscheidungsbefugnis zuständig ist, dem diese Aufgabe kraft Gesetzes zusteht, oder vom Rat übertragen wurde[349].

b) Verfahren

besonderes Verfahren bei Ratsbeschlüssen

Der Beschluss des Rats ist eine Verwaltungsmaßnahme. Anders als andere Verwaltungsmaßnahmen unterliegt er jedoch besonderen Verfahrensanforderungen, die sich v.a. daraus ergeben, dass der Rat ein Kollegialorgan ist[350].

hemmer-Methode: Neben den Verfahrensvorschriften der Gemeindeordnung können für bestimmte Entscheidungen in Fachgesetzen weitere Verfahrensanforderungen enthalten sein. Klausurrelevantes Beispiel ist der Erlass von Bauleitplänen nach dem BauGB, vgl. dort §§ 3 ff.

Fehlerfolgen: grds. Rechtswidrigkeit und Unwirksamkeit

Ein Verstoß gegen Verfahrensvorschriften hat grundsätzlich die Rechtswidrigkeit und Unwirksamkeit des Beschlusses zur Folge. Hiervon gibt es zwei Ausnahmen:

bloße Ordnungsvorschriften

Einige Verfahrensvorschriften werden als sog. bloße Ordnungsvorschriften angesehen. Ihre Nichtbeachtung führt nicht zur Rechtswidrigkeit des Beschlusses.[351]

Heilung

Daneben können Fehler unbeachtlich sein oder werden. § 43 II GO NRW i.V.m. § 31 VI GO NRW und § 54 IV GO NRW beinhalten eine solche Vorschrift.[352] Für Beschlüsse über Satzungen, Rechtsverordnungen und Flächennutzungspläne ist § 7 VI GO NRW zu beachten.

aa) Einberufung, §§ 47 I S. 1, 48 I GO NRW

durch den Bürgermeister

(1) Gem. § 47 I S. 1 GO RW beruft der Bürgermeister den Rat ein.

Neufassung durch Entkopplung der Wahlen von Rat und Bürgermeister

Diese Vorschrift wurde i.R.d. letzten Reform neugefasst. Zuvor wurde zwischen der durch den bisherigen Bürgermeister einzuberufenden ersten Sitzung des neugewählten Rates und den durch den neuen Bürgermeister einzuberufenden folgenden Sitzungen unterschieden.

---

348 Auf einen Ausschuss oder den Bürgermeister (§ 41 II GO), auf die Bezirksvertretungen gem. § 37 V S. 4 GO, auf die Bezirksausschüsse gem. § 39 III S. 1 GO.
349 In letzterem Fall ist allerdings an eine (konkludente) „Rückholung" des Rats zu denken.
350 Ebenfalls Kollegialorgane sind Ausschüsse, § 88 VwVfG.
351 Dazu Held u.a. 25. NachLfg. (2010), § 47 GO NRW, Anm. 6. 2.
352 Dazu s.u. Rn. 240 ff.

Grund für diese Neufassung ist eine Änderung bezüglich der Wahl des Bürgermeisters. Anders als nach der Gemeindeordnung von 1952, wonach der Bürgermeister aus der Mitte des Rates zu wählen war, wird dieser seit 1999 direkt gewählt. Mit zugleich eingeführter Entkopplung der Wahlzeiten von Rat und Bürgermeister bestand für die alte Unterscheidung keine Notwendigkeit mehr.

zu ladender Personenkreis

Alle Ratsmitglieder müssen geladen werden, auch wenn sie wegen Krankheit oder Abwesenheit oder aus sonstigen Gründen nicht teilnehmen werden. Denn sie haben die Möglichkeit, auf Entscheidungen im Rat außerhalb der Sitzungen Einfluss zu nehmen, z.B. innerhalb ihrer Fraktion. Auch befangene Gemeinderäte sind zu laden, denn über das Vorliegen eines Ausschließungsgrunds hat in Zweifelsfällen der Rat selbst zu entscheiden.[353]

Form und Frist: nur in der Geschäftsordnung zu regeln!

Form und Frist der Einberufung sind gem. § 47 II S. 1 GO NRW in der Geschäftsordnung des Rats zu regeln.

200

Da die GO NRW selbst grundsätzlich keine Regelung über diese Fragen enthält,[354] sondern lediglich die Geschäftsordnung des Rats, führt ein Verstoß gegen die Geschäftsordnung grundsätzlich nicht zur Rechtswidrigkeit des Beschlusses (h.M., str.).[355]

Verstoß gegen GeschO ist im Außenverhältnis unbeachtlich (h.M.)

Denn die Geschäftsordnung wirkt nur gemeindeintern und berechtigt und verpflichtet die Mitglieder des Rats und den Bürgermeister zur Beachtung. Insbesondere im Außenverhältnis der Gemeinde zu Dritten sind Verstöße gegen die Geschäftsordnung aber unbeachtlich.[356] Die Geschäftsordnung ist lediglich Innenrecht.

hemmer-Methode: Diese scharfe Trennung von Innen- und Außenrecht tritt im Kommunalrecht an mehreren Stellen auf! Das gleiche Problem stellt sich aber auch im allgemeinen Verwaltungsrecht bei Verwaltungsvorschriften. Ein Verwaltungsakt ist nicht deswegen rechtswidrig, weil er entgegen einer Verwaltungsvorschrift erlassen wurde.

Ein Verstoß gegen die Geschäftsordnung ist nur dann für die Rechtmäßigkeit eines Beschlusses beachtlich, wenn darin zugleich gegen die Gemeindeordnung oder sonstiges Außenrecht verstoßen wird.[357] Tatsächlich kommt es dann aber auf einen Verstoß gegen die Geschäftsordnung nicht mehr an, sodass nur die Verletzung des Außenrechts maßgeblich ist.

201

Allerdings wird man aus § 47 GO NRW und dem Zweck der Einberufung schließen müssen, dass in jedem Fall eine Mindestfrist einzuhalten ist, welche auch die GO NRW selbst voraussetzt.

202

Wird diese bei einer Einberufung unterschritten, so ist ein Beschluss rechtswidrig unabhängig davon, welche Bestimmung die Geschäftsordnung trifft.[358]

hemmer-Methode: Mitglieder des Rats können gegen die Verletzung der Geschäftsordnung im Kommunalverfassungsstreit vorgehen. Dazu ausführlich u. Rn. 346 ff.[359]

---

353 Vgl. § 43 II Nr. 4 GO NRW.
354 Ausnahme z.B. § 49 II S. 2 GO.
355 OVG Münster, NWVBl. 1995, 251 f. = **juris**byhemmer; 1997, 69 = **juris**byhemmer; Held u.a. 25. NachLfg. (2010), § 47 GO NRW, Anm. 6. 2; Dieckmann/Heinrichs, § 47 GO NW, Anm. 5; a.A Behnel, NWVBl. 1993, 406, 408; wohl auch Rehn/Cronauge, 2. Aufl. 36. Erg.Lfg. (2011), § 47 Anm. II. 2.
356 OVG Münster a.a.O.
357 OVG Münster, NWVBl. 1997, 69 = **juris**byhemmer.
358 Bösche, S. 201 f.
359 Vgl. auch Schneider, NWVBl. 1996, 89, 92.

§ 5 HANDELN DER GEMEINDE

Angabe von Ort, Zeit und Verhandlungsgegenständen

(2) Die Ladung muss die Verhandlungsgegenstände für die Sitzung so angeben, dass die Ratsmitglieder verstehen können, um was es geht. Die erforderlichen Unterlagen sind beizufügen.

203

> **hemmer-Methode:** Ein Verstoß gegen die Pflicht, Verhandlungsgegenstände zu benennen und Unterlagen beizufügen, führt allerdings nur zur Rechtswidrigkeit derjenigen Beschlüsse, die in gerade dieser Angelegenheit gefasst werden. Über andere Verhandlungsgegenstände, die ordnungsgemäß und mit den erforderlichen Unterlagen mitgeteilt wurden, kann fehlerfrei beschlossen werden.

Heilung von Mängeln der Einberufung

Werden Ratsmitglieder nicht oder nicht ordnungsgemäß einberufen, so ist der Fehler geheilt, wenn die betroffenen Mitglieder anwesend sind und den Fehler nicht rügen.[360] Das gleiche gilt, wenn die Einberufung insgesamt unterblieben oder anderweitig fehlerhaft ist. Heilung tritt dann ein, wenn alle Ratsmitglieder erscheinen und den Mangel nicht rügen.[361]

204

Grund für die Heilung ist, dass die Ratsmitglieder auf eine ordnungsgemäße Einberufung verzichten können. Die Einberufung nach § 47 I S. 1 GO NRW dient ausschließlich den Ratsmitgliedern. Sie sollen rechtzeitig informiert werden und sich vorbereiten können. Das Unterlassen der Rüge in der Sitzung ist als Verzicht zu sehen.

öffentliche Bekanntmachung von Zeit, Ort und Tagesordnung

(3) Zur Information der Einwohner der Gemeinde sind Zeit, Ort und Tagesordnung der Sitzungen durch den Bürgermeister rechtzeitig öffentlich bekannt zu machen. § 48 I S. 4 GO NRW ist keine bloße Ordnungsvorschrift, ihre Verletzung führt zur Rechtswidrigkeit der in der Sitzung gefassten Beschlüsse.[362] Die Bekanntmachungspflicht gilt auch für nichtöffentliche Ratssitzungen.[363]

205

Verstoß gegen § 48 I S. 4 GO NRW ist nicht heilbar

Die Verletzung dieser Vorschrift kann auch nicht dadurch geheilt werden, dass der Rat vollzählig zusammentritt und niemand diesen Verstoß rügt. Denn sie dient nicht den Interessen der Ratsmitglieder, sondern der Information der Öffentlichkeit.

Für die öffentliche Bekanntmachung nach § 48 I S. 4 GO NRW gelten gem. § 52 III GO NRW die Vorschriften über die öffentliche Bekanntmachung von Satzungen entsprechend. Maßgeblich ist die aufgrund von § 7 V GO NRW erlassene Bekanntmachungsverordnung (BekanntmVO)[364], wobei die Hauptsatzung der Gemeinde eine der drei Bekanntmachungsformen des § 4 I BekanntmVO bestimmen muss, § 4 II BekanntmVO.[365]

206

Gem. § 48 I S. 5 GO NRW kann die Tagesordnung jedoch in der Sitzung erweitert werden, wenn es sich um dringliche Angelegenheiten handelt. Dazu ist ein Beschluss des Rats erforderlich, für den - wie stets - die einfache Mehrheit genügt (§ 50 I S. 1 GO NRW). Beschließt der Rat die Erweiterung der Tagesordnung wegen Dringlichkeit, so ist der Beschluss rechtswidrig, wenn die Voraussetzungen des § 48 I S. 5 GO NRW tatsächlich nicht vorlagen.

---

[360] VGH Mannheim, VBlBW 2003, 119 (120) = **juris**byhemmer.
[361] VGH Mannheim NVwZ-RR 1990, 370 = **juris**byhemmer.
[362] Held u.a. 25. NachLfg. (2010), § 48 GO NRW, Anm. 8.
[363] Held u.a. 25. NachLfg. (2010), § 48 GO NRW, Anm. 7. 2.
[364] HR 20d.
[365] Zur öffentlichen Bekanntmachung nach der BekanntmVO ausführlich unten Rn. 550 ff.

> **hemmer-Methode:** Beachten Sie auch noch § 60 GO NRW. Danach ist der Hauptausschuss „eilzuständig" für die Angelegenheiten des Rats, wenn dessen Einberufung nicht rechtzeitig möglich ist. In besonders eiligen Fällen entscheidet der Bürgermeister zusammen mit einem Ratsmitglied, § 60 I S. 2 GO NRW. Diese Entscheidungen sind jedoch nur vorläufig, denn sie müssen gem. § 60 I S. 3 GO NRW dem Rat in dessen nächster Sitzung zur Genehmigung vorgelegt werden.

bb) Beschlussfähigkeit (§ 49 GO NRW)

Anwesenden- und Stimmberechtigtenmehrheit

Der Rat ist gem. § 49 I S. 1 GO NRW beschlussfähig, wenn mehr als die Hälfte der Mitglieder anwesend sind. Umstritten ist, ob Ratsmitglieder, die wegen Ausschließungsgründen nach § 31 GO NRW nicht mitwirken dürfen, mitzuzählen sind.[366]

Die Zahl der Ratsmitglieder ergibt sich aus § 3 II S. 1a KWahlG NRW. Die Sonderregelung des § 40 II S. 5 GO NW a.F., welche anordnete, dass der Bürgermeister in dieser Berechnung mitzuzählen sei, ist entfallen. Darin ist jedoch keine materielle Änderung zu sehen. Vielmehr ergibt sich dieselbe Regelung nun unmittelbar aus dem Wortlaut[367] des § 49 I S. 1 GO NRW („die Hälfte der gesetzlichen Mitgliederzahl").

Fiktion des § 49 I S. 2 GO

Zweifelsfragen wirft § 49 I S. 2 GO NRW auf, nach dem der Rat als beschlussfähig gilt, solange die Beschlussunfähigkeit nicht festgestellt ist. Umstritten ist, ob die Vorschrift Anwendung findet, wenn bereits zu Anfang der Sitzung nicht die erforderliche Anzahl von Ratsmitgliedern anwesend ist.[368] Nach einer Auffassung ist die Vorschrift nur auf eine während der Sitzung eintretende Beschlussunfähigkeit anzuwenden, nicht aber für den Fall, dass in der gesamten Sitzung die erforderliche Anzahl von Mitgliedern nicht anwesend war.

Zweck des § 49 I S. 2 GO NRW ist es, schwierige Beweiserhebungen für den Fall überflüssig zu machen, dass nachträglich Zweifel an der Beschlussfähigkeit des Rats aufkommen. Die Vorschrift soll hingegen nicht eine künstliche Beschlussfähigkeit erzeugen.[369] Daher greift nach einer (älteren) Entscheidung des OVG Münster die Fiktion des § 49 I S. 2 GO NRW dann nicht, wenn es für sämtliche Ratsmitglieder einschließlich des Vorsitzenden evident ist, dass es an der Anwesenheit der Hälfte der gesetzlichen Mitgliederzahl fehlt.[370]

A.A. ist das VG Düsseldorf: § 49 I S. 2 GO NRW soll auch dann gelten, wenn ein Großteil der Ratsmitglieder die laufende Sitzung verlässt und die Minderheit trotz offensichtlicher Unterschreitung der erforderlichen Anwesendenzahl nicht die Beschlussunfähigkeit gem. § 49 I S. 2 GO NRW feststellt, sondern einen anderweitigen Beschluss fasst.[371]

Ist der Rat nicht beschlussfähig und wurde die Beschlussunfähigkeit auch festgestellt, sodass § 49 I S. 2 GO NRW nicht eingreift, so sind dennoch gefasste Beschlüsse rechtswidrig und unwirksam.

---

[366] Dafür Dieckmann/Heinrichs, § 49 Anm. 1; a.A. Held u.a. 25. NachLfg. (2010), § 49 GO NRW, Anm. 1. 2.
[367] Vgl. Rn. 166a.
[368] S. Held u.a. 25. NachLfg. (2010), § 49 GO NRW, Anm. 2. 2; offengelassen in VG Düsseldorf, NWVBl. 1998, 202, 203 f. = **juris**byhemmer.
[369] OVG Münster, OVGE 17, S. 261 (270) = **juris**byhemmer.
[370] OVG Münster, OVGE 17, S. 261 (268 ff.) = **juris**byhemmer; Erichsen, § 7 A 1 d, S. 115.
[371] VG Düsseldorf NVwZ-RR 1998, 669.

§ 5 HANDELN DER GEMEINDE

verringerte Anforderungen in zweiter Sitzung

Um wirksame Beschlüsse zu ermöglichen, sieht § 49 II GO NRW vor, dass in einer zweiten Sitzung der Rat ohne Rücksicht auf die Zahl der Erschienenen beschlussfähig ist. Voraussetzung hierfür ist zum einen, dass eine Angelegenheit in der ersten Sitzung wegen Beschlussunfähigkeit zurückgestellt wurde. Zudem muss bei der Ladung zu dieser zweiten Sitzung darauf hingewiesen werden, dass der Rat unabhängig von der Zahl der anwesenden Mitglieder beschlussfähig ist.

210

§ 49 II S. 1 GO NRW gilt richtigerweise auch dann, wenn der Rat in der ersten Sitzung nicht wegen Abwesenheit, sondern wegen Befangenheit beschlussunfähig war.[372]

hemmer-Methode: § 49 II S. 1 GO NRW gilt aber selbstverständlich nur für diejenige Angelegenheit, welche in der vorangehenden Sitzung wegen Beschlussunfähigkeit zurückgestellt wurde und für die in der Ladung auf die verringerte Anforderung an die Beschlussfähigkeit hingewiesen wurde. Für andere Tagesordnungspunkte in dieser zweiten Sitzung gilt nicht § 49 II S. 1 GO NRW, sondern § 49 I GO NRW!

cc) Sitzungszwang

Sitzung erforderlich

Der Rat kann nur in einer „Sitzung" beschließen. Dies bedeutet, dass es sich um eine Zusammenkunft der Ratsmitglieder aufgrund „Einladung" des Bürgermeisters handeln muss, die der Bürgermeister (oder der ehrenamtliche Stellvertreter des Bürgermeisters) leitet, vgl. §§ 47 I S. 1, 51 I GO NRW.

211

Keine Sitzung stellt das zufällige Zusammentreffen mehrerer Ratsmitglieder dar. Ebenso liegt keine Sitzung mehr vor, nachdem der Bürgermeister die Sitzung geschlossen hat. Verbleiben danach mehrere Ratsmitglieder im Sitzungssaal oder „verlegen" sie die Sitzung in den nächsten Biergarten, fehlt es u.a. an einer „Sitzung" i.S.d. § 51 I GO NRW.

dd) Öffentlichkeit (§ 48 II GO NRW)

Öffentlichkeitsgrundsatz

Die Sitzungen des Rats sind grundsätzlich öffentlich. Öffentlichkeit bedeutet, dass jedermann Zutritt zu der Sitzung hat.[373] Das Öffentlichkeitsgebot besteht auch für die Beratung einer Angelegenheit.[374]

212

tatsächlicher Zugang für jedermann

(1) Die Pflicht, Zutritt zu gewähren, besteht naturgemäß nur i.R.d. vorhandenen Kapazität. Dabei steht die Wahl des Raums im pflichtgemäßen Ermessen des Bürgermeisters. Dieser handelt erst dann fehlerhaft, wenn der Raum angesichts der Größe der Gemeinde zu klein ist und eine Alternative möglich wäre. Eine Pflicht zum „Umzug" in einen größeren Raum als den üblicherweise benutzten wird man auch bei Sitzungen, die ein erhöhtes Interesse der Öffentlichkeit hervorrufen, nicht anerkennen können.[375]

213

Ist der tatsächliche Zugang zu der Sitzung unterbunden, so verstößt dies nur dann gegen § 48 II S. 1 GO NRW, wenn dies dem Rat bekannt ist oder sein musste. Durch Zufall oder Dritte verursachte Hindernisse führen nicht zur Verletzung des Öffentlichkeitsgebots.

---

372 Str., so Held u.a. 25. NachLfg. (2010), § 49 GO NRW, Anm. 3. 2., a.A. Dieckmann/Heinrichs, § 49 Anm. 1.
373 Rauball/Pappermann/Roters, § 33 GO NW, Rn. 5; Held u.a. 25. NachLfg. (2010), § 48 GO NRW, Anm. 9. 2.
374 VGH Mannheim, VBlBW 2001, 65 = **juris**byhemmer.
375 Held u.a. 25. NachLfg. (2010), § 48 GO NRW, Anm. 9. 2.

Der Bürgermeister muss die Sitzung so leiten, dass jedes Ratsmitglied diese Rechte verwirklichen kann. Er muss dabei gewährleisten, dass die Willensbildung des Rates in einer von psychologischen Hemmnissen unbeeinträchtigten Atmosphäre, d.h. ungezwungen freimütig und in aller Offenheit verläuft.[387] Dabei muss den Wünschen nicht ausnahmslos Rechnung getragen werden, denn der Bürgermeister hat zugleich das Recht und die Pflicht, Angelegenheiten in einem vernünftigen Zeitraum zur Entscheidung zu bringen.

hemmer-Methode: Werden diese Rechte beeinträchtigt, so kann das betroffene Ratsmitglied dagegen im Wege eines Kommunalverfassungsstreits vorgehen.
So steht etwa dem einzelnen Ratsmitglied ein klagbarer Anspruch gegen den Bürgermeister auf die Beseitigung von ihre Mandatsausübung beeinträchtigenden Störungen zu. Dies gilt auch bezüglich Störungen durch Zuhörer.[388]

bei fehlerhafter Sitzungsleitung ist späterer Beschluss in dieser Sache rechtswidrig

(2) Überschreitet der Bürgermeister seinen Ermessensspielraum und verstößt er damit gegen die organschaftlichen Rechte eines Ratsmitglieds, so führt dies zur Rechtswidrigkeit eines in dieser Sache gefassten Beschlusses.

Bsp.: Nach einstündiger Beratung über den letzten Tagesordnungspunkt (Ausbau einer Gemeindestraße) meldet sich Ratsmitglied R, der dazu noch nichts gesagt hatte. Bürgermeister B meint, jetzt sei es genug, der Fraktionskollege von R habe schon seine Meinung zum Besten gegeben, man könne nicht die ganze Nacht durchdiskutieren. Er stellt eine Vorlage zur Abstimmung, der Rat beschließt den Ausbau. Ist der Beschluss rechtmäßig?

Der Beschluss ist rechtswidrig, da das Recht des R auf Mitberatung und Rede in der Sitzung durch die Sitzungsleitung des B verletzt ist. Jedes Ratsmitglied hat grundsätzlich das Recht, sich zu jeder Sache zu äußern.[389] Dies ist auch beim letzten Tagesordnungspunkt so. Dass schon ein anderes Ratsmitglied aus der Fraktion des R gesprochen hat, ändert daran ebenfalls nichts. Unschädlich ist auch, dass R sich bisher nicht zu Wort gemeldet hatte.

Verstoß gegen GeschO hat keine Folgen außerhalb der Gemeinde

(3) Ein Verstoß gegen die Geschäftsordnung (GeschO) hat wiederum keinen Einfluss auf die Rechtmäßigkeit von Handlungen der Gemeinde im Außenverhältnis[390].

Die GeschO ist Innenrecht und betrifft nur den Rat und seine Untergliederungen.

ff) Beschlüsse und Wahlen (§ 50 GO NRW)

Abstimmung oder Wahl

Der Rat entscheidet gem. § 50 GO NRW durch Abstimmungen. Beschlüsse im Sinne der Vorschrift sind diejenigen Entscheidungen, die keine Wahlen sind.

Um Wahlen handelt es sich demzufolge bei denjenigen Abstimmungen, die das Gesetz als solche bezeichnet. Während Beschlüsse die Abstimmung über Sachfragen betreffen, entscheidet der Rat bei Wahlen darüber, einer Person eine bestimmte Aufgabe (Amt, Funktion) zu übertragen.[391]

---

387 VG Ansberg NWVBl. 2008, 113.
388 VG Ansberg NWVBl. 2008, 113, in dem Fall ging es um das Hochhalten von Plakaten.
389 Gern, GO BW, Rn. 267.
390 OVG Münster, DÖV 1997, 344 = **juris**byhemmer; Kopp/Schenke, 16. Aufl. (2009), § 47 VwGO, Rn. 63.
391 Held u.a. 25. NachLfg. (2010), § 50 GO NRW, Anm. 2.1.2.; Rehn/Cronauge, 2. Aufl. 36. Erg.Lfg. (2011), § 50 Anm. III. 1.; Hofmann/Muth/Theisen, KommR NRW 14. Aufl. (2010), Kapitel 2.8.2.1.6, S. 416.

(1) Beschlüsse

offene Abstimmung

Sofern es sich nicht um Wahlen handelt, stimmt der Rat in der Regel offen ab (§ 50 I S. 3 GO NRW). Offen ist die Abstimmung, wenn für jedermann erkennbar ist, wie das einzelne Mitglied im Rat stimmt[392].

Gem. § 50 I S. 4 u. S. 7 GO NRW kann die GeschO Ausnahmen von der offenen Abstimmung vorsehen. Auf Antrag eines Fünftels der Mitglieder des Rates muss grundsätzlich geheim abgestimmt werden, § 50 I S. 5 GO NRW. Allerdings kann dieses Quorum durch die Geschäftsordnung erhöht, nicht jedoch vermindert werden.[393] Der Rat darf dieses sogar auf die Mehrheit seiner Mitglieder erhöhen.[394]

Beschlüsse, die entgegen § 50 I S. 4 GO NRW oder die Geschäftsordnung gefasst wurden, sind nach einer Entscheidung des OVG Münster unwirksam.[395] Angesichts der neueren Rspr. des OVG zur Unbeachtlichkeit von Geschäftsordnungsverstößen scheint dies aber hinsichtlich der Vorschriften aus der Geschäftsordnung zweifelhaft.[396]

grundsätzlich keine stillschweigenden Beschlüsse

Aus dem Abstimmungserfordernis folgt, dass es grundsätzlich keine stillschweigenden Beschlüsse gibt. Eine Ausnahme ist nur möglich bei eindeutiger und einstimmiger Zustimmung oder Ablehnung zu einem Punkt. Möglich ist etwa die stillschweigende Übernahme der bisherigen Geschäftsordnung.

einfache Mehrheit

Beschlüsse werden mit Mehrheit gefasst, bei Stimmengleichheit ist ein Antrag abgelehnt (§ 50 I S. 1 u. S. 2 GO NRW). Stimmenmehrheit erfordert dabei nur, dass eine Stimme mehr für den Antrag als gegen ihn abgegeben worden ist. Stimmenthaltungen sind gem. § 50 V GO NRW unbeachtlich. Das gleiche gilt für ungültige Stimmen.

Die Stimme des Bürgermeisters

Gem. § 40 II S. 5 GO NRW hat auch der Bürgermeister Stimmrecht im Rat, womit seine Stimme grundsätzlich mitzuzählen ist. Darf er in gewissen Fällen nicht mit abstimmen, so ergibt sich dies seit der letzten Reform unmittelbar aus dem Wortlaut der einschlägigen Vorschrift.[397]

Die enumerative Aufzählung des § 40 I S. 6 GO NW a.F., in welchen Fällen der Bürgermeister von der Abstimmung ausgeschlossen ist, wurde zwar übernommen (jetzt § 40 II S. 5 GO NRW), hat heute aber keinen Regelungsgehalt mehr, sondern dient nur der Übersicht. Sie ist daher **nicht** mehr als Rechtsgrundlage zu zitieren.

> **hemmer-Methode:** Für bestimmte Beschlüsse ist jedoch die Mehrheit der Mitglieder des Rats oder eine weitergehende qualifizierte Mehrheit erforderlich. Dies gilt insbesondere für die Hauptsatzung (§ 7 III S. 3 GO NRW),[398] aber auch in bestimmten anderen Fällen (§§ 13 I, 34 II, 67 IV, 71 VII GO NRW).

---

392 Held u.a. 25. NachLfg. (2010), § 50 GO NRW, Anm. 4.4.
393 OVG Münster, NWVBl. 1994, 133 = **juris**byhemmer; Held u.a. 25. NachLfg. (2010), § 50 GO NRW, Anm. 4.5; Dieckmann/Heinrichs, § 50 Anm. 2.
394 OVG Münster, NVwZ-RR 1994, 409 = **juris**byhemmer.
395 Vgl. VR 1981, 150.
396 S.o. Rn. 200 ff.; zust. aber wohl Held u.a. 25. NachLfg. (2010), § 50 GO NRW, Anm. 4.6.
397 Vgl. Rn. 166a.
398 Zur Hauptsatzung siehe auch u. Rn. 532 f.

(2) Wahlen

Auswahl von Personen

Besonderheiten gelten für Wahlen gem. § 50 II GO NRW. Um Wahlen handelt es sich stets dann, wenn es um die Auswahl von Personen geht. Wahlen finden im Rat u.a. statt über

- die Bildung der Bezirksausschüsse oder der Wahl des Ortsvorstehers, § 39 II GO NRW,
- die Besetzung der Ausschüsse, §§ 58 I S. 1, 50 III GO NRW (nach Hare / Niemeyer[399]),
- die Besetzung der ehrenamtlichen Stellvertreter des Bürgermeisters, § 67 I, II GO NRW (nach d'Hondt[400]),
- den allgemeinen Stellvertreter des Bürgermeisters, § 68 I GO NRW,
- Beigeordnete, § 71 I GO NRW,
- den Leiter und die Prüfer des Rechnungsprüfungsamts, § 104 II GO NRW,
- die Vertreter der Gemeinde in Unternehmen und Einrichtungen, § 113 II GO NRW (§ 50 IV GO NRW beachten),
- die Mitglieder des Verwaltungsrats einer rechtsfähigen Anstalt des öffentlichen Rechts, § 114a VIII S. 5 GO NRW.

besonderes Verfahren für Wahlen

Gewählt wird grundsätzlich offen. Eine geheime Wahl durch Abgabe von Stimmzetteln findet statt, wenn dies gesetzlich vorgesehen ist oder der offenen Wahl widersprochen wird, § 50 II S. 1 GO NRW. Es genügt demnach, dass ein einziges Ratsmitglied der offenen Abstimmung widerspricht.[401]

In Ausnahme zu § 50 I S. 1 GO NRW, der die einfache Mehrheit ausreichen lässt, ist nach § 50 II S. 2 GO NRW mehr als die Hälfte der gültigen Stimmen erforderlich. Enthaltungen werden gem. § 50 V GO NRW aber auch hierbei nicht berücksichtigt. Im zweiten Wahlgang (S. 4 und 5) genügt dann die einfache Mehrheit.

hemmer-Methode: § 50 III, IV GO NRW regeln besondere Wahlen: Die Besetzung der Ausschüsse und die Wahl der Vertreter der Gemeinde in Unternehmen, Einrichtungen und juristischen Personen unterliegen speziellen Vorschriften.

gg) Befangenheit (§ 50 VI GO NRW)

Neu: § 50 VI GO NRW

Mit der letzten Reform erstmals eingeführt ist nun eine eigenständige Befangenheitsregelung für Mitglieder der Kommunalvertretung. Vom neuen § 50 VI GO NRW, der selber nur von „Mitgliedern" spricht, sind sowohl die Ratsmitglieder, die sachkundigen Bürger, die sachkundigen Einwohner, als auch der Bürgermeister erfasst.[402] Die Norm schließt die Mitglieder, in deren Person ein Ausschließungsgrund nach § 31 GO NRW besteht, sowohl von der Beratung als auch von der Abstimmung aus.

---

399 Vgl. Rn. 263a.
400 Vgl. Rn. 263a.
401 Held u.a. 25. NachLfg. (2010), § 50 GO NRW, Anm. 5. 1.
402 So Begründung des Gesetzesentwurf, Landtag NRW Drs. 14/3979, zu Art. I, Nr.19 d), S. 138.

§ 5 HANDELN DER GEMEINDE

Wird der Bürgermeister ausgeschlossen, vertritt ihn sein ehrenamtlicher Stellvertreter bei der Leitung der Ratssitzung, § 67 I S. 2 GO NRW. Auf Kreisebene enthält § 35 VI KrO NRW eine entsprechende Neuerung.

Vermeidung jeglichen „bösen Scheins"

Die Regelung über den Ausschluss wegen Befangenheit dient der „Sauberkeit" der Gemeindeverwaltung und soll das Vertrauen der Bürger in die Objektivität der Verwaltung erhalten.[403]

225

> **hemmer-Methode:** Die Ausschlussregelung hat den Zweck, schon jeglichen „bösen Schein" bei Entscheidungen des Rats im Ansatz zu verhindern.[404] Machen Sie sich klar, dass es nicht darauf ankommt, ob ein Ratsmitglied tatsächlich befangen ist. Es reicht vielmehr schon aus, dass die Sachlage („abstrakt") geeignet ist, zur Befangenheit zu führen. Da der Ausschlusstatbestand das Mitwirkungsrecht eines demokratisch legitimierten Mitglieds beschneidet und - aus zufälligen Gründen - zu einer Verschiebung der Mehrheit im Rat führen kann, ist die Vorschrift in Grenzfällen restriktiv auszulegen.[405]

Da § 50 VI GO NRW einen bestehenden Ausschlussgrund nach § 31 GO NRW voraussetzt, ist dieser inzident zu prüfen.

(1) Relevanter Personenkreis

Unterschiedliche Regelungen vor der Reform

(a) Der von § 31 GO NRW erfasste Personenkreis umfasst die ehrenamtlich Tätigen und die in ein Ehrenamt Berufenen, § 31 I GO NRW. Beide Personengruppen sind in § 28 GO NRW legal definiert. Weder Ratsmitglieder noch der Bürgermeister fallen darunter. Für die Ratsmitglieder, die Mitglieder eines Ausschusses und einer Bezirksvertretung erklärte § 43 II GO NRW zwar bereits zuvor §§ 30 bis 32 GO NRW unter den genannten Maßgaben für anwendbar. Dabei standen aber diese Maßgaben im Vordergrund der Regelung. Für den hauptamtlichen Bürgermeister enthielt die GO NRW überhaupt keine Regelung. Es wurde auf § 20 VwVfG analog und § 62 LBG[406] zurückgegriffen.

226

Nun wurde dieses Problemfeld durch die alle Mitglieder der Kommunalvertretung erfassende Regelung des § 50 VI GO NRW beseitigt.

(b) Die Entscheidung muss dem Mitglied des Rates selbst oder einer der in § 31 I S. 1 Nr. 2 u. 3, II GO NRW genannten natürlichen oder juristischen Personen einen unmittelbaren Vor- oder Nachteil bringen.

227

Legaldefinition in § 31 V GO NRW

Zu den Angehörigen i.S.d. § 31 GO NRW gehört der in Abs. 5 aufgeführte Personenkreis (Legaldefinition), wobei die durch Ehe begründete Angehörigeneigenschaft endet, wenn die Ehe wirksam geschieden oder aufgelöst wird (Abs. 5 S. 2), nicht jedoch bei Tod eines Ehegatten, da in diesem Fall i.d.R. davon auszugehen ist, dass die sozialen Kontakte zu den Eltern und Geschwistern des Verstorbenen aufrecht erhalten werden.[407]

---

403 Rehn/Cronauge, 2. Aufl. 36. Erg.Lfg. (2011), § 31 Anm. I.1.
404 Vergleichbares gilt für Entscheidungen der Verwaltung nach dem VwVfG (§ 21, vgl. Kopp/Ramsauer, 11. Aufl. (2010), § 21 VwVfG, Rn. 7), das aber bei Beschlüssen des Rats nicht anwendbar ist, da dieser i.d.R. kein Verwaltungsakt und auch kein öffentlich-rechtlicher Vertrag ist (vgl. § 9 VwVfG). Im Übrigen ist § 18 GO Spezialgesetz im Verhältnis zu § 21 VwVfG (Gern, GO BW, Rn. 276).
405 Rehn/Cronauge, 2. Aufl. 36. Erg.Lfg. (2011), § 31 Anm. I.1.
406 HR 35.
407 Bösche, S. 171 f.

Vertretung kraft Vollmacht und kraft Gesetzes

Wann eine Vertretung kraft Vollmacht i.S.d. § 31 I S. 1 Nr. 3 GO NRW vorliegt, richtet sich nach den zivilrechtlichen Vorschriften über die Bevollmächtigung (insbesondere §§ 164 ff. BGB). Kraft Gesetzes vertreten werden zum

Bsp.: Kinder durch ihre Eltern (§ 1626 BGB), das Mündel durch den Vormund (§ 1793 BGB), der Verein durch den Vorstand (§ 26 BGB), die GmbH durch den Geschäftsführer (§ 35 GmbHG).[408]

Arbeitnehmer

§ 31 II Nr. 1 GO NRW betrifft den Fall, dass der Betreffende Arbeitnehmer ist und die Entscheidung seinem Arbeitgeber (der eine natürliche, eine juristische Person oder eine Vereinigung sein kann) einen Vor- oder Nachteil bringen kann. Auch ein Werkvertrag kann eine unter § 31 II Nr. 1 GO NRW fallende Interessenlage begründen. Von Nr. 1 wird auch das Verhältnis zwischen Beamten und Dienstherr erfasst.[409]

hemmer-Methode: „Betreffender" i.S.d. § 31 II GO NRW ist das Mitglied des Rates selbst (Abs. 1 Nr. 1), ein Angehöriger (Abs. 1 Nr. 2) oder die von ihm gem. Abs. 1 Nr. 3 vertretene Person!

Erforderlich ist jedoch, dass nach den tatsächlichen Umständen, insbesondere der Art der Beschäftigung, ein Interessenwiderstreit anzunehmen ist, § 31 II Nr. 1 GO NRW a.E. Dabei sind in einer Gesamtschau die Umstände des Einzelfalls zu berücksichtigen.[410]

Bsp.: Der Sohn des Ratsmitglieds R ist angestellter Geselle eines kleinen Handwerksbetriebs. Bei der Entscheidung des Rats über die Vergabe eines Auftrags an diesen Betrieb ist R befangen, da die Entscheidung dem Betrieb einen unmittelbaren Vorteil bringen kann, und R Angehöriger einer Person ist, die bei diesem Betrieb gegen Entgelt beschäftigt ist. Nach der Art der Beschäftigung, insbesondere aber angesichts der (fehlenden) Größe des Betriebs ist ein Interessenwiderstreit möglich, denn der Sohn (und damit auch R selbst) kann auch selbst von der Auftragsvergabe profitieren (Überstunden, Gehaltserhöhung, Sicherung des Arbeitsplatzes usw.).

Gegenbsp.: Im Rat steht die Entscheidung an, ob für die Gemeindeverwaltung drei neue Dienstfahrzeuge angeschafft werden, und hierfür kommen auch Fahrzeuge des Herstellers F in Betracht. Ist der Sohn des Ratsmitglieds R in der Produktion (in K) beschäftigt, so ist angesichts der Umstände kein Interessenwiderstreit anzunehmen. Anders wäre dies zu beurteilen, wenn der Sohn beim örtlichen Vertragshändler beschäftigt ist, und die Gemeinde bei diesem die Fahrzeuge kaufen würde.

Mitglied eines Organs einer jur. Person

Nach § 31 II Nr. 2 GO NRW liegt ein Mitwirkungsverbot vor, wenn der Betreffende Mitglied eines aus mehreren Personen bestehenden Organs einer juristischen Person oder Vereinigung ist, der die Entscheidung einen unmittelbaren Vor- oder Nachteil bringen kann.[411]

Bspe.: Von Nr. 2 werden etwa Mitglieder eines Vereinsvorstands (§ 26 I S. 2 BGB), Vorstandsmitglieder einer AG (§ 76 AktG) oder Mitglieder ihres Aufsichtsrats (§ 95 AktG) erfasst.

Nach § 31 II Nr. 3 GO NRW gilt schließlich das Mitwirkungsverbot, wenn der Betreffende in anderer als öffentlicher Eigenschaft, d.h. in privater Tätigkeit, gutachtlich oder sonst bereits in der Angelegenheit tätig war. Dabei kommt es - im Gegensatz zu den anderen Fällen des Mitwirkungsverbots - **nicht** auf die Möglichkeit eines Vor- oder Nachteils an. Die private gutachtliche Tätigkeit begründet an sich die Befangenheit.

---

408 Vgl. Rehn/Cronauge, 2. Aufl. 36. Erg.Lfg. (2011), § 31 Anm. II.3.
409 Held u.a. 25. NachLfg. (2010), § 31 GO NRW, Anm. 4. 3. 1.
410 Held u.a. 25. NachLfg. (2010), § 31 GO NRW, Anm. 4. 3. 1.
411 Vgl. Hofmann/Muth/Theisen, KommR NRW 14. Aufl. (2010), Kapitel 2.7.2.2, S. 329.

§ 5 HANDELN DER GEMEINDE

(2) Möglichkeit eines unmittelbaren Vor- oder Nachteils

Begriff des Vor- oder Nachteils

Der Begriff des Vor- oder Nachteils ist weit zu fassen.[412] Es kann sich um wirtschaftliche, wissenschaftliche, rechtliche, ethische oder sonstige Interessen handeln.[413] Die Vermehrung von Einflussmöglichkeiten, Ansehen oder Ehre ist ausreichend. Allerdings muss es sich um einen persönlichen Vor- oder Nachteil handeln, lediglich amts- oder verwaltungsbezogene Auswirkungen genügen nicht. Die Funktionsfähigkeit der Gemeindeverwaltung verlangt persönliches Engagement und das Beziehen von Positionen in der Auseinandersetzung um Wertvorstellungen.[414] Entscheidend ist das **individuelle Sonderinteresse**.

230

Möglichkeit ist ausreichend

Um den Gesetzeszweck, eine „saubere Verwaltung" zu gewährleisten, nicht zu gefährden, ist bereits die **Möglichkeit**, dass ein unmittelbarer Vor- oder Nachteil eintritt, ausreichend („kann"). Erforderlich ist daher nicht einmal eine sichere Erwartung. Allerdings führt auch nicht jede nur theoretische Möglichkeit zu einem Mitwirkungsverbot, der Eintritt eines unmittelbaren Vor- oder Nachteils muss vielmehr mit hinreichender Wahrscheinlichkeit zu erwarten sein.

Unmittelbarkeit

Der Vor- oder Nachteil muss unmittelbar sein. Unmittelbar ist ein Vor- oder Nachteil gem. § 31 I S. 2 GO NRW dann, wenn die Entscheidung eine natürliche oder juristische Person direkt berührt. Erforderlich ist demnach eine enge Kausalitätsbeziehung zwischen der Entscheidung einerseits und dem Vor- oder Nachteil andererseits.

231

Daran fehlt es, wenn zwischen die Entscheidung und den Eintritt des Vor- oder Nachteils selbstständige Ereignisse - insbesondere weitere freie Entscheidungen - treten, die ihrerseits ablaufprägend und einflussnehmend sind, wenn also die Kausalkette unterbrochen wird.[415]

Unmittelbarkeit des Vor- oder Nachteils ist demnach insbesondere in den Fällen gegeben, in denen zu der Entscheidung der jeweiligen Angelegenheit keine weitere Umsetzung hinzutreten muss, um den Vor- oder Nachteil möglicherweise eintreten zu lassen.[416]

Unmittelbarkeitsbeziehung bei Aufstellung eines Bebauungsplanes

Eine solche Unmittelbarkeitsbeziehung ist nach ganz h.M. etwa im Verfahren zur Aufstellung eines Bebauungsplanes für Eigentümer planbetroffener Grundstücke gegeben, weil die Festsetzungen des Bebauungsplans sich unmittelbar auf die materiell-rechtliche Bebaubarkeit der im Plangebiet gelegenen Grundstücke auswirken.[417]

232

Gleiches gilt für Personen, die im Plangebiet einen Gewerbebetrieb ausüben.[418]

Hier kann auch nicht von gemeinsamen Interessen etwa der Bevölkerungsgruppe „Grundeigentümer" gesprochen werden, vielmehr hat jeder ein spezifisches Interesse an der auf seine Wünsche zugeschnittenen Nutzung seines Grundstücks,[419] sodass auch die Ausnahme des § 31 III Nr. 1 GO NRW nicht greift. Schließlich kann der Bebauungsplan auch grundstücksspezifische Sonderregelungen enthalten.

---

412 Hofmann/Muth/Theisen, KommR NRW 14. Aufl. (2010), Kapitel 2.7.2.2, S. 325.
413 Held u.a. 25. NachLfg. (2010), § 31 GO NRW, Anm. 3. 1; Bösche, S. 171.
414 Erichsen, § 7 A 1 b gg, S. 104.
415 Rehn/Cronauge, 2. Aufl. 36.Erg.Lfg. (2011), § 31 Anm. II.2.
416 Vgl. Hofmann/Muth/Theisen, KommR NRW 14. Aufl. (2010), Kapitel 2.7.2.2, S. 326.
417 Rehn/Cronauge, 2. Aufl. 36. Erg.Lfg. (2011), § 31 Anm. II 2; v. Arnim, JA 1986, S. 1 (4).
418 Erichsen, § 7 A 1 b gg, S. 104.
419 V. Arnim, JA 1986, S. 1 (4).

Der Ausschluss gilt nicht nur für den endgültigen Satzungsbeschluss, sondern auch für alle vorbereitenden Beschlüsse (strittig beim Aufstellungsbeschluss nach § 2 I BauGB[420]). Architekten oder Grundstücksmakler profitieren durch den Erlass des Bebauungsplans dagegen nur als Angehörige einer Berufsgruppe,[421] sodass sie gem. § 31 III Nr. 1 GO NRW keinem Mitwirkungsverbot nach § 31 I GO NRW unterliegen.

Sind viele Mitglieder des Rates betroffen, kann einer drohenden Beschlussunfähigkeit u.U. durch die Aufteilung des beabsichtigten Bebauungsplans in zwei oder mehrere Pläne begegnet werden. Als letzter Ausweg zur Überwindung der Handlungsunfähigkeit des Rats bleibt die Bestellung eines Beauftragten durch die Aufsichtsbehörde nach § 124 GO NRW.

problematisch: Flächennutzungsplan

Problematisch ist die Frage des Mitwirkungsverbots bei der Aufstellung von Flächennutzungsplänen. Ein Flächennutzungsplan entfaltet als vorbereitender Bauleitplan (§ 1 II BauGB) zwar keine unmittelbar rechtsverbindliche Wirkung nach außen, ihm kommt aber dennoch eine Vorgreiflichkeit zu, die geeignet ist, einen unmittelbaren Vor- oder Nachteil für einzelne Grundstücke herbeizuführen:[422] So steigt der Verkehrswert eines Grundstücks bereits dadurch, dass es im Flächennutzungsplan als Bauland vorgesehen ist (sog. „Bauerwartungsland"). Außerdem sind die Darstellungen des Flächennutzungsplans maßgeblich für die Frage, ob ein Bauvorhaben im Außenbereich öffentliche Belange beeinträchtigt und damit unzulässig ist (§ 35 II, III Nr. 1 BauGB). Schließlich ist auch an das Entwicklungsgebot nach § 8 II S. 1 BauGB zu denken, wonach Bebauungspläne die Grundkonzeption des Flächennutzungsplans nicht verlassen dürfen.

233

h.M.: bei Neuaufstellung (-)

Dennoch bestehen Bedenken gegen die Anwendung des § 50 VI GO NRW im Verfahren zum Erlass eines Flächennutzungsplans. Denn der Flächennutzungsplan wird in der Regel für das gesamte Gemeindegebiet aufgestellt (§ 5 I S. 1 BauGB), sodass die Anwendung des § 50 VI GO NRW gerade in einem zum Kerngehalt der gemeindlichen Selbstverwaltung gehörenden Planungsbereich nicht selten zur Beschlussunfähigkeit des Rats führen würde.

nur bei Änderung des Flächennutzungsplan

Die h.M. wendete den vor § 50 VI GO NRW einschlägigen § 31 GO NW daher nur dann an, wenn es sich um die Änderung eines bestehenden Flächennutzungsplans in einem abgrenzbaren Teilbereich handelt, nicht dagegen bei der Neuaufstellung. Bei der erstmaligen Aufstellung eines Flächennutzungsplans stehe nämlich nicht die bauliche Nutzung einzelner Grundstücke im Vordergrund, sondern die städtebauliche Entwicklung. Für die Neuregelung kann nichts anderes gelten.

Erst wenn es um die teilweise Änderung des Flächennutzungsplans gehe, die im Allgemeinen der Aufstellung eines Bebauungsplans diene, müsse sich der Rat bewusst mit der Situation der einzelnen Grundstücke auseinandersetzen. Erst dann sei aber ein von der allgemeinen Planbetroffenheit abgehobenes Sonderinteresse der beteiligten Grundstückseigentümer zu bejahen.[423]

---

420 Vgl. zur Problematik Held u.a. 25. NachLfg. (2010), § 31 GO NRW, Anm. 3. 1.
421 V. Arnim JA 1986, S. 1 (4); Knemeyer, Rn. 173.
422 Vgl. OVG Münster DVBl. 1980, S. 68 (69) = **juris**byhemmer.
423 Vgl. Hölz/Hien, Art. 49 BayGO, Anm. 4.

§ 5 HANDELN DER GEMEINDE

(3) Ausnahmen, § 31 III GO NRW

§ 31 I und II GO NRW (-), wenn ein Fall des § 31 III GO NRW vorliegt

Die Mitwirkungsverbote des § 31 I und II GO NRW gelten nicht, wenn einer der Ausnahmefälle des § 31 III GO NRW vorliegt. Hinter dieser Regelung steht der Gedanke, dass zwar auch in den aufgeführten Fällen eine Interessenkollision gegeben sein kann, die Mitwirkung des Betroffenen aus übergeordneten Gesichtspunkten aber dennoch erwünscht und daher zuzulassen ist.[424]

234

§ 31 III Nr. 1 GO NRW

§ 31 III Nr. 1 GO NRW schließt die Fälle aus, in denen der Vor- oder Nachteil nur darauf beruht, dass jemand einer Berufs- oder Bevölkerungsschicht angehört, deren gemeinsame Interessen durch die Angelegenheit berührt werden.

> **Bsp.:** Hundehalter hinsichtlich der Beratung und Entscheidung der Hundesteuersatzung; hier fehlt es an einem individuellen Sonderinteresse.[425]

§ 31 III Nr. 2 GO NRW

§ 31 III Nr. 2 GO NRW betrifft Wahlen zu einer ehrenamtlichen Tätigkeit oder in ein Ehrenamt und die entsprechende Abberufung. Hiervon erfasst sind auch die vom Rat vorzunehmenden Wahlen, z.B. die der Ausschussmitglieder nach § 50 III GO NRW.[426]

§ 31 III Nr. 3 - 6 GO NRW

§ 31 III Nr. 3 GO NRW erfassen besondere Fälle von Wahlen nach § 71 GO NRW. § 31 III Nr. 4 GO NRW Beschlüsse eines Kollegialorgans (etwa des Rats), durch die jemand als Vertreter in Organe der in Abs. 2 Nr. 2 genannten Art entsandt oder aus ihnen abberufen wird. § 31 III Nr. 5 GO NRW betrifft schließlich die Fälle von Doppelmandaten.

(3) Anzeigepflicht und Entscheidung über die Befangenheit, § 43 II GO NRW i.V.m. § 31 IV GO NRW

Zu beachten ist, dass § 50 VI GO NRW den § 31 GO NRW nicht für entsprechend anwendbar erklärt, sondern lediglich einen Ausschlussgrund nach dieser Norm voraussetzt. Die in § 31 IV GO NRW enthaltene Anzeigepflicht gilt daher nicht für die Mitglieder i.S.d. § 50 VI GO NRW. Daneben ordnet aber § 43 II GO NRW für die dort genannten Personen die entsprechende Anwendung der §§ 30 bis 32 GO NRW an. Daher ist zwar nicht der Bürgermeister, wohl aber sind die Ratsmitglieder gem. § 31 IV GO NRW verpflichtet.

Abwesenheit des Ratsmitglieds wegen Irrtums ist unbeachtlich

Muss ein Ratsmitglied annehmen, dass der von der Mitwirkung ausgeschlossen ist, so hat er dies anzuzeigen. Ist er der Ansicht, dass er befangen ist und nicht mitwirken darf, und verlässt er den Sitzungsraum bzw. enthält er sich der Mitwirkung, so bleibt dies ohne jegliche Konsequenzen.

235

Dies gilt auch dann, wenn tatsächlich kein Ausschlussgrund vorlag. Dieser Irrtum eines Ratsmitglieds, das nicht nach § 31 GO NRW ausgeschlossen war, hat keinen Einfluss auf die Wirksamkeit von Beschlüssen.[427]

Entscheidung des Rats

Bleibt der Ausschluss streitig, so entscheidet gem. § 43 II Nr. 4 GO NRW der Rat. Nur wenn der Rat dahingehend entscheidet, dass ein Ausschlussgrund vorliegt, hat dies Konsequenzen, wenn tatsächlich kein Mitwirkungsverbot bestand.[428]

---

424 Rehn/Cronauge, 2. Aufl. 36. Erg.Lfg. (2011), § 31 Anm. IV 1.
425 Vgl. Hofmann/Muth/Theisen, KommR NRW 14. Aufl. (2010), Kapitel 2.7.2.2, S. 330.
426 Bösche, S. 175.
427 Rehn/Cronauge, 2. Aufl. 36. Erg.Lfg. (2011), § 31 Anm. VII.1. (a.E.).
428 Dazu sogleich.

(4) Rechtsfolgen von Fehlern

zwei Konstellationen:

Für die Rechtsfolgen von Fehlern sind die zwei möglichen Konstellationen auseinanderzuhalten:

Mitwirkung trotz Ausschließungsgrund

⇨ **Das Mitglied des Rates wirkt mit, obwohl ein Ausschließungsgrund vorlag.**

(a) Die Rechtsfolgen eines Verstoßes gegen ein Mitwirkungsverbot sind zunächst in § 31 VI GO NRW geregelt. Danach kann der Verstoß nach Beendigung der Abstimmung nur geltend gemacht werden, wenn die Mitwirkung für das Abstimmungsergebnis entscheidend war.

Daraus wird man zunächst zu schließen haben, dass ein Verstoß gegen die Pflicht aus § 31 IV S. 1 GO NRW, sich aus dem Sitzungssaal zu entfernen bzw. bei öffentlichen Sitzungen sich in dem für die Zuhörer bestimmten Teil des Saals aufzuhalten, an sich keine Auswirkungen hat. Verbleibt das Mitglied des Rates dennoch im Kreis der Ratskollegen anwesend, ohne bei der Beratung oder Abstimmung mitzuwirken, kann dies das Abstimmungsergebnis nicht beeinflussen.

Entscheidend für das Abstimmungsergebnis ist die Mitwirkung jedenfalls dann, wenn die Abstimmung ohne das befangene Mitglied ein anderes Resultat erbracht hätte. Die Abstimmung darf also nicht mit einer höheren Zahl von Ja- bzw. Nein-Stimmen erfolgt sein als befangene Personen daran mitgewirkt haben.

Ist nur ein Mitglied des Rates befangen, so war die Mitwirkung für die Abstimmung entscheidend, wenn das Ergebnis eine Stimme über der (einfachen) Mehrheit lag, oder bei Stimmengleichheit.

Zweifelhaft ist, ob auch die bloße Mitwirkung an der Beratung entscheidend für die Abstimmung sein kann. Dies erscheint zwar nicht ausgeschlossen, aber praktisch kaum nachweisbar.[429]

Beschluss des Rats insoweit unbeachtlich

Unerheblich ist dabei, ob der Rat entschieden hatte, dass kein Ausschließungsgrund vorliegt. Der Beschluss des Rats hat keine bindende Wirkung. Es kommt nur darauf an, ob tatsächlich ein Ausschließungsgrund vorlag.

Unbeachtlichkeit eines Verstoßes nach § 54 IV GO NRW

(b) Zu beachten ist für Verstöße gegen das Mitwirkungsverbot ferner die Unbeachtlichkeitsvorschrift des § 54 IV GO NRW. Danach ist der Verstoß gegen § 31 GO NRW nach Ablauf eines Jahres u.U. unbeachtlich.

Voraussetzungen der Unbeachtlichkeit nach § 54 IV GO NRW sind:

⇨ Ablauf der Jahresfrist seit Beschlussfassung bzw. Bekanntmachung,

⇨ keine Beanstandung durch den Bürgermeister gem. § 54 II GO NRW innerhalb der Jahresfrist,

⇨ keine Rüge der Verletzung des Mitwirkungsverbots gegenüber der Gemeinde unter Angabe der Tatsache, die die Verletzung begründet, innerhalb der Frist.

---

429 Vgl. auch Held u.a. 25. NachLfg. (2010), § 31 GO NRW, Anm. 8. 1.

§ 5 HANDELN DER GEMEINDE

Rechtsfolge des § 54 IV GO NRW ist, dass der Beschluss rechtmäßig und wirksam wird.

> **hemmer-Methode:** Beachten Sie allerdings, dass für den wichtigen Fall einer Satzung der Gemeinde die Verletzung des § 50 VI GO NRW auch durch § 7 VI GO NRW unbeachtlich wird.[430] Da deren Voraussetzungen nicht weiter gehen als § 54 IV GO NRW, ist ein Rückgriff auf § 54 IV GO NRW bei Satzungen nicht notwendig.[431] Das gleiche gilt für sonstiges Ortsrecht (insbes. Rechtsverordnungen) und den Flächennutzungsplan, § 7 VI GO NRW.

Ausschluss ohne Grund

⇨ **Das Mitglied des Rates wird ausgeschlossen, obwohl kein Ausschließungsgrund vorlag.**

242

Ist ein Betroffener ausgeschlossen worden, ohne dass ein Grund nach § 31 GO NRW vorlag, so ist der Beschluss des Ausschlusses rechtswidrig. Der rechtswidrige Ausschluss durch den Ratsbeschluss verletzt das Mitglied des Rates in seinem Recht auf Teilnahme an der Sitzung.

> **hemmer-Methode:** Wie bei anderen Verfahrensfehlern im Rat, so können sich auch bei Streitigkeiten um § 31 GO NRW unterschiedliche prozessuale Konstellationen ergeben. Das zu Unrecht ausgeschlossene Mitglied des Rates kann in einem Kommunalverfassungsstreit die Rechtswidrigkeit des Ausschlusses feststellen lassen. Ein nach dem rechtswidrigen Ausschluss gefasster Beschluss ist rechtswidrig. Er kann von der Aufsicht beanstandet werden. Wurde über eine Satzung beschlossen, so ist diese rechtswidrig.

bei rechtswidrigem Ausschluss Beschluss immer unwirksam

Fraglich ist jedoch, welche Auswirkung der rechtswidrige Ausschluss auf den anschließend in der Sache selbst gefassten Beschluss hat. Man könnte in analoger Anwendung des § 31 VI GO NRW (der nur den Fall der rechtswidrigen Teilnahme, nicht aber auch den Fall des rechtswidrigen Ausschlusses regelt) annehmen, dass dieser Beschluss nur dann unwirksam ist, wenn sich die Nichtmitwirkung des zu Unrecht Ausgeschlossenen auf das Abstimmungsergebnis ausgewirkt hat.[432]

243

nicht § 31 VI GO NRW analog

Die h.M. lehnt eine solche Analogie zu § 31 VI GO NRW allerdings ab.[433] Gegen die Analogie spricht bereits, dass § 31 VI GO NRW eine eng auszulegende Ausnahmevorschrift ist.[434]

Abgesehen davon handelt es sich aber auch nicht um vergleichbare Sachverhalte: Während es im Fall des § 31 VI GO NRW in erster Linie um die Rechtssicherheit und den Rechtsschutz Dritter geht, steht in dem umgekehrten Fall das Mitgliedschaftsrecht des zu Unrecht ausgeschlossenen Mitglied des Rates im Vordergrund.

Die analoge Anwendung des § 31 VI GO NRW wäre auch rechtspolitisch bedenklich, weil ein unliebsames Mitglied des Rates u.U. sanktionslos ausgeschlossen werden könnte. Der Gemeindebürger hätte nicht mehr die Gewähr, dass die von ihm gewählten Mitglieder des Rats wirklich frei und unbeeinflusst agieren könnten.[435] Der ungerechtfertigte Ausschluss eines Mitglieds des Rates hat daher stets die Unwirksamkeit des in der Sache gefassten Beschlusses zur Folge.

---

430 Zu den Satzungen vgl. § 10.
431 Vgl. Held u.a. 25. NachLfg. (2010), § 54 GO NRW, Anm. 5.
432 So i.E. Schmidt-Aßmann in: Schmidt-Aßmann, Bes. VerwR, Rn. 61.
433 Vgl. v. Arnim, JA 1986, S. 1 (6).
434 Vgl. Knemeyer, Rn. 174.
435 Vgl. Knemeyer, Rn. 174.

bei Satzungen § 7 VI GO NRW beachten

Allerdings kann auch dieser Fehler nach § 7 VI GO NRW unbeachtlich werden, nicht aber nach § 54 IV GO NRW, da diese Vorschrift nur die unzulässige Mitwirkung, nicht aber den rechtswidrigen Ausschluss eines Mitglied des Rates betrifft.

244

hemmer-Methode: Eine bestimmte Form ist für Beschlüsse nicht vorgesehen. § 52 I GO NRW bestimmt, dass eine Niederschrift gefasster Beschlüsse anzufertigen ist. Die Verletzung dieser Vorschrift berührt aber die Rechtmäßigkeit und Wirksamkeit eines Beschlusses nicht. Dies gilt auch für die Pflicht zur Veröffentlichung der Beschlüsse gem. § 52 II GO NRW.[436]

245

2. Materielle Rechtmäßigkeit

materielle Rechtmäßigkeit des Beschlusses

Erschöpft sich ein Beschluss nicht nur in einer bloßen Deklaration ohne materielle Rechtswirkungen (sog. schlichter Ratsbeschluss), so ist die materielle Rechtmäßigkeit des Beschlusses zu untersuchen.

246

Bsp. für einen schlichten Ratsbeschluss: Der Rat erklärt sich solidarisch mit allen Benachteiligten der Welt.[437]

Wurde eine Rechtsnorm beschlossen, so ist der Beschluss rechtmäßig, wenn die zu erlassende Rechtsnorm rechtmäßig ist. Hat der Rat in einer sonstigen Angelegenheit beschlossen, die durch den Bürgermeister zu vollziehen ist, so ist der Beschluss materiell rechtmäßig, wenn die durch den Bürgermeister vorzunehmende Maßnahme rechtmäßig ist.

Bsp.: Der Rat der kreisangehörigen Gemeinde entscheidet, die Zulassung des Vereins XY zur gemeindeeigenen Mehrzweckhalle für das nächste Jahr zu widerrufen.

Den Widerruf gegenüber dem Verein erlässt der Bürgermeister, da er die Gemeinde in allen Angelegenheiten nach außen vertritt (§ 63 I S. 1 GO NRW).

Der Beschluss ist formell rechtmäßig, insbesondere ist der Rat organzuständig. Der Widerruf der Zulassung zur einzigen Mehrzweckhalle in einer Gemeinde für ein ganzes Jahr ist kein Geschäft der laufenden Verwaltung (§ 41 III GO NRW), da nicht anzunehmen ist, dass dies häufiger erfolgt. Von der Ordnungsmäßigkeit des Verfahrens im Rat ist auszugehen.

Der Beschluss ist materiell rechtmäßig, wenn der Widerruf durch den Bürgermeister rechtmäßigerweise erfolgen kann. Dazu ist insbesondere zu prüfen, ob ein Widerrufsgrund nach § 49 II VwVfG vorliegt.

Prüfungsschema

Zusammenfassendes Prüfungsschema für die Rechtmäßigkeit von Ratsbeschlüssen:

247

I. Formelle Rechtmäßigkeit

1. Zuständigkeit

a) **Verbandszuständigkeit der Gemeinde** (sachlich und örtlich) aus den Fachgesetzen, oder § 2 GO NRW

b) **Organzuständigkeit des Rats** gem. § 41 I S. 1 GO NRW

---

[436] Dieckmann/Heinrichs, § 52 Anm. 2.
[437] Weitere Bsp. s.o. Rn. 158 f.

§ 5 HANDELN DER GEMEINDE

> **2. Verfahren und Form**
>
> a) **Ordnungsgemäße Einberufung**, §§ 47, 48 I GO NRW
>
> b) **Beschlussfähigkeit**, § 49 GO NRW
>
> c) **Sitzungszwang**
>
> d) **Öffentlichkeit**, § 48 II GO NRW
>
> e) **Ordnungsgemäße Sitzungsleitung** durch den Bürgermeister
>
> f) **Ordnungsgemäße Abstimmung** bei Beschlüssen und Wahlen, § 50 GO NRW
>
> g) **Mitwirkungsverbot bei Befangenheit**, § 31 GO NRW (§ 31 VI GO NRW und § 54 IV GO NRW beachten!)
>
> **II. Materielle Rechtmäßigkeit**
>
> Insb.: Kann der Beschluss rechtmäßigerweise ausgeführt werden?

IV. Rechtspositionen Außenstehender bei der Ratssitzung

1. Ausübung des Hausrechts in den Ratssitzungen[438]

Hausrecht

Der Bürgermeister übt nach § 51 I GO NRW das Hausrecht in der Ratssitzung aus. Er hat somit die Befugnis, in dem geschützten räumlichen Bereich darüber zu entscheiden, wer eintreten und verweilen darf. Adressaten des Hausrechts sind alle bei der Sitzung Anwesenden, also etwa auch die Bediensteten der Verwaltung.[439]

Abwehr von Störungen durch Dritte

Aufgabe des Hausrechts ist es, die ordnungsgemäße Durchführung der Sitzungen zu gewähren, wobei es nicht - wie die Ordnungsgewalt - dem Schutz der inneren Ordnung, sondern der Abwehr von Störungen auch durch Dritte, dem Rat nicht angehörende Personen dient.[440]

Beachtung des Grundsatzes der Verhältnismäßigkeit

Die Entscheidung über die Ausübung des Hausrechts trifft der Bürgermeister nach pflichtgemäßem Ermessen. Er hat dabei insbesondere den Grundsatz der Verhältnismäßigkeit zu beachten.[441]

Hierbei ist einerseits zu bedenken, dass die Zuhörer im Gegensatz zu den Ratsmitgliedern - Zwischenrufe sind ein übliches und erlaubtes Mittel „parlamentarischer" Erörterung - verpflichtet sind, alles zu unterlassen, was auf den Gang der Verhandlung Einfluss nehmen kann, und sich daher insbesondere jeder Beifalls- oder Missbilligungsbekundung zu enthalten haben. Andererseits wird je nach Situation bei erstmaligen Störungen ein Hinweis, eine Mahnung oder Ähnliches ausreichen. Lediglich bei schwerwiegenden Verstößen kann es erforderlich sein, Zuhörer aus dem Sitzungssaal zu verweisen.[442]

248

---

438   Zu einem Hausverbot im Landtag vgl. auch VG Düsseldorf, NWVBl. 2001, 69.
439   Held u.a. 25. NachLfg. (2010), § 51 GO NRW, Anm. 4.
440   Erichsen, § 7 A 1 c aa, S. 109.
441   Rauball/Pappermann/Roters, § 36 GO, Rn. 9.
442   Held u.a. 25. NachLfg. (2010), § 51 GO NRW, Anm. 4.

Ausübung des Hausrechts = VA

Die Ausübung des Hausrechts stellt einen Verwaltungsakt dar, der mit der Anfechtungsklage angegriffen werden kann. Die Maßnahme betrifft das subjektiv-öffentliche Recht auf Teilnahme als Zuhörer an öffentlichen Ratssitzungen.[443]

h.M.: keine analoge Anwendung des § 80 II Nr. 2 VwGO

Hinsichtlich des Suspensiveffekts eines Rechtsbehelfs ist zu beachten, dass § 80 II Nr. 2 VwGO nach h.M. nicht analog auf Maßnahmen der „Sitzungspolizei" angewendet werden kann, da er als Ausnahmevorschrift zum Grundsatz des § 80 I VwGO eng auszulegen ist.[444] Der Bürgermeister kann allerdings die sofortige Vollziehung nach § 80 II Nr. 4 VwGO anordnen.

2. Tonbandaufnahmen in der Ratssitzung

str.: Tonbandaufnahmen

Ein besonderes Problem im Zusammenhang mit dem Öffentlichkeitsgrundsatz stellt die Frage der Zulässigkeit von Tonbandaufnahmen während der Ratssitzungen dar. Ob solche Aufnahmen - auch gegen den Willen eines Ratsmitglieds - zugelassen sind, ist umstritten.

Rechtsposition des Zuhörers aus Art. 5 I GG

Ein Zuhörer, der während einer Ratssitzung Tonbandaufnahmen anfertigen will, wird sich dabei insbesondere auf Art. 5 I S. 1 GG berufen können, wonach jeder das Recht hat, sich aus allgemein zugänglichen Quellen ungehindert zu unterrichten.

Sofern ein Pressevertreter Aufnahmen zu machen begehrt, ist dann entsprechend zu seinen Gunsten die Pressefreiheit, Art. 5 I S. 2 GG, in die Abwägung einzustellen. Allerdings finden diese Rechte von vornherein ihre Schranke sowohl im Recht der persönlichen Ehre als auch in den allgemeinen Gesetzen (Art. 5 II GG), zu denen auch die GO NRW zu zählen ist.

schriftliche Aufzeichnungen ausreichend

Nach wohl h.M. genügt es zur Verwirklichung dieses Ziels aber, dem Zuhörer die Anfertigung schriftlicher Aufzeichnungen zu gestatten. Die Funktionsfähigkeit des Rats wird durch schriftliche Aufzeichnungen nämlich weit weniger beeinträchtigt als durch Tonbandaufnahmen, bei denen auch individuelle Sprechweise, Tonfall, Gefühlslage u.Ä. dauerhaft und jederzeit reproduzierbar auf Band fixiert werden.[445]

Schließlich ist zu beachten, dass Ratsmitglieder regelmäßig keine medienerfahrenen Berufspolitiker sind, sodass die Zulassung von Tonbandaufnahmen zu Befangenheit und mangelnder Spontaneität führen könnte. Der Rat ist kein politisches Parlament, sondern ein Verwaltungsorgan.[446]

Ob in die Abwägung darüber hinaus die Grundrechte der Ratsmitglieder wie das Allgemeine Persönlichkeitsrecht einzustellen sind, erscheint zweifelhaft. Denn diese sind bei der Ratssitzung lediglich in ihrer Eigenschaft als Ratsmitglieder betroffen, nicht aber als private Einzelne.[447]

Aus diesen Gründen scheidet bei einem Verbot von Tonbandaufnahmen nach h.M. auch eine Verletzung der Pressefreiheit aus.[448] Obige Ausführungen gelten gleichermaßen auch für die Frage der Zulässigkeit von Fernsehaufnahmen.

---

443 OVG Münster, OVGE 18, S. 251 = **juris**byhemmer; Rauball/Pappermann/Roters, § 36 GO NW, Rn. 9.
444 Vgl. Kopp/Schenke, 16. Aufl. (2009), § 80 VwGO, Rn. 64; a.A.: OLG Karlsruhe, DVBl. 1980, S. 77 = **juris**byhemmer.
445 OLG Köln DVBl. 1979, S. 523 mit Anm. Scheuer S. 525 = **juris**byhemmer; vgl. Bösche, S. 211.
446 Zur Frage, ob sich die Zulässigkeit von Tonbandaufnahmen in öffentlichen Ratssitzungen bereits aus § 48 I Nr. 2 UrhG ergibt, vgl. Stober, DVBl. 1976, S. 371.
447 Zur Einschränkung des allgemeinen Persönlichkeitsrecht bei Personen des öffentlichen Lebens: Minkoff/Grieger, **Life&Law 2011, 273 (278)**.
448 Vgl. BVerwG BayVBl. 1991, S. 89 = **juris**byhemmer.

C) Ausschüsse

Entlastungsfunktion der Ausschüsse

§ 57 I GO NRW räumt dem Rat das Recht ein, Ausschüsse zu bilden. Die Bedeutung der Ausschüsse liegt insbesondere in der Möglichkeit, wichtige Fragen in einem kleinen Gremium vorzubereiten, die entscheidende Beschlussfassung des Rats vorzubereiten und ihn so zu entlasten.[449]

251

Vier Phasen der Entstehung

Die Entstehung eines Ausschusses läuft in vier Phasen ab:

⇨ Die Bildung der Ausschüsse (§ 57 GO NRW),

⇨ Die Regelung der Zusammensetzung und der Befugnisse der einzelnen Ausschüsse (§ 58 I, III und IV GO NRW),

⇨ Die Besetzung der einzelnen Ausschüsse (§ 50 III GO NRW),

⇨ Die Bestimmung der Ausschussvorsitzenden aller Ausschüsse (§ 58 V GO NRW)

241

Gründe der Aufteilung:

Das Erfordernis der Aufteilung in diese Phasen erschließt sich aus dem Gesetz.

Bildung ⇔ Zusammensetzung

Die strikte Trennung zwischen der „Bildung der Ausschüsse" und der „Bestimmungen über Zusammensetzung und Befugnisse eines Ausschusses" ist aufgrund abweichender Zuständigkeit unerlässlich. Während für die Bildung der Ausschüsse gem. § 57 I GO NRW der Rat (also samt Bürgermeister) zuständig ist, entscheiden über Zusammensetzung und Befugnisse gem. § 58 I, III und IV GO NRW ausschließlich die Ratsmitglieder.

Besetzung der Ausschüsse ⇔ Bestimmung der Vorsitzenden ⇔ sonstiges Verfahren

Anders als die ersten beiden Phasen sind die Entscheidungen über die personelle Besetzung der Ausschusssitze (§ 50 III GO NRW) und die Bestimmung der Ausschussvorsitzenden (§ 58 V GO NRW), im Gesetz jeweils mit einem eigenen, zwingenden Verfahren versehen und damit separat zu treffen.

I. Die Bildung der Ausschüsse

freiwillige Ausschüsse und Pflichtausschüsse

Der Rat kann grundsätzlich frei entscheiden, ob und welche Ausschüsse er bildet. Eine Verpflichtung des Rats, Ausschüsse zu bilden besteht nur in Fällen, in denen dies durch die Gemeindeordnung oder ein anderes Gesetz angeordnet ist (sog. Pflichtausschüsse).[450]

252

Bsp.:

⇨ *Hauptausschuss (§ 57 II S. 1 GO NRW)*

⇨ *Finanzausschuss (§ 57 II S. 1 GO NRW)*

⇨ *Rechnungsprüfungsausschuss (§ 57 II S. 1 GO NRW)*

⇨ *Jugendhilfeausschuss (§§ 69, 70 SGB VIII i.V.m. AG KJHG[451])*

Hauptausschuss

Besondere Bedeutung unter den Pflichtausschüssen hat der Hauptausschuss (§ 57 II GO NRW).

253

---

449 Rehn/Cronauge, 2. Aufl. 36. Erg.Lfg. (2011), § 57 Anm. I.
450 Seit der Eingliederung des SchVG in das SchulG gehören die Schulausschüsse nicht mehr zu den Pflichtausschüssen (zuvor 12 SchVG).
451 HR 165.

Er hat nach § 59 I GO NRW die Arbeiten aller Ausschüsse aufeinander abzustimmen und entscheidet gem. § 60 I S. 1 GO NRW in Angelegenheiten, die der Beschlussfassung des Rats unterliegen, wenn dieser nicht rechtzeitig einberufen werden kann (sog. Dringlichkeitsbeschluss), sowie gem. § 61 S. 1 GO NRW i.R.d. vom Rat festgelegten allgemeinen Richtlinien über die Planung der Verwaltungsaufgaben von besonderer Bedeutung. Schließlich können ihm gem. § 57 II S. 2 GO NRW durch Ratsbeschluss die Aufgaben des Finanzausschusses übertragen werden.

Der Begriff der „Bildung" i.S.d. § 57 I GO NRW

Um die in § 57 I GO NRW dem Rat eingeräumte Möglichkeit auch freiwillige Ausschüsse zu bilden einzuordnen, ist es erforderlich den Begriff der „Bildung" von Ausschüssen zu definieren, was der Gesetzgeber aber unterlies. Aufgrund der differenzierenden Kompetenzverteilung ist der Begriff daher aus der Abgrenzung zum Regelungsgehalt der §§ 50, 58 GO NRW zu bestimmen.

Danach beschränkt sich die von Ratsmitgliedern und dem Bürgermeister zu beantwortende Frage nach der Bildung von Ausschüssen darauf, festzulegen, für welche der kommunalen Aufgaben ein solches Gremium einzurichten ist. Entschieden wird in diesem Rahmen also nur über die Zahl der Ausschüsse und den Inhalt ihrer Aufgabenfeldes.

In diesem Zusammenhang können bestimmte Einzelaufgabe (z.B. Durchführung der Altstadtsanierung) oder ganze Aufgabenbereiche (z.B. Personalangelegenheiten) übertragen werden. Dies gilt für die Pflichtausschüsse allerdings nur insoweit, als diesen nicht bereits durch Gesetz bestimmte Aufgaben oder Aufgabenbereiche zugewiesen sind.

Form des Beschlusses ist frei

In welcher Form der Rat die Ausschussbildung vornimmt, ob etwa durch Regelung in der Hauptsatzung oder durch einfachen Beschluss, bleibt ihm freigestellt.[452]

Exkurs: Hintergründe der gesetzgeberischen Unterteilung in Bildung und Zusammensetzung

Diese Unterteilung durch den Gesetzgeber in Bildung einerseits und Zusammensetzung andererseits ergibt sich aus den abweichenden Entscheidungsgegenständen.

Die Zusammensetzung und Besetzung der Ausschüsse betrifft allein die Selbstorganisation der Ratsmitglieder auf der Grundlage der demokratischen Legitimation durch die, von der Bürgermeisterwahl organisatorisch wie auch zeitlich getrennte, Ratswahl. Um den Rat durch Bildung von Ausschüssen entlasten zu können, müssen diese die Mehrheitsverhältnisse unter den Ratsmitgliedern widerspiegeln.[453]

Hingegen hat die organisatorische Entscheidung, welche Ausschüsse überhaupt entstehen sollen, einen deutlichen Bezug zur hauptamtlichen Verwaltung.[454] Der Bürgermeister hat diesbezüglich ein berechtigtes Interesse daran, darauf hin- und daran mitzuwirken, dass die Ausschüsse spiegelbildlich zu den Dezernaten der Verwaltung gebildet werden.[455]

Exkurs Ende

---

452 Rauball/Pappermann/Roters, § 42 GO NW, Rn. 1.
453 So Begründung des Gesetzesentwurf, Landtag NRW Drs. 14/3979, zu Art. I, Nr. 13, S. 134.
454 So Begründung des Gesetzesentwurf, Landtag NRW Drs. 14/3979, zu Art. I, Nr. 13, S. 134.
455 Held u.a. 25. NachLfg. (2010), § 57 GO NRW, Anm. 1.

§ 5 HANDELN DER GEMEINDE

allgemeine Richtlinie

Bei der dem Rat gem. § 57 IV S. 1 GO NRW eingeräumte die Option für alle Ausschüsse geltende, allgemeine Richtlinien zu erlassen, ist der Bürgermeister ebenfalls stimmberechtigt. Die Möglichkeit der Einflussnahme durch diese Richtlinien ist aber äußerst begrenzt. Mit ihnen lassen sich keine Entscheidungen vorwegnehmen, sondern allenfalls Regelungen über das Verfahren der Gesamtheit der Ausschüsse treffen (z.B. die Reihenfolge der Beratung in verschiedenen Ausschüssen).[456]

II. Die Regelungen über Zusammensetzung und Befugnisse der Ausschüsse

Die Zusammensetzung und Befugnisse einzelner Ausschüsse

In der zweiten Phase werden die Entscheidungen über die Zusammensetzung und die Befugnisse der einzelnen Ausschüsse getroffen, § 58 I S. 1 GO NRW. Da die Norm den Bürgermeister gem. § 40 II S. 6 GO NRW in die Entscheidung nicht mit einbezieht, wird im Folgenden entgegen dem Wortlaut auch nur von den Ratsmitgliedern gesprochen. § 58 I S. 1 GO NRW gilt sowohl für die freiwilligen als auch für die pflichtigen Ausschüsse. Soweit allerdings spezialgesetzliche Vorschriften die Zusammensetzung und Befugnisse festlegen (§ 59 GO NRW), ist die Regelungsbefugnis des Rats eingeschränkt.[457]

255

Inhalt des Ratsbeschlusses

Erforderlich ist eine Bestimmung über

⇨ die Befugnisse des Ausschusses (§ 58 I S. 1, 41 II S. 1 GO NRW),

⇨ die Zahl der Ausschusssitze (§ 58 I S. 1 GO NRW), die Bestellung von Stellvertretern und gegebenenfalls deren Reihenfolge (§ 58 I S. 2 GO NRW),

⇨ die Frage, ob und gegebenenfalls wie viele sachkundige Bürger einem Ausschuss angehören sollen (§ 58 I S. 1, III GO NRW),

⇨ die Frage, ob und gegebenenfalls wie viele sachkundige Einwohner einem Ausschuss angehören sollen (§ 58 I S. 1, IV GO NRW).[458]

Form des Beschlusses hier nicht frei

Anders als die Bildung von Ausschüssen können diese Bestimmungen nicht in der Hauptsatzung geregelt werden, denn diese wird gem. § 7 III GO NRW vom Rat mit der Mehrheit der gesetzlichen Mitglieder beschlossen, womit der Bürgermeister mitstimmt. Sie werden per einfachem Beschluss geregelt.

1. Regelung der Befugnisse des Ausschusses

beratende und entscheidungsbefugte Ausschüsse

Unter Befugnissen i.S.d. § 58 I S. 1 GO NRW versteht man die Reichweite der Entscheidungsmacht des Ausschusses.[459] Grundsätzlich ist die Aufgabe der freiwilligen Ausschüsse sowie der Pflichtausschüsse darauf beschränkt, die in ihr Sachgebiet fallenden Beschlüsse des Rats vorzubereiten und dem Rat eine bestimmte Entscheidung zu empfehlen. Entscheidungsbefugnisse haben die Ausschüsse nur, wenn und soweit sie ihnen durch gesetzliche Vorschriften oder durch die Ratsmitglieder nach §§ 58 I S. 1, 41 II S. 1 GO NRW übertragen sind.

256

---

456 Held u.a. 25. NachLfg. (2010), § 57 GO NRW, Anm. 6.
457 Rehn/Cronauge, 2. Aufl. 36.Erg.Lfg. (2011), § 58 Anm. I 1.
458 Held u.a. 25. NachLfg. (2010), § 58 GO NRW, Anm. 3. 1; Rehn/Cronauge, 2. Aufl. 36. Erg.Lfg. (2011), § 58 Anm. I 1.
459 Held u.a. 25. NachLfg. (2010), § 58 GO NRW, Anm. 3 vorletzter Absatz.

Man spricht in diesen Fällen von Ausschüssen mit Entscheidungsbefugnis im Gegensatz zu den lediglich beratenden Ausschüssen.[460] Dabei kann der einzelne Ausschuss auch teils Vorberatungs-, teils Entscheidungszuständigkeiten haben.[461]

> *Bspe.: Ausschüsse mit Entscheidungsbefugnis sind kraft Gesetzes*
>
> ⇨ *der Hauptausschuss*
>
> ⇨ *der Finanzausschuss (Entscheidungen, die für die Ausführung des Haushaltsplans, § 79 GO NRW, erforderlich sind, § 59 II GO NRW).*

257 Diese Übertragungsmöglichkeit ist allerdings einerseits insoweit beschränkt, als nicht in die festgelegten Aufgaben anderer gemeindlicher Entscheidungsträger - insbesondere die der Pflichtausschüsse - eingegriffen werden darf.[462] Andererseits ist zu beachten, dass der Rat keine Entscheidungsbefugnisse übertragen darf, die ausschließlich ihm vorbehalten sind. Diese sind in dem Katalog des § 41 I S. 2 GO NRW.

Delegiert der Rat einen Teil seiner Zuständigkeit an einen Ausschuss, so muss die Regelung hinreichend konkret gefasst sein. So hat das OVG Münster eine Übertragung mit Rückholrecht bei „wichtigen und bedeutsamen Angelegenheiten" mangels Bestimmtheit für unwirksam erklärt.[463]

Weiterdelegation, §§ 58 I S. 1, 41 II S. 2 GO NRW

258 Nach §§ 58 I S. 1, 41 II S. 2 GO NRW kann der Rat die Ausschüsse schließlich ermächtigen, in Angelegenheiten ihres Aufgabenbereichs die Entscheidung auf den Bürgermeister zu übertragen (Weiterdelegation).

2. Zahl der Ausschussmitglieder

grds. freies Ermessen

259 Grundsätzlich können die Ratsmitglieder die Zahl der Ausschussmitglieder nach freiem Ermessen bestimmen.[464]

Sie sind insbesondere nicht verpflichtet, die Zahl der Ausschussmitglieder so festzulegen, dass alle Fraktionen in den Ausschüssen vertreten sind. Der Minderheitenschutz wird bereits durch § 58 I S. 7 ff. GO NRW hinreichend gewährleistet, wonach Fraktionen, die in einem Ausschuss nicht vertreten sind, das Recht eingeräumt wird, für diesen Ausschuss ein Ratsmitglied oder einen sachkundigen Bürger zu benennen.[465] Der Benannte wird vom Rat zum Mitglied des Ausschusses bestellt (§ 58 I S. 8 GO NRW) und wirkt dort mit beratender Stimme mit (§ 58 I S. 9 GO NRW).

auch bzgl. der Stellvertretung

Auch die Bestellung stellvertretender Ausschussmitglieder liegt im Ermessen der Ratsmitglieder, § 58 I S. 2 GO NRW. Wird diese Möglichkeit wahrgenommen, so sind auch die Einzelheiten der Vertretung, insbesondere die Reihenfolge der Stellvertretung festzulegen.[466]

---

460 Held u.a. 25. NachLfg. (2010), § 57 GO NRW, Anm. 2.
461 Sundermann, S. 107.
462 Hofmann/Muth/Theisen, KommR NRW 14. Aufl. (2010), Kapitel 2.8.2.2.1, S. 434.
463 OVG Münster, NWVBl. 2008, 269 = **juris**byhemmer.
464 Held u.a. 25. NachLfg. (2010), § 58 GO NRW, Anm. 4.
465 Körner, § 42 GO, Anm. 1; Held u.a. 25. NachLfg. (2010), § 58 GO NRW, Anm. 4; Bad.Württ. VGH DÖV 1988, S. 472 = **juris**byhemmer.
466 Rehn/Cronauge, 2. Aufl. 36. Erg.Lfg. (2011), § 58 Anm. I 2.

3. Sachkundige Bürger als Ausschussmitglieder (§ 58 III GO NRW)

Zahl der sachkundigen Bürger

Nach § 58 III S. 1 GO NRW können neben Ratsmitgliedern auch in den Rat wählbare sachkundige Bürger zu Ausschussmitgliedern bestellt werden. Ob und gegebenenfalls in welchem Umfang dies geschehen soll, entscheiden die Ratsmitglieder. Die Zahl der sachkundigen Bürger darf die der Ratsmitglieder in den einzelnen Ausschüssen allerdings nicht erreichen, § 58 III S. 3 GO NRW. Des Weiteren ist nach § 58 III S. 1 GO NRW die Bestellung sachkundiger Bürger für den Hauptausschuss, den Finanzausschuss sowie den Rechnungsprüfungsausschuss ausgeschlossen.

260

4. Sachkundige Einwohner als Mitglieder mit beratender Stimme (§ 58 IV GO NRW)

Zahl der sachkundigen Einwohner

Schließlich können die Ratsmitglieder nach § 58 I S. 1, IV GO NRW bestimmen, ob und gegebenenfalls wie viele sachkundige Einwohner (§ 21 I GO NRW) zu Ausschussmitgliedern mit beratender Stimme zu wählen sind. Auch hiervon sind der Hauptausschuss, der Finanzausschuss sowie der Rechnungsprüfungsausschuss ausgenommen, § 58 IV S. 2, III S. 1 GO NRW.

261

III. Die Besetzung der Ausschüsse

1. Wahl

zwei Verfahrensmöglichkeiten

Ausschüsse werden mittels Wahl besetzt. Dies gilt für alle Ausschusssitze, das heißt einschließlich der sachkundigen Bürger, der sachkundigen Einwohner und etwaiger Stellvertreter. Die Wahl der Ausschussmitglieder erfolgt nach § 50 III GO NRW, der zwei Verfahrensmöglichkeiten vorsieht.

einheitlicher Wahlvorschlag

Nach § 50 III S. 1 GO NRW können die Ausschusssitze durch einen einheitlichen Wahlvorschlag der Ratsmitglieder besetzt werden. Ein solcher liegt vor, wenn kein Ratsmitglied dem Vorschlag widerspricht (Enthaltungen schaden nicht). Zur Ausschussbesetzung ist die anschließende Annahme des Wahlvorschlags durch einstimmigen Ratsbeschluss erforderlich.

262

Einstimmig ist der Beschluss, wenn der Wahlvorschlag ohne Gegenstimme eines Ratsmitglieds angenommen wird § 50 V GO NRW).[467] Ein einheitlicher Wahlvorschlag kann auch auf einzelne Ausschüsse beschränkt sein.[468] Da das Gesetz die Entscheidungskompetenz ausdrücklich den Ratsmitgliedern zuspricht, stimmt der Bürgermeister hierbei nicht mit.

Abstimmung nach den Grundsätzen der Verhältniswahl

Soweit ein einheitlicher Wahlvorschlag nach § 50 III S. 1 GO NRW nicht zustande kommt, wird über die Ausschussbesetzung gem. § 50 III S. 2 GO NRW nach den Grundsätzen der Verhältniswahl in einem Wahlgang abgestimmt. Auch hierbei stimmt der Bürgermeister nicht mit, was sich aus dem Wortlaut („Ratsmitglieder") des S. 1 ergibt. Nach der Rspr. des BVerwG ist es unterschiedlichen Fraktionen oder Gruppen verwehrt, gemeinsame Wahlvorschläge aufzustellen.[469] Das OVG Münster hatte dies als Vorinstanz noch anders gesehen.[470]

263

---

467 Bösche, S. 259.
468 Held u.a. 25. NachLfg. (2010), § 50 GO NRW, Anm. 6.3.
469 BVerwG NWVBl. 2004, 184 = **juris**byhemmer.
470 OVG Münster, NWVBl. 2003, 267 = **juris**byhemmer.

> **hemmer-Methode:** Die Rechtmäßigkeit von Beschlüssen eines Ausschusses mit Entscheidungsbefugnis ist nach dem gleichen Schema zu prüfen wie Beschlüsse des Rats. Abweichungen ergeben sich nur in einigen Punkten: Bei der Organzuständigkeit des Ausschusses ist dabei nicht nur zu fragen, ob der Rat zuständig ist, sondern darüber hinaus, ob der Ausschuss kraft Gesetzes oder aufgrund Aufgabenzuweisung durch den Rat zuständig ist. Für die Einberufung ist ferner § 58 II S. 1 GO NRW zu beachten.

VI. Teilnahme an Ausschusssitzungen

Teilnahme als Zuhörer

§ 58 I S. 3 - 10 GO NRW treffen detaillierte Regelungen darüber, wer außer den Ausschussmitgliedern berechtigt ist, an den Ausschusssitzungen teilzunehmen. Danach können als Zuhörer auch an nichtöffentlichen Sitzungen

⇨ die stellvertretenden Ausschussmitglieder sowie alle Ratsmitglieder und

⇨ nach Maßgabe der Geschäftsordnung auch die Mitglieder der Bezirksvertretungen sowie Mitglieder anderer Ausschüsse teilnehmen, letztere jedoch nur, soweit der Aufgabenbereich ihres Ausschusses berührt ist (§ 58 I S. 4 GO NRW).

Im Übrigen gilt gem. §§ 58 II S. 1 i.V.m. 48 II S. 1 GO NRW der Grundsatz der Öffentlichkeit.

Teilnahme mit beratender Stimme

Mit beratender Stimme können an den Ausschusssitzungen teilnehmen:

⇨ der Bürgermeister (§ 58 I S. 3 GO NRW)

⇨ dem Ausschuss nicht angehörende Ratsmitglieder, wenn ein Antrag beraten wird, den sie gestellt haben (§ 58 I S. 6 GO NRW)

⇨ von Fraktionen, die in einem Ausschuss nicht beteiligt sind, bestellte Ratsmitglieder oder sachkundige Bürger (§ 58 I S. 7 - 10 GO NRW).

VII. Einspruchsrecht

Einspruchsrecht

Nach § 57 IV S. 2 GO NRW können Beschlüsse entscheidungsbefugter Ausschüsse erst dann durchgeführt werden, wenn innerhalb einer in der Geschäftsordnung zu regelnden Frist weder vom Bürgermeister noch von einem Fünftel der Ausschussmitglieder Einspruch eingelegt worden ist. Während dieser Frist darf der Beschluss des Ausschusses nicht vollzogen werden. Dies bedeutet insbesondere für den Bürgermeister, der gem. § 62 II S. 2 GO NRW zur Ausführung grundsätzlich berechtigt und verpflichtet ist, dass er diesen Beschluss nicht vollziehen muss und auch nicht darf.

Über den Einspruch entscheidet gem. § 57 IV S. 3 GO NRW der Rat. Dabei kann der Rat den Einspruch zurückweisen (und dadurch den Beschluss des Ausschusses bestätigen), oder aber den Beschluss aufheben oder ändern. Bis der Rat über den Einspruch entschieden hat, darf der Beschluss nicht vollzogen werden, auch wenn die in der GeschO bestimmte Frist bereits abgelaufen ist. Insoweit hat der Einspruch aufschiebende Wirkung.

> **hemmer-Methode:** § 57 IV S. 2 u. 3 GO NRW geben also dem Bürgermeister und einer Minderheit im Ausschuss die Möglichkeit, den Rat anstelle des Ausschusses mit einer Angelegenheit zu befassen, um eine Entscheidung des Gesamtorgans anstelle des „Hilfsorgans" herbeizuführen. Der Bürgermeister hat daneben die Möglichkeit, gem. § 54 III i.V.m. II GO NRW den Beschluss des Ausschusses zu beanstanden. Dies hat im Wesentlichen die gleichen Wirkungen wie ein Einspruch nach § 57 III GO NRW. Ein Unterschied besteht darin, dass bei einer Beanstandung der Ausschuss sich erneut mit der Angelegenheit befasst (§ 54 III S. 2 GO NRW), während der Einspruch unmittelbar dazu führt, dass der Rat entscheidet (§ 57 IV S. 3 GO NRW).

D) Bürgermeister

I. Wahl und Abwahl

Wahl

Der Bürgermeister wird von den Bürgern in allgemeiner, unmittelbarer, freier, gleicher und geheimer Wahl auf die Dauer von sechs Jahren nach den Grundsätzen der Mehrheitswahl gewählt, § 65 I S. 1 GO NRW. In der Neugestaltung dieser Vorschrift liegt ein Kernpunkt des Gesetzes zur Stärkung der kommunalen Selbstverwaltung.

neue Amtszeit und Entkoppelung der Bürgermeister- von der Ratswahl

Zuvor war die Amtszeit des Bürgermeisters an die des Rates gekoppelt und demzufolge auf fünf Jahre begrenzt. Man sprach von der verbundenen Bürgermeisterwahl.[494] Durch die neue terminliche Eigenständigkeit der Wahl und die Verlängerung der Amtszeit, soll zum einen die persönlich und fachliche Unabhängigkeit des Bürgermeisters gestärkt werden. Zum anderen hebt die Neuregelung die Bedeutung der Ratswahl hervor, indem sie die zuvor bestandene Fokussierung auf die Personenwahl des Bürgermeisters entfallen lässt und einen eigenständigeren Wahlkampf der einzelnen Ratsmitglieder erlaubt. Darüber hinaus soll die längere Amtszeit der Kontinuität und Effizienz der Verwaltungsführung dienen.

Tauglicher Kandidat

Gem. § 65 II S. 1 GO NRW ist wählbar wer

⇨ Deutscher i.S.d. Art. 116 I GG oder Staatsangehöriger eines Mitgliedstaates der europäischen Gemeinschaft mit einer Wohnung in der Bundesrepublik Deutschland ist,

⇨ das 23. Lebensjahr vollendet hat,

⇨ nicht vom Wahlrecht ausgeschlossen ist (vgl. § 8 KWahlG NRW)

⇨ Gewähr dafür bietet, jederzeit für die freiheitlich demokratische Grundordnung einzutreten und

⇨ nicht durch Richterspruch in der Bundesrepublik Deutschland seine Wählbarkeit oder Fähigkeit zur Bekleidung eines öffentlichen Amtes verloren hat, (§ 65 II S. 2 GO NRW)

Wegfall der Altersgrenze

Eine früher erforderliche weitere Voraussetzung ist durch die letzte Reform weggefallen. Zuvor legte § 195 IV S. 1 LBG a.F. für Bürgermeister (und i.V.m. § 195 X LBG auch für Landräte) als Altersgrenze das vollendete 68. Lebensjahr fest. Ein entsprechendes Alter schloss damit auch die Kandidatur aus. Diese Regelung wurde aber ersatzlos gestrichen. Die Beurteilung, ob es einem Kandidaten in diesem Alter an der erforderlichen Arbeitskraft und Leistungsfähigkeit fehlt, soll nun allein in den Händen der Wähler liegen.[495]

---

494 Hofmann/Muth/Theisen, KommR NRW 14. Aufl. (2010), Kapitel 2.6.4, S. 298 f.
495 So Begründung des Gesetzesentwurf, Landtag NRW Drs. 14/3979, zu Art. VII Nr. 2, S. 167.

nähere Wahlvorschriften	Die näheren Vorschriften der Wahl sind gem. § 65 I S. 3 GO NRW dem KWahlG NRW zu entnehmen. Die Einzelheiten der Bürgermeisterwahl regeln dort die §§ 46b ff. KWahlG NRW. Gewählt ist nach § 46c II S. 2 KWahlG NRW, wer die meisten gültigen Stimmen erhalten hat. Bei Stimmengleichheit entscheidet das Los, § 46c II S. 3 KWahlG NRW. Eine Stichwahl zwischen den beiden meist gewählten Bewerbern gibt es nicht mehr. Bei nur einem Bewerber tritt gem. § 46c II S. 4 KWahlG NRW[496] das Erfordernis mindesten 25 % der gültigen Stimmen zu erreichen hinzu. Ergänzt werden die Vorschriften durch die gem. § 51 KWahlG NRW vom Innenministerium NRW erlassene KWahlO NRW.
Eingeschränkter Rechtsschutz	Für Entscheidungen und Maßnahmen, die sich unmittelbar auf das Wahlverfahren beziehen, ist zu beachten, dass diese nur einer eingeschränkten Rechtskontrolle unterliegen. Angreifen lassen sich diese nur mit den in den Wahlvorschriften vorgesehenen Rechtsbehelfen und dem Wahlprüfungsverfahren.[497] Dies gilt auch für Kommunalwahlangelegenheiten.[498] Die Regelungen zur Wahlprüfung finden sich in §§ 39 ff. KWahlG NRW.[499]
Zeitkorridor für den Wahltermin	Für den Wahltermin legt das Gesetz seit der Reform einen Zeitkorridor fest. Die Wahl findet gem. § 65 I S. 2 GO NRW frühestens drei Monate vor und spätestens sechs Monate nach Ablauf der Amtszeit des amtierenden Bürgermeisters statt.
Vereidigung	Die Vereidigung und Amtseinführung des Bürgermeisters wird gem. § 65 III GO NRW in einer Sitzung des Rates durch den Vorsitzenden durchgeführt. Vorsitzender wird im Regelfall der ehrenamtliche Stellvertreter sein, § 67 I S. 2 GO NRW. Sollten die Wahlen von Rat und Bürgermeister, was zukünftig die Ausnahme sein wird, zeitlich zusammenfallen, so werden die ehrenamtlichen Stellvertreter aber noch nicht gewählt sein. In diesem Fall nimmt der Altersvorsitzende, also das lebensälteste Ratsmitglied, diese Aufgabe war.
Abwahl	Die Abwahl des hauptamtlichen Bürgermeisters richtet sich nach § 66 I GO NRW, § 46d V KWahlG NRW. Danach kann der unmittelbar von den Bürgern gewählte Bürgermeister vor Ablauf seiner Amtszeit nur von diesen wieder abgewählt werden. Das Abwahlverfahren ist zweistufig aufgebaut.
1. Stufe: Die Einleitung	Eingeleitet werden kann das Abwahlverfahren zum einen durch den Rat der Gemeinde. Es bedarf eines Antrags von mindestens der Hälfte der gesetzlichen Zahl der Ratsmitglieder, dem eine Mehrheit von zwei Dritteln der gesetzlichen Zahl der Ratsmitglieder zustimmen muss, § 66 I S. 2 Nr. 1 GO NRW.
Neue Form der Initiierung	Seit 04.06.2011[500] besteht daneben auch die Möglichkeit, die Abwahl des Bürgermeisters durch die Bürger zu initiieren. Hierzu bedarf es eines Antrags von einer nach § 66 I S. 2 Nr. 2 GO NRW zu bestimmenden Anzahl von Bürgern. Dieser unterliegt den Formerfordernissen des § 66 III GO NRW, welche durch die des Bürgerantrags (§ 25 IV GO NRW) ergänzt werden.
Verzicht auf die Entscheidung der Bürger	Sofern der Bürgermeister nicht in Folge der Einleitung des Abwahlverfahrens innerhalb einer Woche verzichtet (§ 66 II GO NRW), wird die Abwahl durchgeführt.

279

---

496 Oebbecke NWVBl. 2010, S. 333 ff.: Die Vorschrift § 46c II 4 KWahlG NRW sei wegen Verstoßes gegen den Grundsatz der Gleichheit der Wahl verfassungswidrig, da das entsprechende Quorum bei einer Wettbewerbskandidatur nicht gilt.
497 St. Rspr. BVerfGE 83, 156 zuletzt bestätigt durch BVerfG Beschluss vom 31.07.2009 - 2 BvQ 45/09.
498 OVG Münster, NWVBl. 2009, S. 486.
499 Zur Wahrheitspflicht bei der Kommunalwahl und den Folgen eines Verstoßes, Beckmann/Wittmann NWVBl. 2010, S. 81 ff.
500 Durch Gesetz vom 24.05.2011 verkündet am 03.06.2011 GVBl. NRW., S. 270.

§ 5 HANDELN DER GEMEINDE

2. Stufe: Die Abwahl

Abgewählt ist der Bürgermeister nach § 66 I S. 3 GO NRW, wenn sich in der anschließend stattfindenden Abstimmung der wahlberechtigten Bürger für die Abwahl die Mehrheit der gültigen Stimmen ergibt und diese Mehrheit mindestens 25 % der Wahlberechtigten umfasst. In diesem Fall scheidet er mit dem Ablauf des Tages, an dem der Wahlausschuss die Abwahl feststellt, aus dem Amt, § 66 I S. 5 GO NRW.

II. Rechtsstellung

Rechtsstellung

Der hauptamtliche Bürgermeister ist nach § 62 I S. 1 GO NRW kommunaler Wahlbeamter. Die dienstrechtlichen Regelung sind somit den beamtenrechtlichen Vorschriften zu entnehmen (insoweit klarstellend § 65 IV GO NRW). Gem. § 195 I LBG finden auf ihn die allgemeinen Vorschriften des Landesbeamtengesetz Anwendung, sofern § 195 LBG keine abweichende Regelung trifft. Auch diese Norm wurde i.R.d. letzten Reform überarbeitet. [280]

Der unmittelbar gewählte Bürgermeister ist nun mit der Annahme der Wahl nach § 195 III LBG zum Wahlbeamten in ein Beamtenverhältnis auf Zeit (§ 195 II S. 1 LBG) berufen. Dieses endet gem. § 195 III S. 2 LBG mit Ablauf der Amtszeit, welche gem. § 195 III S. 3 LBG mit dem Amtseintritt beginnend sechs Jahre beträgt. Die Möglichkeit eines altersbedingten Ausscheidens während dieser Amtszeit ist entfallen (§ 195 IV S. 1 LBG a.F. ist weggefallen). Die Berufung in das Beamtenverhältnis ist gem. § 195 III S. 4 LBG nichtig, wenn die zugrundeliegende Wahl unwirksam ist. Durch die Neuregelung des Endes der Amtszeit besteht nun die Möglichkeit, dass es zwischen den Amtsperioden zweier Bürgermeister zu einer zeitlichen Lücke kommt. Für diesen Zeitraum wird die Funktion des Hauptverwaltungsbeamten von dessen allgemeinen Vertreter (§ 68 I GO NRW) wahrgenommen.

III. Organzuständigkeit des Bürgermeisters

1. Der Bürgermeister als Vorsitzender des Rats

Vorsitzender des Rats

Der Bürgermeister ist gem. § 40 II S. 4 GO NRW Vorsitzender des Rats. Nach § 40 II S. 3 GO NRW obliegt ihm dessen Vertretung und Repräsentation. [281]

a) Vertretung und Repräsentation des Rats, § 40 II S. 3 GO NRW

Vertretung

Der Bürgermeister ist für die Repräsentation und Vertretung des Rats zuständig. Wird der Rat ausnahmsweise selbst nach außen tätig, so wird er gem. § 40 II S. 3 GO NRW durch den Bürgermeister vertreten. Andererseits erfasst § 40 II S. 3 GO NRW nicht die Außenvertretung der Gemeinde. Diese ist in § 63 GO NRW geregelt. [282]

b) Vorbereitung der von den Kollegialorganen zu treffenden Beschlüsse

Vorbereitung der Beschlüsse

Der Bürgermeister hat gem. § 62 II S. 1 GO NRW das Recht und die Pflicht, die Beschlüsse des Rats, der Ausschüsse und Bezirksvertretungen vorzubereiten. Zu dieser Vorbereitung zählen insbesondere die Erstellung von Beschlussvorlagen und Gutachten sowie die Beschaffung von Informationsmaterial.[501] [283]

---

501 Bösche, S. 290.

Der Rat kann dem Bürgermeister die Kompetenz der Beschlussvorbereitung nicht entziehen. Ihm steht es jedoch frei, weitere Vorbereitungsmaßnahmen zu treffen, also etwa einen Sachverständigen zu hören oder eine Ortsbesichtigung vorzunehmen. Auch kann er vorsehen, dass sich vor der Entscheidung ein Fachausschuss mit der Angelegenheit beratend befasst.[502]

Verpflichtet ist der Bürgermeister aber nur dem Organ, nicht gegenüber den Organteilen. Fraktionen oder einzelne Ratsmitglieder können dies daher nicht einfordern. Es bedarf eines Mehrheitsbeschlusses des Organs.[503]

c) Leitung und Organisation der Ratsarbeit

Befugnisse des Bürgermeisters

Zu den wichtigsten Befugnissen, die der Bürgermeister als Vorsitzender des Rats hat, gehören neben den bereits angesprochenen (vgl. Rn. 284 ff.) Rechten, den Rat einzuberufen (§ 47 I S. 1 GO NRW), die Tagesordnung festzusetzen (§ 48 I S. 1 GO NRW) und die Sitzung zu eröffnen und zu schließen (§ 51 I GO NRW), die Aufgaben, die Verhandlung des Rats zu leiten, die Ordnung zu handhaben und das Hausrecht auszuüben (§ 51 I GO NRW).

284

Leitung der Ratsverhandlungen

Bei der Leitung der Verhandlungen des Rats nach § 51 I GO NRW verfährt der Bürgermeister nach der Tagesordnung. Er ruft die einzelnen Tagesordnungspunkte auf, fordert zu Wortmeldungen auf und erteilt das Wort.[504] Dabei ist er an die Bestimmungen der Geschäftsordnung über die Geschäftsführung des Rats gebunden (§ 47 II S. 1 GO NRW).

Bsp.: Regelungen über die Redezeit

Vertretung durch ehrenamtlichen Stellvertreter

Eine Leitung der Verhandlung durch den ersten ehrenamtlichen Stellvertreter des Bürgermeisters (§ 67 I GO NRW) - bei dessen gleichzeitiger Verhinderung durch den zweiten ehrenamtlichen Stellvertreter - kommt nur in Fällen einer Verhinderung des Bürgermeisters in Betracht[505]

2. Entscheidungszuständigkeit des Bürgermeisters

Bürgermeister oder Rat für Entscheidungen zuständig

Gem. § 41 I S. 1 GO NRW ist der Rat für alle Angelegenheiten der Gemeinde zuständig, soweit gesetzlich nichts anderes bestimmt ist. Insbesondere für die Entscheidungen in der Gemeinde ist demnach grundsätzlich der Rat berufen. Der Bürgermeister hat eigene Entscheidungsbefugnisse nur, wenn das Gesetz sie ausdrücklich vorsieht, oder sie ihm vom Rat oder einem Ausschuss übertragen sind.

285

a) Leitung der Verwaltung

Leitung der Gemeindeverwaltung

Der Bürgermeister ist nach § 62 I S. 2 GO NRW verantwortlich für die Leitung und Beaufsichtigung des Geschäftsgangs der gesamten Verwaltung. Er leitet und verteilt die Geschäfte, § 62 I S. 3 GO NRW.[506]

286

---

502 Vgl. Held u.a. 25. NachLfg. (2010), § 62 GO NRW, Anm. 11. 2; Rauball/Pappermann/Roters, § 47 GO NW, Rn. 3.
503 VG Köln NWVBl. 2008, 65, für die Vorbereitungspflicht hinsichtlich Ratsbeschlüssen.
504 Rauball/Pappermann/Roters, § 36 GO NW, Rn. 7.
505 Bösche, S. 214.
506 Vgl. Held u.a. 25. NachLfg. (2010), § 62 GO NRW, Anm. 4.

§ 5 HANDELN DER GEMEINDE

Nach § 73 II GO NRW ist der Bürgermeister darüber hinaus Dienstvorgesetzter der Bediensteten der Gemeinde. Er hat damit die Befugnis, sowohl über die organisatorische Gliederung der Verwaltung in Dezernate, Ämter usw. als auch über den Einsatz und die Geschäftsbereiche seiner Verwaltungsmitarbeiter zu entscheiden.[507] Eine Ausnahme besteht allerdings insofern, als der Rat unter gewissen Voraussetzungen (s.u. Rn. 327) nach § 73 I GO NRW den Geschäftskreis der Beigeordneten festlegen kann.

Dienstrechtliche Entscheidungen grundsätzlich beim Bürgermeister

Als Chef der Verwaltung trifft der Bürgermeister, soweit gesetzlich nichts anderes bestimmt ist, nach § 73 III S. 1 GO NRW die dienstrechtlichen Entscheidungen. Durch die Neufassung dieser Kompetenzzuweisung wurde die Position des Bürgermeister erheblich gestärkt (früher § 74 I S. 2 GO NW a.F.). Zuvor konnte der Rat jede der die dienstrechtlichen Befugnisse gem. § 74 I S. 2 GO NW a.F. durch eine entsprechende Regelung in der Hauptsatzung an sich ziehen. Nun ist er auf die diesbezüglichen gesetzlichen Ausnahmen begrenzt.

Ausnahme: Einflussmöglichkeit für den Rat bei Bedienstete in Führungsfunktionen

Als solche verbleibt gem. 73 III GO NRW die Möglichkeit auf das Verwaltungspersonal in Führungspositionen einzuwirken. Wird eine entsprechende Regelung in der Hauptsatzung getroffen, so werden dienstrechtliche Entscheidungen bezüglich Bediensteter in Führungsfunktionen im Einvernehmen von Rat und Bürgermeister getroffen.

Fehlt es an dem Einvernehmen kann sich der Rat mit der Mehrheit der gesetzlichen Zahl der Ratsmitglieder gegen den Bürgermeister durchsetzen. Wird diese qualifizierte Mehrheit nicht erreicht, wird die entsprechende Entscheidung nicht getroffen.

b) Geschäfte der laufenden Verwaltung

grds. auf Bürgermeister übertragen

Geschäfte der laufenden Verwaltung gelten gem. § 41 III GO NRW im Namen des Rats grundsätzlich als auf den Bürgermeister übertragen.

287

Demzufolge kann der Bürgermeister in diesen Angelegenheiten Entscheidungen selbst treffen, ohne den Rat oder einen Ausschuss einschalten zu müssen.[508] Gehört eine Angelegenheit zu den Geschäften der laufenden Verwaltung, gilt dies auch für die Entscheidungen über den Widerspruch, der gegen einen in dieser Angelegenheit erlassenen Verwaltungsakt erhoben wird.[509]

keine grundsätzliche oder erhebliche finanzielle Bedeutung

Die Geschäfte der laufenden Verwaltung sind solche Angelegenheiten, die weder grundsätzlich noch für den Gemeindehaushalt von erheblicher Bedeutung sind und normalerweise in der Gemeinde anfallen.[510]

288

Es lässt sich keine allgemeingültige, trennscharfe Abgrenzung finden. Wichtig sind folgende Umstände:

⇨ Bedeutung des Geschäfts

⇨ die Häufigkeit dieses Geschäfts bzw. dieser Art von Geschäften in dieser Gemeinde

⇨ Größe der Gemeinde

---

507 Hofmann/Muth/Theisen, KommR NRW 14. Aufl. (2010), Kapitel 2.7.3.3, S. 372.
508 Bösche, S. 294.
509 Held u.a. 25. NachLfg. (2010), § 41 GO NRW, Anm. 4. 3.
510 BGH DVBl. 1979, S. 514 f.; Rauball/Pappermann/Roters, § 28 GO NW, Rn. 30.

⇨ Umfang des Haushaltsvolumens der Gemeinde

⇨ sachliche und personelle Ausstattung der Gemeindeverwaltung

Bsp.: Ein Geschäft der laufenden Verwaltung ist die Erteilung einer Baugenehmigung für ein normales Einfamilienhaus; die Erteilung der Baugenehmigung für einen Supermarkt wird - je nach Größe der Gemeinde - hingegen nicht mehr zum Kreis dieser Geschäfte gehören.[511]

hemmer-Methode: Diese Aspekte müssen Sie für das sehr klausurrelevante Problem kennen und damit argumentieren. Hier wird es weniger auf das Ergebnis ankommen als zu zeigen, dass Sie den Zweck des § 41 III GO NRW verstanden haben. Angesichts der Fülle der gemeindlichen Aufgaben kann das Hauptorgan Rat nicht jede Entscheidung selbst treffen. Die weniger wichtigen Entscheidungen trifft der Bürgermeister, der sich dazu des gesamten Apparats der Gemeindeverwaltung bedient. Sollen die Gemeinde und ihr Rat funktionsfähig bleiben, so muss der Rat auf die grundlegenden Entscheidungen beschränkt sein.

§ 41 I S. 2 GO NRW beachten

Kein Geschäft der laufenden Verwaltung sind jedenfalls die in § 41 I S. 2 GO NRW genannten Vorbehaltsaufgaben. Denn diese kann der Rat nicht einmal durch eigene Entschließung an den Bürgermeister übertragen.

289

Entscheidungsvorbehalt/ Rückholrecht

Unter den Geschäften der laufenden Verwaltung kann der Rat sich, einer Bezirksvertretung oder einem Ausschuss nach § 41 III GO NRW für einen bestimmten Kreis von Geschäften oder für einen Einzelfall die Entscheidung vorbehalten (sog. Rückholrecht), wodurch dem Bürgermeister seine Entscheidungsbefugnis entzogen wird.

290

c) Übertragene Angelegenheiten

nach § 41 II GO NRW übertragene Angelegenheiten

Gem. § 41 II S. 1 GO NRW kann der Rat die Entscheidung über bestimmte Angelegenheiten auf den Bürgermeister übertragen. Gleiches gilt für Ausschüsse mit Entscheidungsbefugnis, sofern sie selbst zu einer solchen Weiterübertragung durch den Rat ermächtigt sind (§ 41 II S. 2 GO NRW).

291

Auch hinsichtlich dieser Entscheidungsbefugnisse hat der Rat bzw. der Ausschuss ein Rückholrecht. Der Bürgermeister entscheidet nach § 62 II S. 3 GO NRW.

d) Dringlichkeitsentscheidungen

Eilfälle

Nach § 60 I S. 1 GO NRW entscheidet in Angelegenheiten, für deren Entscheidung der Rat zuständig ist, ausnahmsweise der Hauptausschuss, wenn eine Einberufung des Rats nicht rechtzeitig möglich ist.

292

Ist auch eine Einberufung des Hauptausschusses nicht rechtzeitig möglich und kann die Entscheidung nicht aufgeschoben werden, weil sonst erhebliche Nachteile oder Gefahren drohen, kann der Bürgermeister zusammen mit einem Ratsmitglied entscheiden (§ 60 I S. 2 GO NRW). In Angelegenheiten, für die ein Ausschuss entscheidungsbefugt ist, kann der Bürgermeister in Eilfällen nach § 60 II S. 1 GO NRW mit dem Ausschussvorsitzenden oder einem anderen dem Ausschuss angehörenden Ratsmitglied entscheiden.

---

511 Hofmann/Muth/Theisen, KommR NRW 14. Aufl. (2010), Kapitel 2.8.1.2, S. 392.

> **hemmer-Methode:** Im Grunde sieht § 60 GO NRW keine Entscheidungszuständigkeit des Bürgermeisters vor, sondern kreiert eine Art neues ad-hoc Organ, das aus dem Bürgermeister und einem Rats- bzw. Ausschussmitglied besteht.

aa) Eilbeschlussrecht des Hauptausschusses nach § 60 I S. 1 GO NRW

Eilbeschlussrecht des Hauptausschusses

Die Entscheidungsbefugnis des Hauptausschusses nach § 60 I S. 1 GO NRW entsteht dann, wenn der Rat nicht mehr rechtzeitig einberufen werden kann. Eine rechtzeitige Einberufung des Rats ist etwa nicht möglich, wenn die in der Geschäftsordnung vorgesehenen Ladungsfristen (§ 47 II GO NRW) nicht eingehalten werden können oder wenn feststeht, dass innerhalb des gebotenen Zeitraums nicht die für die Beschlussfähigkeit erforderliche Anzahl von Ratsmitgliedern erreichbar ist (z.B. während der Ferien).[512]

str.: Satzungserlass im Wege eines Eilbeschlusses?

Gegenstand einer Eilentscheidung des Hauptausschusses können nach § 60 I S. 1 GO NRW nur solche Angelegenheiten sein, in denen grundsätzlich der Rat entscheidungsbefugt ist. Umstritten ist, ob Satzungen im Wege eines Eilentschlusses nach § 60 I S. 1 GO NRW (bzw. § 60 I S. 2 GO NRW durch den Bürgermeister und ein Ratsmitglied) erlassen werden können (vgl. § 41 I S. 2f GO NRW).

e.A.: Erlass von Satzungen vom Anwendungsbereich des § 60 I GO NRW ausgenommen

Teilweise wird vertreten, dass für die Anwendbarkeit des § 60 I GO NRW zwischen Verwaltungsentscheidungen und normsetzenden Beschlüssen zu unterscheiden sei.

Bei letzteren bestehe ein Beschlussmonopol des demokratisch legitimierten Rats.

Dieses ergebe sich aus der auch im Kommunalverfassungsrecht geltenden demokratischen Wertungsdirektive, nach der grundlegende Entscheidungen und insbesondere die Normgebung durch das vom Volk direkt legitimierte Organ vorgenommen werden müssen.[513] Der Erlass von Satzungen sei daher vom Anwendungsbereich des § 60 I GO NRW ausgenommen.

h.M.: (+) Gesetzeswortlaut macht keine Einschränkungen

Dem wird entgegengehalten, dass der Gesetzeswortlaut, nach dem § 60 I GO NRW ohne Einschränkungen „Angelegenheiten, die der Beschlussfassung des Rats unterliegen" erfasst, keine Anhaltspunkte für eine solche Differenzierung biete. Es müsse davon ausgegangen werden, dass der Gesetzgeber den Begriff der Entscheidung in § 60 I GO NRW und § 41 I GO NRW synonym verwende und ihn in § 60 I GO NRW nicht beschränken wolle.[514]

Auch dürfe nicht übersehen werden, dass § 27 IV OBG NRW die Möglichkeit, eine ordnungsbehördliche Verordnung im Wege der Dringlichkeitsentscheidung nach § 60 I GO NRW zu erlassen, als bestehend voraussetze.[515]

---

[512] Held u.a. 25. NachLfg. (2010), § 60 GO NRW, Anm. 3. 2.

[513] Hofmann/Muth/Theisen, KommR NRW 14. Aufl. (2010), Kapitel 2.4.2.5, S. 252 f.

[514] Held u.a. 25. NachLfg. (2010), § 60 GO NRW, Anm. 2. 1; Rehn/Cronauge, 2. Aufl. 36. Erg.Lfg. (2011), § 60 Anm. II.3.; Körner, § 43 GO, Anm. 3; Bösche, S. 245; ebenso: OVG Münster, DÖV 1989, S. 29 = **juris**byhemmer; mit Einschränkungen hinsichtlich der Haushaltssatzung auch Rauball/Pappermann/Roters, § 43 GO NW, Rn. 12.

[515] Held u.a. 25. NachLfg. (2010), § 60 GO NRW, Anm. 2. 1. § 27 IV OBG NRW verweist noch auf § 43 I 5 GO NW a.F.

bb) Dringlichkeitsbeschlussrecht nach § 60 I S. 2 GO NRW

Übergang des Entscheidungsrechts auf den Bürgermeister mit einem Ratsmitglied

Ist auch eine Entscheidung des Hauptausschusses nicht rechtzeitig möglich und kann die Entscheidung nicht aufgeschoben werden, weil sonst erhebliche Nachteile oder Gefahren entstehen könnten, kann gem. § 60 I S. 2 GO NRW der Bürgermeister mit einem Ratsmitglied entscheiden.

Hinsichtlich der Unmöglichkeit einer rechtzeitigen Einberufung und der zulässigen Gegenstände einer Dringlichkeitsentscheidung nach § 60 I S. 2 GO NRW kann auf die Ausführungen zu Eilentschlüssen des Hauptausschusses verwiesen werden.

Möglichkeit des Eintritts erheblicher Nachteile oder Gefahren

Für das Bestehen der besonderen Dringlichkeit ist die Möglichkeit des Eintritts von erheblichen Nachteilen oder Gefahren erforderlich. Da es Sinn und Zweck der Ausnahmeregelung des § 60 I GO NRW ist, die Handlungsfähigkeit der Gemeinde auch in Notfällen sicherzustellen, muss ein schwerwiegender, nicht reparabler Schaden für die Gemeinde einzutreten drohen.[516]

cc) Eilbeschlussrecht des Bürgermeisters nach § 60 II GO NRW

Eilbeschlussrecht in Angelegenheiten, die einem Ausschuss zur Entscheidung übertragen sind

Ist die rechtzeitige Einberufung eines Ausschusses nicht möglich, kann der Bürgermeister in Angelegenheiten, die dem Ausschuss zur Entscheidung übertragen sind, mit dem Ausschussvorsitzenden oder einem anderen dem Ausschuss angehörenden Ratsmitglied nach § 60 II GO NRW entscheiden. § 60 II GO NRW ist insoweit dem in § 60 I S. 1 GO NRW geregelten Eilentscheidungsrecht des Hauptausschusses nachgebildet, sodass auf obige Ausführungen verwiesen werden kann.

dd) Genehmigungserfordernis und Fehlerfolge

Genehmigungserfordernis

Entscheidungen nach § 60 I S. 1 und 2 GO NRW sind gem. § 60 I S. 3 GO NRW dem Rat, Entscheidungen nach § 60 II S. 1 GO NRW gem. § 60 II S. 2 GO NRW dem Ausschuss in der nächsten Sitzung zur Genehmigung vorzulegen. Nach § 60 I S. 4 GO NRW (vgl. auch § 60 II S. 3 GO NRW) können sie aufgehoben werden, soweit nicht bereits durch die Ausführung der Beschlüsse Rechte Dritter entstanden sind.

RW, wenn gesetzliche Voraussetzungen (-)

Liegen die Voraussetzungen des § 60 GO NRW nicht vor, so verletzt die Entscheidung des Hauptausschusses bzw. des Bürgermeisters zusammen mit einem Rats- oder Ausschussmitglied die Organzuständigkeit des Rats bzw. des (Haupt-)Ausschusses. Denn in diesem Fall war die Zuständigkeit nicht gem. § 60 GO NRW vom Rat bzw. Ausschuss übergegangen.

3. Vertretung der Gemeinde

a) Vertretungsmacht des Bürgermeisters, § 63 I GO NRW

Vertretungsmacht

Der Bürgermeister ist gem. § 63 I S. 1 GO NRW der gesetzliche Vertreter der Gemeinde in Rechts- und Verwaltungsgeschäften. Die Vertretungsmacht des Bürgermeisters betrifft jegliches rechtsgeschäftliche Handeln der Gemeinde, sowohl das zivilrechtliche als auch das öffentlich-rechtliche.

---

[516] Krell/Wesseler, Rn. 59.

§ 5 HANDELN DER GEMEINDE

Der Bürgermeister vertritt die Gemeinde bei dem Erlass von Verwaltungsakten, dem Abschluss öffentlich-rechtlicher und privatrechtlicher Verträge. Er gibt sonstige Willenserklärungen ab und nimmt geschäftsähnliche Erklärungen vor.[517]

b) Vertretungsmacht und Entscheidungsbefugnis

Unterscheiden!

Dagegen trifft § 63 I GO NRW keine Regelung hinsichtlich der Entscheidungsbefugnisse innerhalb der Gemeinde. Diese richten sich vielmehr nach den dafür geltenden Vorschriften über die Organzuständigkeit des Rats, der Ausschüsse und des Bürgermeisters.[518]

hemmer-Methode: Bei einem Handeln der Gemeinde sind demnach die interne Entscheidung und das Handeln nach außen zu unterscheiden, da die GO NRW hierfür z.T. unterschiedliche Organzuständigkeiten bestimmt.

Zweiteilung

Im Zusammenhang mit § 41 I S. 1 GO NRW, der Entscheidungen grundsätzlich dem Rat zuweist, ergibt sich für Maßnahmen der Gemeinde gegenüber Dritten grundsätzlich eine Zweiteilung der Zuständigkeiten.

Sofern nicht der Bürgermeister für die Entscheidung zuständig ist, verbleibt die Willensbildung und Entscheidung bei dem Rat. Für den Vollzug der Entscheidung nach außen ist jedoch der Bürgermeister zuständig, da er (und nicht der Rat) die Gemeinde vertritt.

Bsp.: Großunternehmer U möchte in der kreisangehörigen Gemeinde G eine Anlage errichten. Er stellt bei dem zuständigen Kreis einen Antrag auf Baugenehmigung. Da das Grundstück im Außenbereich liegt (§ 35 BauGB), wird die Gemeinde nach § 36 BauGB zur Erteilung des Einvernehmens aufgefordert.

Da es sich nicht um eine Angelegenheit der laufenden Verwaltung (§ 41 III GO NRW) und die Entscheidung über die Erteilung des Einvernehmens nach § 36 BauGB auch nicht dem Bürgermeister durch den Rat übertragen wurde (§ 41 II S. 1 GO NRW), entscheidet der Rat gem. § 41 I GO NRW über die Erteilung des Einvernehmens. Der Rat ist das für die Entscheidung zuständige Organ. Ohne eine Entscheidung des Rats darf der Bürgermeister das Einvernehmen nicht erklären bzw. verweigern. Das Einvernehmen bzw. seine Verweigerung gegenüber dem Kreis muss aber durch den Bürgermeister erklärt werden, denn dieser vertritt gem. § 63 I S. 1 GO NRW die Gemeinde.

Handeln auch rechtswirksam, wenn Zustimmung des entscheidungsbefugten Rats fehlt

Ist der Bürgermeister nicht entscheidungsbefugt, so ist er bei der Ausübung seiner Vertretungsmacht an die Beschlüsse des Rats, der Ausschüsse und Bezirksvertretungen gebunden. Dennoch kann er kraft seiner Vertretungsmacht im Außenverhältnis auch dann rechtswirksam für die Gemeinde handeln, wenn es an einer Zustimmung des entscheidungszuständigen Organs fehlt.[519]

hemmer-Methode: Unterscheiden Sie das rechtliche Können und das rechtliche Dürfen!

Bsp.: So ist ein privatrechtlicher Vertrag auch dann wirksam, wenn der Bürgermeister ihn ohne den erforderlichen Ratsbeschluss abgeschlossen hat. Erklärt der Bürgermeister in obigem Bsp. das Einvernehmen ohne den erforderlichen Ratsbeschluss, so ist die Erklärung dennoch wirksam, sodass die ggf. durch den Landrat erteilte Baugenehmigung nicht wegen fehlendem Einvernehmen rechtswidrig ist.

---

517 Erichsen, § 7 A 2 b, S. 124.
518 Held u.a. 25. NachLfg. (2010), § 63 GO NRW, Anm. 2. 2.
519 Rauball/Pappermann/Roters, § 55 GO NW, Rn. 4.

> **hemmer-Methode:** Dieselbe Frage stellt sich beim öffentlich-rechtlichen Vertrag, hat bei diesem jedoch nur theoretische Bedeutung. Denn ob der Vertrag rechtswidrig ist, spielt keine Rolle, solange der Fehler nicht zur Nichtigkeit nach § 59 I VwVfG führt. Dies wird man wegen des Verfahrensverstoßes der unterlassenen Beschlussfassung des Rats kaum annehmen können.

Rechtsnormen sind rechtswidrig und unwirksam

Satzungen und Rechtsverordnungen sind ohne weiteres rechtswidrig und aus diesem Grund grundsätzlich nichtig. Hat der Bürgermeister also eine Satzung „erlassen", d.h. öffentlich bekanntgemacht,[528] obwohl der Rat die Satzung gar nicht beschlossen hatte, so ist die Satzung unwirksam. Das gleiche gilt für Rechtsverordnungen und den Flächennutzungsplan, soweit diese vom Rat zu beschließen sind.

310

unterscheiden: Außen- und Innenverhältnis der Gemeinde

Von den Folgen eines Verstoßes gegen die Zuständigkeitsverteilung nach außen sind die **gemeindeinternen Konsequenzen** zu unterscheiden. Hier führt die Überschreitung der Zuständigkeitsgrenzen zu einer Verletzung der (organschaftlichen) Befugnisse des Rats, die in einem Kommunalverfassungsstreit geltend gemacht werden kann.

311

Erlässt der Bürgermeister z.B. einen Verwaltungsakt ohne erforderlichen Beschluss des Rats, so kann der Rat mittels eines Kommunalverfassungsstreits die Rückgängigmachung, d.h. die Aufhebung des Verwaltungsakts, verlangen, oder die Rechtswidrigkeit des Handelns des Bürgermeisters feststellen lassen.[529]

d) Verpflichtungserklärungen, § 64 GO NRW

bei Verpflichtung der Gemeinde Schriftform und Unterzeichnung durch Bürgermeister erforderlich

aa) Ein besonderes Formerfordernis für das Handeln des Bürgermeisters stellt § 64 I GO NRW (vgl. auch § 74 III GO NRW) auf. Danach ist für Verpflichtungserklärungen der Gemeinde die Schriftform erforderlich. Ferner sind sie vom Bürgermeister oder seinem Stellvertreter und einem vertretungsberechtigten Bediensteten zu unterzeichnen.

312

Verpflichtung der Gemeinde

Erfasst werden nur solche Erklärungen, die eine Verpflichtung der Gemeinde bezwecken, nicht auch solche, die die Verpflichtung lediglich als nichtbezweckte Nebenfolge herbeiführen.[530]

> **Bsp.:** Keine Verpflichtungserklärung i.S.d. § 64 I GO NRW ist daher die Klageerhebung, da die Kostenfolge nur eine nicht gewollte Nebenfolge darstellt.[531]

Verpflichtungserklärungen i.S.d. § 64 I GO NRW liegen weiterhin auch dann nicht vor, wenn eine bereits bestehende Verpflichtung ohne Änderung ihres Inhalts lediglich bestätigt oder erfüllt wird, sodass etwa zivilrechtliche Verfügungsgeschäfte regelmäßig nicht in den Anwendungsbereich des § 64 I GO NRW fallen.[532]

Ausnahmen vom Formerfordernis des § 64 I GO

Ausnahmen von dem Formerfordernis des § 64 I GO NRW enthalten die § 64 II und III GO NRW. Nach § 64 II GO NRW gilt das Formerfordernis des Abs. 1 nicht für Geschäfte der laufenden Verwaltung. § 64 III GO NRW nimmt solche Geschäfte aus, die ein für ein bestimmtes Geschäft oder einen bestimmten Kreis von Geschäften in der Form des Abs. 1 Bevollmächtigter abschließt.

313

---

528 Die Voraussetzungen der Bekanntmachung richten sich nach der BekanntmVO.
529 Zum KVS s.u. § 6.
530 Körner, § 56 GO, Anm. 1.
531 Held u.a. 25. NachLfg. (2010), § 64 GO NRW, Anm. 1.
532 Vgl. Rehn/Cronauge, 2. Aufl. 36.Erg.Lfg. (2011), § 64 Anm. II 1.

§ 5 HANDELN DER GEMEINDE

str.: Folgen für privatrechtl. Rechtsgeschäfte bei Verstoß gegen Formvorschriften

bb) Die Folgen eines Verstoßes gegen die Formvorschriften des § 64 GO NRW regelt § 64 IV GO NRW, wonach die betreffende Erklärung die Gemeinde nicht bindet. Fraglich ist, welche weiteren Folgen sich aus der Regelung des § 64 IV GO NRW für privatrechtliche Rechtsgeschäfte ergeben.

Nichtigkeit als Folge?

Stellt man auf den Wortlaut des § 64 I und IV GO NRW ab, so handelt es sich bei dem Formerfordernis des § 64 I GO NRW um ein solches i.S.d. § 125 BGB mit der Folge, dass das Rechtsgeschäft wegen Formmangels nichtig wäre.[533]

h.M.: bei privatrechtlichen Verpflichtungserklärungen schwebende Unwirksamkeit

Dem wird von der h.M. entgegengehalten, dass der Landesgesetzgeber wegen der grundsätzlich abschließenden Regelung des bürgerlichen Rechts im BGB (Art. 55 EGBGB) mangels Gesetzgebungszuständigkeit (Art. 74 I Nr. 1 GG) daran gehindert sei, Formvorschriften für zivilrechtliche Rechtsgeschäfte einzuführen. Das Land könne vielmehr lediglich öffentlich-rechtliche Vorschriften hinsichtlich der Vertretungsmacht der Organe juristischer Personen des öffentlichen Rechts regeln. § 64 I S. 1 GO NRW sei daher als eine Beschränkung der Vertretungsmacht zu verstehen, sodass bei einem Verstoß nicht § 125 BGB, sondern § 177 BGB anwendbar sei.

Demnach sei eine privatrechtliche Verpflichtungserklärung, die unter Nichtbeachtung der Form des § 64 I GO NRW abgegeben worden sei, zwar nach § 64 IV GO NRW für die Gemeinde nicht bindend, doch könne sie nach § 177 BGB als zunächst schwebend unwirksam genehmigt werden.[534]

Für öffentlich-rechtliche Erklärungen gilt dies ebenso. Der Verstoß gegen § 64 GO NRW führt nach dessen Abs. 4 ebenfalls zur (schwebenden) Unwirksamkeit.

c) Problematisch ist schließlich, unter welchen Voraussetzungen von Dritten gegen die Berufung der Gemeinde auf den Formmangel die Einrede der Arglist geltend gemacht werden kann und ob ein Berufen der Gemeinde auf einen Vertretungsmangel gegen Treu und Glauben verstößt.[535]

4. Ausführung von Beschlüssen und Weisungen

Grundsatz

Nach § 62 II S. 2 GO NRW obliegt dem Bürgermeister die Ausführung von Beschlüssen des Rats, der Ausschüsse und Bezirksvertretungen sowie der Entscheidungen nach § 60 GO NRW. Weiterhin führt er nach dieser Vorschrift die Weisungen der Sonderaufsichtsbehörde in Pflichtaufgaben zur Erfüllung nach Weisung sowie der übergeordneten Behörde in Auftragsangelegenheiten aus.

Ausnahmen

Ausnahmen hierzu bestehen dort, wo eine Umsetzung nicht erforderlich ist. Auch die die Durchführung der Geschäftsordnung betreffenden Beschlüsse, welche grundsätzlich der Bürgermeister ausführt (§ 53 I S. 1 GO NRW), werden, sofern dieser persönlich betroffen ist, durch dessen Stellvertreter ausgeführt, § 53 I S. 2 GO NRW.

---

533 So i.E. Erichsen, § 7 A 2 b, S. 125 f.; zw. § 64 I S. 1 und S. 2 GO NRW differenzierend Rehn/Cronauge, 2. Aufl. 36. Erg.Lfg. (2011), § 64 Anm. IV 1; Rauball/Pappermann/ Roters, § 56 GO NW, Rn. 1.

534 Vgl. BGH DVBl. 1979, S. 514 = **juris**byhemmer; NJW 1982, S. 1036; DVBl. 1984, S. 335; Held u.a. 25. NachLfg. (2010), § 64 GO NRW, Anm. 7; Bösche, S. 310.

535 Vgl. die Nachweise bei Held u.a. 25. NachLfg. (2010), § 64 GO NRW, Anm. 7.

Ebenfalls ausgenommen sind Beschlüssen, die die Geltendmachung von Ansprüchen der Gemeinde gegen den Bürgermeister oder seine Amtsführung betreffen (§ 53 II GO NRW). Diese führt der allgemeine Vertreter aus.

Zur Ausführung eines Beschlusses ist der Bürgermeister dann nicht verpflichtet, wenn er widerspricht oder beanstandet (§ 54 I - III GO NRW),[536] solange Widerspruch und Beanstandung gem. § 54 I S. 2, II S. 2 GO NRW aufschiebende Wirkung haben.

317

> **hemmer-Methode:** Es ist gerade der Sinn der aufschiebenden Wirkung nach § 54 I S. 2, II S. 2 GO NRW, den Bürgermeister von der Pflicht zur Ausführung des Beschlusses nach § 62 II S. 2 GO NRW (vorläufig) zu befreien.

Kontrollbefugnisse des Rats

Die Durchführung der Beschlüsse und Weisungen nimmt der Bürgermeister unter der Kontrolle des Rats und in Verantwortung ihm gegenüber vor (§ 62 II S. 2 GO NRW). Dies bedeutet nicht, dass der Rat Disziplinar- oder Dienstvorgesetzter des Bürgermeisters ist.[537] Disziplinar- und Dienstvorgesetzter des Bürgermeisters ist vielmehr die Aufsichtsbehörde (§§ 79 I S. 2, II, 32 I LDG[538]). Der Rat hat lediglich nach § 62 II S. 2 GO NRW ein allgemeines Kontrollrecht.

Der Absicherung dieses Rechts dienen die Informationspflichten des Bürgermeisters und die entsprechenden Kontrollmittel des Rats:

⇨ nach § 55 I S. 1 GO NRW ist der Bürgermeister verpflichtet, den Rat über alle wichtigen Angelegenheiten der Gemeindeverwaltung zu unterrichten

⇨ die gleiche Pflicht trifft ihn nach § 62 IV GO NRW hinsichtlich sämtlicher wichtiger Gemeindeangelegenheiten

⇨ nach § 55 III GO NRW kann der Rat zwecks Überwachung der Durchführung seiner Beschlüsse und des Ablaufs der Verwaltungsangelegenheiten durch einen von ihm bestimmten Ausschuss oder einzelne von ihm beauftragte Ratsmitglieder Einsicht in die Akten verlangen (vgl. auch § 55 II und IV S. 2 GO NRW)

⇨ schließlich ist der Bürgermeister auf Verlangen eines Fünftels der Ratsmitglieder oder einer Fraktion verpflichtet, vor dem Rat Stellung zu nehmen (§ 69 I S. 2 sowie II S. 2 GO NRW).

5. Widerspruch und Beanstandung von Beschlüssen

a) Widerspruch, § 54 I GO NRW

Widerspruchsrecht des Bürgermeisters

Nach § 54 I GO NRW kann der Bürgermeister einem Beschluss des Rats widersprechen, wenn er der Auffassung ist, dass der Beschluss das Wohl der Gemeinde gefährdet. Der Widerspruch ist spätestens am dritten Tag nach der Beschlussfassung und mit schriftlicher Begründung zu erheben.

318

Er hat gem. § 54 I S. 2 GO NRW aufschiebende Wirkung. Dies bedeutet, dass der Bürgermeister nicht zu seiner Ausführung verpflichtet ist, solange die aufschiebende Wirkung besteht.

---

536 Dazu sogleich u. Rn. 318 ff.
537 Vgl. Held u.a. 25. NachLfg. (2010), § 62 GO NRW, Anm. 13.
538 HR 40; Die zuvor einschlägigen §§ 126 I S. 3, II Nr. 1 GO NW wurden am 16.11.2004 mit Einführung des LDG aufgehoben.

§ 5 HANDELN DER GEMEINDE

Der Rat kann den Widerspruch jedoch durch erneuten Beschluss überwinden (§ 54 I S. 3 GO NRW). Ein weiterer Widerspruch ist dann unzulässig (S. 4). Mit dem bestätigenden Beschluss des Rats endet die aufschiebende Wirkung, sodass der Bürgermeister dann zur Ausführung verpflichtet ist (sofern er keine Beanstandung nach § 54 II GO NRW ausspricht).

b) Beanstandung, § 54 II, III GO NRW

Beanstandung

Ist ein Beschluss rechtswidrig, so ist der Bürgermeister nach § 54 II S. 1 GO NRW nicht nur berechtigt, sondern auch verpflichtet, ihn zu beanstanden. Die Beanstandung hat ebenfalls aufschiebende Wirkung (§ 54 II S. 2 GO NRW), was zur Konsequenz hat, dass der Bürgermeister den Beschluss nicht ausführen muss und darf. Auch im Falle der Beanstandung hat der Rat die Möglichkeit, erneut zu beschließen. Verbleibt er bei seinem Beschluss, so besteht die aufschiebende Wirkung der Beanstandung fort, und es ist die Entscheidung der Aufsichtsbehörde einzuholen, § 54 II S. 4 und 5 GO NRW.

319

Ein entsprechendes Beanstandungsrecht hat der Bürgermeister hinsichtlich der Beschlüsse entscheidungsbefugter Ausschüsse (§ 54 III GO NRW, hinsichtlich der Bezirksvertretungen § 37 VI GO). Bestätigt der Ausschuss seinen Beschluss, so hat der Rat über die Angelegenheit zu beschließen.

Bestätigt auch der Rat den Beschluss des Ausschusses, so ist ohne weiteres die Entscheidung der Aufsichtsbehörde einzuholen, ohne dass es einer weiteren Beanstandung durch den Bürgermeister bedarf (und auch nicht des Verfahrens nach Abs. 2!).[539]

IV. Vertretung des Bürgermeisters

zwei Vertreter des Bürgermeisters

Die Vertretung des Bürgermeisters ist unterschiedlich je nach der Funktion, in der der Bürgermeister vertreten werden soll. Als Vorsitzender und Repräsentant des Rats wird er durch den ehrenamtlichen Stellvertreter vertreten (§ 67 GO NRW), während in den sonstigen Funktionen (insbesondere Entscheidungsbefugnisse, Vertretung nach außen) der Bürgermeister nach der allgemeinen Vertretung gem. § 68 GO NRW vertreten wird.

320

1. Ehrenamtliche Stellvertreter, § 67 GO NRW

ehrenamtliche Stellvertreter

Die ehrenamtlichen Stellvertreter, die den Bürgermeister bei der Leitung der Ratssitzungen und der Repräsentation vertreten, werden vom Rat für die Dauer seiner Wahlzeit aus den Reihen der Ratsmitglieder gewählt, § 67 I S. 1 GO NRW.

321

Das Wahlverfahren ist in § 67 II GO NRW bestimmt. Danach ist die Wahl nach den Grundsätzen der Verhältniswahl durchzuführen und die Postenverteilung nach d'Hondt[540] vorzunehmen. Die Wahl erfolgt geheim (S. 1).

Die Repräsentation i.S.d. § 67 I GO NRW ist nur die in § 40 II S. 3 GO NRW genannte Repräsentation des Rats, nicht aber der Gemeinde.[541]

---

539 Held u.a. 25. NachLfg. (2010), § 54 GO NRW, Anm. 3. 2.
540 Vgl. Rn. 263a.
541 Held u.a. 25. NachLfg. (2010), § 67 GO NRW, Anm. 2. 1.

Umfang der Aufgaben des ehrenamtlichen Stellvertreters str.

Fraglich sind die Aufgaben des ehrenamtlichen Stellvertreters im Einzelnen. Nach dem Wortlaut des § 67 I S. 2 GO NRW vertritt er den Bürgermeister „bei der Leitung der Ratssitzungen und bei der Repräsentation". Für alles darüber hinaus ist der amtliche Vertreter i.S.d. § 68 GO NRW (vgl. Rn. 323) zuständig.

Streit um zeitliche Reichweite der Vertretungsrechte

Schon bei der Frage, was als zeitlicher Rahmen der Leitung der Ratssitzung zu fassen ist, lässt sich streiten. Nach einer Auffassung beinhaltet die „Leitung der Ratssitzung" lediglich die Ausübung der Befugnisse des Vorsitzenden von Beginn der Sitzung bis zu deren Ende.[542]

Andere zählen auch die Einberufung der Sitzung, die Festsetzung der Tagesordnung und die Unterzeichnung der Niederschrift zu dessen Aufgabenfeld.[543] Weitergehende Befugnisse stünden dem ehrenamtlichen Stellvertreter nicht zu. Für die Vertretung des Bürgermeisters bei anderen Aufgaben sei der allgemeine Stellvertreter nach § 68 GO NRW berufen.

Streit um inhaltliche Reichweite der Vertretungsrechte

Ebenfalls strittig ist, ob der ehrenamtliche Stellvertreter auch für die Vertretung des Bürgermeisters für einen Widerspruch nach § 54 I GO NRW[544] und für Dringlichkeitsentscheidungen nach § 60 GO NRW[545] zuständig ist. Bejaht wird dies mit der Begründung, dass die alte „Doppelspitze" der Kommunalverfassung auf der Ebene der Stellvertretung fortgeführt werde, indem die GO NRW zwei Stellvertreter des Bürgermeisters vorsehe.

Gegen diese Auffassung wird zum einen der Wortlaut der GO NRW in § 67, der die Aufgaben des ehrenamtlichen Stellvertreters beschreibt, angeführt. § 67 I S. 2 GO NRW lasse im Grunde kaum Raum für Interpretation.[546] Es könne letztlich kein Zweifel daran bestehen, dass „Leitung der Ratssitzungen" i.S.d. § 67 I GO NRW die Befugnisse aus § 51 I GO NRW, und grundsätzlich nur diese, betreffe. Aus Praktikabilitätsgründen werden dazu auch die Einberufung der Sitzung, die Festsetzung der Tagesordnung und die Unterzeichnung der Niederschrift gezählt.[547] Für eine Erweiterung der Aufgaben des ehrenamtlichen Stellvertreters bestehe keine Notwendigkeit.

Ferner ließe sich entgegenhalten, dass die Änderung der GO NRW 1994 gerade jene Doppelspitze abschaffen wollte. Es sei nichts dafür ersichtlich, dass dies in irgendeiner Weise auf anderer Ebene fortgesetzt werden sollte. Die angebliche Unterscheidung zwischen „Verwaltungsaufgaben" und „politischen Aufgaben" des Bürgermeisters, nach der die Zuständigkeiten der Stellvertreter abzugrenzen seien,[548] existiere nicht (mehr). Sie lasse sich insbesondere auch nicht aus den Vorschriften für die Stellvertretung, insbesondere § 67 I GO NRW, herleiten.

Dem bleibt aber zu erwidern, dass jedenfalls noch zwei Arten von Stellvertretern im Gesetz vorgesehen sind. Nicht nur die Beschreibung der Zuständigkeit deckt sich mit den früheren Tätigkeitsfeldern von Bürgermeister und Stadtdirektor.

---

542 Rehn/Cronauge, 2. Aufl. 36. Erg.Lfg. (2011), § 67 Anm. III.
543 Küpper, NWVBl. 2001, 209, 213; Müller, NWVBl. 1999, 405, 406 f.
544 Held u.a. 25. NachLfg. (2010), § 67 GO NRW, Anm. 2. 1; Küpper, NWVBl. 2001, 209, 217; Müller, NWVBl. 1999, 405, 407; a.A. Dieckmann/Heinrichs, § 67 Anm. 1.
545 Kleerbaum/Palmen/Stibi GO NRW, 1.Aufl. (2008), § 60, Anm. III; Küpper, NWVBl. 2001, 209, 217; Müller, NWVBl. 1999, 405, 407; a.A. Held u.a. 25. NachLfg. (2010), § 67 GO NRW, Anm. 2. 1.
546 So auch Rehn/Cronauge, 2. Aufl. 36.Erg.Lfg. (2011), § 47 Anm. I.1.
547 A.A. Rehn/Cronauge, 2. Aufl. 36. Erg.Lfg. (2011), § 67 Anm. III.
548 So Küpper, NWVBl. 2001, 209 und S. 217.

Auch ist zu beachten, dass Voraussetzung an die Person die Zuordnung i.S.d. alten Doppelspitze nahelegt. Der ehrenamtliche Stellvertreter wird aus der Mitte der Ratsmitglieder bestimmt (§ 67 I S. 1 GO NRW) und ist somit der politischen Tätigkeit nahe stehend. Der allgemeine Vertreter soll dem Grundsatz nach ein Beigeordneter der Gemeinde sein (§ 68 I GO NRW). Beigeordnete wiederum müssen eine gewisse fachliche Qualifikation aufweisen (vgl. § 71 GO NRW). Darin liegt nicht nur eine inhaltliche Übereinstimmung zum früheren Stadtdirektor. Die Wahl von Stadtdirektor und Beigeordnetem war früher in § 49 GO NW a.F. sogar zusammen geregelt. Mithin spricht sogar einiges dafür, dass sich die Doppelspitze auf der Vertreterebene noch vorfindet.

Neue OVG Münster Rspr. für Dringlichkeitsentscheidungen

Hinsichtlich der Vertretung bei Dringlichkeitsentscheidungen nach § 60 GO NRW hat nun das OVG Münster eine Entscheidung[549] getroffen. Es hebt dabei hervor, dass die Dringlichkeitsentscheidung an Stelle des Rats bzw. des Ausschusses getroffen wird. Der Bürgermeister ist selber (zumindest grundsätzlich) stimmberechtigt, § 40 II S. 5 GO NRW. Anders als der ehrenamtliche Stellvertreter verfügt der amtliche Vertreter über kein eigenes Stimmrecht. Daher kann er den Bürgermeister bei dessen Ausübung auch nicht vertreten.

In seiner Begründung der Zuständigkeit des ehrenamtlichen Stellvertreters bei Dringlichkeitsentscheidungen führt das Gericht also die Unterscheidung von politischer Funktion und Verwaltungsfunktion an. Vertritt der Bürgermeister den Rat, so ist dies Ausdruck seiner polischen Tätigkeit, nämlich als Mitglied des Rates (vgl. nur § 40 II S. 1 GO NRW). Genauer handelt er in Erfüllung seiner Leitungsfunktion (vgl. § 51 I GO NRW) und nicht im Rahmen seiner Aufgabe als Chef der Verwaltung.

Anders hinsichtlich des Widerspruchsrechts gem. § 54 I GO NRW

Hinsichtlich des Widerspruchsrechts kommt noch eine Besonderheit hinzu. Wird das Widerspruchsrecht des § 54 I GO NRW dem ehrenamtlichen, das Beanstandungsrecht dagegen dem allgemeinen Vertreter des Bürgermeisters zugewiesen,[550] so führt dies zu einer Trennung von Zuständigkeiten für ähnliche Befugnisse, ohne dass hierfür ein zwingender Grund ersichtlich wäre. Ob diese Problematik entsprechend der der Dringlichkeitsentscheidungen zu entscheiden ist, wurde durch das OVG noch nicht entschieden. Besonders unter letztgenanntem Aspekt ist bezüglich § 54 I GO NRW noch beides vertretbar.

hemmer-Methode: Kommen Sie zu dem Ergebnis, dass der falsche Stellvertreter gehandelt hat, so ist die Maßnahme wegen fehlender Organzuständigkeit (formell) rechtswidrig. Die (einheitliche) Organzuständigkeit des Bürgermeisters wird also bei seiner Stellvertretung aufgespalten, wobei die Grenzlinie umstritten ist.

2. Allgemeine Vertreter des Bürgermeisters

allgemeine Vertreter

Hat die Gemeinde Beigeordnete, bestimmt der Rat einen von ihnen zum allgemeinen Stellvertreter des Bürgermeisters. Gibt es keine Beigeordneten, so bestellt der Rat eine andere Person zum allgemeinen Vertreter des Bürgermeisters.[551] Dieser soll ein Beamter der Gemeindeverwaltung sein. Nur ausnahmsweise darf hiervon abgewichen werden.[552]

323

---

549 OVG Münster, Entscheidung vom 06.05.2011 (Az.: 10 B 465/11).
550 So ausdrücklich Küpper, NWVBl. 2001, 209, 217; Müller, NWVBl. 1999, 405, 407.
551 Zur Abberufung des allgemeinen Vertreters vgl. Held u.a. 25. NachLfg. (2010), § 68 GO NRW, Anm. 4. 2.
552 Näher dazu Held u.a. 25. NachLfg. (2010), § 68 GO NRW, Anm. 4. 1.

ständige Vertretung des Bürgermeisters

Die Besonderheit des „allgemeinen" Vertreters besteht darin, dass er den Bürgermeister nicht nur im Verhinderungsfall, sondern ständig vertritt.[553] Im Unterschied zu den anderen Beigeordneten, welche den Bürgermeister gem. § 68 II GO NRW lediglich in ihrem Arbeitsgebiet vertreten,[554] betrifft die allgemeine Vertretung sämtliche Aufgaben des Bürgermeisters, für die nicht der ehrenamtliche Vertreter nach § 67 I S. 2 GO NRW zuständig ist.[555]

umfassende Vertretungsmacht

Dabei ist die Vertretungsmacht des allgemeinen Vertreters ebenso umfassend wie die des Bürgermeisters selbst.[556] Es kann daher auch hier zu einer Überschreitung der innergemeindlichen Zuständigkeitsverteilung zwischen Bürgermeister und Rat kommen.

324

Der allgemeine Vertreter untersteht den Weisungen des Bürgermeisters als dessen Vorgesetzten i.S.d. Beamtenrechts. Anordnungen und Weisungen des Bürgermeisters an den allgemeinen Vertreter hat dieser zu befolgen. Handelt er aber nach außen entgegen den Weisungen, so berührt dies die Wirksamkeit seiner Handlungen nicht.

Denn die Vertretungsmacht des allgemeinen Vertreters kann nicht beschränkt werden, da sie sich aus dem Gesetz (§ 68 I S. 1 GO NRW) ergibt, und das Gesetz keine Einschränkung ermöglicht. Handlungen des allgemeinen Vertreters sind so zu beurteilen wie Handlungen des Bürgermeisters selbst. Weisungen des Bürgermeisters wirken nur im Innenverhältnis.[557]

Ist der zur allgemeinen Vertretung bestellte Beigeordnete verhindert, so sind die übrigen Beigeordneten zur allgemeinen Vertretung berufen. Gem. § 68 I S. 3 GO NRW bestimmt der Rat über die Reihenfolge.

3. Beigeordnete

Beigeordnete

Der Rat kann einen oder mehrere Beigeordnete bestimmen. Für kreisangehörige Gemeinden besteht keine Pflicht zur Bestellung von Beigeordneten.[558] Für die kreisfreien Städte ergibt sich diese Pflicht aus § 71 IV GO NRW, nach dem ein Beigeordneter als Stadtkämmerer zu bestellen ist.[559] Insoweit ist demnach die Wahl wenigstens eines Beigeordneten zwingend.

325

Der Zweck der Beigeordneten ist die Entlastung des Bürgermeisters. Da die Beigeordneten gem. § 68 II GO NRW den Bürgermeister in ihrem Arbeitsgebiet vertreten, ist ihnen selbstständiges Handeln und Entscheiden möglich.

Sollen Beigeordnete bestellt werden, ist ihre Zahl gem. § 71 I S. 1 GO NRW in der Hauptsatzung festzulegen. Die Beigeordneten sind kommunale Wahlbeamte, § 71 I S. 2 GO NRW. Gem. § 71 I S. 3 GO NRW werden sie vom Rat für die Dauer von acht Jahren gewählt. Die erforderlichen persönlichen Voraussetzungen sind in §§ 71 III, 72 GO NRW bestimmt.

326

---

553 Held u.a. 25. NachLfg. (2010), § 68 GO NRW, Anm. 4.4.
554 Zu den Beigeordneten s. Rn. 325 ff.
555 Dazu s. Rn. 321 f.
556 Held u.a. 25. NachLfg. (2010), § 68 GO NRW, Anm. 4.4.
557 Held u.a. 25. NachLfg. (2010), § 68 GO NRW, Anm. 4.4.
558 Held u.a. 25. NachLfg. (2010), § 71 GO NRW, Anm. 2.
559 Dazu u. Rn. 332.

§ 5 HANDELN DER GEMEINDE

a) Aufgaben der Beigeordneten

Geschäftskreis jedes Beigeordneten

Den Geschäftskreis (= Arbeitsgebiet) legt grundsätzlich der Bürgermeister als Vorgesetzter der Beigeordneten fest. Im Verhältnis zum Rat ergibt sich diese Befugnis aus § 62 I S. 3 GO NRW (Leitung der Geschäfte der Gemeindeverwaltung). Gem. § 73 I S. 1 GO NRW kann jedoch auch der Rat den Geschäftskreis der Beigeordneten festlegen. Dies muss aber im Einvernehmen mit dem Bürgermeister erfolgen. Fehlt es an diesem Einvernehmen, so kann der Rat gem. § 73 I S. 2 GO NRW mit der Mehrheit von zwei Dritteln der gesetzlichen Zahl der Ratsmitglieder (Wortlaut beachten: der Bürgermeister stimmt nicht mit ab) allein entscheiden.

Kommt diese qualifizierte Mehrheit jedoch nicht zustande, so bleibt es bei der Geschäftsverteilungskompetenz des Bürgermeisters.

Die Änderung des Geschäftskreises eines Beigeordneten während dessen Amtsperiode ist grundsätzlich möglich. Vorgenommen wird diese durch den Bürgermeister, wenn der Rat nicht von seiner Befugnis nach § 73 I GO NRW Gebrauch gemacht hat. Andernfalls darf nur der Rat den Geschäftskreis ändern.

327

b) Rechtsstellung

Beigeordnete sind kommunale Wahlbeamte

Die Beigeordneten sind gem. § 71 I S. 2 GO NRW kommunale Wahlbeamte, somit Bedienstete der Gemeinde und damit Teil der Gemeindeverwaltung. Als Teil der Gemeindeverwaltung sind die Beigeordneten grundsätzlich mit den sonstigen Bediensteten der Gemeinde vergleichbar. Wie diese sind sie den Weisungen des Bürgermeisters als des Leiters der Gemeindeverwaltung (§ 62 I GO NRW) unterworfen, der zugleich ihr Vorgesetzter i.S.d. Beamtenrechts ist.[560]

328

Unterschiede zu den sonstigen Bediensteten der Gemeinde

Im Unterschied zu den anderen Bediensteten der Gemeinde vertreten die Beigeordneten den Bürgermeister in ihrem Geschäftskreis jedoch kraft Gesetzes (§ 68 II GO NRW). Sonstige Bedienstete haben keine gesetzliche Vertretungsmacht, für die Gemeinde zu handeln. Sie bekommen diese, wie bei allen Behörden, rechtsgeschäftlich von dem Behördenleiter, d.h. dem Bürgermeister, verliehen (§ 68 III S. 1 GO NRW).[561]

hemmer-Methode: Zusammenfassend lässt sich feststellen, dass die Beigeordneten eine besondere Stellung innerhalb der Gemeindeverwaltung innehaben. Sie bleiben jedoch Bedienstete der Gemeinde. Im Verhältnis der beiden Hauptorgane Rat und Bürgermeister sind sie Teil der Gemeindeverwaltung und unterstehen dem Bürgermeister.

Beigeordneter kein Beteiligter im Kommunalverfassungsstreit

Sie sind jedoch kein Organ oder Organteil, das Beteiligter eines Kommunalverfassungsstreits sein könnte.[562] Beteiligter eines Kommunalverfassungsstreits auf Seiten der Gemeindeverwaltung ist stets der Bürgermeister als deren Leiter.

329

---

560 Held u.a. 25. NachLfg. (2010), § 73 GO NRW, Anm. 5.
561 Vgl. dazu Kopp/Ramsauer, 11. Aufl. (2010), § 12 VwVfG, Rn. 14 f.
562 Püttner, Kommunalrecht BW, Rn. 261; ebenso Stober, § 5 VI; Waechter, Rn. 386. Vgl. auch OVG Münster, NWVBl. 1995, 251 = **juris**byhemmer.

sondern „normale" beamtenrechtliche Streitigkeit

Ist ein Beigeordneter von einer Maßnahme betroffen, z.B. einer Weisung des Bürgermeisters, so ist eine Klage des Beigeordneten wie die eines anderen Beamten zu beurteilen.[563] Subjektiv-öffentliche Rechte stehen ihm in seiner Eigenschaft als Beamter nicht zu (Amtsstellung), sondern nur, wenn er in seiner persönlichen Rechtsstellung betroffen ist.[564]

> *Bsp.: Der Bürgermeister verändert den Geschäftskreis eines Beigeordneten. Eine Festlegung durch den Rat besteht nicht.*

Änderung des Geschäftskreises des Beigeordneten

Geht der Beigeordnete gegen diese Maßnahme vor, so handelt es sich um eine „normale" beamtenrechtliche Streitigkeit. Ob eine Änderung des Geschäftskreises ohne Zustimmung des Beigeordneten rechtswidrig ist und dem Beigeordneten insoweit ein klagefähiges Recht zusteht, ist str. Nach einer Auffassung (h.M.)[565] hat der Beigeordnete kein Recht auf Fortbestand des Geschäftskreises. Eine Klage wäre mangels Klagebefugnis unzulässig. Der Beigeordnete hat kein subjektiv-öffentliches Recht auf unveränderten Aufgabenbereich.

Insoweit ist nur seine Amtsstellung, nicht aber seine persönliche Rechtsstellung betroffen. Etwas anderes gilt nur dann, wenn dem Beigeordneten so viele Aufgaben entzogen werden, dass der Rest nicht mehr dem normalen Umfang an Aufgaben eines Beigeordneten entspricht.[566] Dann ist das Recht des Beamten auf amtsangemessene Aufgabenzuweisung, das zur persönlichen Rechtsstellung zählt, betroffen.

Nach der a.A.[567] besteht ein solches Recht des Beigeordneten uneingeschränkt, das auch gerichtlich durchsetzbar ist.

hemmer-Methode: Unterscheiden Sie die Stellung des Beigeordneten als Teil der Gemeindeverwaltung von der Stellung als „allgemeiner Vertreter" des Bürgermeisters nach § 68 I GO NRW. Dies umfasst nicht nur die Vertretung des Bürgermeisters in einem bestimmten Geschäftskreis, sondern auch in der Funktion als umfassender Vertreter der Gemeinde (§ 63 I GO NRW) und sonstigen Funktionen des Bürgermeisters wie der Beanstandung von Ratsbeschlüssen.

c) Abberufung des Beigeordneten, § 71 VII GO NRW

Abberufung eines Beigeordneten

Beigeordnete können durch den Rat abberufen werden, § 71 VII S. 1 GO NRW. Dabei sind besondere Verfahrensanforderungen zu beachten (Sätze 2 ff.). Ein entsprechender Antrag kann nur von einer Mehrheit der gesetzlichen Mitglieder des Rates (also der Bürgermeister zählt mit) gestellt werden. Bis zur Abstimmung müssen mindestens sechs Wochen vergehen. Für die Abberufung ist eine qualifizierte Mehrheit von zwei Dritteln der gesetzlichen Zahl der Mitglieder des Rats erforderlich (auch hier stimmt der Bürgermeister mit). Die Abberufung bedarf keiner Gründe, sie ist eine politische Entscheidung des Rats. Innerhalb von sechs Monaten ist ein Nachfolger zu wählen

330

---

563 So auch OVG Münster, NWVBl. 2004, 348.
564 Vgl. dazu **Hemmer/Wüst, Verwaltungsrecht I, Rn. 97.**
565 Held u.a. 25. NachLfg. (2010), § 73 GO NRW, Anm. 2. 3; Waechter, Rn. 386; Stober, § 5 VI.
566 Vgl. Held u.a. 25. NachLfg. (2010), § 73 GO NRW, Anm. 2. 3.
567 Greiner, VBlBW 1988, 331 ff.

§ 5 HANDELN DER GEMEINDE

4. Die weiteren Bediensteten der Gemeindeverwaltung

weitere Bedienstete der Gemeindeverwaltung

Die Bediensteten der Gemeinde bilden zusammen die von dem Bürgermeister geleitete Gemeindeverwaltung. Sie können rechtsgeschäftlich für die Gemeinde handeln, wenn sie nach § 68 III S. 1 GO NRW hierzu ermächtigt sind. Die Ermächtigung erteilt der Bürgermeister (oder sein allgemeiner Vertreter), oder gem. § 68 III S. 2 GO NRW ein zur Weiterermächtigung ermächtigter Beigeordneter.

331

Für die Bediensteten der Gemeindeverwaltung ist der Bürgermeister Dienstvorgesetzter (§ 73 II GO NRW). Für die nicht verbeamteten Bediensteten übt er in Vertretung der Gemeinde das aus dem Arbeitsverhältnis folgende, zivilrechtliche Direktionsrecht des Arbeitgebers aus.

Exkurs: Der Stadtkämmerer, § 71 IV GO

besondere Aufgaben

Die Gemeinden können einen Bediensteten der Gemeindeverwaltung zum Stadtkämmerer bestellen. Dem Stadtkämmerer sind in §§ 70, 80, 83 und 95 GO NRW besondere Aufgaben zugewiesen.

332

Eine Pflicht zur Bestellung eines Stadtkämmerers besteht in den kreisangehörigen Gemeinden nicht.[568] Ist ein solcher nicht bestellt, so nimmt ein anderer Organwalter die Aufgaben war:

Für §§ 70, 80 und 95 GO NRW ist dies der für das Finanzwesen zuständige Beamte, im Fall des § 83 I S. 3 GO NRW der Bürgermeister oder eine andere vom Rat bestellte Person.

In kreisfreien Städten muss ein Stadtkämmerer bestellt werden, und dies muss ein Beigeordneter sein, § 71 IV GO NRW.

Exkurs Ende

E) Weitere Organe der Gemeinde

I. Der Verwaltungsvorstand, § 70 GO NRW

Verwaltungsvorstand

Ein Verwaltungsvorstand ist gem. § 70 I GO NRW zu bilden, wenn wenigstens ein Beigeordneter[569] in der Gemeinde bestellt ist. Er besteht aus dem Bürgermeister, den Beigeordneten und dem Kämmerer[570] bzw. dem für das Finanzwesen zuständigen Beamten. Den Vorsitz führt der Bürgermeister.

333

beratende Funktion

Aufgaben des Verwaltungsvorstands sind die Mitwirkung bei bestimmten grundlegenden Fragen der Gemeindeverwaltung (§ 70 II GO NRW). Seine Mitglieder haben sich im Interesse der Einheitlichkeit der Verwaltungsführung gegenseitig zu unterrichten und zu beraten, § 70 III S. 2 GO NRW. Entscheidungsbefugnisse hat der Verwaltungsvorstand nicht.[571]

---

568 Held u.a. 25. NachLfg. (2010), § 71 GO NRW, Anm. 5.
569 Früher forderte die Norm einen hauptamtlichen Beigeordneten. Dieser Zusatz ist weggefallen. Er erweckte fälschlicherweise den Eindruck, es gäbe auch ehrenamtliche Beigeordnete. Dabei sind Beigeordneten gem. § 71 I S. 2 GO NRW kommunale Wahlbeamte und damit in jedem Fall hauptamtlich tätig.
570 In den kreisangehörigen Gemeinden muss der Kämmerer, sofern überhaupt ein solcher bestellt ist, kein Beigeordneter sein.
571 Held u.a. 25. NachLfg. (2010), § 70 GO NRW, Anm. 4.

§ 70 IV S. 1 GO NRW, der bei Meinungsverschiedenheiten den Bürgermeister zur Entscheidung beruft, hat lediglich die Konsequenz, dass im Streitfall der Bürgermeister die Auffassung des Verwaltungsvorstands in einer bestimmten Angelegenheit festlegen kann.

Wird die Mitwirkungsbefugnis des Verwaltungsvorstands verletzt, indem z.B. der Bürgermeister den Verwaltungsvorstand nicht (regelmäßig, § 70 III GO NRW) einberuft, so hat dies auf nachfolgende Entscheidungen keinen Einfluss.

II. Bezirksvertretungen, §§ 36, 37 GO NRW

Bezirksvertretungen in kreisfreien Städten

In den kreisfreien Städten ist gem. § 35 I GO NRW das Stadtgebiet in Stadtbezirke einzuteilen. Dies ist in der Hauptsatzung zu regeln (§ 35 IV S. 1 GO NRW).[572]

Nach § 36 I S. 1 GO NRW ist in jedem Stadtbezirk eine Bezirksvertretung zu wählen. Deren Mitglieder werden nach den gleichen Grundsätzen wie die Mitglieder des Rats von den wahlberechtigten Einwohnern des Stadtbezirks gewählt.

Die Bezirksvertretung ist ein „verkleinerter Rat" auf der Ebene der Stadtbezirke. Seine (begrenzten) Aufgaben bestimmt § 37 GO NRW.

Entscheidungsbefugnisse

Nach § 37 I S. 1 GO NRW hat die Bezirksvertretung bestimmte Entscheidungsbefugnisse.

Dabei sind jedoch folgende Beschränkungen zu beachten:

⇨ die Bezirksvertretung ist zur Entscheidung nur für diejenigen Angelegenheiten zuständig, deren Bedeutung nicht wesentlich über den Stadtbezirk hinausgeht

⇨ für Entscheidungen über die Geschäfte der laufenden Verwaltung sind die Bezirksvertretungen nur zuständig, soweit der Rat diese gem. § 41 III GO NRW vom Bürgermeister zur Bezirksvertretung delegiert hat

⇨ die Hauptsatzung bestimmt die näheren Einzelheiten (§ 37 I S. 2 GO NRW)

⇨ es sind die Belange der gesamten Stadt (und nicht nur des Stadtbezirks) zu beachten

⇨ die Bezirksvertretung muss sich an die vom Rat erlassenen allgemeinen Richtlinien halten

Zudem können der Bezirksvertretung vom Rat keine der in § 41 I GO NRW genannten Vorbehaltsaufgaben übertragen werden.

Mitwirkungsrechte

Ferner bestimmen §§ 37 IV, V, 38 III S. 1 GO NRW bestimmte Mitwirkungsrechte der Bezirksvertretung.

Das Verfahren in den Bezirksvertretungen gleicht grundsätzlich dem im Rat. Unterschiede ergeben sich insbesondere aus § 36 V - VII GO NRW.

---

572   Vgl. Held u.a. 25. NachLfg. (2010), § 35 GO NRW, Anm. 2.4.

§ 5 HANDELN DER GEMEINDE

Bezirksvorsteher

Der Bezirksvorsteher, den die Bezirksvertretung gem. § 36 III S. 2 GO NRW aus ihrer Mitte wählt, hat keine eigenständigen Entscheidungsbefugnisse. Seine Aufgaben liegen im Zusammenhang mit den Sitzungen der Bezirksvertretung. Er beruft die Sitzungen ein (§ 36 V S. 2 GO NRW i.V.m. § 47 GO NRW) und leitet die Sitzungen als ihr Vorsitzender (§ 36 II S. 2, V S. 2 GO NRW i.V.m. § 51 GO NRW). Ferner kann er gem. § 37 VI GO NRW einem Beschluss der Bezirksvertretung widersprechen, wenn er der Auffassung ist, dass dieser das Wohl der Stadt gefährdet.[573] Daneben hat er ein Informationsrecht nach § 55 II GO NRW. Seit der Reform kann der Rat gem. § 36 II S. 3 GO NRW beschließen, dass der Bezirksvorsteher die Bezeichnung Bezirksbürgermeister trägt.

III. Bezirksausschüsse und Ortsvorsteher, § 39 GO NRW

Bezirksausschüsse und Ortsvorsteher in kreisangehörigen Gemeinden möglich

In den kreisangehörigen Gemeinden kann das Gemeindegebiet in Bezirke (Ortschaften) eingeteilt werden. In diesen Bezirken sind vom Rat entweder Bezirksausschüsse zu bilden oder Ortsvorsteher zu wählen.

337

Im Unterschied zu den Bezirksvertretungen in den kreisfreien Städten werden die Bezirksausschüsse bzw. Ortsvorsteher nicht von der Bevölkerung in dem Bezirk gewählt, sondern durch den Rat bestimmt.

1. Bezirksausschuss, § 39 III - V GO NRW

Ausschuss des Rats

Der Bezirksausschuss ist ein Ausschuss des Rats mit örtlich begrenztem Wirkungskreis.[574] Für seine Bildung und Tätigkeit gelten grundsätzlich die für die sonstigen Ausschüsse geltenden Vorschriften, § 39 IV GO NRW. Besonderheiten gelten

338

⇨ für die Bestellung der Mitglieder, bei der das bei der Wahl des Rats im Gemeindebezirk erzielte Stimmenverhältnis maßgeblich ist (Nr. 1),

⇨ für die Anzahl der sachkundigen Bürger, die nicht beschränkt ist, (Nr. 2),

⇨ für das Recht zur Benennung beratender Mitglieder durch Fraktionen und Gruppen (Nr. 3), sowie

⇨ für die Wahl des Ausschussvorsitzenden, (Nr. 4).

Übertragung von Entscheidungsbefugnissen

Dem Bezirksausschuss sollen gem. § 39 III S. 1 GO NRW bestimmte Aufgaben zur Entscheidung übertragen werden. Der Bezirksausschuss ist daher nach der gesetzlichen Konzeption ein Ausschuss mit Entscheidungsbefugnis, kein nur beratender Ausschuss. Der Kreis der zur Entscheidung zu übertragenden Aufgaben ist nicht näher gesetzlich bestimmt ist, sondern dem Ermessen des Rats überlassen.

339

Mitwirkungsrechte

Gem. § 39 III S. 4 GO NRW i.V.m. § 37 V GO NRW hat ein Bezirksausschuss zudem die gleichen Mitwirkungsrechte wie die Bezirksvertretung in den kreisfreien Städten.

---

573 Zur Beanstandung nach § 37 VI S. 5 GO NRW i.V.m. § 54 III GO NRW ist nur der Bürgermeister, nicht aber der Bezirksvorsteher befugt, denn die „entsprechende" Anwendung bezieht sich auf Bezirksvertretung statt Ausschuss.

574 Held u.a. 25. NachLfg. (2010), § 39 GO NRW, Anm. 13.

Für das Verfahren im Bezirksausschuss gelten die für Ausschüsse geltenden Vorschriften, § 39 IV GO NRW.

> **hemmer-Methode:** Ist die Rechtmäßigkeit eines Beschlusses des Bezirksausschusses zu prüfen, so können Sie sich daher an dem Schema für Ratsbeschlüsse orientieren. Zusätzlich ist die Organzuständigkeit des Bezirksausschusses zu prüfen, ob der Rat (wirksam) diese Angelegenheit dem Bezirksausschuss zur Entscheidung übertragen hat.

2. Ortsvorsteher, § 39 VI, VII GO NRW

Ortsvorsteher

Der Ortsvorsteher wird vom Rat gewählt. Auf Beschluss des Rates hin führt er die Bezeichnung Ortsbürgermeister, § 39 II S. 3 GO NRW. Für jeden Gemeindebezirk kann nur ein Ortsvorsteher gewählt werden.

Auch ein stellvertretender Ortsvorsteher gewählt werden darf, ist zweifelhaft.[575] Der Ortsvorsteher kann vom Rat abberufen werden, § 39 VI S. 3 GO NRW i.V.m. § 67 IV GO NRW.

Aufgabe des Ortsvorstehers ist es, die Belange seines Bezirks gegenüber dem Rat wahrzunehmen, § 39 VII S. 1 GO NRW. Entscheidungsbefugnisse hat er nicht, und solche können ihm im Gegensatz zu dem Bezirksausschuss auch nicht übertragen werden. Er kann gem. § 39 VI S. 3 GO NRW lediglich mit der Erledigung bestimmter Geschäfte der laufenden Verwaltung beauftragt werden.

IV. Integrationsrat/-ausschuss, § 27 GO NRW

Integrationsrat/-ausschuss ersetzt den Ausländerbeirat

Mit dem „Gesetz zur Förderung der politischen Partizipation in den Gemeinden" vom 30.06.2009[576] wurde der erstmals 1995 gewählte Ausländerbeirat (§ 27 GO NW a.F.) durch die neuen Gremien Integrationsrat und Integrationsausschuss (nun § 27 GO NRW) ersetzt.[577] Ziel war die bessere Vernetzung zwischen Ausländervertretern und Gemeinderat. Um dies zu erreichen kam es zu einem Wechsel vom rein mit Ausländern besetzten Ausländerbeirat hin zu gemischt zusammengesetzten Gremien.

Der Integrationsrat

Wie schon zuvor der Ausländerbeirat ist der auch der Integrationsrat gem. § 27 I S. 1 GO NRW in Gemeinden mit mindestens 5000 ausländischen Einwohnern zu bilden. In Gemeinden mit mindestens 2000 ausländischen Einwohnern ist der Rat auf Antrag von 200 gem. § 27 III GO NRW Wahlberechtigten zu bilden. In den übrigen Gemeinden kann ein Integrationsrat gebildet werden, § 27 I S. 3 GO NRW.

Der wirklich entscheidende Unterschied zum früheren Ausländerbeirat ist, dass neben den von den Wahlberechtigten gem. § 27 II S. 1, III, IV, V GO NRW gewählten Mitgliedern auch vom Rat bestellte Mitglieder dem Integrationsrat angehören, § 27 I S. 4 GO NRW. Über die Größe des Gremiums, wie das genaue Verhältnis von Ausländern zu Ratsmitgliedern, entscheidet der Gemeinderat. Ihren Vorsitzenden sowie auch einen oder zwei Stellvertreter wählt der Integrationsrat aus seiner Mitte, § 27 VII S. 2 GO NRW.

---

575 Held u.a. 25. NachLfg. (2010), § 39 GO NRW, Anm. 14 (S. 11).
576 Verkündet am 17.07.2009 GVBl. NRW., S. 379.
577 Zu dieser Gesetzesänderung mit teilweiser Kritik, Wellmann NWVBl. 2009, 470 f.

§ 5 HANDELN DER GEMEINDE

Der Integrationsausschuss

Der Gemeinderat kann gem. § 27 I S. 5 GO NRW beschließen, anstelle des Integrationsrats einen Integrationsausschuss zu bilden. Auch dieser beratende Ausschuss besteht aus den gem. § 27 II S. 1, III, IV, V GO NRW gewählten und vom Rat bestellten Mitgliedern, § 27 I S. 6 GO NRW. Bedeutender Unterschied zum Integrationsrat ist aber, dass die bestellten Ratsmitglieder immer die Mehrheit des Ausschusses stellen müssen, § 27 I S. 7 und 8 GO NRW. Auch können nur Ratsmitglieder zum Vorsitzenden und dessen Stellvertretern gewählt werden, § 27 VII S. 3 GO NRW. Ansonsten werden die gem. § 27 II S. 1 GO NRW gewählten Mitglieder aber den Ratsmitgliedern gleichgestellt, § 27 I S. 11 GO NRW.

Die Wahl

Die Mitglieder werden in allgemeiner, unmittelbarer, freier, gleicher und geheimer Wahl und für die Dauer der Wahlzeit des Rates bestimmt, § 27 II GO NRW. Die Wahl kann auch durch Briefwahl wahrgenommen werden und ist den Wahlprüfungsvorschriften des KWahlG NRW unterstellt.[578]

Erweiterung des aktiven Wahlrechts

Neben den neu eingeführten Gremien wurde auch das aktive Wahlrechts auf Deutsche mit Migrationshintergrund erweitert, § 27 III S. 1 Nr. 2 GO NRW. Dieses Wahlrecht ist aber auf fünf Jahre nach Erwerb der Staatsangehörigkeit beschränkt.

Aufgaben: Beratung und Mitwirkung

Die Aufgabe des Integrationsrates, wie auch des Integrationsausschusses besteht gem. § 27 VIII GO NRW in der Befassung mit allen Angelegenheiten der Gemeinde. Sie können beantragen, dass eine Anregung oder Stellungnahme dem Rat, einer Bezirksvertretung oder einem Ausschuss vorgelegt wird. Ein von ihnen Benannter nimmt an der entsprechenden Sitzung des Rates teil und kann verlangen, dass ihm das Wort erteilt wird. Ferner sollen die Gremien gem. § 27 IX GO NRW zu Fragen, die ihm von den anderen Gemeindeorganen vorgelegt werden, Stellung nehmen.

Demgemäß bestehen die Aufgaben von Integrationsrat und Integrationsausschuss in der Beratung und (unverbindlichen) Mitwirkung. Entscheidungsbefugnisse haben sie nicht, was verfassungsrechtliche Gründe hat.[579] Auch der Integrationsausschuss ist lediglich ein beratender Ausschuss (vgl. § 27 I S. 5 GO NRW).

F) Die Organe des Kreises

beachte: Kreisausschuss

Die innere Verfassung des Kreises entspricht grundsätzlich der der Gemeinde. Wesentlicher Unterschied besteht allerdings hinsichtlich des Kreisausschusses (§§ 50 ff. KrO NRW). Dieser ist **kein** Ausschuss des Kreistags, sondern **selbstständiges Organ des Kreises**, wie sich aus § 8 KrO NRW ergibt.

342

I. Kreistag

Kreistag

Der Kreistag besteht aus den Kreistagsmitgliedern, die von den Bürgern der kreisangehörigen Gemeinden gewählt werden (Kreistagsmitglieder) und dem Landrat (Mitglied kraft Gesetzes), § 25 I KrO NRW. Durch diese Umformulierung im Wege der letzten Reform wurden die Begriffe Kreistag, Kreistagsmitglied und Landrat in Parallele zu GO NRW einheitlich zugeordnet.

343

---

[578] Hofmann/Muth/Theisen, KommR NRW 14. Aufl. (2010), Kapitel 2.3.3.1.1.3, S. 160.
[579] BVerfG NVwZ 03, 974 = **juris**byhemmer; Hofmann/Muth/Theisen, KommR NRW 14. Aufl. (2010), Kapitel 2.3.3.1.1.3, S. 159, m.w.N.

Neue Begriffszuordnung

Spricht das Gesetz künftig von „Kreistagsmitgliedern" (z.B. § 35 III KrO NRW), so ist der Landrat von dieser Regelung ausgeschlossen. Ist hingegen vom „Kreistag" (z.B. § 46 I S. 1 KrO NRW), „Kreistag mit der Mehrheit der gesetzlichen Zahl seiner Mitglieder" (z.B. § 5 III S. 3 KrO NRW) oder „Kreistag mit einer Mehrheit von zwei Dritteln der gesetzlichen Zahl seiner Mitglieder" (z.B. § 23 I S. 2 KrO NRW) die Rede, so ist der Landrat als Mitglied kraft Gesetzes miterfasst.

Der Kreistag selbst ist von der Funktion her Verwaltungsorgan und nicht Parlament. Obwohl er Satzungsgewalt hat, wird ihm verfassungsorganisatorisch eine parlamentarische Funktion nicht zugebilligt.[580]

Ihm sind die wichtigen Entscheidungen des Kreises vorbehalten, § 26 KrO NRW. Er ist das zentrale Organ des Kreises. Der Kreistag wählt die Stellvertreter und den allgemeinen Vertreter des Landrats (§§ 46, 47 KrO NRW).

Die Kreistagsmitglieder können sich zu Fraktionen zusammenschließen, § 40 KrO NRW. Zur Vorbereitung seiner Beschlüsse und zur Überwachung bestimmter Verwaltungsangelegenheiten kann der Kreistag Ausschüsse bilden, § 41 KrO NRW.

II. Kreisausschuss

Kreisausschuss

Der Kreisausschuss ist gem. § 8 KrO NRW selbstständiges Organ des Kreises. Er wird nicht durch den Kreistag eingerichtet. Lediglich seine Mitglieder werden vom Kreistag aus dessen Mitte gewählt, § 51 II S. 1 KrO NRW. Er besteht seit der Reform aus mindestens acht und höchstens sechzehn Mitgliedern, § 51 I KrO NRW.[581]

gesetzlich bestimmte Aufgaben, keine Übertragung durch den Kreistag

Der Kreisausschuss hat einen feststehenden Kreis von Aufgaben. Im Gegensatz zu Ausschüssen des Kreistags sind die Aufgaben des Kreisausschusses gesetzlich festgelegt und nicht vom Kreistag übertragen.

Gem. § 50 I KrO NRW entscheidet der Kreisausschuss über alle Angelegenheiten, die nicht dem Kreistag vorbehalten sind. Der Kreistag ist gem. § 26 I S. 1 KrO NRW für Angelegenheiten von besonderer Bedeutung sowie für die in S. 2 genannten Vorbehaltsaufgaben zuständig. Für alle anderen Angelegenheiten ist der Kreisausschuss zuständig.

hemmer-Methode: Die Aufgaben sind daher zwischen Kreistag und Kreisausschuss (und dem Landrat) verteilt. Wie ein Ausschuss dient der Kreisausschuss der Entlastung des Kreistags, ist jedoch „institutionalisiert" und praktisch das wichtigere Organ.

Zudem ist der Kreisausschuss gem. § 50 III S. 1 KrO NRW zuständig, wenn eine Beschlussfassung im Kreistag nicht rechtzeitig möglich ist.

Für das Verfahren im Kreisausschuss gelten die gleichen Grundsätze wie für den Kreistag, § 52 KrO NRW.

---

580   Gleiches gilt für den Rat, vgl. BVerfGE 57, S. 43 (59) = **juris**byhemmer.
581   Früher mindestens 9 und höchstens 17.

III. Landrat

Aufgaben des Landrats

Die Aufgabe des Landrats ist vergleichbar mit der des Bürgermeisters auf Gemeindeebene. Ihm obliegt die Leitung der Sitzungen des Kreistags und des Kreisausschusses.

Gem. § 42a KrO NRW obliegt dem Landrat die Führung der Geschäfte der laufenden Verwaltung. Im Gegensatz zu § 41 III GO NRW „gelten" diese also nicht nur als übertragen, sondern stehen dem Landrat originär zu. Damit ist im Gegensatz zur Gemeindeebene eine Entziehung hin zum Kreistag (oder Kreisausschuss) nicht möglich, vgl. auch § 50 I S. 1 KrO NRW a.E.

§ 6 KOMMUNALVERFASSUNGSSTREIT

A) Einführung

Begriff

Unter dem Begriff Kommunalverfassungsstreits (KVS) werden Auseinandersetzungen innerhalb der Gemeinde wegen Verletzung organschaftlicher Rechte zusammengefasst. Beteiligte solcher Streitigkeiten sind Organe der Gemeinde oder Teile dieser Organe[582].

Innenrechtsstreitigkeit

Die Besonderheit des KVS ist, dass es um Streitigkeiten innerhalb eines Verwaltungsträgers geht (sog. **Innenrechtsstreitigkeit**). Im „Normalfall" verwaltungsgerichtlicher Streitigkeiten sind dagegen ein einzelner Privater und die Verwaltung beteiligt, d.h. es handelt sich um eine Streitigkeit im Außenverhältnis „Staat-Bürger".

Verwaltungsinterne Streitigkeiten, die auch als In-Sich-Prozesse bezeichnet werden, sind grundsätzlich nicht zulässig. Denn die Organe innerhalb eines Verwaltungsträgers haben prinzipiell keine subjektiv-öffentlichen Rechte, sondern Zuständigkeiten und Befugnisse.[583] Streitigkeiten werden durch die Verwaltungsspitze entschieden, in der Landesverwaltung durch den zuständigen Minister oder die Landesregierung.

Besonderheiten bei Gemeinden

Anders ist dies bei den kommunalen Gebietskörperschaften (Gemeinden, Städte, Kreise). Anders als der Normalfall der sonstigen Verwaltung sind diese nicht hierarchisch strukturiert. Es gibt kein alleine leitendes Organ, das Streitigkeiten entscheidet.[584] An der Spitze stehen vielmehr zwei Organe (Rat und Bürgermeister[585]), deren Zuständigkeiten und Befugnisse gesetzlich abgegrenzt sind und die sich gegenseitig unterstützen und ergänzen, aber auch kontrollieren.[586] Sie werden auch als Kontrastorgane bezeichnet.[587]

Der Rat selbst weist wiederum die Besonderheit auf, dass es sich um ein kollegiales Vertretungsorgan handelt, das durch Volkswahl besetzt wird und damit direkt demokratisch legitimiert ist. Auch die Rechtsbeziehungen innerhalb dieses Organs sind z.T. detailliert in der GO NRW geregelt[588].

Organe und Organteile sollen ihre Rechte gerichtlich durchsetzen können

Diese Besonderheiten gebieten es, die Regelungen über die Organe und Organteile der Gemeinde nicht lediglich als Zuständigkeiten und Befugnisse anzusehen, sondern als **organschaftliche Rechtspositionen, die gerichtlich durchsetzbar sind.**[589] Diese Rechtspositionen sind den Organen und Teilen der Organe **zur eigenständigen Wahrnehmung** übertragen. Die Rechtsbeziehungen innerhalb der Gemeinde sollen justiziabel sein.

hemmer-Methode: Für die Streitigkeiten zwischen den Organen und Organteilen ist der Begriff des „Kommunalverfassungsstreits" gebräuchlich.

---

582 Deshalb wird auch der Begriff „kommunaler Organstreit" verwendet.

583 Für eine Klage fehlt es zumindest an einem subjektiv-öffentlichen Recht, bzw. an einem Feststellungsinteresse. Vgl. dazu auch Schmitt Glaeser, Verwaltungsprozessrecht, Rn. 169a.

584 Waechter, Rn. 408.

585 § 40 II S. 1 GO NRW.

586 Z.B. der Rat den Bürgermeister nach § 55 I, III GO NRW, der Bürgermeister den Rat nach § 54 I, II GO NRW.

587 Waechter, Rn. 410.

588 §§ 47 ff. GO NRW.

589 Ob man die organschaftlichen Rechtspositionen als subjektiv-öffentliche Rechte ansieht, oder sie lediglich diesen gleichstellt, ist eine rein akademische Frage.

§ 6 KOMMUNALVERFASSUNGSSTREIT

> Die unter dieser Bezeichnung zusammengefassten Streitigkeiten werfen bei den Zulässigkeitsvoraussetzungen typische Probleme auf, die aus ihrer Eigenschaft als Streitigkeit des Innenrechts resultieren. Eine selbstständige rechtliche Bedeutung hat der Begriff des KVS nicht.

B) Prüfung des KVS als Klage in der Klausur

> **hemmer-Methode:** Die Darstellung erfolgt hier zunächst einheitlich für alle Fallgruppen des KVS. Erst i.R.d. Begründetheit wird speziell auf die einzelnen Konstellationen eingegangen[590].

I. Eröffnung des Verwaltungsrechtswegs (§ 40 I VwGO)

1. Öffentlich-rechtliche Streitigkeit

streitentscheidenden Normen aus der GO

Die Eröffnung des Verwaltungsrechtswegs gem. § 40 I VwGO ist i.d.R. unproblematisch, da bei gemeindeinternen Streitigkeiten die GO NRW die streitentscheidenden Normen bereithält. — 350

Problem fraktionsinterne Streitigkeiten

Probleme ergeben sich bei Streitigkeiten innerhalb von Fraktionen. Diese werden z.T. zivilrechtlich qualifiziert, da die Fraktionen nach dieser Ansicht zivilrechtliche Zusammenschlüsse seien.[591] — 351

Fraktionen sind gem. § 56 I S. 1 GO NRW freiwillige Vereinigungen von Mitgliedern des Rats und einer Bezirksvertretung. Die Fraktion muss aus mindestens zwei Mitgliedern bestehen, in kreisfreien Städten aus mindestens drei, § 56 I S. 2 GO NRW.

unterscheiden: Innen- und Außenrechtsbeziehungen

Zu unterscheiden sind die „Innenrechtsbeziehungen", d.h. die Rechtsverhältnisse innerhalb der Fraktion, von den Beziehungen der Fraktion „nach außen", insbesondere zum Gesamtorgan Rat.

Exkurs: Außenrechtsbeziehungen der Fraktion zum Rat

Außenrechtsbeziehungen sind öffentlich-rechtlich

Die Außenrechtsbeziehungen der Fraktion zu den Organen der Gemeinde sind nach allg. M. öffentlich-rechtlich.[592] Dies ergibt sich aus dem Charakter des Rats als Verwaltungsorgan, dessen Rechtsverhältnisse in der GO NRW und damit durch öffentlich-rechtliche Rechtsnormen geregelt sind. Sind demnach die Rechtsbeziehungen zwischen dem Gesamtorgan Rat und den einzelnen Ratsmitgliedern öffentlich-rechtlich, so gilt dies auch für die Fraktionen, die ja von mehreren Gemeinderäten gebildet sind. — 352

> **hemmer-Methode:** Sind in der Klausur Außenrechtsbeziehungen einer Fraktion der Streitgegenstand, so handelt es sich um eine öffentlich-rechtliche Streitigkeit, weil die streitentscheidenden Normen in der GO NRW (§§ 47 I S. 4, 48 I S. 2, 56, 69 I S. 2 GO NRW) oder in der Geschäftsordnung zu finden und diese öffentlich-rechtlich sind.

Exkurs Ende

---

590 S. Rn. 373 ff.
591 Vgl. Held u.a. 25. NachLfg. (2010), § 56 GO NRW, Anm. 1 (S. 2).
592 Rehn/Conauge, 2. Aufl. 36. Erg.Lfg. (2011), § 56, Anm. I 2.; natürlich nicht zu Privaten außerhalb der Gemeinde, vgl. dazu VGH Mannheim, VBlBW 2002, 251.

Innenrechtsbeziehungen

Für die Innenrechtsbeziehungen hat das OVG Münster[593] in Übereinstimmung mit der ganz h.M.[594] entschieden, dass diese Streitigkeiten öffentlich-rechtlich sind, und damit gem. § 40 I VwGO im Verwaltungsrechtsweg auszutragen sind.

353

Dies folgt nach Auffassung des OVG aus dem Umstand, dass die Bildung einer Fraktion durch einen Vertrag erfolgt. Da der Zusammenschluss von Ratsmitgliedern zu einer Fraktion freiwillig sei, komme als Gründungsakt nur ein Vertrag in Betracht.[595]

Gegenstand dieses Vertrags seien aber keine Rechtspositionen, die den Beteiligten als natürliche Personen zustünden. Vielmehr betreffe der Inhalt des Vertrags gerade diejenigen Befugnisse, die ihnen **in ihrer Eigenschaft als Mitglieder des Rats** zustehen. Denn der Zweck einer Fraktion bestehe darin, die Arbeit der beteiligten Ratsmitglieder im Rat zu koordinieren, um eine politisch wirksamere Ausübung ihrer Befugnisse zu erreichen.[596] Daher habe der geschlossene Vertrag einen öffentlich-rechtlichen Gegenstand.

hemmer-Methode: Der Argumentation des OVG Münster folgend spielt es keine Rolle mehr, ob man die Fraktion selbst als öffentlich-rechtliche oder zivilrechtliche Vereinigung qualifiziert. Dies wird unterschiedlich beurteilt: Teilweise wird die Fraktion als nicht-rechtsfähiger zivilrechtlicher Verein,[597] aber auch als Organ der Gemeinde oder Organteil angesehen.[598] Angesichts der Rspr. des OVG, aber auch aus klausurtaktischen Gründen ist es empfehlenswert, der h.M. zu folgen und die fraktionsinternen Streitigkeiten als öffentlich-rechtlich zu qualifizieren.

2. Streitigkeit nichtverfassungsrechtlicher Art

nichtverfassungsrechtlicher Art (+)

Trotz der üblichen Bezeichnung als Kommunalverfassungsstreit handelt es sich um eine Streitigkeit nichtverfassungsrechtlicher Art i.S.v. § 40 I VwGO, da es an beiden Voraussetzungen der doppelten Verfassungsunmittelbarkeit fehlt.[599]

354

II. Zulässigkeit

1. Statthafte Klageart

a) Keine Klage eigener Art (sui generis)

keine Klage eigener Art für den KVS

„Kommunalverfassungsstreit" ist lediglich die Bezeichnung für die Streitigkeiten zwischen Organen und Organteilen der Gemeinde. Über die Statthaftigkeit wie auch über die sonstigen Zulässigkeitsvoraussetzungen wird damit nichts ausgesagt.

355

---

593 NJW 1989, 1105; NVwZ 1993, 399.
594 VGH Kassel, NVwZ 1990, 391; NVwZ 1992, 506; OVG Schleswig, DÖV 1993, 1101; Ehlers, NWVBl. 199, 50; Ziekow, NWVBl. 1998, 297, 298 f.; Kopp/Schenke, 16. Aufl. (2009), § 40 VwGO, Rn. 30c; a.A. VGH München, NJW 1988, 2755.
595 OVG Münster, NJW 1989, 1105 = **juris**byhemmer.
596 OVG Münster a.a.O.; zust. Ziekow, NWVBl. 1998, 297, 299.
597 Vgl. dazu Held u.a. 25. NachLfg. (2010), § 56 GO NRW, Anm. 1 (S. 2).
598 Vgl. dazu BayVGH, BayVBl. 1988, 432 (434).
599 Vgl. dazu **Hemmer/Wüst, Verwaltungsrecht I**, Rn. 44; **Hemmer/Wüst, Verwaltungsrecht II**, Rn. 274 f.

Insbesondere gibt es nach h.M. keine spezielle „Klage eigener Art" für den KVS.[600] Argument der h.M. ist, dass vorrangig die Klagearten anzuwenden sind, die die VwGO vorsieht. Wenn und soweit mit diesen der Rechtsschutz auch beim KVS gewährleistet werden kann, bedarf es keiner zusätzlichen besonderen Klageart.

Dem hat sich, ohne ausdrückliche Abkehr von seiner früheren gegenteiligen Rspr. mittlerweile auch das OVG Münster angeschlossen.[601]

hemmer-Methode: Die besonderen Probleme beim KVS in der Zulässigkeit bestehen, weil die VwGO nicht auf Innenrechtsbeziehungen zugeschnitten ist, sondern für Streitigkeiten des Außenrechtskreises.

b) Keine Anfechtungs- oder Verpflichtungsklage

gemeindeinterne Maßnahmen sind keine Verwaltungsakte

In einem KVS kann nach ganz h.M. die statthafte Klageart nicht die Anfechtungs- oder Verpflichtungsklage sein[602], da gemeindeinterne Maßnahmen keine Verwaltungsakte i.S.v. § 35 VwVfG sind.

356

keine Außenwirkung i.S.d. § 35 VwVfG

Gem. § 35 S. 1 VwVfG müsste um eine Maßnahme gestritten werden, die auf „unmittelbare Rechtswirkung nach außen gerichtet ist". Der KVS betrifft jedoch gerade die Fälle, in denen nur organschaftliche Rechte in Streit stehen.[603] Die organschaftlichen Rechte bestehen nur innerhalb der Gemeinde und ihrer Organe. Maßnahmen, die nur solche Rechte betreffen, haben niemals Außenwirkung und können daher auch nicht auf Außenwirkung gerichtet sein.[604]

357

Dagegen spricht auch nicht, dass bestimmte Maßnahmen gegen Organe und Organteile der Gemeinde auf Außenwirkung gerichtet und daher nach allg. Meinung Verwaltungsakte sind.

Bspe.: Auferlegung eines Ordnungsgelds gegen ein Ratsmitglied wegen Verletzung der Verschwiegenheitspflicht (§§ 43 II, 30 VI S. 2, 29 III GO NRW).

Streitigkeiten um diese Maßnahmen sind keine KVS, da es nicht (nur) um organschaftliche Rechte geht, sondern um die persönliche Rechtsstellung des Betroffenen. Wird ein Ordnungsgeld gegen ein Ratsmitglied verhängt, so ist dieser nicht (nur) in seiner Eigenschaft als Ratsmitglied, sondern als Privater betroffen.

hemmer-Methode: Es hat keine Auswirkungen, ob man diese Streitigkeiten als KVS bezeichnet oder nicht. Denn die Bezeichnung als KVS hat, wie bereits ausgeführt, keine eigene rechtliche Bedeutung. Entscheidend ist alleine, ob eine Maßnahme auf Außenwirkung gerichtet ist oder nicht und ob sie ein Verwaltungsakt ist. Wird dies bejaht, so entfallen die mit dem KVS verbundenen Zulässigkeitsprobleme bei Statthaftigkeit, Beteiligtenfähigkeit und Klagebefugnis unabhängig davon, ob man die Streitigkeit als KVS bezeichnet oder nicht.

wenn Außenwirkung (+), dann kein KVS

Die zutreffende h.M. kann dahingehend zusammengefasst werden, dass der KVS da aufhört, wo die Außenwirkung beginnt.

---

600 Kopp/Schenke, 16. Aufl. (2009), § 43 VwGO, Rn. 10, m.w.N; Sodan/Ziekow, VwGO, § 42 Rn. 225; a.A. Held u.a. 25. NachLfg. (2010), § 56 GO NRW, Anm. 2. (S. 8).
601 OVGE 36, 154, 155 f. = **juris**byhemmer; DVBl. 1978, 150; 2001, 1281.
602 Vgl. Held u.a. 25. NachLfg. (2010), § 56 GO NRW, Anm. 2 (S. 8).
603 OVG Münster, DVBl. 1991, 495 = **juris**byhemmer; Püttner, Kommunalrecht BW, Rn. 259; Kopp/Schenke, 16. Aufl. (2009), Anh. § 42 VwGO, Rn. 86.
604 Vgl. auch VG Aachen, NWVBl. 2001, 482, 483; z.T. wird die VA-Qualität von gemeindeinternen Maßnahmen auch wegen Fehlens eines Subordinationsverhältnisses abgelehnt, vgl. Held u.a. 25. NachLfg. (2010), § 56 GO NRW, Anm. 2 (S. 8); Waechter, Rn. 413; oder an fehlender Behördenqualität (s. Gern, Kommunalrecht BW, Rn. 423).

> **hemmer-Methode:** Die Situation der Organe und Organteile kann mit der beamtenrechtlichen Streitigkeit verglichen werden. Auch bei diesen wird zwischen ihrer persönlichen Rechtsstellung und ihrer Amtsfunktion unterschieden.[605] Eine vergleichbare Trennlinie kann zwischen den persönlichen und den organschaftlichen Rechten i.R.d. KVS gezogen werden. Der (wichtige!) Unterschied besteht darin, dass die Organe und Organteile der Gemeinde ihre organschaftlichen Rechte gerichtlich durchsetzen können, während den Beamten in ihrer Amtsfunktion gerade keine klagefähigen Rechte zustehen!

c) Feststellungsklage oder allgemeine Leistungsklage

Abgrenzung

In Betracht kommt eine Feststellungsklage gem. § 43 I VwGO oder eine allgemeine Leistungsklage. Beide Klagearten können im KVS zulässig sein, ihre Statthaftigkeit und die Abgrenzung können jedoch schwierig sein.

> **hemmer-Methode:** Beschränken Sie sich auf das Wesentliche. Es macht wenig Sinn, sich hier mit Einzelheiten aus Rspr. und Literatur zu belasten. Im Ergebnis wird es in aller Regel keinen Unterschied machen, ob Sie eine allg. Leistungsklage oder eine Feststellungsklage annehmen. Die folgende Darstellung ist auf das begrenzt, was Sie wissen müssen, um jede Klausur überzeugend lösen zu können. Details können Sie in einer Doktorarbeit erörtern.

aa) Allgemeine Leistungsklage

Begehren eines Tuns, Duldens oder Unterlassens

Die allgemeine Leistungsklage ist die statthafte Klageart, wenn der Kläger ein Tun, Dulden oder Unterlassen der Verwaltung begehrt, das kein Verwaltungsakt ist[606].

In einem KVS kommt die Leistungsklage daher insbesondere dann in Betracht, wenn nicht gegen eine ergangene Maßnahme vorgegangen wird, sondern eine Maßnahme begehrt wird.

> **Bspe.:** Der Rat verlangt vom Bürgermeister, einen Beschluss zu vollziehen. Der Rat begehrt Akteneinsicht[607].

keine allg. Leistungsklage mit kassatorischer Wirkung

Eine allg. Leistungsklage mit kassatorischer Wirkung (allg. Gestaltungsklage) wird von der ganz h.M. nicht anerkannt. Die M.M. befürwortet diese mit dem Argument, dass damit die Aufhebung rechtswidriger Beschlüsse des Rats und Maßnahmen des Bürgermeisters erreicht werden könne.

Diese ist jedoch abzulehnen, da eine solche Gestaltungsklage nur sinnvoll ist, wenn eine Regelung rechtswidrig, aber dennoch wirksam ist. Dies ist jedoch bei gemeindeinternen Regelungen nicht der Fall.[608] Bei diesen führt die Rechtswidrigkeit stets zur Unwirksamkeit der Regelung. Deshalb ist eine konstitutive Aufhebung nicht erforderlich und auch nicht möglich. Zudem ist in der VwGO die Anfechtungsklage die einzige Gestaltungsklage.

---

605 Vgl. dazu **Hemmer/Wüst**, Verwaltungsrecht I, Rn. 87 f.
606 **Hemmer/Wüst**, Verwaltungsrecht II, Rn. 174.
607 Vgl. § 55 IV S. 1 GO.
608 Eine solche fehlerunabhängige Wirksamkeit gibt es v.a. bei Verwaltungsakten, vgl. §§ 43, 44 VwVfG.

bb) Feststellungsklage

Rechtsverhältnis i.S.d. § 43 I VwGO (+)

(1) Die Feststellungsklage nach § 43 I VwGO ist statthaft, wenn das Bestehen oder Nichtbestehen eines Rechtsverhältnisses begehrt wird. Die Verletzung organschaftlicher Rechte von Organen und Organteilen der Gemeinde ist ein feststellungsfähiges Rechtsverhältnis.[609]

Subsidiarität der Feststellungsklage

(2) Gem. § 43 II VwGO ist die Feststellungsklage nicht statthaft, wenn der Kläger seine Rechte durch Gestaltungs- oder Leistungsklage verfolgen kann oder hätte verfolgen können (Subsidiarität). Die Feststellungsklage scheidet insbesondere dann aus, wenn eine allgemeine Leistungsklage statthaft ist. Nach dem o.g. ist dies der Fall, wenn die Vornahme einer Handlung begehrt wird.

Insbesondere bei bereits erlassenen Maßnahmen ist daher die Feststellungsklage statthaft.

Weiterer Anwendungsfall ist das Begehren einer Maßnahme in der Vergangenheit, wenn die Maßnahme nicht mehr nachgeholt werden kann.

> **Bsp.:** In einer Ratssitzung verlangt ein Ratsmitglied die andauernden Störungen durch einen Zuhörer unterbinden zu lassen. Der Bürgermeister kommt diesem Wunsch jedoch nicht nach. Welche Klageart ist nach der Sitzung statthaft?
>
> Eine allg. Leistungsklage ist hier nicht statthaft, da diese nur auf ein zukünftiges Tun, Dulden oder Unterlassen gerichtet sein kann. Es macht keinen Sinn, den Bürgermeister zum Verweis eines Zuhörers aus einer vergangenen Ratssitzung zu verurteilen. Es bleibt daher nur die Möglichkeit, die Verletzung von Organrechten des Ratsmitglieds durch die Unterlassung festzustellen. Die Feststellungsklage ist statthaft. Fraglich wäre allerdings in diesem Fall das Feststellungsinteresse.

2. Klagebefugnis (§ 42 II VwGO analog)

organschaftliche Rechte

a) Es ist eine analoge Anwendung des § 42 II VwGO auf die allg. Leistungsklage und nach h.M. auf die Feststellungsklage erforderlich[610].

Die organschaftlichen Rechte innerhalb der Gemeinde sind als „**wehrfähige Innenrechtspositionen**" anerkannt und begründen die Klagebefugnis. Sie sind klagefähige Rechte i.S.d. § 42 II VwGO.

Recht muss dem Kläger selbst zustehen

b) Zu beachten ist bei der Klagebefugnis, dass der Kläger nur solche organschaftlichen Rechte geltend machen kann, die ihm **in eigener „Person"** zustehen. Das jeweilige Organ oder Organteil kann nur solche Rechtspositionen gerichtlich durchsetzen, die ihm selbst zur Wahrnehmung übertragen sind.

Es ist jeweils zu prüfen, ob eine bestimmte Rechtsvorschrift überhaupt organschaftliche Rechte beinhaltet. Falls dies so ist, ist zu prüfen, welchen Organen oder Organteilen hieraus klagefähige Mitgliedschaftsrechte erwachsen.

---

[609] Kopp/Schenke, 16. Aufl. (2009), § 43 VwGO, Rn. 10.
[610] **Hemmer/Wüst, Verwaltungsrecht II, Rn. 191 bzw. Rn. 329 ff.**; a.A. zur Feststellungsklage Kopp/Schenke, 16. Aufl. (2009), § 43 VwGO, Rn. 22.

Steht das Recht nur einem anderen Organ oder Organteil zu, oder begründet eine Rechtsvorschrift überhaupt keine organschaftlichen Rechte, so fehlt es an der Klagebefugnis des klagenden Beteiligten.

nicht: Rechte anderer Organe und Organteile

⇨ Wird z.B. ein Ratsmitglied unberechtigterweise nach § 31 GO NRW ausgeschlossen, so kann nur der Betroffene gegen den Ausschluss vorgehen, nicht jedoch die anderen Ratsmitglieder.

⇨ Vollzieht der Bürgermeister einen Beschluss des Rats nicht, so kann nur der Rat (d.h. die Mehrheit) die Vollziehung des Beschlusses gerichtlich durchsetzen. Einer Minderheit von Ratsmitgliedern steht dieses aus § 62 II S. 2 GO NRW folgende Recht nicht zu.

nicht: bloß objektive Rechtswidrigkeit

⇨ Ebenso folgt die Klagebefugnis nicht allein daraus, dass ein Beschluss des Rats oder eine Maßnahme des Bürgermeisters rechtswidrig ist.[611] Das einzelne Ratsmitglied hat kein Recht darauf, dass der Rat nur rechtmäßige Beschlüsse fasst. Ebenso hat der Rat kein organschaftliches Recht, dass der Bürgermeister rechtmäßig handelt.[612]

⇨ Abgelehnt hat das OVG Münster ein organschaftliches Recht des Ratsmitglieds aus § 113 I S. 3 GO NRW gegen seine Abberufung als Vertreter im Aufsichtsrat einer GmbH.[613]

⇨ Werden einzelnen Ratsmitgliedern durch Ratsbeschluss besondere organschaftliche Rechte zuerkannt, so ist das Ratsmitglied gegen die kommunalaufsichtliche Aufhebungsverfügung klagebefugt.[614]

Wird die Öffentlichkeit ausgeschlossen, obwohl die Voraussetzungen dafür nicht vorliegen, so kann nach Auffassung des OVG Münster ein einzelnes Ratsmitglied dagegen vorgehen.[615] Z.T. wird ein solches Recht abgelehnt.[616]

3. Bei der Feststellungsklage: Berechtigtes Interesse (§ 43 I VwGO)

Feststellungsinteresse

Als berechtigtes Interesse genügt jedes nach vernünftigen Erwägungen durch die Sachlage gerechtfertigte Interesse wirtschaftlicher, rechtlicher oder auch ideeller Art.[617] Im KVS ergibt sich das Feststellungsinteresse regelmäßig unproblematisch aus den Umständen des Einzelfalls.

4. Klagegegner

umstritten

Wer im Rahmen eines KVS richtiger Beklagter ist, wird unterschiedlich beurteilt.

---

611 OVG Münster, NWVBl. 2002, 434, 435 = **juris**byhemmer.

612 Der Rat kann nur die Verletzung der Organzuständigkeit geltend machen. Lediglich der Bürgermeister ist bei Beschlüssen des Rats zur objektiven Rechtskontrolle befugt, wie sich aus seinem Widerspruchsrecht nach § 54 II GO NRW ergibt. Ihm steht jedoch insoweit kein organschaftliches Recht zu, d.h. entscheidet die Aufsichtsbehörde i.S.d. Rats, kann der Bürgermeister dagegen nicht vorgehen.

613 OVG Münster, NWVBl. 2002, 434 = **juris**byhemmer.

614 OVG Münster, NWVBl. 2004, 378 = **juris**byhemmer.

615 OVGE 35, 8 = **juris**byhemmer.

616 Z.B. VGH BW DVBl. 1992, 981 = **juris**byhemmer; krit. auch Schröder, NVwZ 1985, 246.

617 **Hemmer/Wüst, Verwaltungsrecht II, Rn. 334 ff.**

§ 6 KOMMUNALVERFASSUNGSSTREIT

e.A.: die Gemeinde

Zum Teil wird angenommen, passiv prozessführungsbefugt sei entsprechend dem in § 78 I Nr. 1 VwGO zum Ausdruck kommenden Rechtsträgerprinzip nicht das Organ bzw. der Organteil, dem gegenüber das betreffende Rechtsverhältnis festgestellt werden soll (Feststellungsklage) bzw. von dem ein Handeln, Dulden oder Unterlassen verlangt wird (allgemeine Leistungsklage), sondern die Gemeinde selbst, der das Handeln ihrer Organe als Rechtsträgerin zuzurechnen ist.[618]

h.M.: das Organ, das sachlicher Streitgegner ist

Nach Ansicht des OVG Münster und der h.M. ist in einem KVS entsprechend den Besonderheiten des Organstreits nicht die Gemeinde selbst Klagegegner, sondern das jeweilige Organ oder der Organteil.[619]

hemmer-Methode: Der Wegfall des Behördenprinzips steht dieser Ansicht nicht entgegen. Sie begründet sich nicht über eine entsprechende Anwendung des § 78 Nr. 2 VwGO, sondern über Besonderheiten des Streitgegenstandes, welche eine Abweichung vom Rechtsträgerprinzip gebieten.

Hierfür spricht, dass im Rahmen einer KVS um **organschaftliche Rechte und Pflichten** gestritten wird und durch die jeweils geltend gemachte Innenrechtsposition zwangsläufig nur ein Organ bzw. Organteil, nicht jedoch die Körperschaft selbst verpflichtet sein kann.

Auch käme es nach der gegenteiligen Auffassung nicht selten zu prozessrechtlich komplizierten Situationen. Wenn der Bürgermeister gegen den Rat klagt, etwa weil ihm Kompetenzen streitig gemacht werden, würde er grundsätzlich auf beiden Seiten des Prozesses stehen: Einerseits wäre er Kläger, andererseits aber auch nach § 63 I S. 1 GO NRW Vertreter der Gemeinde als Beklagter. Dies müsste erst wieder dadurch umgangen werden, dass gem. § 53 II GO NRW analog der stellvertretende Bürgermeister (§ 67 GO NRW) an Stelle des Bürgermeisters handelt.

hemmer-Methode: In der Klausur sind größere Ausführungen zu dem Problem nicht erforderlich. Dennoch sollte das Problem kurz dargestellt und unter Anwendung der h.M. gelöst werden.

5. Beteiligtenfähigkeit (§ 61 VwGO)

Standardproblem

Die Beteiligtenfähigkeit ist ein Standardproblem des KVS. Hierzu sind regelmäßig einige Ausführungen angezeigt.

nicht § 61 Nr. 1 VwGO

Organe und Organteile der Gemeinde sind keine natürlichen oder juristischen Personen, sondern Untergliederungen der juristischen Person „Gemeinde". § 61 Nr. 1 ist daher nicht anwendbar.

Dies gilt insbesondere auch dann, wenn ein einzelnes Ratsmitglied oder der Bürgermeister beteiligt sind. Denn im KVS geht es um organschaftliche Rechte, die diesen **in ihrer Eigenschaft** als Organteil bzw. Organ zustehen, nicht in ihrer Eigenschaft als natürliche Person.[620]

---

618 Vgl. unter dem - zur Begründetheit zählenden - Aspekt der Sachlegitimation BayVGH NVwZ-RR 1990, S. 99; BayVBl. 1984, S. 77 = **juris**byhemmer.

619 (H.M.) OVG Münster, NWVBl. 1993, S. 262 (263 f.) = **juris**byhemmer; 1992, S. 17 (18); 1989, S. 402 (403) = **juris**byhemmer; DVBl. 1983, S. 53 (54); Rothe, DÖV 1991, S. 486 (487); Fehrmann, NWVBl. 1989, S. 303 (307); ders., DÖV 1983, S. 311 (314).

620 OVG Münster, NVwZ 1983, 485, 486; Ziekow, NWVBl. 1998, 297, 300; zur teilweise vertretenen analogen Anwendbarkeit der Nr. 1 sogleich.

aber § 61 Nr. 2 VwGO direkt oder analog

Anknüpfungspunkt für die Beteiligtenfähigkeit im KVS ist § 61 Nr. 2 VwGO, in direkter oder analoger Anwendung[621]. Voraussetzung hierfür ist, dass die Organe und Organteile eine Vereinigung sind, denen ein Recht zustehen kann.

Z.T. wird vertreten, eine „Vereinigung" i.S.d. § 61 Nr. 2 VwGO müsse stets eine Gesamtheit natürlicher oder juristischer Personen sein. § 61 Nr. 2 VwGO sei wie die gesamte VwGO auf Außenrechtsstreitigkeiten, d.h. zwischen dem Einzelnen und dem Staat, zugeschnitten. Für den KVS gelte die Vorschrift daher nicht direkt, sei aber analog anzuwenden.

Nach a.A. wird der Begriff der Vereinigung dagegen weiter ausgelegt. Erfasst werden soll jedes Rechtssubjekt, dem klagefähige Rechte zustehen können. § 61 Nr. 2 GO wird damit zur „Auffangklausel" für die Beteiligtenfähigkeit und führt zu dem gewünschten Ergebnis, bestehenden subjektiven Rechten auch prozessual zur Durchsetzung zu verhelfen.

Schließlich wird z.T. vertreten, für das einzelne Ratsmitglied sei § 61 Nr. 1 VwGO analog anzuwenden[622]. Dies ist jedoch wenig überzeugend, da es im KVS strukturell überhaupt keinen Unterschied macht, ob ein einzelnes Ratsmitglied oder mehrere klagen, und das Organ kollegial besetzt ist oder lediglich mit einer Person (Bürgermeister).

> **hemmer-Methode:** Derart umfangreiche Ausführungen sind in einer Klausur i.d.R. auch bei KVS nicht notwendig, sofern nicht nochmals ausdrücklich die Beteiligtenfähigkeit im Sachverhalt angesprochen ist. Eine Entscheidung über die direkte oder analoge Anwendung des § 61 Nr. 2 VwGO (bzw. Nr. 1 analog) können Sie in jedem Fall offenlassen. Die Beteiligtenfähigkeit steht im Ergebnis außer Streit, denn die Anerkennung klagefähiger Rechte bedingt letztlich, dass auch beteiligtenfähige Rechtssubjekte existieren.

Beteiligtenfähig sind demnach z.B. der Bürgermeister, der Rat, ein Ausschuss, eine Bezirksvertretung, eine Ratsmitglied oder eine Fraktion.

6. Sonstige Zulässigkeitsvoraussetzungen

Zulässigkeit

Für die sonstigen Zulässigkeitsvoraussetzungen ergeben sich keine spezifischen Probleme beim KVS.

> **Zusammenfassung: Problemschwerpunkte des KVS i.R.d. Zulässigkeit einer Klage**
>
> 1. **Verwaltungsrechtsweg**
> ⇨ **fraktionsinterne Streitigkeiten** sind öffentlich-rechtlich (h.M.)
> ⇨ nichtverfassungsrechtlicher Art (+)
> 2. **Statthaftigkeit**
> ⇨ keine Klage eigener Art
> ⇨ keine Anfechtungs-/Verpflichtungsklage, da mangels Außenwirkung kein Verwaltungsakt
> ⇨ **Feststellungs- oder allg. Leistungsklage**

---

621 Vgl. dazu Kopp/Schenke, 16. Aufl. (2009), § 61 VwGO, Rn. 11 m.w.N.
622 S. dazu Gern, Kommunalrecht BW, Rn. 426.

§ 6 KOMMUNALVERFASSUNGSSTREIT

> **3. Klagebefugnis**
> ⇨ Bei Feststellungs- oder allg. Leistungsklage § 42 II VwGO analog
> ⇨ organschaftliche Rechte als wehrfähige Innenrechtspositionen
> ⇨ muss dem Kläger selbst zustehen
>
> **4. allgemeines Feststellungsinteresse (wenn Feststellungsklage)**
> ⇨ nach vernünftigen Erwägungen durch die Sachlage gerechtfertigten Interesse wirtschaftlicher, rechtlicher oder auch ideeller Art
>
> **5. Klagegegner**
> ⇨ nicht Rechtsträger (weder nach § 78 Nr. 1 VwGO analog noch als allgemeines Prinzip)
> ⇨ sondern das jeweilige Organ oder der Organteil (h.M.)
>
> **6. Beteiligtenfähigkeit**
> ⇨ nicht § 61 Nr. 1 VwGO, da Organe/Organteile keine jur. Personen
> ⇨ § 61 Nr. 2 VwGO direkt/analog

III. Begründetheit

Fallgruppen des KVS

Der KVS kann in folgende **Fallgruppen** eingeteilt werden:[623]

⇨ Streitigkeiten im Zusammenhang mit der Sitzung und Beschlussfassung des Rats,

⇨ Streitigkeiten mit dem Bürgermeister außerhalb seiner Funktionen im Rat,

⇨ Sonderfall der fraktionsinternen Streitigkeit.

1. Streitigkeiten im Zusammenhang mit der Sitzung und Beschlussfassung des Rats

a) Beteiligte

Beteiligte

Beteiligte eines Organstreits im Zusammenhang mit der Sitzung und Beschlussfassung des Rats können sein:

⇨ der Bürgermeister[624],

⇨ der Rat (d.h. dessen Mehrheit),

⇨ Ausschüsse,

⇨ eine Minderheit des Rats, auch eine Fraktion oder Gruppe, und

⇨ ein einzelnes Ratsmitglied.

---

[623] Auf die Unterscheidung Inter- und Intraorganstreit wird verzichtet, da diese keinen Erkenntnisgewinn bringt.

[624] In seiner Funktion bei der Vorbereitung und Einberufung der Sitzung und als Vorsitzender des Rats.

b) Typische Konstellationen

typische Konstellationen

Typische Konstellation ist hierbei, dass eine Minderheit des Rats oder ein einzelnes Ratsmitglied gegen eine Maßnahme des Bürgermeisters oder einen Beschluss des Rats vorgeht. Entsprechendes gilt, wenn der Erlass einer Maßnahme begehrt wird.

Kläger ist dabei i.d.R. ein Teil des Organs „Rat", während Beklagter der Bürgermeister oder der Rat ist. Ob der Rat oder der Bürgermeister Beklagter ist, richtet sich danach, wer die Maßnahme erlassen hat bzw. die begehrte Maßnahme erlassen müsste.

Denn Vorbereitung und Einberufung der Ratssitzung obliegen ausschließlich dem Bürgermeister, während Maßnahmen in der Sitzung z.T. durch den Rat beschlossen werden. Beispiel hierfür ist der Ausschluss wegen Befangenheit nach § 31 IV S. 2 GO NRW i.V.m. § 43 II Nr. 4 GO NRW[625].

Verletzung organschaftlicher Rechte durch Maßnahme selbst, oder durch die Sachentscheidung

Beachten Sie zudem auch, dass in der Sitzung die Rechte einzelner oder mehrerer Ratsmitglieder nicht nur durch Maßnahmen des Bürgermeisters bei der Leitung der Sitzung und das Verfahren betreffende Beschlüsse des Rats verletzt werden können. Eine Rechtsverletzung stellt es ebenso dar, wenn eine Sachentscheidung (z.B. eine Satzung oder eine Wahl)[626] unter Verletzung von organschaftlichen Rechten getroffen wird.

> **Bsp.:** *Vor der Abstimmung über eine Satzung meldet sich Ratsmitglied R zu Wort. Der Bürgermeister verweigert ihm jedoch eine Äußerung, und lässt sofort über die Satzung abstimmen.*
>
> Nicht nur die Nichterteilung des Wortes durch den Bürgermeister, sondern auch der Beschluss über die Satzung verletzt den R in seinem organschaftlichen Recht auf Äußerung in der Ratssitzung. Dieses ungeschriebene Recht folgt unmittelbar aus seiner Stellung als Ratsmitglied. Der Beschluss ist rechtswidrig, da er infolge eines fehlerhaften Verfahrens zustande gekommen ist. Zu einer ordnungsgemäßen Beschlussfassung gehört auch eine ordnungsgemäße Leitung der Beratung im Rat durch den Bürgermeister.[627] Die Satzung ist rechtswidrig und unwirksam.[628]
>
> Das Gleiche gilt, wenn R z.B. nicht geladen worden wäre und deshalb bei der Sitzung abwesend gewesen wäre.

Beispiele

Die wichtigsten Beispiele derartiger Streitigkeiten sind:

⇨ Fehler bei der Einberufung oder Vorbereitung der Sitzung durch den Bürgermeister (§§ 47, 48 I GO NRW)[629]

⇨ Bürgermeister unterlässt die Einberufung des Rats (§ 47 I S. 4 GO NRW), oder er unterlässt es, einen Verhandlungsgegenstand auf die Tagesordnung zu setzen (§ 48 I S. 2 GO NRW), obwohl ein Fünftel der Ratsmitglieder oder eine Fraktion dies beantragt[630]

⇨ der Bürgermeister oder ein Beigeordneter kommen ihrer Äußerungspflicht nach § 69 I S. 2 GO NRW nicht nach

---

625 Vgl. dazu Rn. 225 ff.
626 Dazu OVG Münster, NWVBl. 2002, 381 = **juris**byhemmer.
627 S.o. Rn. 217 ff.
628 In Betracht kommt eine Heilung nach § 7 VI GO NRW.
629 S.o. Rn. 199 ff.
630 Dazu sogleich Rn. 383 f.

⇨ nicht ordnungsgemäße Leitung der Sitzung durch den Bürgermeister (§ 51 I GO NRW)[631]

⇨ unberechtigter Ausschluss eines Ratsmitglieds nach § 31 GO NRW durch den Rat[632]

⇨ fehlerhafte Besetzung von Ausschüssen[633]

⇨ Verweigerung von Rechten aus der Geschäftsordnung[634]

c) Handhabung der Ordnung

Ordnungsgewalt

Nach § 51 I GO NRW hat der Bürgermeister auch die Ordnung während der Ratssitzungen zu handhaben. Zur Ordnung i.S.d. § 51 I GO NRW zählen die Regelungen der Gemeindeordnung, etwaiger Satzungen und der Geschäftsordnung. Zudem sind bei der Ratssitzung diejenigen Verhaltensregeln zu beachten, die für die Arbeit in einem kollegialen Vertretungsorgan unerlässlich sind.[635]

Ordnungsmittel

Als Ordnungsmittel stehen dem Bürgermeister die in der Geschäftsordnung zu regelnden Maßnahmen (§ 47 II S. 1 GO NRW) zur Verfügung.

Hierbei handelt es sich regelmäßig um den Ruf zur Sache, die Abmahnung (als Vorankündigung eines anderen Ordnungsmittels), den Ordnungsruf und den Wortentzug.[636]

Darüber hinaus sieht § 51 II GO NRW ausdrücklich die Möglichkeit vor, in die Geschäftsordnung als Ordnungsmittel die vollständige oder teilweise Entziehung der auf den Sitzungstag entfallenden Entschädigungen und den Ausschluss von einer oder mehreren Sitzungen aufzunehmen.

Enthält die Geschäftsordnung entsprechende Bestimmungen, wird der Entschädigungsentzug immer, der Sitzungsausschluss regelmäßig (§ 51 III GO NRW) durch Ratsbeschluss verfügt, § 51 II GO NRW. Den Antrag kann jedes Ratsmitglied, aber auch der Bürgermeister selbst stellen. Bei der Handhabung der Ordnung hat der Bürgermeister das jeweils mildeste Mittel anzuwenden.[637]

Ordnungsmittel nach h.M. keine VAe

Ordnungsmittel sind nach ganz überwiegender Auffassung mangels intendierter Außenwirkung keine Verwaltungsakte, da sie nur den organinternen Bereich betreffen.

aa) Insbesondere: Der Ausschluss von Ratsmitgliedern

Ausschluss an bes. Voraussetzungen geknüpft

Weil jedes Ratsmitglied einen Anspruch auf Mitwirkung in den Ratssitzungen hat, ist der Ausschluss eines Ratsmitglieds als Ordnungsmittel nach § 51 II, III GO NRW an besondere Voraussetzungen geknüpft.

---

631 S.o. Rn. 217 ff., u. Rn. 378 ff.
632 S.o. Rn. 225 ff.
633 S.o. Rn. 262 ff.
634 Dazu sogleich Rn. 385 ff.
635 OVG Münster, DVBl. 1983, S.53 (54); Held u.a. 25. NachLfg. (2010), § 51 GO NRW, Anm. 2. 1.
636 Vgl. Bösche, S. 218 ff.
637 Held u.a. 25. NachLfg. (2010), § 51 GO NRW, Anm. 2. 3; Rauball/Pappermann/Roters, § 36 GO NW, Rn. 10.

Regelung in Geschäftsordnung erforderlich	Danach bedarf es zunächst einer entsprechenden Regelung in der Geschäftsordnung. Fehlt eine solche, kann weder der Rat durch Mehrheitsbeschluss noch der Bürgermeister ein Ratsmitglied von der Sitzung ausschließen. Hinsichtlich der zu treffenden Regelung ist zu beachten, dass § 51 II GO NRW zwar lediglich allgemein „Verstöße gegen die Ordnung" erwähnt, wovon theoretisch auch leichte Regelwidrigkeiten erfasst sind, es aber dem Sinn der Vorschrift entspricht, den Sitzungsausschluss nur für Fälle vorzusehen, in denen in grober Weise oder wiederholt gegen die Ordnung verstoßen wird.[638]
in Ausnahmefällen sofortiger Ausschluss des Mitglieds durch Bürgermeister; grds. für Anordnung Ratsbeschluss erforderlich	Grundsätzlich bedarf es nach § 51 II GO NRW für die Anordnung des Sitzungsausschlusses eines entsprechenden Ratsbeschlusses. Allerdings kann der Bürgermeister gem. § 51 III GO NRW - wenn die Geschäftsordnung eine Bestimmung nach § 51 II GO NRW enthält - in Ausnahmefällen den sofortigen Ausschluss eines Ratsmitglieds allein verhängen und durchführen.[639]
	Einer diesbezüglichen über die allgemeine Bestimmung i.S.d. § 51 II GO NRW hinausgehenden Ermächtigung in der Geschäftsordnung bedarf es nicht.[640] Allerdings ist die Maßnahme des Bürgermeisters wegen § 51 II GO NRW durch den Rat in der nächsten Sitzung zu bestätigen, wobei nicht so recht klar ist, was geschehen soll, wenn der Rat die Entscheidung des Bürgermeisters nicht bestätigt, da der Ausschluss nicht rückgängig gemacht werden kann.[641]
h.M.: Ausschluss betr. nur das Recht, bei Verhandlung mitzuwirken	Umstritten ist, ob der Sitzungsausschluss nur das Mitwirkungsrecht des Ratsmitglieds betrifft, oder zugleich auch die Verweisung aus dem Sitzungssaal enthält.
	Nach wohl h.M. betrifft der Ausschluss nur das Recht des Ratsmitglieds, bei der Verhandlung mitzuwirken. Ein ausgeschlossenes Ratsmitglied darf demnach zunächst im Zuhörerraum Platz nehmen,[642] kann aber bei der nächsten Störung durch den Bürgermeister in Ausübung seines Hausrechts aus dem Sitzungssaal verwiesen werden.
a.A.: Sitzungsausschluss umfasst auch Verweis aus Sitzungssaal	Nach anderer Auffassung umfasst der Sitzungsausschluss jedenfalls in aller Regel auch den Verweis aus dem Sitzungsraum, da er ohnehin nur angeordnet werden dürfe, wenn eine Entfernung des Ratsmitglieds auch aus dem Sitzungsraum erforderlich ist. In allen anderen Fällen sei der Einsatz eines anderen Ordnungsmittels - etwa eines Ordnungsrufs - ausreichend und daher auch nur geboten.[643]

bb) Innerorganisatorischer Störungsbeseitigungsanspruch

Das Recht des einzelnen Ratsmitglieds, an der Willensbildung mitzuwirken, setzt voraus, dass dieses frei von Störungen an der Ratssitzung teilnehmen kann. Wird dies vereitelt, so hat das Ratsmitglied einen Anspruch gegen den Bürgermeister auf Beseitigung der Störung. Hierunter fällt etwa das Hochhalten von kritischen Plakaten durch Zuhörer während ein Ratsmitglied seine Position vertritt.[644]

---

638 Held u.a. 25. NachLfg. (2010), § 51 GO NRW, Anm. 3. 1.
639 Vgl. Erichsen, § 7 A 1 c aa, S. 109.
640 Held u.a. 25. NachLfg. (2010), § 51 GO NRW, Anm. 3. 2.
641 Körner, § 36 GO, Anm. 5; Bösche, S.221.
642 Bösche, S. 220; vgl. auch Rehn/Cronauge, 2. Aufl. 36. Erg.Lfg. (2011), § 51 Anm. IV 1.
643 Held u.a. 25. NachLfg. (2010), § 51 GO NRW, Anm. 3. 1.
644 Vgl. VG Ansberg NWVBl. 2008, 113.

Störungen können aber nicht nur von Seiten der Zuhörer, sondern auch durch andere Ratsmitglieder erfolgen. Hiergegen könnte dem betroffenen Ratsmitglied ein so genannter innerorganisatorischer Störungsbeseitigungsanspruch zustehen.

Rauchverbot

Das klassischste Problem in diesem Bereich war der Anspruch eines einzelnen Ratsmitgliedes auf Erteilung eines Rauchverbots. Der Streit darum ist nun durch das generelle Rauchverbot nach dem Nichtraucherschutzgesetz[645] weggefallen. Das Rauchverbot im Stadtrat folgt nun aus § 3 I S. 1 NiSchG NRW. Damit ist der auch schon früher nach h.M. bestehende Anspruch nun unproblematisch zu begründen.

Meinungskundgebung durch Aufkleber

Interessant im Zusammenhang ist es eine Entscheidung des OVG Koblenz zur Meinungskundgabe zu kennen. In dem Fall hatte ein Ratsmitglied seine Meinung zur Atomkraft mittels eines Aufklebers kundgetan. Das Gericht sah darin bereits eine Störung der Ratssitzung.[646] Diese Ansicht wird zu Recht zurückgewiesen. Unterschiedliche Ansichten zu politischen Themen zu haben ist für Ratsmitglieder selbstverständlich. Weiter muss ein gewisses Maß an Wahlwerbung untereinander erlaubt sein. Schließlich hat auch der den Aufkleber Verwendende ein Recht, an der Meinungsbildung im Rat teilzunehmen. Erst wenn nicht mehr zum Gegenstand der Sitzung gehörende Themen in einer Darstellungsweise eingebracht werden, der sich die anderen nicht entziehen können, ist eine Ordnungsstörung anzunehmen.[647]

d) Minderheitenrechte aus §§ 47 I S. 4, 48 I S. 2, 69 I S. 2 GO NRW

Einberufung steht im Ermessen des Bürgermeisters

aa) Grundsätzlich entscheidet der Bürgermeister nach seinem pflichtgemäßen Ermessen, ob und wann er eine Sitzung einberuft.[648] Zwar ergibt sich aus § 47 I S. 2 u. 3 GO NRW die Pflicht, den Rat spätestens vier Wochen nach der Neuwahl einzuberufen, ansonsten, wenn die Geschäftslage es erfordert. Mindestens einmal alle zwei Monate soll eine Sitzung stattfinden.

Pflicht aus § 47 I S. 2 u. 3 GO NRW

Das einzelne Ratsmitglied kann jedoch die Erfüllung dieser Pflicht nicht erzwingen. § 47 I S. 2 u. 3 GO NRW enthält kein organschaftliches Recht, sondern lediglich eine objektive Pflicht. Die Einhaltung kann gem. § 47 III GO NRW nur von der Aufsicht durchgesetzt werden.[649]

Anspruch der Minderheit auf Einberufung und Befassung

Gem. § 47 I S. 4 GO NRW hat jedoch ein Fünftel der Ratsmitglieder oder eine Fraktion das Recht, die unverzügliche Einberufung zu verlangen. Dieselben Beteiligten können die Aufnahme eines Verhandlungsgegenstands innerhalb einer in der Geschäftsordnung bestimmten Frist verlangen, § 48 I S. 2 GO NRW.

Diese Vorschriften stellen organschaftliche Rechte dar, die in einem Kommunalverfassungsstreit durchgesetzt werden können[650].

---

645 Zum Nichtraucherschutzgesetz: Breitkopf/Stollmann NWVBl. 2008, 125 ff.
646 OVG Koblenz NVwZ 1985, 673.
647 Held u.a. 25. NachLfg. (2010), § 51 GO NRW, Anm. 2.3.
648 Held u.a. 25. NachLfg. (2010), § 47 GO NRW, Anm. 1. 1.
649 § 47 III GO ist selbst Rechtsgrundlage für Maßnahmen der Aufsichtsbehörde, eine besondere aufsichtliche Befugnis neben §§ 118 ff. GO NRW. Die Aufsicht kann den Bürgermeister zur Einberufung anweisen, oder den Rat aufgrund von § 47 III GO NRW selbst einberufen, so Held u.a. 25. NachLfg. (2010), § 47 GO NRW, Anm. 5.
650 Ggf. im Wege der einstweiligen Anordnung nach § 123 VwGO.

Verwaltungsvorschriften werden dagegen von übergeordneten Behörden oder Stellen erlassen und binden untergeordnete Stellen. Sie bewirken eine heteronome Bindung, eine Geschäftsordnung dagegen begründet Selbstbindung.[654]

hemmer-Methode: Geschäftsordnungen werden von Kollegialorganen zur Regelung ihrer inneren Angelegenheiten erlassen. Eine Geschäftsordnung haben auch Bundestag, Bundesregierung und Bundesrat.

Im Übrigen ist die Rechtsnatur str. Ob sie als Rechtssatz im materiellen Sinn (BVerwG[655]) oder als Verwaltungsvorschrift bezeichnet wird, ist aber eine rein begriffliche Frage.

Wird gegen die GeschO verstoßen, so kann derjenige, dem die verletzte Vorschrift der Geschäftsordnung ein organschaftliches, klagefähiges Recht einräumt, im Rahmen eines KVS die Verletzung geltend machen.

> In obigem Bsp. 2 (Rn. 385 a.E.) kann G beim Verwaltungsgericht die Feststellung beantragen, dass er zum Rauchen in der Sitzung befugt ist. Das VG müsste die GeschO inzident prüfen. Der Antrag wäre zulässig (aber nicht begründet).

Inkrafttreten

(2) Die Geschäftsordnung muss nicht öffentlich bekanntgemacht werden. Da sie keine Satzung ist, gilt § 7 IV S. 1 GO NRW nicht. Erforderlich ist für das Inkrafttreten lediglich ein Beschluss des Rats.

Möglich ist es jedoch, die Regelungen einer Geschäftsordnung als Satzung zu erlassen. Sollen Regelungen getroffen werden, die außerhalb der Gemeinde wirken, so muss dies durch Satzung erfolgen.

> *Bsp.:* Einführung einer Bürgerfragestunde im Rat.

> Soll den Bürgern damit ein subjektiv-öffentliches Recht eingeräumt werden (und nicht nur eine ratsinterne Verpflichtung), so muss diese Regelung als Satzung erlassen werden. Eine andere Frage ist es, ob ohne Satzungserlass infolge entsprechender Verwaltungspraxis i.V.m. Art. 3 I GG ein Anspruch einzelner Bürger entstehen kann.

Abweichung durch Rat str.

(3) Nach einer Auffassung kann der Rat im Einzelfall von der Geschäftsordnung abweichen. Die Befugnis des Rats, die Geschäftsordnung durch formlosen Beschluss zu ändern, schließt die jederzeitige freie Verfügbarkeit ein[656].

Nach a.A. ist eine Abweichung nur begrenzt möglich. Soweit Gemeinderäten oder Fraktionen organschaftliche Rechte eingeräumt werden, soll eine Abweichung zu deren Nachteil nur mit ihrem Einverständnis zulässig sein. Ansonsten verliere die GeschO ihre Bedeutung, da sich die Ratsmitglieder nicht auf sie verlassen könnten.[657]

Abweichung durch den Bürgermeister ist rechtswidrig

Der Bürgermeister als Ratsvorsitzender darf **nicht** von der Geschäftsordnung abweichen. Da sie vom Rat (d.h. dessen Mehrheit) beschlossen wurde, kann der Bürgermeister nicht über sie disponieren.

---

654 Maurer Allg. VwR 17. Aufl. (2009), § 24 Rn. 12.
655 NVwZ 1988, 1119 (1120).
656 Stober, Kommunalrecht, S. 107.
657 Held u.a. 25. NachLfg. (2010), § 47 GO NRW, Anm. 6. 2.

Im Bsp. 1 (Rn. 385) verletzt der Bürgermeister das organschaftliche Recht des Q aus der GeschO. Q kann die Verletzung dieses Rechts in einem Kommunalverfassungsstreit gerichtlich feststellen lassen. Dabei kommt es nicht darauf an, ob der Bürgermeister zugleich die GO NRW verletzt hat. Denn die GeschO kann ohne Zweifel wirksam Rechte und Pflichten begründen, sofern sie nicht gegen die GO NRW oder sonstiges höherrangiges Recht verstößt. Innerhalb der Gemeinde ist sie ohne Zweifel verbindlich.[658]

hemmer-Methode: Keinen Einfluss hat ein Verstoß gegen die GeschO nach h.M. auf die Rechtmäßigkeit von Handlungen der Gemeinde im Außenverhältnis[659]. Die GeschO ist Innenrecht und kann daher nur im Rahmen eines KVS rechtliche Bedeutung erlangen!

f) Fraktionen und Gruppen im Rat[660]

Recht auf Fraktionsbildung

Das einzelne Ratsmitglied hat das Recht, sich mit anderen im Rat zusammenzuschließen und eine Fraktion zu bilden (§ 56 I S. 1 GO NRW). Die Gründung einer Fraktion steht allen Ratsmitgliedern zu.

Entwicklung der Fraktionsnormen

Der seit langem in der kommunalen Praxis verwendete Begriff der Fraktion wurde 1974 in die Gemeindeordnung aufgenommen. Auf eine Definition wurde aber, selbst nachdem 1979 erstmals ein Anspruch auf Zuwendung aus Haushaltmitteln eingeführt wurde, verzichtet. Lediglich eine Mindeststärke von zwei Ratsmitgliedern wurde festgelegt und später (1994) für Räte mit mehr als 57 Mitgliedern auf drei und mehr als 81 Mitgliedern auf vier angehoben.[661] Mit der durch ein Urteil des Verfassungsgerichtshofs initiierten Gesetzesänderung 1999 entfiel dann auch noch die 5 %-Sperrklausel. Daraufhin kam es vermehrt zu Gruppierungen, welche die Fraktionsmindeststärke nicht erreichten. Zur Lösung dieses Problems gewährten einige Städte auch diesen Gruppierungen finanzielle Unterstützung.[662]

Definition der Fraktionen

Nun da durch die letzte Reform auch diese Gruppierungen in die GO NRW aufgenommen und mit eigenen Ansprüchen versehen wurden, wurde eine Definition der Fraktion erforderlich.

Eine Fraktion ist gem. § 56 I S. 1 GO NRW eine freiwillige Vereinigung von Ratsmitgliedern oder Mitgliedern einer Bezirksvertretung, die sich auf der Grundlage grundsätzlicher politischer Übereinstimmung zu möglichst gleichgerichtetem Wirken zusammengeschlossen haben. Die Mindeststärke einer Fraktion wurde herabgesetzt. Sie beträgt in kreisangehörigen Gemeinden zwei und kreisfreien Städten drei Mitglieder, § 56 I S. 2 GO NRW.

die neu eingeführte „Gruppe"

Erreicht eine entsprechende Vereinigung die erforderliche Mindeststärke nicht, so handelt es sich dem Gesetz nach um eine Gruppe, § 56 I S. 3 GO NRW. Um einen missbräuchlichen Zusammenschluss zur Mittelbeschaffung zu vermeiden, erfordert auch die Gruppe eine grundsätzliche politische Übereinstimmung. Die Definition der Gruppe entspricht somit der der Fraktion mit dem Zusatz: „ohne Fraktionsstatus zu erreichen".

---

658 Held u.a. 25. NachLfg. (2010), § 47 GO NRW, Anm. 6. 2.
659 OVG Münster, DÖV 1997, 344 = **juris**byhemmer; Kopp/Schenke, 16. Aufl. (2009), § 47 VwGO, Rn. 63; s.o. Rn. 200.
660 Zu den fraktionsinternen Streitigkeiten als Sonderfall des KVS s.u. Rn. 405 ff.
661 Vgl. dazu Beschluss des OVG Münster, NWVBl. 2007, 25 ff. = **juris**byhemmer.
662 Zur Zulässigkeit OVG Münster, NWVBl 2002, 384 (Vorinstanz: VG Düsseldorf, NWVBl 2001, 279) = **juris**byhemmer.

Rat kann erhöhte Mindestzahl festsetzen	In der Geschäftsordnung des Rats können gem. § 56 IV S. 2 GO NRW die Bildung von Fraktionen und ihre Rechte geregelt werden. Soweit § 56 GO NRW abschließende Regelungen enthält, dürfen in der GeschO keine abweichenden Bestimmungen getroffen werden. So ist eine erhöhte Mindestanzahl von Ratsmitgliedern für Fraktionen unzulässig.
	Darüber hinaus können den Fraktionen in der GeschO weitere Rechte eingeräumt sein, § 56 IV S. 2 GO NRW.

Exkurs: Zuwendungen an Fraktionen, Gruppen und einzelne Ratsmitglieder

Zuwendungen an Fraktionen begrenzt zulässig	Gem. § 56 III S. 1 GO NRW haben die Fraktionen Anspruch auf Zuwendungen der Gemeinde. Die Höhe der Zuwendungen steht dabei im Ermessen der Gemeinde.[663] Diese dürfen jedoch nur in einem Umfang gewährt werden, der für die Arbeit im Rat erforderlich ist. Sie dürfen nicht die sonstige Arbeit der Fraktion, ihrer Mitglieder oder die „dahinterstehende" politische Gruppierung fördern, denn dies würde eine unzulässige, weil verdeckte, Parteienfinanzierung darstellen[664]. Andererseits müssen Zuwendungen aber so hoch bemessen sein, dass sie die Arbeit nicht unzumutbar erschweren und so eine funktionsgerechte Ratsarbeit infrage stellen.[665]
Zuwendungen an Gruppen	Aber nicht nur Fraktionen erhalten eine finanzielle Unterstützung. Seit der Reform ist auch die Unterstützung für Gruppen als Anspruch gesetzlich festgehalten. Nach § 56 III S. 1 u. 4 GO NRW haben Gruppen eine Anspruch auf proportionale Ausstattung, die der Höhe nach zwei Drittel der kleinsten Fraktion beträgt.
	Hinsichtlich des Verhältnisses der Zuwendungen an Fraktionen und Gruppen zueinander ist der Verteilungsmaßstab der Proportionalität weder alleinige, noch zwingend vorrangig maßgebliche Größe.[666]
Zuwendungen an einzelne Ratsmitglieder	Gehört nun ein Ratsmitglied weder einer Fraktion noch einer Gruppe an, so ist es bei den Vorbereitungen auf Rats- und Ausschusssitzungen auf sich gestellt. Dem wird nun auch durch einen eigenen Anspruch Rechnung getragen. Gem. § 56 III S. 1, 5 u. 6 GO NRW hat dieses unabhängig arbeitende Ratsmitglied einen Anspruch auf Zuwendung, die aber die Hälfte des einer Gruppe zustehenden Betrages nicht übersteigen dürfen. Es werden jedoch weder eine Vollkostenerstattung, noch ein „Existenzminimum" gewährleistet.[667]
	Die gewährten Zuwendungen sind in einer besonderen Anlage im Haushaltsplan darzustellen (§ 56 III S. 2 GO NRW). Über die Verwendung der Zuwendung ist Nachweis in einfacher Form zu führen (§ 56 III S. 3 GO NRW).
	Den Anspruch auf Zuwendungen kann die Fraktion, die Gruppe oder das einzelne Ratsmitglied in einem Kommunalverfassungsstreit geltend machen.
	Ebenso kann sie in einem KVS überprüfen lassen, ob die den anderen Fraktionen, Gruppen oder Ratsmitgliedern gewährten Zuwendungen rechtmäßig sind.[668]

Exkurs Ende

---

663 Held u.a. 25. NachLfg. (2010), § 56 GO NRW, Anm. 1. (S. 5).
664 OVG Münster, NWVBl. 1992, 395 = **juris**byhemmer.
665 OVG Münster, NWVBl. 2010, S. 315 = **juris**byhemmer.
666 OVG Münster, NWVBl. 2010, S. 315 = **juris**byhemmer.
667 OVG Münster, NWVBl. 2010, S. 316 = **juris**byhemmer.
668 OVG Münster, NWVBl 2003, 309 = **juris**byhemmer; Held u.a. 25. NachLfg. (2010), § 56 GO NRW, Anm. 1. (S. 2).

§ 6 KOMMUNALVERFASSUNGSSTREIT

Rechtsfolgen des Fraktionsstatus in der GO NRW

Bedeutsam ist der Fraktionsstatus nicht nur wegen des Anspruchs auf finanzielle Zuwendungen, sondern insbesondere wegen spezifischer organschaftlicher Rechte, welche die GO NRW den Fraktionen einräumt. Diese bestehen bei

⇨ dem Recht auf Einberufung einer Ratssitzung durch den Bürgermeister, § 47 I S. 4 GO NRW,

⇨ dem Recht auf Aufnahme eines Vorschlags in die Tagesordnung, § 48 I S. 2 GO NRW,

⇨ dem Recht, von dem Bürgermeister eine Stellungnahme zu einem Tagesordnungspunkt der Ratssitzung zu verlangen, § 69 I S. 2 GO NRW.

Rechtsfolgen des Gruppenstatus in der GO NRW

Die Gruppe hingegen findet neben dem Zuwendungsanspruch lediglich in den Verfahrensrechten des § 50 III GO NRW Berücksichtigung.

Fraktionen auf Kreisebene

Auf Kreisebene findet sich eine der gemeinderechtlichen Fraktionsvorschriften entsprechende Regelung in § 40 KrO NRW.

2. Streitigkeiten mit dem Bürgermeister außerhalb seiner Funktionen im Rat

a) Beteiligte

Streitigkeit zwischen Rat und Bürgermeister

Beteiligte eines solchen KVS sind i.d.R. der Rat und der Bürgermeister.

aber auch Minderheitenrechte aus §§ 55 IV S. 1 Var. 2, 57 IV S. 2 GO NRW

Ausnahmsweise bestehen Rechtspositionen einer Minderheit von Ratsmitgliedern gegenüber dem Bürgermeister. Dies ist in §§ 55 IV S. 1 Var. 2, 57 IV S. 2 GO NRW vorgesehen, der einer Minderheit des Rats bzw. eines Ausschusses Rechte gegenüber dem Bürgermeister einräumt.

Schließlich räumt § 55 II GO NRW auch dem Bezirksvorsteher und Ausschussvorsitzenden Auskunftsrechte gegenüber dem Bürgermeister ein.

Aber auch das einfache Ratsmitglied kann einen Anspruch gegen den Bürgermeister haben (z.B.: § 55 I S. 2 oder V S. 1 GO NRW)

Kläger ist in diesen Fällen i.d.R. der Rat, und in den anderen Fällen die Minderheit, während der Bürgermeister Beklagter ist.

hemmer-Methode: Statt des Rats kann es auch um einen Ausschuss mit Entscheidungsbefugnis gehen. Dieser hat in seinem Aufgabenbereich die gleiche Rechtsposition gegenüber dem Bürgermeister wie der Rat.

b) Typische Konstellationen

Beispiele

Die wichtigsten Beispiele dieser Streitigkeiten sind:

⇨ Klage des Rats wegen Überschreitung der innergemeindlichen Zuständigkeitsverteilung durch den Bürgermeister (§ 41 I GO NRW)[669]

---

669 Dazu s.o. Rn. 302 ff.

- ⇨ Klage des Rats auf Ausführung von Beschlüssen durch den Bürgermeister (§ 62 II S. 2 GO NRW)[670]
- ⇨ Klage der Ausschussminderheit gegen den Bürgermeister wegen Ausführung eines Ausschussbeschlusses trotz Einspruch nach § 57 IV S. 2 GO NRW[671]
- ⇨ Streit um die Informationsrechte nach § 55 GO NRW[672]

Eine Klage des Bürgermeisters gegen den Rat wird dagegen nur in wenigen Ausnahmefällen vorliegen. Grund hierfür ist, dass der Rat durch Beschlüsse handelt, denen der Bürgermeister gem. § 54 II GO NRW widersprechen kann, wenn er sie für rechtswidrig hält. Eine Klage des Bürgermeisters gegen einen Beschluss des Rats wird daher in aller Regel mangels Rechtsschutzbedürfnisses unzulässig sein. Eine Ausnahme ist denkbar in folgendem Beispiel:

> *Bsp.:* Der Rat beschließt, dass der Bürgermeister B in einer bestimmten Angelegenheit seine Dienstpflichten verletzt hat, und für das Amt des Bürgermeisters ungeeignet ist.

Hier könnte der Bürgermeister auf Widerruf und Unterlassung dieser Äußerung klagen. Das Rechtsschutzbedürfnis würde nicht fehlen, da ein Widerspruch nach § 54 II GO NRW keine Rehabilitation bringt. Gut vertretbar erscheint es in diesem Fall jedoch, gar keinen KVS anzunehmen, sondern dies als einen „normalen" Widerrufs- und Unterlassungsanspruch der Privatperson B[673] anzusehen. Denn ein Widerrufs- und Unterlassungsanspruch von Amtsträgern in ihrer Eigenschaft als solche ist zweifelhaft.

c) Informationsrechte nach § 55 GO NRW

Kontrollfunktion des Rats

Die Informationsrechte dienen der Kontrolle des Bürgermeisters und der ihm unterstellten Gemeindeverwaltung sowie der effektiven Arbeit der Gemeindeverwaltung. Sie können im Zusammenhang mit der grundsätzlichen Zuständigkeit des Rats für alle Angelegenheiten der Gemeinde gem. § 41 I S. 1 GO NRW gesehen werden. Die Ratsmitglieder können sich u.a. zur Vorbereitung auf Sitzungen der Informationen und des Sachverstands der Gemeindeverwaltung bedienen.[674]

aa) Informationsrechte des Rats, § 55 I S. 1, III S. 2 GO NRW

Unterrichtungspflicht des Bürgermeisters

(1) Gem. § 55 I S. 1 GO NRW ist der Bürgermeister verpflichtet, den Rat über alle wichtigen Angelegenheiten zu unterrichten. Die Unterrichtung wird in der Regel schriftlich erfolgen, oder im Rahmen eines Gesprächs zwischen dem Bürgermeister und einem durch den Rat bestimmten Vertreter. Die Unterrichtung kann auch i.R.d. Ratssitzung erfolgen.

> **hemmer-Methode:** Die Unterrichtung nach § 55 I S. 1 GO NRW und die Pflicht des Bürgermeisters zur Stellungnahme nach § 69 I S. 2 GO NRW stehen nebeneinander. Während letzteres nur Tagesordnungspunkte in der Ratssitzung betrifft, besteht die Unterrichtungspflicht in allen (wichtigen) Angelegenheiten unabhängig von einer Ratssitzung.

---

[670] Dazu s.o. Rn. 316 f.
[671] Dazu s.o. Rn. 276 f.
[672] Dazu sogleich Rn. 399 ff.
[673] Gegen die Gemeinde, nicht gegen den Rat.
[674] Zu den Informationsrechten nach der Gemeindeordnung vgl. auch: Teuber NWVBl. 2008, 149 (254 f.)

Im Rahmen eines Kommunalverfassungsstreits kann der Rat daher erreichen, dass der Bürgermeister zur Unterrichtung über eine bestimmte Angelegenheit verurteilt wird. Hat der Bürgermeister gegen seine Pflicht aus § 55 I S. 1 GO NRW verstoßen und damit das aus dieser Vorschrift folgende organschaftliche Recht des Rats verletzt, so kann der Rat dies ebenfalls in einem KVS feststellen lassen. Denn das Unterrichtungsrecht setzt keine Anfrage oder Aufforderung des Rats voraus, sondern besteht kraft Gesetzes.

Recht auf Akteneinsicht

(2) Gem. § 55 III S. 2 GO NRW kann der Rat Akteneinsicht verlangen. Zwar bezieht sich S. 2 auf S. 1, der gegenständlich auf die Durchführung der Beschlüsse und den Ablauf der Verwaltungsangelegenheiten beschränkt ist. Hieraus ergibt sich aber ein denkbar weiter Bereich, der Gegenstand einer Akteneinsicht sein kann.

402

Die Akteneinsicht erfolgt durch einen vom Rat bestimmten Ausschuss oder durch einzelne, durch den Rat beauftragte Mitglieder.

Die Rechte des Rats aus § 55 GO NRW sind nicht auf Angelegenheiten beschränkt, für deren Entscheidung der Rat zuständig ist. Die Kontrollfunktion geht damit über die sonstige Zuständigkeit des Rats im Verhältnis zum Bürgermeister (Organzuständigkeit) hinaus. Umfasst sind insbesondere auch die Angelegenheiten, die dem Bürgermeister zur Entscheidung zugewiesen sind, wie nach § 62 I S. 2 u. 3 GO NRW die Leitung der Gemeindeverwaltung, die Geschäfte der laufenden Verwaltung (§ 41 III GO NRW) und an den Bürgermeister übertragene Aufgaben.

> **hemmer-Methode:** Die Kontrolle durch den Rat erfasst daher auch Aufgaben, deren Entscheidung nicht dem Rat obliegt. Neben der Aufgabe des Rats die Gemeindeverwaltung zu überwachen (§ 55 III S. 1 GO NRW), ist Zweck der Information in diesem Bereich, Öffentlichkeit über das Handeln der Gemeindeverwaltung herzustellen. Die Gemeinderäte haben die Möglichkeit, bestimmte Vorgänge in der Sitzung zu erörtern (auch wenn sie keine Entscheidungsbefugnis haben) oder öffentlich zu machen, sofern sie nicht der Verschwiegenheit nach § 30 GO NRW unterliegen.

bb) Informationsrechte von Minderheiten, § 55 IV GO NRW

Rat als Gesamtorgan

Im Verhältnis der beiden Organe Rat und Bürgermeister wird der Rat dabei durch seine Mehrheit repräsentiert. Teile des Rats wie einzelne Ratsmitglieder, Minderheiten und Fraktionen haben im Verhältnis zum Bürgermeister außerhalb der Sitzung[675] grundsätzlich keine eigenen Rechte.

403

Teile des Rats verpflichteten Bürgermeister zur Stellungnahme

Eine Ausnahme dazu ist das Recht aus § 69 I S. 2 GO NRW, wonach ein Fünftel der Ratsmitglieder oder eine Fraktion den Bürgermeister zu einer Stellungnahme bezügliche eines Tagesordnungspunkts verpflichteten kann.

Teile des Rats verlangen Akteneinsicht, § 55 IV S. 1 GO NRW

Ebenso kann ein Fünftel der Ratsmitglieder oder eine Fraktion gem. § 55 IV S. 1 Var. 2 bzw. 3 GO NRW Akteneinsicht verlangen. Bei der Berechnung des Fünftels zählt die Stimme des Bürgermeisters im Rat nicht mit (Wortlaut: „Ratsmitglieder"). Die Akteneinsicht erfolgt durch ein einzelnes Ratsmitglied oder Mitglied einer Bezirksvertretung, das von den Antragstellern zu benennen ist. Dritte sind von der Akteneinsicht ausgeschlossen (§ 55 IV S. 3 GO NRW).

---

675 Im Zusammenhang mit der Sitzung stehen einem Fünftel der Ratsmitglieder bzw. einer Fraktion die Minderheitenrechte aus § 47 I S. 4, § 48 I S. 2, § 69 I S. 2 GO NRW zu.

Ausschlusstatbestände

Ausgeschlossen von der Akteneinsicht sind gem. § 55 IV S. 4 GO NRW Ratsmitglieder oder Mitglieder der Bezirksvertretung, welche wegen eines Interessenwiderstreits von der Beratung und Entscheidung der Angelegenheit ausgeschlossen sind.

cc) Informationsrecht des Bezirksvorstehers / Ausschussvorsitzenden, § 55 II GO NRW

Im Aufgabenbereich einer Bezirksvertretung bzw. eines Ausschusses können der Bezirksvorsteher bzw. der Ausschussvorsitzende Auskunft und Akteneinsicht vom Bürgermeister verlangen.

Der früherer § 55 II HS 2 GO NW a.F., wonach sich das Recht der Akteneinsicht nach der Hauptsatzung richten sollte, ist weggefallen. Daher ist auch das Akteneinsichtsrecht heute unbeschränkbar.

dd) Informationsrecht des einzelnen Ratsmitglieds und des Mitglieds einer Bezirksvertretung, § 55 I S. 2 und V S. 1 GO NRW

Neue Rechte für einzelne Ratsmitglieder und Mitglieder der Bezirksvertretung

Als einer der wesentlichen Kernpunkte der letzten Reform galt die Stärkung des ehrenamtlichen Elements der Kommunalverwaltung. In diesem Rahmen wurden auch die Rechte einzelner Ratsmitglieder und Mitglieder der Bezirksvertretung erheblich gestärkt.

Auskunftserteilung und Stellungnahme erzwingbar

So gewähren die beiden neu eingefügten Sätze 2 und 3 des § 55 I GO NRW sowohl dem einzelnen Ratsmitglied (S. 2), als auch dem Mitglied einer Bezirksvertretung (S. 3) die Möglichkeit vom Bürgermeister Auskunft oder eine Stellungnahme zu einem Tagesordnungspunkt zu verlangen. Dieses Verlangen verpflichtet den Bürgermeister. Das Recht des Mitglieds einer Bezirksvertretung beschränkt sich auf die Angelegenheiten dieser Bezirksvertretung.

Recht auf Akteneinsicht

Daneben steht nun gem. § 55 V S. 1 GO NRW jedem Ratsmitglied und jedem Mitglied einer Bezirksregierung das Recht auf Akteneinsicht zu. Im Gegensatz zu den anderen Ansprüchen auf Akteneinsicht ist dieser Anspruch auf die Akten beschränkt, die im Zusammenhang mit der Vorbereitung oder Kontrolle von Beschlüssen des Rates, des Ausschusses oder der Bezirksvertretung, dem der Verlangende angehört, stehen. Auch hier sind Dritte von der Teilnahme an der Akteneinsicht ausgeschlossen, § 55 V S. 2 GO NRW. Mithin sind sachkundige Bürger und sachkundige Einwohner aufgrund fehlenden eignen Anspruchs und aufgrund des Verbots als Dritte einzusehen von der Akteneinsicht gänzlich ausgeschlossen. Die Akteneinsicht durch Ratsmitglieder und Mitglieder der Bezirksregierung ist zu versagen, wenn ihr schutzwürdige Belange Betroffener oder Dritter entgegenstehen (§ 55 V S. 3 GO NRW) oder der Verlangende wegen Interessenwiderstreits von der Beratung und Entscheidung ausgeschlossen ist (§ 55 V S. 5 GO NRW). Eine ablehnende Entscheidung bedarf der schriftlichen Begründung, § 55 V S. 4 GO NRW.

3. Fraktionsinterne Streitigkeiten

Fraktionsstatut

Gem. § 56 II S. 3 GO NRW muss die Fraktion ein Statut erlassen, in dem Abstimmungsverfahren, Aufnahme und Ausschluss geregelt werden. Dabei kann das Statut nur solche Regelungen vorsehen, die demokratischen und rechtsstaatlichen Grundsätzen entsprechen (S. 2).

§ 6 KOMMUNALVERFASSUNGSSTREIT

Insbesondere für den Fraktionszwang und den -ausschluss müssen daher diejenigen Grundsätze beachtet werden, die die Rspr. hierzu entwickelt hat.[676] Verstößt das Statut dagegen, ist es unwirksam.

Maßnahmen der Fraktion gegen einzelnes Fraktionsmitglied

Kläger ist bei fraktionsinternen Streitigkeiten i.d.R. ein Fraktionsmitglied, Beklagte die Fraktion. Streitgegenstand ist der Ausschluss aus der Fraktion, oder eine sonstige Maßnahme gegen das Mitglied.

Fraktionszwang ...

aa) Problematisch ist der sog. **Fraktionszwang**. Darunter ist die Verpflichtung des einzelnen Fraktionsmitglieds zu verstehen, im Rat nach dem Willen der Fraktionsmehrheit abzustimmen.

406

... verstößt gegen freies Mandat

Eine solche Verpflichtung des Fraktionsmitglieds ist unwirksam, denn sie verstößt gegen den Grundsatz des freien Mandats, der in § 43 I GO NRW festgelegt ist. Eine entsprechende Vereinbarung ist nichtig unabhängig davon, ob man sie als zivilrechtlich (dann § 134 BGB) oder öffentlich-rechtlich (dann § 59 I VwVfG i.V.m. § 134 BGB) ansieht.

Fraglich ist jedoch, ob Sanktionen verhängt werden können, wenn das einzelne Ratsmitglied gegen die „Fraktionsdisziplin" verstößt. Als Sanktionen kommen der Fraktions- und der Parteiausschluss in Betracht.

Richtigerweise wird man auch solche Sanktionen als unzulässig ansehen müssen. Ein Fraktionsausschluss, der auf ein abweichendes Abstimmungsverhalten gestützt ist, ist unwirksam. In diesem Fall fehlt es an dem erforderlichen „wichtigen Grund".[677] Das gleiche gilt für einen Parteiausschluss.

Fraktionsausschluss

bb) Weiteres Problemfeld ist die Möglichkeit eines **Fraktionsausschlusses**. Dieser ist grundsätzlich möglich, d.h. die Mehrheit der Fraktion kann ein Mitglied aus der Fraktion entfernen. Fraglich sind nur die Voraussetzungen für einen wirksamen Ausschluss.

407

nur bei wichtigem Grund

In Anlehnung an zivilrechtliche Vorschriften kann ein Fraktionsausschluss nur erfolgen, wenn ein **wichtiger Grund** vorliegt.[678] Dazu muss das Vertrauensverhältnis der Fraktion zu dem Auszuschließenden in einer Weise gestört sein, dass eine weitere Zusammenarbeit nicht zumutbar ist.[679] Es kommt auf die Umstände des Einzelfalls an.

formelle Erfordernisse

Die Rechtsprechung hat darüber hinaus formelle Anforderungen an den Fraktionsausschluss entwickelt. Diese sind:

⇨ vor der Fraktionssitzung muss der Tagesordnungspunkt „Ausschluss" **rechtzeitig bekanntgegeben** werden

⇨ der Betroffene muss **angehört** werden

⇨ die Fraktion muss **mehrheitlich den Ausschluss beschließen**, wobei das Fraktionsstatut auch vorsehen kann, dass nur ein einstimmiger Ausschluss möglich ist

⇨ die **Gründe** für den Ausschluss müssen mitgeteilt werden

---

676   Dazu sogleich.
677   Zum Fraktionsausschluss sogleich.
678   Gern. Kommunalrecht BW, Rn. 222 m.w.N.
679   Vgl. dazu OVG Saarlouis NVwZ-RR 1996, 462.

Klärung der Wirksamkeit des Ausschlusses im Kommunalverfassungsstreit

Da die fraktionsinternen Rechtsbeziehungen öffentlich-rechtlich sind,[680] kann das Fraktionsmitglied in einem Kommunalverfassungsstreit auf Feststellung der Unwirksamkeit des Ausschlusses klagen.

C) Abschlussfall zum KVS (zugleich zum vorläufigen Rechtsschutz)

Gerd Geiger (G), Mitglied der C-Partei, wurde bei der letzten Kommunalwahl zum Mitglied des Rats von Wanne-Rauxel gewählt. G und die anderen der C-Partei angehörenden Ratsmitglieder schlossen sich zu der C-Fraktion zusammen. Auf Vorschlag der C-Fraktion wurde G zum Mitglied des Bauausschusses bestellt.

Schon kurze Zeit nachdem der Bauausschuss seine Tätigkeit aufgenommen hatte, kam es anlässlich eines in der Öffentlichkeit sehr umstrittenen Bauprojekts zu schweren Zerwürfnissen zwischen G und der C-Fraktion. Im Gegensatz zu seiner Fraktion lehnte G dieses Bauprojekt ab und vertrat diesen Standpunkt auch in der Öffentlichkeit. Diese Meinungsverschiedenheiten zwischen G und den übrigen Fraktionsmitgliedern führten in einer der wöchentlichen Fraktionssitzungen, die wie üblich in der Gaststätte „Kaiser Wilhelm" abgehalten wurde, zu einem heftigen Streit.

Deshalb fassten die Fraktionsmitglieder den Beschluss, den G aus der Fraktion auszuschließen.

Am darauf folgenden Tag teilte der Fraktionsvorsitzende dem Bürgermeister der Gemeinde mit, dass sich die C-Fraktion durch einen Mehrheitsbeschluss von G getrennt habe. In der folgenden Ratssitzung erklärte der Bürgermeister, dass nach dem Fraktionsausschluss des G dessen Sitz im Bauausschuss neu zu besetzen sei. Der Rat beschloss daraufhin gegen die Stimme des G in formell ordnungsgemäßer Weise, das ebenfalls der C-Fraktion angehörende Ratsmitglied Friedhelm Fuchs zum Mitglied des Bauausschusses zu bestellen.

Mit diesen Vorgängen war G freilich nicht einverstanden. Schon in der fraglichen Ratssitzung hatte G darauf hingewiesen, dass er einen Anspruch darauf habe, die Mitgliedschaft im Bauausschuss fortzuführen. Der Rat schloss sich dieser Rechtsansicht jedoch nicht an.

Deshalb beantragte G beim zuständigen Verwaltungsgericht im Wege eines Eilverfahrens den Vollzug des Ratsbeschlusses, wonach an seiner Stelle der Fuchs zum Mitglied des Bauausschusses bestellt werden soll, zu untersagen. Der Antrag wurde damit begründet, dass er ein subjektives Recht auf Mitgliedschaft im Bauausschuss erworben habe.

Der Rat der Gemeinde beantragte, den Antrag abzuweisen. Seiner Ansicht nach ist der Antrag unbegründet, weil der Fraktionsausschluss nach dem Kommunalverfassungsrecht zwingend eine Neubesetzung der Ausschüsse zur Folge habe, in denen das ausgeschlossene Fraktionsmitglied tätig gewesen ist.

In einem umfassenden Gutachten sind die Erfolgsaussichten des Antrags des G zu überprüfen.

Lösung:

I. Verwaltungsrechtsweg, § 40 I VwGO

Gegenstand des Antrags ist die Rechtmäßigkeit des Ausschlusses aus dem Bauausschuss. Dieser bestimmt sich nach den Vorschriften der GO NRW, also nach Rechtsvorschriften, die unzweifelhaft dem öffentlichen Recht angehören. Damit liegt eine öffentlich-rechtliche Streitigkeit vor.

---

680 S.o. Rn. 353.

Sofern es in diesem Verfahren auf den Fraktionsausschluss ankommen sollte, handelt es sich lediglich um eine Vorfrage, über die das VG entscheiden kann unabhängig davon, ob der Fraktionsausschluss selbst dem öffentlichen Recht oder dem Zivilrecht unterfällt, § 17 II S. 1 GVG.

> **hemmer-Methode:** Hier geht es nicht unmittelbar um den Fraktionsausschluss selbst. I.R.d. Verwaltungsrechtswegs ist daher keine Entscheidung über die öffentlich-rechtliche oder zivilrechtliche Qualifizierung der fraktionsinternen Rechtsverhältnisse erforderlich. Auch insoweit wäre der Verwaltungsrechtsweg eröffnet, da die Fraktion auf Grundlage eines öffentlich-rechtlichen Vertrages zusammen arbeitet. Gegenstand des Vertrages sind Pflichte, die man nur als Mandatsträger erfüllen kann.

Die Streitigkeit ist, obwohl im Kommunalverfassungsrecht verwurzelt, nichtverfassungsrechtlicher Art i.S.d. § 40 I VwGO. Es fehlt an der sog. doppelten Verfassungsunmittelbarkeit, weil nicht zwei Verfassungsorgane über Rechte und Pflichten, die unmittelbar in der Verfassung geregelt sind, streiten. Der Rat ist lediglich ein Verwaltungsorgan, (§ 40 I und II GO NRW).

Da eine anderweitige Rechtswegzuweisung nicht ersichtlich ist, ist für den Antrag der Verwaltungsrechtsweg gem. § 40 I VwGO eröffnet.

II. Zulässigkeit des Antrags

1. Statthaftigkeit des Antrags

Fraglich ist, welche Verfahrensart G für sein Rechtsschutzziel zu wählen hat.

Die VwGO kennt mit dem Antrag nach § 80 V und dem Verfahren auf Erlass einer einstweiligen Anordnung gem. § 123 im Wesentlichen zwei Arten verwaltungsgerichtlicher Eilverfahren. Nach § 123 V VwGO ist eine einstweilige Anordnung i.S.d. § 123 VwGO nicht statthaft, wenn ein Fall der §§ 80, 80a VwGO vorliegt.

Daraus ergibt sich, dass immer dann, wenn in der Hauptsache die Anfechtungsklage die richtige Klageart wäre, das Verfahren nach § 80 V VwGO zu wählen ist. In allen übrigen Fällen außer der Normenkontrollklage (s. dort die Sonderregel des § 47 VI VwGO) ist das Verfahren nach § 123 VwGO zu wählen.

Da G im vorliegenden Fall mit seinem Antrag die Untersagung des Vollzugs des Ratsbeschlusses, wonach an seiner Stelle der F zum Mitglied des Bauausschusses bestellt werden soll, begehrt und einem derartigen Beschluss nach ganz h.M. mangels Außenwirkung keine Verwaltungsakt-Qualität zukommt, wäre in dem Hauptsacheverfahren jedenfalls nicht die Anfechtungsklage die richtige Klageart. Im vorläufigen Rechtsschutz ist demnach das Verfahren nach § 123 VwGO statthaft.

> **hemmer-Methode:** Da sowohl für die Feststellungsklage, als auch für die allgemeine Leistungsklage das Verfahren nach § 123 VwGO die richtige Form einstweiligen Rechtsschutzes ist, muss hier nicht weiter auf die richtige Klageart bei einer KVS eingegangen werden. Entsprechende Erörterungen wären zwar nicht falsch, brächten aber die Lösung nicht weiter. Es gilt, Überflüssiges zu vermeiden.

2. Antragsbefugnis analog § 42 II VwGO

Der Antragsteller muss den Anordnungsanspruch und -grund glaubhaft machen.[681]

---

681 Str., vgl. Kopp/Schenke, 16. Aufl. (2009), § 123 VwGO, Rn. 24; Schenke, Rn. 1031; Schmitt Glaeser, Rn. 318.

Für die Glaubhaftmachung des Anordnungsanspruchs müsste G geltend machen können, in einem klagbaren organschaftlichen Recht verletzt zu sein. Als solches kommt sein Recht auf weitere Mitgliedschaft im Bauausschuss in Betracht. Die Möglichkeit einer Verletzung ergibt sich bereits aus seiner Bestellung zum Mitglied des Bauausschusses.

Die Wehrfähigkeit dieser Innenrechtsposition folgt daraus, dass den Ausschussmitgliedern durch die Rechtsordnung die Rolle zugewiesen ist, im Rahmen ihrer Mitgliedschaftsrechte am pluralistisch strukturierten Willensbildungsprozess im betreffenden Ausschuss mitzuwirken und dabei als Repräsentanten unterschiedlicher Interessengruppen des Gemeindevolks die jeweiligen Interessen wie eigene zu vertreten.

Für die Glaubhaftmachung des Anordnungsgrundes müsste G eine besondere Eilbedürftigkeit der Entscheidung geltend machen können. Diese Möglichkeit ergibt sich im vorliegenden Fall daraus, dass der Rat bereits über das Ausscheiden des G und die Bestellung des Fuchs beschlossen hat und dieser Beschluss jederzeit vollzogen werden könnte, wodurch die Mitgliedschaftsrechte des G vereitelt würden.

3. Antragsgegner

Grundsätzlich gilt im Rahmen eines Antrags nach § 123 VwGO das Rechtsträgerprinzip (allgemeines Prinzip oder § 78 Nr. 1 VwGO analog). Normalerweise ist dies auch nahe liegend, da die Rechtspflicht in Außenrechtsstreitigkeiten immer nur den Rechtsträger treffen kann.

In einer KVS wird jedoch im Innenrecht gestritten, nämlich um organschaftliche Rechte und Pflichten. Da diese aber auch nur die Organe oder Organteile berechtigen oder verpflichten können, macht es keinen Sinn, die Klage gegen den Rechtsträger richten zu müssen. So ist mit der h.M. für das KVS eine Ausnahme vom Rechtsträgerprinzip anzunehmen. Antragsgegner ist hier der Rat. (Entspricht dem Streit in der Hauptsache, vgl. oben Rn. 367)

4. Beteiligtenfähigkeit, § 61 VwGO

Da es bei der KVS um die Geltendmachung organschaftlicher Rechte und nicht um G als natürliche Person geht, ist bei G nicht auf § 61 Nr. 1 VwGO, sondern aufgrund seiner Stellung als Ratsmitglied auf § 61 Nr. 2 VwGO abzustellen. Auch der Rat ist gem. § 61 Nr. 2 VwGO in der vorliegenden Streitigkeit beteiligungsfähig. Beiden steht im Hinblick auf den konkreten Streitgegenstand ein Recht zu, sodass eine Entscheidung des diesbezüglichen Meinungsstreites dahinstehen kann.

5. Sonstige Zulässigkeitsvoraussetzungen

Von der Einhaltung der erforderlichen Form (§§ 81, 82 VwGO) und der Zuständigkeit des angerufenen Gerichts (§ 123 II VwGO) kann ausgegangen werden.

Es besteht auch das erforderliche Rechtsschutzbedürfnis. Dabei muss zwar gem. § 123 I VwGO die Hauptsacheklage noch nicht anhängig sein, der Antragsteller jedoch vorher sein Anliegen bei der Behörde vorgebracht haben. Diese Voraussetzung ist durch die Rüge in der Ratssitzung erfüllt.

Der Antrag ist daher zulässig.

III. Begründetheit des Antrags

Der Antrag ist begründet, wenn G einen Anordnungsanspruch und -grund glaubhaft macht (§ 123 III VwGO, §§ 920 II, 294 ZPO). Dabei ist unter Anordnungsanspruch der materielle Anspruch für das Begehren des Antragstellers, unter Anordnungsgrund die Begründung der Eilbedürftigkeit der Entscheidung zu verstehen.

1. Glaubhaftmachung des Anordnungsanspruchs

Ein Anordnungsanspruch ist dann zu bejahen, wenn der G tatsächlich einen Anspruch auf weitere Mitgliedschaft im Bauausschuss hat.

a) Das wäre dann nicht der Fall, wenn G durch den Beschluss des Rats wirksam aus dem Bauausschuss abberufen worden wäre.

Für eine solche Abberufung eines Ausschussmitglieds bedarf es eines einstimmigen Ratsbeschlusses.[682] Vorliegend wurde der Beschluss indessen gegen die Stimme des G gefasst. Möglicherweise ist der Ratsbeschluss hier ausnahmsweise gleichwohl wirksam, weil er auf Wunsch der C-Fraktion zustande kam.

b) Das wäre dann der Fall, wenn die Fraktionen hinsichtlich der von ihnen für die Ausschussbesetzung vorgeschlagenen Ratsmitglieder ein Abberufungsrecht hätten. Gegen ein solches Recht wird eingewandt, dass es an einer entsprechenden gesetzlichen Regelung fehle und dass das freie Mandat bei der Frage der Ausschussbesetzung der Fraktionsdisziplin vorgehe.

Dem könnte jedoch entgegenzuhalten sein, dass die Ausschüsse - entsprechend dem Gebot der repräsentativen Demokratie - ein Abbild des Rats zu sein haben, d.h. dessen politische Kräfteverhältnisse widerspiegeln müssen. Aus diesem Grund räumt § 50 III GO NRW den Fraktionen bei der Besetzung der Ausschüsse einen maßgeblichen Einfluss ein.

Um aber die Spiegelbildlichkeit zwischen Ausschuss und Rat während der Wahlzeit aufrechtzuerhalten, müssen die Fraktionen die Möglichkeit haben, im Fall des Ausscheidens eines ihrer Mitglieder, dieses aus dem jeweiligen Ausschuss abzuberufen und einen Nachfolger zu benennen. Dem kann jedoch durch eine Auflösung oder Neubildung des Ausschusses, die § 58 VI GO NRW ausdrücklich in der laufenden Wahlperiode vorsieht, Rechnung getragen werden. Für ein Recht der Fraktion auf Abberufung besteht demnach kein Grund (a.A. vertretbar).[683]

c) Daher war der Ratsbeschluss rechtswidrig, es bestand kein Grund, den G aus dem Bauausschuss abzuberufen und durch ein anderes Ratsmitglied zu ersetzen. G kann also einen Anordnungsanspruch glaubhaft machen.

2. Wegen der besonderen Eilbedürftigkeit kann G auch den Anordnungsgrund glaubhaft machen.

3. Der Antrag des G ist begründet.

---

[682] Held u.a. 25. NachLfg. (2010), § 50 GO NRW, Anm. 10.

[683] So aber Held u.a. 17. NachLfg. (2007), § 50 GO NRW, Anm. 10. 3.

§ 7 MITWIRKUNGSRECHTE DER EINWOHNER UND BÜRGER

A) Einführung

Mitwirkung der Gemeinde außerhalb der Wahl von Rat und Bürgermeister

Durch die Wahl des Bürgermeisters und des Rats bestimmen die Bürger über die Verwaltung der Gemeinde. Der Rat wird dem Gebot des Art. 28 I S. 2 GG gerecht, den Bürgern eine Vertretung zu geben, die aus allgemeinen, unmittelbaren, freien, gleichen und geheimen Wahlen hervorgeht.

In Nordrhein-Westfalen sind den Bürgern jedoch, wie in anderen Ländern auch, weitere Möglichkeiten der Mitwirkung bei der Verwaltung der Gemeinde eingeräumt. Diese betreffen, anders als Wahlen, die Entscheidung über Sachfragen.

Unterschieden werden können dabei solche Mitwirkungsmöglichkeiten, die eine bloß beratende oder anregende Funktion haben, von den Formen, die verbindliche Entscheidungen zur Folge haben (können).

unverbindliche Mitwirkung

Formen der Beteiligung mit anregender Funktion sind

⇨ die Gelegenheit zur Äußerung gem. § 23 II S. 1 GO NRW,

⇨ die Einwohnerversammlung (§ 23 II S. 2 GO NRW),

⇨ Anregungen und Beschwerden an den Rat oder die Bezirksvertretung, § 24 GO NRW,

⇨ der Einwohnerantrag (§ 25 GO NRW),

⇨ sachkundige Bürger und Einwohner in den Ausschüssen (§ 58 III, IV GO NRW),

⇨ die Fragestunde für Einwohner im Rat (§ 48 I S. 3 GO NRW),

⇨ die Erhebung von Einwendungen gegen die Haushaltssatzung (§ 80 III S. 2 GO NRW).

verbindliche Entscheidung durch Bürgerentscheid

Dagegen ist ein Bürgerentscheid (§ 26 GO NRW), der infolge eines erfolgreichen Bürgerbegehrens durchzuführen ist, die Möglichkeit verbindlicher Entscheidung der Bürger.

B) Einwohner und Bürger der Gemeinde

wer in der Gemeinde wohnt

Einwohner einer Gemeinde ist gem. § 21 I GO NRW, wer in der Gemeinde wohnt. Nicht entscheidend ist, ob der Betreffende die Absicht hat, seinen dauernden Aufenthalt in der Gemeinde zu haben. Es kommt lediglich darauf an, dass er im Gemeindegebiet eine Wohnung unter solchen Umständen hat, die darauf schließen lassen, dass er sie beibehalten und benutzen will. Unmaßgeblich sind insoweit die Vorschriften der §§ 7 - 11 BGB oder des Meldegesetzes.

Die Einwohnereigenschaft knüpft ausschließlich an die tatsächlichen Verhältnisse an. Unerheblich sind insbesondere auch die Staatsangehörigkeit oder das Alter. Wer mehrere Wohnungen in verschiedenen Gemeinden hat, kann Einwohner jeder dieser Gemeinden sein.

Bsp.: Besitzer von Wochenendhäusern

Durch den Aufenthalt in einem Krankenhaus, einer Justizvollzugsanstalt oder einer Kaserne zur Erfüllung der Wehrpflicht wird keine Wohnung begründet.[684]

wer zu den Gemeindewahlen wahlberechtigt ist

Bürger ist gem. § 21 II GO NRW, wer zu den Gemeindewahlen wahlberechtigt ist, d.h. wer die Voraussetzungen des § 7 KWahlG NRW erfüllt. Danach ist nur derjenige Bürger einer Gemeinde, der am Wahltag Deutscher i.S.d. Art. 116 I GG ist oder die Staatsangehörigkeit eines Mitgliedstaats der EU besitzt, das sechzehnte Lebensjahr vollendet hat und seit dem sechzehnten Tag vor der Wahl in dem Wahlgebiet seine Wohnung hat. Bei mehreren Wohnungen entscheidet der Ort der Hauptwohnung.

An die Bürgereigenschaft sind verschiedene rechtliche Folgen geknüpft. So können nur Bürger

⇨ wählen und abstimmen,[685]

⇨ bei Ratswahlen gewählt werden,[686]

⇨ zur Übernahme eines Ehrenamts verpflichtet werden,[687] und

⇨ ein Bürgerbegehren durchführen und bei einem Bürgerentscheid abstimmen.[688]

C) Unverbindliche Mitwirkung

I. Unterrichtung der Einwohner und Gelegenheit zu Äußerung und Erörterung (§ 23 I, II GO NRW)

bei bedeutsamen Angelegenheiten

Nach § 23 I S. 1 GO NRW unterrichtet der Rat die Einwohner über die allgemein bedeutsamen Angelegenheiten der Gemeinde. Gem. S. 2 sind die Einwohner bei wichtigen Planungen und Vorhaben der Gemeinde, die unmittelbar raum- oder entwicklungsbedeutsam sind oder das wirtschaftliche, soziale und kulturelle Wohl der Einwohner nachhaltig berühren, möglichst frühzeitig zu unterrichten.

Gem. § 23 II S. 1 GO NRW muss die Unterrichtung in der Regel so erfolgen, dass die Einwohner Gelegenheit haben, sich zu dieser Angelegenheit zu äußern. Die Unterrichtung der Einwohner soll grundsätzlich ein Dialog mit der Gemeinde sein. Zu diesem Zweck kann gem. S. 2 eine Einwohnerversammlung durchgeführt werden.

kein subjektiv-öffentliches Recht der Einwohner

Die Gemeinde ist (grundsätzlich) verpflichtet, die Einwohner zu unterrichten und ihnen Gelegenheit zu Stellungnahme zu geben. Ein Recht des Einwohners auf Einhaltung dieser Pflicht besteht jedoch nicht.[689] § 23 I GO NRW beinhaltet kein subjektiv-öffentliches Recht des Einzelnen, sondern lediglich eine objektiv-rechtliche Verpflichtung der Gemeinde.

Zudem führt eine Verletzung dieser Pflichten gem. § 23 III GO NRW nicht zur Rechtswidrigkeit von Entscheidungen der Gemeinde. § 23 GO NRW dient vorrangig der Information der Einwohner, aber auch der Gemeinde über die vorhandenen Meinungen in der Einwohnerschaft, stellt aber keine formale Verfahrensanforderung dar.

---

684 Vgl. Held u.a. 25. NachLfg. (2010), § 21 GO NRW, Anm. 2.
685 Vgl. § 41 I S. 1 GO NRW (Wahl des Rats) und § 65 I S. 1 GO NRW (Bürgermeisterwahl).
686 Vgl. § 42 I GO NRW.
687 Vgl. § 28 II GO NRW.
688 Vgl. § 26 GO NRW.
689 Vgl. § 26 GO NRWLfg. (2010), § 23 GO NRW, Anm. 6.

> hemmer-Methode: Rechtlich erheblich sind die Pflichten aus § 23 I, II GO NRW daher nur im Verhältnis zur Aufsicht. Diese kann durch eine auf § 123 I GO NRW gestützte Anordnung die Gemeinde anhalten, ihren Pflichten aus § 23 GO NRW zu erfüllen.

II. Anregungen und Beschwerden, § 24 GO NRW

wie Petition

Nach § 24 I S. 1 GO NRW hat jeder das Recht, sich mit Anregungen oder Beschwerden an den Rat oder die Bezirksvertretung zu wenden. § 24 GO NRW ist grundsätzlich eine besondere Ausprägung des Petitionsrechts gem. Art. 17 GG.

416

Da sich das Recht gegen den Rat bzw. die Bezirksvertretung wendet, sind diese auch dann zu einer Bescheidung verpflichtet, wenn die Angelegenheit nicht in ihren Aufgabenkreis, sondern in die Zuständigkeit eines anderen Gemeindeorgans, z.B. des Bürgermeisters, fällt.

Der Rat kann gem. § 24 I S. 3 GO NRW einen Ausschuss bildet, der an seiner Stelle die Anregungen und Beschwerden erledigt.

schriftlich

aa) Es muss sich um einen schriftlichen Antrag handeln, der die zu erörternden Angelegenheiten angibt.

417

zulässiger Antragsgegenstand

bb) Weitere wichtige Anforderung ist, dass die zu erörternden Angelegenheiten i.R.d. Verbandszuständigkeit der Gemeinde liegen.

418

III. Einwohnerantrag (§ 25 GO NRW)

Befassung des Rats

Zweck eines Einwohnerantrags ist, dass sich der Rat mit einer Angelegenheit befasst.

419

1. Anforderungen an den Antrag

schriftlich

a) Der Antrag ist schriftlich einzureichen (§ 25 II S. 1 GO NRW). Er muss ein hinreichend bestimmtes Begehren und eine Begründung enthalten (§ 25 II S. 2 GO NRW). Ferner sind bis zu drei Personen zu benennen, die berechtigt sind, die Unterzeichnenden zu vertreten (§ 25 II S. 3 GO NRW).

420

zulässiger Gegenstand

b) Der Antrag muss eine zulässige Angelegenheit zum Gegenstand haben. Gem. § 25 I GO NRW a.E. muss der Rat für die Angelegenheit gesetzlich zuständig sein. Es ist demnach erforderlich, dass die Gemeinde für die Angelegenheit verbandszuständig ist, und die Organzuständigkeit des Rats (im Verhältnis zum Bürgermeister) vorliegt.

421

Schließlich darf die Sache nicht bereits innerhalb des letzten Jahres Gegenstand eines Einwohnerantrags gewesen sein.

Quorum

c) Zudem muss ein bestimmtes Quorum an Unterschriften erreicht werden, das in § 25 III, IV GO NRW festgelegt ist. Dabei wird zwischen kreisangehörigen Gemeinden und den kreisfreien Städten unterschieden.

422

In kreisangehörigen Gemeinden müssen mindestens 5 % der Einwohner den Antrag unterschreiben. Es reichen jedoch stets 4000 Unterschriften. Lediglich 4 % sind in kreisfreien Städten erforderlich, in diesen genügen stets 8000 Unterschriften.

formale Anforderungen

d) Die Unterschriften und die Listen mit den Unterschriften müssen bestimmten formalen Anforderungen nach § 25 IV GO NRW genügen. Erforderlich ist, dass die Person jedes Unterzeichners nach Name, Vorname, Geburtsdatum und Anschrift zweifelsfrei erkennbar ist. Unterschriften, bei denen diese Angaben nicht nachvollziehbar sind, werden für die Erreichung des Quorums nach Abs. 3 nicht mitgezählt.

423

Zudem muss der Antrag, über den der Rat entscheiden soll, auf jeder Unterschriftenliste in vollem Wortlaut zu finden sein.[690]

keine nachträgliche Ergänzung möglich, § 25 VI GO NRW

e) Gem. § 25 VI GO NRW müssen die Voraussetzungen der Abs.1 - 5 im Zeitpunkt der Antragstellung bei der Gemeinde vorliegen. Diese Festlegung ist insbesondere im Hinblick auf die Mindestfrist nach § 25 V GO NRW relevant. Zudem ist es wegen § 25 VI GO NRW ausgeschlossen, nach Antragstellung neue Unterschriftenlisten nachzureichen, eine nachträgliche Begründung zu geben, oder andere Fehler zu „heilen".

424

2. Verfahren und Rechtsschutz der antragstellenden Einwohner

Entscheidung des Rats ist Verwaltungsakt

Über die Zulässigkeit des Antrags entscheidet der Rat (§ 25 VII GO NRW). „Zulässigkeit" bedeutet hierbei, dass der Antrag den genannten rechtlichen Anforderungen des § 25 I - V GO NRW entsprechen muss.

425

Rechtsschutz durch Verpflichtungsklage

Die Entscheidung des Rats erfüllt die Begriffsmerkmale des § 35 VwVfG. Wird die Entscheidung bekanntgegeben, liegt ein Verwaltungsakt vor. Wird der Antrag als unzulässig zurückgewiesen, so muss eine Verpflichtungsklage auf positive Entscheidung des Rats erhoben werden.[691] Beteiligtenfähig sind die Unterzeichner in ihrer Gesamtheit, d.h. als Vereinigung nach § 61 Nr. 2 VwGO (h.M.). Nach a.A. ist jeder einzelne Unterzeichner alleine im Hinblick auf § 25 GO NRW beteiligtenfähig.[692] Sie werden durch die drei Vertreter nach § 25 II S. 3 GO NRW vertreten.

426

Die Antragsteller können nicht direkt auf Entscheidung durch den Rat über die Angelegenheit klagen. Die „Zulassung" durch den Rat, d.h. die positive Entscheidung nach § 25 VII GO NRW, wird als notwendige Voraussetzung hierfür angesehen. Aus diesem Grund wäre auch eine Anfechtungsklage gegen die zurückweisende Entscheidung des Rats unstatthaft, da sie nicht dem Rechtsschutzbegehren entspräche.

D) Bürgerbegehren und Bürgerentscheid

verbindliche Entscheidung durch die Bürger

Durch den Bürgerentscheid nach § 26 GO NRW wirken die Bürger in der Gemeinde entscheidend mit. Dabei entscheiden die Bürger über eine Angelegenheit anstelle des Rats selbst. Der Bürgerentscheid hat gem. § 26 VIII S. 1 GO NRW die Wirkung eines Ratsbeschlusses.[693] Er ist eine „Volksabstimmung" auf kommunaler Ebene.

427

infolge eines Bürgerbegehrens

Ein Bürgerentscheid wird durchgeführt, wenn die Bürger dies beantragen. Den Antrag auf Durchführung eines Bürgerbescheids bezeichnet § 26 I S. 1 GO NRW als Bürgerbegehren.

---

690 Held u.a. 25. NachLfg. (2010), § 25 GO NRW, Anm. 3. 1.
691 Held u.a. 25. NachLfg. (2010), § 25 GO NRW, Anm. 6. 1.
692 Dazu Kopp/Schenke, 16. Aufl. (2009), § 61 VwGO, Rn. 9.
693 Näher dazu s.u. Rn. 364 ff.

... oder infolge eines Ratsbeschlusses (sog. Ratsbürgerentscheid)	Neu eingeführt ist der Ratsbürgerentscheid (Legaldefinition) gem. § 26 I S. 2 GO NRW. Danach wird ein Bürgerentscheid über Angelegenheiten der Gemeinde auch auf einen Ratsbeschluss mit einer Mehrheit von zwei Dritteln der gesetzlichen Zahl der Mitglieder (der Bürgermeister stimmt also mit) hin durchgeführt.
Ebenso auf Kreisebene (dort: Bürgerbegehren oder Kreistagsbürgerentscheid)	Die Kreisordnung enthielt auch schon vor der Reform eine mit der Gemeindeordnung korrespondierende Regelung (§ 23 KrO NRW). Danach können die Bürger der kreisangehörigen Gemeinden in Kreisangelegenheiten mittels eines Bürgerentscheids anstelle des Kreistags entscheiden. Auch hier ging dem Ganzen ein Bürgerbegehren voraus. Entsprechend der Änderungen der GO NRW wurde diese Regelung um den Kreistagsbürgerentscheid (§ 23 I S. 2 KrO NRW) und die Sperrwirkung des zulässigen Bürgerbegehrens (§ 23 VI S. 6 KrO NRW) ergänzt.

I. Bürgerbegehren (§ 26 II - VI GO NRW)

Bürgerbegehren = Bürgerschaft beantragt Bürgerentscheid	Das Bürgerbegehren hat das Ziel, dass in der Gemeinde über eine bestimmte Frage ein Bürgerentscheid durchgeführt wird.	428

1. Anforderungen an den Antrag

Form	Der Antrag ist schriftlich einzureichen. Er muss die zur Entscheidung zu bringende Frage, eine Begründung und einen nach den gesetzlichen Bestimmungen durchführbaren Vorschlag für die Deckung der Kosten der verlangten Maßnahme enthalten (§ 26 II S. 1 GO NRW).	429
Grundsatz der Kongruenz	Frage, Begründung und Kostendeckungsvorschlag stehen in einem inneren Zusammenhang. Sie müssen thematisch deckungsgleich sein, sich also auf denselben Gegenstand beziehen (Grundsatz der Kongruenz von Frage, Begründung und Kostendeckungsvorschlag).[694]	
Formulierung der Frage	Die zu entscheidende Frage muss so formuliert sein, dass sie sich mit Ja oder Nein beantworten lässt. Dies ist im Gesetz nicht geregelt, jedoch folgt die Regel aus dem Zusammenhang mit dem Bürgerentscheid. Im Bürgerbescheid muss der Text des Bürgerbegehrens grundsätzlich uneingeschränkt übernommen werden.[695] Für den Bürgerentscheid ist eine entsprechende Form in § 26 VII S. 1 GO NRW vorgeschrieben.	
Bündelung mehrerer Fragen	Dennoch ist die Zusammenfassung mehrerer Fragen innerhalb eines Bürgerbegehrens grundsätzlich unschädlich. Erforderlich ist aber, dass diese sachlich denselben Gegenstand betreffen.[696]	
Kosten	Als Kosten i.d.S. sind auch Vermögensminderungen, die durch das Unterlassen kostenmindernder Maßnahmen entstehen, zu verstehen.[697] Gedeckt werden können Kosten einer Maßnahme entweder durch Einsparungen an anderer Stelle, durch Veräußerung von Vermögensgegenständen oder durch Aufnahme (weiterer) Kredite.[698]	

---

694 OVG Münster, NWVBl. 2009, S. 442; 2010, S. 357 = **juris**byhemmer.
695 OVG Münster, NWVBl. 2008, 106 (108) = **juris**byhemmer.
696 OVG Münster, NWVBl. 2008, 269 (269) = **juris**byhemmer.
697 OVG Münster, NWVBl. 2008, 106 (erstes OVG-Urteil auf der Seite) = **juris**byhemmer.
698 So OVG Münster, NWVBl. 2008, 307 zum wortgleichen § 23 II S. 1 KrO NRW = **juris**byhemmer.

§ 7 MITWIRKUNGSRECHTE DER EINWOHNER UND BÜRGER

bis zu drei Bürger als Vertreter

Der Antrag muss gem. § 26 II S. 2 GO NRW bis zu drei Bürger benennen, die zur Vertretung der Unterzeichner berechtigt sind. Die diesbezügliche Wortlautänderung ist eine redaktionelle Klarstellung. Zuvor bestimmte der Wortlaut jede „Person" zum tauglichen Vertreter. Dass diese Person Bürger der Gemeinde sein musste, ergab sich aus dem Wesen des Bürgerbegehrens. Als Selbstorganisation der Bürger dürften demnach auch die Rechte des Bürgerbegehrens ausschließlich im Wege der Selbstorganschaft und nicht durch außenstehende Dritte wahrgenommen werden.[699]

Dies stellt die Änderung klar. Werden mehr als drei Vertreter benannt, ist das Bürgerbegehren nach wie vor unzulässig.[700]

Frist

Eine Frist ist einzuhalten wenn sich das Bürgerbegehren gegen einen Beschluss des Rats richtet (sog. kassatorisches Bürgerbegehren).[701] Dann muss es gem. § 26 III S. 1 GO NRW innerhalb von sechs Wochen nach Bekanntmachung des Beschlusses eingereicht werden, wenn der Beschluss einer Bekanntmachung bedarf. Gegen einen Beschluss, der nicht der Bekanntmachung bedarf, beträgt die Frist drei Monate nach dem Sitzungstag, § 26 III S. 2 GO NRW.

430

hemmer-Methode: Die Fristen nach § 26 III GO NRW sind relativ kurz. Werden Unterschriften für ein Bürgerbegehren gesammelt, kann der Rat einen Beschluss fassen, der das mit dem Bürgerbegehren verfolgte Ziel ablehnt. Dann richtet sich das Bürgerbegehren gegen diesen Beschluss, und es muss innerhalb der Fristen nach § 26 III GO NRW eingereicht werden. Der Rat hat demnach durch entsprechende Beschlussfassung die Möglichkeit, die Initiatoren des Bürgerbegehrens unter Druck zu setzen.[702]

Sonderfall: Bürgerbegehren gegen Ratsbeschluss, § 26 III GO NRW

Ein Bürgerbegehren wendet sich nicht nur dann gegen einen Ratsbeschluss i.S.d. § 26 III GO NRW, wenn die Aufhebung des Beschlusses begehrt wird, sondern auch dann, wenn es in anderer Weise in die durch den Rat getroffene Regelung eingreift.[703]

431

Die bloße Bestätigung oder Wiederholung eines früheren Beschlusses durch einen neuen Ratsbeschluss eröffnet die Frist nach § 26 III GO NRW nicht erneut.[704] Das Gleiche gilt für die Entscheidung in der Ratssitzung, mit dem ein Antrag auf Änderung eines früheren Ratsbeschlusses abgelehnt wird.[705]

Nach Verstreichen der Frist des § 26 III GO NRW ist ein Bürgerbegehren, das sich gegen einen Ratsbeschluss wendet, ausgeschlossen.

432

Frist des § 26 VIII S. 2 GO NRW analog?

In Betracht kommt jedoch eine analoge Anwendung der Frist des § 26 VIII S. 2 GO NRW. Danach ist das Ergebnis eines Bürgerentscheids für die Dauer von zwei Jahren vor einer Änderung durch Ratsbeschluss geschützt. Da der Bürgerentscheid gem. S. 1 die Wirkungen eines Ratsbeschluss hat, wird daraus geschlossen, ein normaler Beschluss des Rats könne keine darüber hinausgehende „Bindungswirkung" haben.

---

699 OVG Münster, NWVBl. 2004, 346 = **juris**byhemmer.
700 OVG Münster, NWVBl. 2003, 468 = **juris**byhemmer.
701 OVG Münster NWVBl. 2004, 151 = **juris**byhemmer.
702 Vgl. Held u.a. 25. NachLfg. (2010), § 26 GO NRW, Anm. 3. 2.
703 OVG Münster, NWVBl. 2003, 468 = **juris**byhemmer.
704 OVG Münster NWVBl. 2010, S. 357 = **juris**byhemmer.
705 OVG Münster, NWVBl. 2003, S. 468 = **juris**byhemmer.

Andernfalls würde durch jeden Ratsbeschluss eine Angelegenheit aus dem Kreis möglicher Gegenstände eines Bürgerbegehrens herausgenommen, sodass sich im Laufe der Zeit der Ausschlusskatalog des § 26 V GO NRW durch einen zusätzlichen - ungeschriebenen - beträchtlich erweitern würde. Dies könne aber durch die Frist des § 26 III GO NRW nicht gewollt sein.[706]

OVG: Bürgerbegehren gegen Ratsbeschluss erst wieder nach wesentlicher Änderung zulässig

Nach dem OVG Münster ist jedoch § 26 VIII S. 2 GO NRW nicht analog anzuwenden. Ein Bürgerbegehren, das einen Beschluss des Rats betreffe, ist demnach nach Ablauf der Frist gem. § 26 III GO NRW erst nach einer wesentlichen Änderung der Sach- oder Rechtslage seit der Entscheidung des Rats möglich.[707]

hemmer-Methode: Gemeindeorgane haben die Befugnis, sich zu einem Bürgerbegehren wertend zu äußern.[708] Anders als bei Wahlen gilt bei Abstimmungen, d.h. Entscheidungen über Sachfragen, kein Neutralitätsgebot für staatliche Stellen. Diese haben lediglich ein sog. Sachlichkeitsgebot zu beachten, außerdem die Zuständigkeitsordnung und die Freiheit der Teilnahme an Bürgerbegehren.[709] Werden diese Grenzen überschritten, haben die Vertreter des Bürgerbegehrens einen öffentlich-rechtlichen Unterlassungsanspruch gegen die Äußerungen.

Quorum

Das erforderliche Quorum ergibt sich aus § 26 IV GO NRW.

Gegenstand des Bürgerbegehrens

Zudem muss das Bürgerbegehren einen zulässigen Gegenstand betreffen. Unzulässig sind die in § 26 V GO NRW aufgezählten Gegenstände. Insbesondere zu beachten ist, dass die im Wege der Hauptsatzung erfolgte, unwiederbringliche Zuständigkeitsübertragung des betroffenen Bereichs auf einen Ausschuss nicht zur Unzulässigkeit des Bürgerbegehrens führt.[710]

gesetzwidrige Anträge

Hinzuweisen ist auf Nr. 9, nach dem gesetzwidrige Anträge unzulässig sind. Hier ist ggf. inzident die Rechtmäßigkeit einer bestimmten Maßnahme zu prüfen.

Bsp.: Es soll ein Bürgerentscheid über die Satzung über die Benutzung der städtischen Freibäder durchgeführt werden. Der von den Initiatoren vorgelegte Satzungsentwurf sieht vor, dass Jugendlichen im Alter von 12 bis 18 Jahren der Zutritt nur noch wochentags von 7 Uhr bis 13 Uhr gestattet ist.

Das Bürgerbegehren ist unzulässig, wenn der Antrag ein gesetzwidriges Ziel verfolgt. Da über eine Satzung entschieden werden soll, ist zu prüfen, ob die Satzung rechtswidrig ist. Dies ist hier der Fall, da eine derartige Ungleichbehandlung mit anderen Altersgruppen nicht zu rechtfertigen ist (Art. 3 I GG). Außerdem kommt die zeitliche Beschränkung außerhalb der Schulferien für Schüler einem Verbot gleich. Nicht nur wäre eine solche Satzung rechtswidrig und unwirksam, sondern schon das Bürgerbegehren Bürgerentscheid ist unzulässig.

Ist das Bürgerbegehren auf die Aufhebung eines Ratsbeschlusses gerichtet, so betrifft es einen gesetzwidrigen Gegenstand, wenn der Beschluss nicht mehr aufhebbar ist.[711]

---

706 So Held u.a. 25. NachLfg. (2010), § 26 GO NRW, Anm. 3.2.
707 OVG Münster, NWVBl. 2003, S. 312 = **juris**byhemmer; zuvor VG Köln, NWVBl. 2000, S. 155; Rehn/Cronauge, 2. Aufl. 36. Erg.Lfg. (2011), § 26 Anm. IV. (S. 10).
708 Zu den Grenzen des Äußerungsrechts von Personen in öffentlichen Funktionen **Life&Law 2011, 340 ff**.
709 OVG Münster, NWVBl. 2004, S. 151 = **juris**byhemmer.
710 OVG Münster, NWVBl. 2008, S. 269 (269) = **juris**byhemmer.
711 OVG Münster, NWVBl. 2003, S. 466 = **juris**byhemmer.

§ 7 MITWIRKUNGSRECHTE DER EINWOHNER UND BÜRGER

Bauleitplanung

Ebenfalls zu beachten ist die Nr. 5. Sie schließt die „Aufstellung, Änderung, Ergänzung und Aufhebung von Bauleitplänen" als Gegenstand eines Bürgerbegehrens aus. Diesbezüglich hat das OVG Münster mehrfach[712] betont, dass dadurch nicht jede Angelegenheit im Zusammenhang mit der Bauleitplanung erfasst ist. Die Norm sei eng auszulegen.[713]

2. Verfahren und Rechtsschutz

Entscheidung des Rats über die Zulässigkeit

a) Über die Zulässigkeit des Bürgerbegehrens entscheidet nach § 26 VI GO NRW unverzüglich (auch hier i.S.v. „ohne schuldhaftes Zögern"[714]) der Rat. Auch hier bedeutet „Zulässigkeit", dass das Bürgerbegehren allen Anforderungen entsprechen muss. Die Entscheidung des Rats erfüllt nach h.M. die Begriffsmerkmale des Verwaltungsakts gem. § 35 VwVfG.[715] Die Regelung liegt in der Entscheidung über die Zulässigkeit des Bürgerbegehrens.[716]

436

Sie ist auch auf Außenwirkung gerichtet. Entgegen einer bisweilen vertretenen Auffassung[717] sind die Unterzeichner des Bürgerbegehrens kein Organ der Gemeinde.[718] Streitigkeiten des Bürgerbegehrens gegen die Gemeinde sind nach h.M. kein Fall des KVS, sodass die Entscheidung des Rats über den gemeindeinternen Bereich hinausgeht.

Entscheidet der Rat, dass das Bürgerbegehren unzulässig ist, so ist dagegen die Verpflichtungsklage statthaft.[719] Die Rechtsmittelmöglichkeit ist gem. § 26 VI S. 2 GO NRW auf die Vertreter des Bürgerbegehrens beschränkt. Ausdrücklich spricht die Norm nur vom Widerspruch. Da aber in der grundsätzlich geltenden Konzeption der VwGO nur der Widerspruchsführer auch die Anfechtungs- oder Verpflichtungsklage erheben kann, erstreckt sich danach die Einschränkung des § 26 VI S. 2 GO NRW auch auf die Verpflichtungsklage. § 110 JustG NRW verkürzt nur den Ablauf der Rechtmittelverfahren (um das Widerspruchsverfahren) und erweitert nicht den Kreis der möglichen Parteien. Diese systematischen Gesichtspunkte sprechen dafür, auch für die Dauer der Entbehrlichkeit des Vorverfahrens[720] nur Verpflichtungsklagen der Vertreter des Bürgerbegehrens als zulässig zu erachten.

> **hemmer-Methode:** Nach dem OVG Münster hat § 26 VI S. 2 GO NRW zur Folge, dass die Vertreter des Bürgerbegehrens selbst Widerspruchsführer sind und Partei eines nachfolgendes Rechtsstreits.[721] Sie klagen in eigenem Namen. Sie sind nicht Vertreter der Unterzeichner mit der Folge, dass die Unterzeichner Partei sind. Da das OVG wohl annimmt, dass die von den Vertretern wahrgenommenen Rechte solche der Unterzeichner sind, sind die Vertreter „ähnlich wie Prozessstandschafter".[722]

---

712 OVG Münster, NWVBl. 2008, S. 67 (67) und S. 106 (107) = **juris**byhemmer.
713 Kritisch hierzu Klenke NWVBl. 2011, S. 7 ff.
714 Rehn/Cronauge, 2. Aufl. 36. Erg.Lfg. (2011), § 26 Anm. VII.1.
715 OVG Münster, NWVBl. 2002, 346, 347 = **juris**byhemmer; VG Düsseldorf, NWVBl. 1998, 3S. 68; NVwZ 1999, S. 684, 685 = **juris**byhemmer; Rehn/Cronauge, 2. Aufl. 36. Erg.Lfg. (2011), § 26 Anm. VII.1. (feststellender Verwaltungsakt).
716 VG Düsseldorf, NWVBl. 1998, S. 368 = **juris**byhemmer.
717 OVG Koblenz NVwZ-RR 1995, S. 411 (412); OVG Bautzen, NVwZ-RR 1998, 253 = **juris**byhemmer.
718 S. auch Waechter, Rn. 278c: die Vertreter des Bürgerbegehrens „vertreten das Volk als Kommunalverfassungsorgan".
719 Held u.a. 25. NachLfg. (2010), § 26 GO NRW, Anm. 5. 3; VGH Mannheim NVwZ 1985, S. 288 = **juris**byhemmer; Schlüter, VBlBW 1985, S. 54 (57). Es gelten die Ausführungen zum Einwohnerantrag entsprechend.
720 Vgl. Wortlaut § 110 I S. 1 JustG NRW: Entbehrlich ist das Vorverfahren nur bei Verwaltungsakten, die bis zum 31. Oktober 2012 bekannt gegeben worden sind.
721 OVG Münster, NWVBl. 2004, 346 = **juris**byhemmer.
722 OVG Münster, DVBl. 1998, 785= **juris**byhemmer; VG Köln NWVBl. 2000, 155, 156.

> Die Vertreter sind gem. § 61 Nr. 1 VwGO beteiligtenfähig.[723] Die Klage ist gegen die Gemeinde zu richten (§ 78 I Nr. 1 VwGO), welche durch den Bürgermeister vertreten wird (§ 62 III VwGO i.V.m. § 63 I S. 1 GO NRW).

Sperrwirkung des zulässigen Bürgerbegehrens

b) Mit dem neu eingefügten § 26 VI S. 6 GO NRW ist „die Sperrwirkung des zulässigen Bürgerbegehrens" (dort Legaldefinition) eingeführt worden. Darin ist eine der gravierendsten Änderungen der GO NRW zu sehen.

Die Einführung der Sperrwirkung führt zu einer deutlichen Stärkung der direkten demokratischen Beteiligung der Bürger und beseitigt die Problematik um den Schutz des Bürgerbegehrens vor Vereitelung. Anders als für die Beanstandung des Bürgermeisters (§ 54 II S. 2 GO NRW) und die aufsichtliche Beanstandung (§ 122 II S. 3 GO NRW), hatte das Gesetz für das Bürgerbegehren keine aufschiebende Wirkung angeordnet. Daher bestand die Gefahr, dass sich der Rat anderweitig entschied und diese Entscheidung vollzogen wurde.

> **Bsp.:** *Der Rat beschließt, das gemeindeeigene Freibad an einen Privaten zu verkaufen. Gegen diesen Beschluss wird ein Bürgerbegehren eingeleitet mit dem Ziel, dass die Gemeinde weiterhin das Freibad betreibt. Kann verhindert werden, dass der Bürgermeister den Ratsbeschluss vollzieht und das Freibad an einen Interessenten veräußert?*

Das Bürgerbegehren ist grundsätzlich zulässig. Es betrifft keine nach § 26 V GO NRW unzulässige Angelegenheit.

Früher: Sicherungsanspruch ⇔ keinen präventiven Rechtschutz

Um diese Gefahr abzuwenden wurde von Teilen der Rechtsprechung und der Literatur[724] vertreten, es bestünde ein gegebenenfalls im Wege einer einstweiligen Anordnung nach § 123 VwGO geltend zu machender, ungeschriebener Sicherungsanspruch.

Dieser verbiete der Gemeinde dem Begehren entgegenstehende Handlungen, wenn eine zeitnahe Entscheidung zum Wohle der Gemeinde nicht zwingend erforderlich ist. Die Bürger würden „an Stelle des Rates" (so Wortlaut § 26 I S. 1 GO NRW) entscheiden und damit funktional die Position eines Verwaltungsorgans (des Rates) einnehmen. Daher sollte aus dem Grundsatz der Organtreue eine Sperrwirkung erwachsen.

Sich auf die fehlende gesetzliche Anordnung bzgl. aufschiebender Wirkung eines Bürgerbegehrens und die Möglichkeit der Aufhebung des Vollzugs stützend, verneinte das OVG Münster[725] das Bestehen eines solchen Anspruchs. Allenfalls wenn die Entscheidung nicht aus sachlichen Erwägungen, sondern nur mit der Zielsetzung erfolgt, eine Willensbildung auf direkt-demokratischem Weg zu verhindern, wäre an einen Treueverstoß zu denken.[726] Problematisch an letzter Ansicht war vor allem, dass mancher Vollzug irreversibel ist.

---

[723] OVG Münster, NWVBl. 2002, S. 346, 347 = **juris**byhemmer; a.A. Klenke, NWVBl. 2001, 45, 49 (§ 61 Nr. 2).

[724] VGH Kassel, NVwZ 1994, 396 = **juris**byhemmer; zust. Fischer, DÖV 1996, 181 (186); OVG Bautzen, NVwZ-RR 1998, 253 = **juris**byhemmer; OVG Koblenz, NVwZ-RR 1995, 411; grds. zust. auch Held u.a. 25. NachLfg. (2010), § 26 GO NRW, Anm. 9.

[725] OVG Münster, NWVBl. 2004, S. 312; 1998, S. 328 = **juris**byhemmer; ebenso bereits NVwZ-RR 1997, 110, 111 = **juris**byhemmer; VG Köln, NWVBl. 2002, 319, 320 = **juris**byhemmer; VGH Mannheim, NVwZ 1994, 397; zust. Rehn/Cronauge, 2. Aufl. 36. Erg.Lfg. (2011), § 26 Anm. IV (S. 12); Schlüter, VBlBW 1985, 54 (57).

[726] OVG Münster, NWVBl. 2004, S. 312 (313) = **juris**byhemmer, nach der Reform in NWVBl. 2008, 106 (108) bestätigt = **juris**byhemmer.

Heute: Entscheidungs- und Vollzugssperre

Diese Streitfrage ist für die meisten Fälle mit der Gesetzesänderung entschieden. Wurde die Zulässigkeit eines Bürgerbegehrens festgestellt, so darf bis zur Feststellung des Ergebnisses des Bürgerentscheids eine dem Begehren entgegenstehende Entscheidung der Gemeindeorgane nicht mehr getroffen oder mit dem Vollzug einer derartigen Entscheidung nicht mehr begonnen werden, es sei denn, zu diesem Zeitpunkt haben rechtliche Verpflichtungen der Gemeinde hierzu bestanden, § 26 VI S. 6 GO NRW.

439

Weiterhin problematisch: Rat hält das Bürgerbegehren für unzulässig.

Die neue Sperrwirkung setzt aber erst mit Feststellung der Zulässigkeit des Bürgerbegehrens durch den Rat ein. Hält der Rat das Begehren für unzulässig, so begründet § 26 VI S. 6 GO NRW keine Sperrwirkung und zwar auch dann nicht, wenn die rechtliche Bewertung durch den Rat fehlerhaft ist. Eine analoge Anwendung des § 26 VI S. 6 GO NRW scheidet mangels planwidriger Regelungslücke aus, denn die Sperrwirkung sollte erkennbar nicht bei jedem Bürgerbegehren greifen. Anderenfalls ließe sich eine Materie unter zu geringen Voraussetzungen der Entscheidungsbefugnis des Rates (zumindest zeitweise) entziehen. Die Handlungsfähigkeit des Rates wäre nicht mehr gewährleistet. Will das Bürgerbegehren die Sperrwirkung herbeiführen, so bleibt ihr nur der Weg über die Gerichte.

440

Nun, da der Vorrang des Bürgerbegehrens gesetzlich verankert ist, bedarf es der Konstruktion über den Organtreueansatz grundsätzlich nicht mehr. Vielmehr kann der Rat im Wege der einstweiligen Anordnung nach § 123 I VwGO zur Feststellung der Zulässigkeit des Bürgerbegehrens gezwungen werden. Damit wäre die gesetzliche Sperrwirkung des § 26 VI S. 6 GO NRW hergestellt.[727]

Das OVG Münster betonte aber ausdrücklich, dass die Beschränkung der Handlungsvollmacht des Rates aus Treuegesichtspunkten selbstständig neben der gesetzlichen Sperrwirkung bestehen bleibt.[728] Die Beschränkung der Sperrwirkung in § 26 VI S. 6 GO NRW steht der Überlegung nicht entgegen, denn die Anspruchsbegründung ist davon völlig losgelöst und wird durch § 26 VI S. 6 GO NRW nicht entkräftet.

II. Bürgerentscheid

1. Durchführung des Bürgerentscheids

Pflicht zur Durchführung des Bürgerentscheids

Hat der Rat die Zulässigkeit des Bürgerbegehrens festgestellt, so ist gem. § 26 VI S. 3 GO NRW innerhalb von drei Monaten ein Bürgerentscheid durchzuführen.

441

Gem. § 26 VI S. 4 GO NRW hat der Rat jedoch noch die Möglichkeit, die Durchführung eines Bürgerentscheids zu verhindern, indem er selbst einen Beschluss fasst, welcher der mit dem Bürgerbegehren verfolgten Entscheidung entspricht. Dann ist das Ziel der Unterzeichner erfüllt, und die Durchführung eines Bürgerentscheids ist dann nicht mehr erforderlich.

Der Bürgerentscheid entfällt allerdings nur dann, wenn der Rat einen Beschluss fasst, der mit dem Text des Bürgerbegehrens identisch ist. Einschränkungen sind nicht zulässig und haben zur Folge, dass der Bürgerentscheid durchzuführen ist.[729]

---

727 So praktiziert im Fall OVG Münster, NWVBl. 2008, S. 106 ff. = **juris**byhemmer.
728 Vgl. OVG Münster, NWVBl. 2008, 106 (108) = **juris**byhemmer.
729 OVG Münster, NWVBl. 2002, 110 = **juris**byhemmer.

KOMMUNALRECHT

Anspruch der Vertreter des Bürgerbegehrens

Die Vertreter des Bürgerbegehrens haben einen Anspruch auf Durchführung des Bürgerentscheids gegen die Gemeinde, wenn die positive Zulässigkeitsentscheidung durch den Rat gem. § 26 VI S. 1 GO NRW erfolgt ist. Diesen müssen Sie allerdings innerhalb der Drei-Monats-Frist gem. § 26 VI S. 3 GO NRW bei der Gemeinde geltend machen. Unterbleibt dies, so ist der Anspruch ausgeschlossen.[730]

442

erforderliche Mehrheit

Der Bürgerentscheid wird gem. § 26 VII GO NRW mit der Mehrheit der gültigen Stimmen entschieden. Erforderlich ist jedoch, dass diese Mehrheit mindestens 20 % der Bürger beträgt.

2. Wirksamkeit des Bürgerentscheids

Wirksamkeit des Bürgerentscheids wie ein Beschluss des Rats zu beurteilen

Da der Bürgerentscheid einem Ratsbeschluss gleichsteht (§ 26 VIII S. 1 GO NRW), gelten für Rechtmäßigkeit und Wirksamkeit die gleichen Grundsätze wie für Beschlüsse des Rats.

443

Rechtswidrig und unwirksam ist der Bürgerentscheid grundsätzlich, wenn er gegen rechtliche Anforderungen verstößt. Dies kann etwa darin liegen, dass er einen unzulässigen Gegenstand betrifft (§ 26 V GO NRW), insbesondere inhaltlich rechtswidrig ist und damit ein gesetzwidriges Ziel verfolgt.

hemmer-Methode: Der Bürgerentscheid war dann von an Anfang an unzulässig. Wird er dennoch durchgeführt, so ist aber eine getroffene Entscheidung nach den gleichen Grundsätzen wirksam oder unwirksam, wie dies für Beschlüsse des Rats gilt.

Fehler im Abstimmungsverfahren

Für Fehler des Abstimmungsverfahrens wird man auf allgemeine wahlrechtliche Grundsätze zurückgreifen können. Fehler im Abstimmungsverfahren sind nur dann erheblich und führen zur Unwirksamkeit des Bürgerentscheids, wenn wesentliche Verfahrensvorschriften verletzt wurden und nicht ausgeschlossen ist, dass diese Fehler das Ergebnis der Wahl beeinflusst haben.[731]

Der einzelne Bürger hat jedoch kein subjektiv-öffentliches Recht darauf, dass der Bürgerentscheid rechtmäßig ist, insbesondere der Abstimmungsvorgang fehlerfrei verläuft. Er kann nicht auf Ungültigkeit des Bürgerentscheids klagen, da dieser kein feststellungsfähiges Rechtsverhältnis i.S.d. § 43 I VwGO zwischen ihm und der Gemeinde darstellt.[732]

444

3. Rechtsfolgen des wirksamen Bürgerentscheids

Bindungswirkung des Bürgerentscheids

Der Bürgerentscheid hat die Wirkung eines Beschlusses des Rats, § 26 VIII S. 1 GO NRW. Er kann innerhalb von zwei Jahren nur durch einen neuen Bürgerentscheid abgeändert werden, § 26 VIII S. 2 GO NRW (sog. **Bindungswirkung**[733]).

445

Bindungswirkung eines „Nein" fraglich

Fraglich ist, ob die Bindungswirkung nur dann eintritt, wenn die zur Entscheidung gestellte Frage mit „Ja" beantwortet wurde, d.h. der Bürgerentscheid Erfolg hatte, oder aber unabhängig von dem Ausgang des Bürgerentscheids.

446

---

[730] So OVG Münster, NWVBl. 2002, 110 = **juris**byhemmer.
[731] Zu den Einzelheiten vgl. VGH BW ESVGH 25, 193 (199 f.).
[732] VGH Mannheim, VBlBW 2002, S. 118 = **juris**byhemmer.
[733] Z.T. auch als Sperrwirkung bezeichnet.

Für eine Bindungswirkung nur bei Erfolg des Bürgerentscheids spricht, dass eine inhaltliche Aussage nur im Falle eines „Ja" getroffen wird. Stimmt die Mehrheit mit „Nein", so bedeutet dies lediglich, dass der zur Entscheidung gestellte Antrag abgelehnt wird. Damit wird zum Ausdruck gebracht, dass das mit dem Bürgerentscheid verfolgte Ziel abgelehnt wird, nicht aber, das entgegengesetzte Ziel zu bejahen.[734]

späterer Beschluss entgegen Bindungswirkung ist unwirksam

Trifft der Rat innerhalb der laufenden Zwei-Jahres-Frist einen Beschluss, der dem Ergebnis des Bürgerentscheids widerspricht, so ist dieser Beschluss wegen Verstoß gegen § 26 VIII S. 2 GO NRW rechtswidrig und unwirksam.

Recht des einzelnen Bürgers auf Beachtung des Bürgerentscheids

Der einzelne abstimmungsberechtigte Bürger hat ein subjektiv-öffentliches Recht auf Beachtung des Bürgerentscheids. Er kann gegen Maßnahmen und Entscheidungen, die in Widerspruch zu dem Bürgerentscheid stehen, gerichtlich vorgehen.[735]

Umsetzung des Bürgerbescheids

Da der Bürgerentscheid einem Ratsbeschluss gleichsteht, ist auch dieser gem. § 62 II S. 2 GO NRW durch den Bürgermeister durchzuführen. Die Durchführung hat ohne sachlich nicht gebotene Verzögerung zu erfolgen.[736]

447

---

[734] BayVGH, BayVBl. 1998, S. 308; in diese Richtung auch VGH Mannheim, VBlBW 2000, S. 364 (365); a.A. vertretbar = **juris**byhemmer.
[735] VGH BW ESVGH 25, S. 193 (195 f.).
[736] Eine zeitliche Höchstgrenze für die Umsetzung aus der zwei Jahresfrist der Bindungswirkung des § 26 VIII S. 2 GO NRW abzuleiten, wurde vom OVG Münster abgelehnt, NWVBl. 2008, S. 64 = **juris**byhemmer.

§ 8 WIRTSCHAFTLICHE UND NICHTWIRTSCHAFTLICHE BETÄTIGUNG DER GEMEINDE

§§ 107 ff. GO NRW

Die GO NRW enthält in §§ 107 - 115 Vorschriften über die wirtschaftliche und nichtwirtschaftliche Betätigung der Gemeinde.

448

A) Einführung

Der Bereich der wirtschaftlichen und nichtwirtschaftlichen Betätigung von Gemeinden sorgt oft für unnötige Verwirrung. Dabei ist das Gesetz in diesem Bereich klar strukturiert. Es gilt nur, die entscheidende Frage sauber zu trennen.

Erste Frage:
wirtschaftlich oder nichtwirtschaftlich

Zunächst ist, ohne dies mit anderen Problemen zu vermengen, zu fragen: Handelt die Gemeinde wirtschaftlich oder nichtwirtschaftlich? Das Gesetz unterscheidet insofern zwischen Unternehmen und Einrichtungen.[737]

⇨ Wird die Gemeinde wirtschaftlich tätig, so handelt es sich um ein Unternehmen. Für ein solches finden sich die gesetzlichen Regelungen in § 107 I GO NRW und in § 108 I S. 1 Nr. 1 GO NRW

⇨ Ist das fragliche Handeln der Gemeinde ausschließlich nichtwirtschaftlich spricht das Gesetz von einer Einrichtung. Diese wird im § 107 II GO NRW und im § 108 I S. 1 Nr. 2 GO NRW geregelt.

Zweite Frage:
Öffentlich- oder Privatrechtlich organisiert

Ganz unabhängig von der wirtschaftlichen und nichtwirtschaftlichen Form der Betätigung ist die Frage, ob die gewählte Organisationsform dem öffentlichen Recht oder dem Privatrecht angehört.

⇨ Wählt die Behörde eine privatrechtliche Organisationsform, so gilt § 108 GO NRW.

⇨ Wird eine öffentlich-rechtliche Organisationsform gewählt, so sind die entsprechenden Sonderregelungen einschlägig. (Vgl. dazu im Einzelnen Rn. 454.)

Ergebnis:
vier Konstellationen

Damit sind letztlich nur vier grundsätzliche Konstellationen denkbar. Es werden im Detail weitere Differenzierungen erforderlich sein. Diese ergeben sich zum einen aus den unterschiedlichen Organisationsformen innerhalb des öffentlichen oder privaten Rechts. Auch besteht neben dem eigenständigen Betreiben von Unternehmen oder Einrichtungen, die Möglichkeit einer Beteiligung, vgl. § 108 I S. 1 Alt. 1 bzw. Alt. 2 GO NRW. Um aber die für diese Details einschlägigen Normen herauszuarbeiten, sind obige beide Fragen gedanklich vorab zu klären.

449

B) Wirtschaftlichkeit kommunaler Unternehmen

Begriff der wirtschaftlichen Betätigung

Die wirtschaftliche Betätigung ist in § 107 I S. 3 GO NRW legaldefiniert. Dabei handelt es sich um den Betrieb von Unternehmen, die als Hersteller, Anbieter oder Verteiler von Gütern oder Dienstleistungen am Markt tätig werden, sofern die Leistung ihrer Art nach auch von einem Privaten mit der Absicht der Gewinnerzielung erbracht werden könnte.

450

---

737 Vgl. auch Held u.a. 25. NachLfg. (2010), Vor §§ 107 ff. GO NRW, Anm. 3.3.4.

§ 8 WIRTSCHAFTLICHE UND NICHTWIRTSCHAFTLICHE BETÄTIGUNG DER GEMEINDE

Bspe. wirtschaftlicher Unternehmen: Wasser-, Elektrizitäts-, Gas-, Fernheizungsversorgung, Nahverkehr, Wohnungsbau, Stadthalle, Parkhaus, Messe, Flughafen, Bestattungsunternehmen.

Unerheblich für die Frage nach dem Vorliegen einer wirtschaftlichen Betätigung ist die Organisationsform, die Qualifizierung der Rechtsbeziehungen zu den Leistungsempfängern als öffentlich- oder zivilrechtlich oder die Qualifizierung des verfolgten Zwecks.

hemmer-Methode: Die Vorschriften, insbesondere die des § 107 GO NRW, bezwecken ja gerade, Regeln und Beschränkungen für die wirtschaftliche Betätigung der Gemeinde aufzustellen. Ob ein öffentlicher Zweck verfolgt wird, ist für das begriffliche Vorliegen einer wirtschaftlichen Betätigung unerheblich.
Wird allerdings kein öffentlicher Zweck verfolgt, dann ist die wirtschaftliche Betätigung rechtswidrig, wie sich aus § 107 I Nr. 1 GO NRW ergibt. Unterscheiden Sie die begrifflichen Voraussetzungen einer wirtschaftlichen Betätigung von den rechtlichen Anforderungen, die das Gesetz daran stellt!

Insbesondere hinsichtlich der Organisationsform kommen alle denkbaren Möglichkeiten in Betracht. Es stehen sowohl öffentlich-rechtliche als auch privatrechtliche Arten zur Verfügung.

Als Betrieb eines Unternehmens i.S.d. § 107 I S. 3 GO NRW kann demnach nur festgehalten werden, dass es sich um eine organisatorische Zusammenfassung von personellen und sächlichen Mitteln handeln muss, welche eine Leistung erbringt, die grundsätzlich auch ein Privater zu erbringen im Stande wäre.

hemmer-Methode: Die wirtschaftliche Betätigung der Gemeinden ist Teil der Selbstverwaltung, die nach Art. 28 II S. 1 GG geschützt ist.[738] Zweck der §§ 107 ff. GO NRW ist es u.a., der wirtschaftlichen Betätigung der Gemeinden Grenzen zu ziehen. Die Gemeinden sollen vor einer überdehnten unternehmerischen Tätigkeit geschützt werden. Es soll verhindert werden, dass die anderen kommunalen Aufgaben vernachlässigt werden. Zudem werden nach neuer Rechtsprechung des OVG Münster auch die anderen Marktteilnehmer geschützt.[739]

Negativkatalog § 107 II GO NRW

Keine wirtschaftliche Betätigung stellt der Betrieb der in § 107 II GO NRW genannten Einrichtungen dar. Deren Zulässigkeit ist demnach nicht an den Voraussetzungen des § 107 I S. 1 GO NRW zu messen.[740] Für diese gilt jedoch § 107 II S. 2 GO NRW, wonach sie nach wirtschaftlichen Gesichtspunkten zu verwalten sind.

hemmer-Methode: Werden Einrichtungen i.S.d. § 107 II S. 1 GO NRW in privatrechtlicher Organisationsform betrieben, gelten jedoch insbesondere die Anforderungen nach § 108 und § 112 GO NRW.

Die wirtschaftliche Betätigung kann zugleich die Voraussetzungen einer öffentlichen Einrichtung i.S.d. § 8 GO NRW sein. Dann gelten für diese sowohl § 107 GO NRW als auch § 8 GO NRW.

---

738 Held u.a. 25. NachLfg. (2010), § 107 GO NRW, Anm. 2.2.1.
739 OVG Münster, NVwZ 2003, S. 1520 = **juris**byhemmer.
740 OVG Münster, NWVBl. 2005, S. 133 = **juris**byhemmer.

C) Organisationsformen kommunaler Unternehmen

I. Öffentlich-rechtliche Organisationsformen

Organisationsformen

Mögliche öffentlich-rechtliche Organisationsformen sind die des Eigenbetriebs und der rechtsfähigen Anstalt des öffentlichen Rechts[741].

> *Bspe.:* Reparaturwerkstätten, Gärtnerei, Druckerei, Fuhrpark.

1. Eigenbetriebe, § 114 GO NRW, §§ 1 ff. EigVO NRW[742]

Eigenbetrieb: Teil der Gemeindeverwaltung, aber organisatorisch getrennt

Gem. § 114 I GO NRW sind die gemeindlichen wirtschaftlichen Unternehmen ohne Rechtspersönlichkeit Eigenbetriebe. Der Eigenbetrieb ist Teil der Gemeindeverwaltung. Auch hier wird nur die Gemeinde selbst tätig. Dies wird in § 114 GO NRW deutlich, der den Eigenbetrieb legaldefiniert.

Gemeindeintern ist der Betrieb jedoch **organisatorisch selbstständig** zu führen. Dies zeigt sich darin, dass der Eigenbetrieb finanzwirtschaftlich als Sondervermögen der Gemeinde gesondert verwaltet wird,[743] und ein eigener Wirtschaftsplan aufgestellt wird, der von dem Haushalt der Gemeinde getrennt ist.[744] Zudem wird der Eigenbetrieb grundsätzlich von einer Werkleitung geführt.[745]

> **hemmer-Methode: Sinn und Zweck des Eigenbetriebs ist es, unternehmerische Tätigkeitsfelder der Gemeinde finanzwirtschaftlich selbstständig zu führen, um diesen Betrieb nach wirtschaftlichen Grundsätzen führen zu können. Aufgrund des zu erstellenden Jahresabschlusses[746] werden Einnahmen, Kosten und Betriebsergebnis transparent.**

Da nur wirtschaftliche Unternehmen der Gemeinde Eigenbetriebe sind, können die nichtwirtschaftlichen Unternehmen wie etwa die in § 107 II GO NRW genannten Einrichtungen keine Eigenbetriebe sein.[747] Für sie gelten § 114 GO NRW und die EigVO NRW nicht. Die Gemeinde ist daher nicht verpflichtet, sie nach den für Eigenbetriebe geltenden Vorschriften zu führen.

Für wirtschaftliche, organisatorisch nicht verselbstständigte Unternehmen und Einrichtungen, ist der Begriff des „Regiebetriebs" gebräuchlich.

2. Selbstständige juristische Personen des öffentlichen Rechts

Als Alternative zum Eigenbetrieb bietet das öffentliche Recht auch Organisationsformen mit eigener Rechtspersönlichkeit.

rechtsfähige Anstalt des öffentlichen Rechts

So können Unternehmen und Einrichtungen gem. § 114a GO NRW in der Form einer rechtlich selbstständigen Anstalt des öffentlichen Rechts geführt werden.

---

741 Auf Stiftungen nach § 100 GO wird hier nicht eingegangen, vgl. dazu Held .u.a. 25. NachLfg. (2010), § 100.
742 HR 24.
743 § 9 I S. 1 EigVO NRW.
744 § 14 EigVO NRW.
745 § 2 I EigVO NRW.
746 § 21 EigVO NRW.
747 Held u.a. 25. NachLfg. (2010), § 114 GO NRW, Anm. 2.

§ 8 WIRTSCHAFTLICHE UND NICHTWIRTSCHAFTLICHE BETÄTIGUNG DER GEMEINDE

> **hemmer-Methode:** Die Errichtung juristischer Personen des öffentlichen Rechts bedarf eines (formellen) Gesetzes (sog. institutioneller Gesetzesvorbehalt).[748] Dem entspricht die GO NRW in § 114a, indem sie die Möglichkeit zur Errichtung von Anstalten des öffentlichen Rechts durch die Gemeinde vorsieht.

Zweckverband

Nach § 4 I GkG können zudem Zweckverbände,[749] also Zusammenschlüsse von Gemeinden oder Gemeindeverbänden zur gemeinsamen Wahrnehmung von Aufgaben, gebildet werden.

Besteht der Hauptzweck des Zweckverbands in dem Betrieb eines wirtschaftlichen Unternehmens oder einer Einrichtung, die entsprechend den Vorschriften über Eigenbetriebe geführt werden kann, so kann vorgesehen werden, dass die Regelungen der EigVO NRW über Eigenbetriebe teilweise entsprechend gelten, § 18 III S. 1 GkG.

Neu: gemeinsames Kommunalunternehmen

Als eine Art Mischrechtsform aus öffentlicher Anstalt und Zweckverband ist im Wege der letzten Reform das gemeinsame Kommunalunternehmen (s.u. Rn. 604a) gem. §§ 27, 28 GkG i.V.m. § 114a GO NRW eingeführt worden.

Sparkassen

Selbstständige juristische Personen des öffentlichen Rechts sind auch die Sparkassen. Deren Rechtsverhältnisse sind sondergesetzlich geregelt.[750]

II. Privatrechtliche Organisationsformen

privatrechtliche Formen

Privatrechtliche Organisationsformen sind GmbH, AG oder eG, die die Gemeinde gründet oder an denen sich die Gemeinde beteiligt.

457

Beachten Sie, dass insbesondere § 108 GO NRW nicht nur für Unternehmen und Einrichtungen gilt, die einer wirtschaftlichen Betätigung dienen, sondern für alle Unternehmen und Einrichtungen in privater Rechtsform, an denen die Gemeinde beteiligt ist. Die §§ 108, 112 GO NRW gelten auch für die nichtwirtschaftliche Betätigung.

§ 108 GO NRW betrifft die Gründung oder Beteiligung der Gemeinde an einem Unternehmen oder einer Einrichtung in privatrechtlicher Organisationsform. Die Begriffe überschneiden sich teilweise.

So stellt die Gründung einer GmbH, die Trägerin eines Unternehmens ist, sowohl die Gründung eines Unternehmens als auch die Beteiligung der Gemeinde an einem solchen dar.

> **hemmer-Methode:** Eine Beteiligung ist nur bei Unternehmen in Privatrechtsform möglich. Häufigster Fall ist der Erwerb von Mitgliedschaftsrechten in Form von Aktien an einer AG, Gesellschaftsanteile an einer GmbH oder Genossenschaftsanteile einer eG. An juristischen Personen des öffentlichen Rechts gibt es keine Beteiligung, sondern Vertretung in Organen, Aufsichtsbefugnisse und ggf. Mitwirkungsrechte.

---

748 Dazu Maurer Allg. VwR 17. Aufl. (2009), § 6 Rn. 23.
749 S.u. Rn. 590.
750 Im SpkG, HR 140.

| | Organisationsform ||
	öffentlich-rechtlich	privatrechtlich
ohne eigene Rechtspersönlichkeit	Eigenbetrieb	
mit eigener Rechtspersönlichkeit	Anstalt des öffentlichen Rechts/ Zweckverband	GmbH/AG/eG (sog. Eigengesellschaft)

D) Allgemeine Vorschriften über Unternehmen und Einrichtungen

§§ 109 ff. GO NRW

§§ 109 I, 110, 111 GO NRW enthalten allgemeine Vorschriften über Unternehmen und Einrichtungen der Gemeinde.

Zu beachten ist bei den einzelnen Bestimmungen, ob sie von Unternehmen und Einrichtungen handeln oder nur von Unternehmen. Im letzteren Fall sind die Einrichtungen im Sinne von § 107 II GO NRW nicht davon betroffen.

Gem. § 109 I S. 1 GO NRW sind alle Unternehmen und Einrichtungen so zu führen, dass der damit verfolgte öffentliche Zweck nachhaltig erfüllt wird. Die Unternehmen sollen gem. S. 2 darüber hinaus einen Ertrag für den Gemeindehaushalt bringen, soweit nicht der verfolgte Zweck beeinträchtigt wird.

Gem. § 110 GO NRW dürfen Leistungen der Unternehmen an Kunden nicht davon abhängig gemacht werden, zugleich andere Leistungen zu beziehen.

§ 111 I GO NRW untersagt der Gemeinde Rechtsgeschäfte, durch welche die Gemeinde ihren Einfluss auf das Unternehmen oder die Einrichtung verlöre, wenn die Erfüllung der Aufgaben der Gemeinde beeinträchtigt würde.

Schachtelbeteiligungen

§ 111 II GO NRW erfasst die Handlungen sog. Schachtelbeteiligungen, d.h. die Fälle in denen ein Unternehmen, an der Gemeinden (oder andere kommunale Körperschaften) mehrheitlich beteiligt sind, Rechtsgeschäfte vornehmen möchte, die ihren Einfluss (und damit indirekt auch den der Gemeinde!) auf ein anderes Unternehmen vermindern würde. Dabei kann die Beteiligung der Gemeinde an dem handelnden Unternehmen sowohl unmittelbar, als auch mittelbar, d.h. unter Zwischenschaltung weiterer den Einfluss vermittelnder Unternehmen, bestehen. Neben den Zulässigkeitsvoraussetzungen des Absatz 1 fordert § 111 II GO NRW seit der Reform nun ausdrücklich auch einen vorherigen Ratsbeschluss für diese Fälle (anders noch das OVG Münsters[751] zu § 111 II GO NW a.F.). Auch die Unübertragbarkeitsregelung für diese Fälle wurde angepasst, § 41 I S. 2k GO NRW.

Liegen diese Voraussetzungen nicht vor, dürfen die Vertreter der Gemeinde in dem Unternehmen dem Rechtsgeschäft nicht zustimmen. Wieder ist zu beachten, dass § 111 II GO NRW nicht das Zivilrecht regeln kann, sodass § 111 II GO NRW sich nur an die Gemeinde und die anderen kommunalen Körperschaften wenden kann, ihren Einfluss als mehrheitliche Anteilseigner einzusetzen, um ein entsprechendes Verhalten der Gesellschaft zu erreichen.

---

[751] NWVBl. 2003, S. 466 ff = **juris**byhemmer.

E) Zulässigkeit wirtschaftlicher Unternehmen (§ 107 GO NRW)

besondere Anforderungen für wirtschaftliche Unternehmen in § 107 GO NRW wurden erhöht

§ 107 GO NRW enthält, insbesondere in Abs. 1, rechtliche Anforderungen an wirtschaftliche Unternehmen der Gemeinde. Dabei wird nicht danach unterschieden, ob das Unternehmen in öffentlich-rechtlicher oder privatrechtlicher Organisationsform betrieben wird. Es geht unabhängig von der Form darum, die Gemeinde vor unverhältnismäßiger wirtschaftlicher Betätigung zu bewahren, und Konkurrenz für Private zu verhindern. Um den Vorrang der privaten vor der öffentlichen Leistungserbringung zu verdeutlichen und die kommunale Daseinsvorsorge zu stärken, wurden in diesem Bereich die Anforderungen durch die Reform wesentlich erhöht.

459

Diese Regelung betrifft aber nur die Aufnahme neuer Betätigungen. Nach der alten Rechtslage aufgenommen und danach zulässige wirtschaftliche und nichtwirtschaftliche Betätigungen genießen Bestandschutz.[752]

I. Öffentlicher Zweck

öffentlicher Zweck erfordert

Nr. 1 ist zunächst eine Konkretisierung des Grundsatzes, dass jegliche staatliche Tätigkeit einem öffentlichen Zweck dienen muss.

460

„öffentlicher Zweck"

Der Begriff des „öffentlichen Zwecks" erfasst nach OVG Münster jeden im Aufgabenbereich der Gemeinde liegenden Gemeinwohlbelang und schließt nur die Gewinnerwirtschaftung als öffentlichen Zweck aus.[753] Zulässige Zwecke ergeben sich insbesondere aufgrund des Auftrags der Gemeinde, die Angelegenheiten der örtlichen Gemeinschaft wahrzunehmen (Art. 28 II S. 1 GG), bzw. in ihrem Gebiet die öffentlichen Aufgaben wahrzunehmen (Art. 78 II LV).[754]

Gewinnerzielungsabsicht

Ist die Gewinnerwirtschaftung nur Nebenzweck der gemeindlichen Tätigkeit, so führt dies jedoch nicht zur Unzulässigkeit. Unzulässig ist die Gewinnerzielung aber selbst dann, wenn sie die Verluste aus einer einen öffentlichen Zweck verfolgenden Tätigkeit ausgleichen soll. So wäre etwa die Gründung einer Event-Agentur zum Ausgleich der Verluste aus dem Betrieb der Stadthalle unzulässig.[755]

Hauptanwendungsfall: Daseinsvorsorge

Ausreichender öffentlicher Zweck sind grundsätzlich die in Nr. 3 genannten Tätigkeiten (Wasserversorgung, öffentlicher Verkehr und Telekommunikationsdienstleistungen), sowie die nun aber in § 107a GO NRW geregelte Energieversorgung (vgl. Rn. 467a)[756]. Ebenso gehören dazu Einrichtungen und Veranstaltungen für das soziale, wirtschaftliche und kulturelle Wohlergehen der Gemeindeeinwohner (sog. Daseinsvorsorge).

Zweck nun nicht mehr: „dringend"

Um eine Konzentration auf die Betätigungen, für die tatsächlich ein erhöhtes öffentliches Bedürfnis besteht, und eine Stärkung der kommunalen Daseinsvorsorge zu erreichen,[757] wurden die Anforderungen an den Zweck 2007 angehoben. Danach musste der öffentliche Zweck auch „dringend" sein.[758]

---

752 Gem. Art. X § 1 des Gesetzes zur Stärkung der Kommunalen Selbstverwaltung, vgl. den Gesetzesentwurf in Landtag NRW Drs. 14/3979 (S. 125).
753 OVG Münster, NWVBl. 2008, 418 (418) = jurisbyhemmer; zur Unzulässigkeit der Gewinnerzielungsabsicht schon: BVerfGE 61, 82 (107) = jurisbyhemmer.
754 Held u.a. 25. NachLfg. (2010), § 107 GO NRW, Anm. 3.1.2.1.
755 Winkel NWVBl. 2008, 285 (287).
756 § 107a GO NRW stellt klar, dass die Versorgung mit Strom, Gas und Wärme schon vom Grundsatz her einem öffentlichen Zweck dient; vgl. Begründung zum Gesetzesentwurf, Landtag NRW Drs. 15/27, zu Art. 2, S. 11.
757 So Begründung des Gesetzesentwurf, Landtag NRW Drs. 14/3979, zu Art. I, Nr.40, S.149.
758 Vgl. zu dieser Veränderung in § 107 GO NRW: Wellmann, Die Reformpläne der NRW-Landesregierung für die kommunale Wirtschaft, NWVBl. 2007, 1 ff.

Eine Definition dieser im Wege der Novelle von 1999[759] entfallenen und 2007 durch die Reform zur Stärkung kommunaler Selbstverwaltung wieder ergänzten Anforderung war aber weder dem Gesetz noch dessen Begründung zu entnehmen. Zum 28.12.2010 ist durch das „Gesetz zur Revitalisierung des Gemeindewirtschaftsrechts"[760] das Erfordernis der Dringlichkeit wieder gestrichen worden. Fortan reicht wieder jeder öffentliche Zweck.

„erfordern"

Letztlich muss der öffentliche Zweck die Tätigkeit auch „erfordern". Dieses Erfordern ist nach dem OVG Münster in Parallele zum Planungsrecht i.S. eines vernünftigerweise für geboten Haltens zu verstehen.[761]

Prüfungsumfang des Gerichts

Das Merkmal des „öffentlichen Zwecks" ist uneingeschränkt gerichtlich überprüfbar. Hinsichtlich des Merkmals des „Erforderns" hat die Gemeinde hingegen eine gerichtlich nur eingeschränkt überprüfbare Einschätzungsprärogative.[762]

II. Angemessenheit zur Leistungsfähigkeit der Gemeinde

Angemessenheit

Gem. § 107 I S. 1 Nr. 2 GO NRW muss die wirtschaftliche Betätigung nach Art und Umfang in einem angemessenen Verhältnis zur Leistungsfähigkeit der Gemeinde stehen. Durch dieses Erfordernis sollen unternehmerische Aktivitäten verhindert werden, die die Verwaltungs- und Finanzkraft der Gemeinde überfordern.

461

Prognose

Zu beachten ist, dass nicht die gegenwärtige Situation der Gemeinde entscheidend ist, sondern eine entsprechende Prognose über den künftigen Bedarf ausreichen kann. Zu denken ist hier etwa an einen Bevölkerungszuwachs in der Gemeinde infolge Ausweisung neuer Baugebiete.

III. Subsidiaritätsklausel

Subsidiaritätsklausel

Während Nr. 1 und 2 eine isolierte Betrachtung der Gemeinde, nämlich ihres Aufgabenfeldes (Nr. 1) und ihrer Leistungsfähigkeit (Nr. 2), vornehmen, erweitert § 107 I Nr. 3 GO NRW die Betrachtung auf betroffenen Dritten. Die Interessen und die Leistungsfähigkeit privaten Anbieter sollen bei der Frage, ob es einer Aufgabenwahrnehmung durch die öffentliche Hand bedarf, berücksichtigt werden.

462

Daseinsvorsorge ausgenommen

Tätigwerden auf den Gebieten der Wasserversorgung, des öffentlichen Verkehrs, sowie des Betriebes von Telekommunikationsleitungsnetzen einschließlich der Telekommunikationsdienstleistungen wird von einem Vergleich mit den Privaten ausgenommen. Hier bleibt es bei der isolierten Betrachtung der Gemeinde.

Besonderheit Energieversorgung

Die bis zum 28.12.2010 ebenfalls in Nr. 3 aufgezählte Energieversorgung wird nun gar nicht mehr an § 107 GO NRW gemessen, da die durch das „Gesetz zur Revitalisierung des Gemeindewirtschaftsrechts"[763] eingeführte, speziellere Regelung des § 107a GO NRW die allgemeine Regelung verdrängt. Auch dort spielen private Anbieter also weiterhin keine Rolle.[764]

---

[759] GV.NW. 1999, S. 386.

[760] GV.NW. 2010, S. 688.

[761] OVG Münster, NWVBl. 2008, 418 (418, 421) = jurisbyhemmer.

[762] OVG Münster, NWVBl. 2008, 418 (418, 421 f.) = jurisbyhemmer.

[763] GV.NW. 2010, S. 688.

[764] § 107a GO NRW, welcher für Strom-, Gas- und Wärmeversorgung die speziellere Norm ist, nimmt in seinem Wortlaut auf private Dritte überhaupt keine Bezug.

§ 8 WIRTSCHAFTLICHE UND NICHTWIRTSCHAFTLICHE BETÄTIGUNG DER GEMEINDE

Vergleich mit Privaten

Außerhalb dieser kommunalen Daseinsvorsorge ist ein wirtschaftliches Tätigwerden der Gemeinde nur dann zulässig, wenn der öffentliche Zweck nicht besser und wirtschaftlicher durch andere Unternehmen erfüllt wird oder erfüllt werden kann (§ 107 I S. 1 Nr. 3 GO NRW). Auch der Regelungsgehalt des vergleichenden Teils dieser sog. Subsidiaritätsklausel wurde durch die 2007er Reform zu Stärkung der kommunalen Selbstverwaltung verschärft. Demnach sollte diese schon eingreifen, wenn die Privaten den Zweck nicht ebenso gut und wirtschaftlich erfüllen konnten. Ebenso wie die Nr. 1 wurde diese Einschränkung durch das „Gesetz zur Revitalisierung des Gemeindewirtschaftsrechts"[765] zum 28.12.2010 wieder auf den Stand von 2006 zurückgesetzt.

IV. Verfahrensanforderungen nach § 107 V GO NRW

Marktanalyse

Vor der Entscheidung über eine wirtschaftliche Betätigung muss die Gemeinde bestimmte Verfahrensanforderungen einhalten, die in § 107 V GO NRW festgelegt sind. Dabei bezieht sich § 107 V GO NRW auf jegliche wirtschaftliche Betätigung i.S.d. § 107 I GO NRW, und nicht nur auf solche in privatrechtlicher Organisationsform, wie die Formulierung „Gründung von ... oder ... Beteiligung an Unternehmen" nahe legen mag.

Befassung des Rats

Erforderlich ist, dass der Rat aufgrund einer Marktanalyse über die Chancen und Risiken der wirtschaftlichen Betätigung und die Auswirkungen auf das Handwerk und die mittelständische Wirtschaft unterrichtet wird. Ferner ist den örtlichen Selbstverwaltungsorganisationen von Handwerk, Industrie und Handel (d.h. den Kammern, IHK und Handwerkskammer) sowie den Gewerkschaften der betroffenen Branchen Gelegenheit zur Stellungnahme zu geben.

463

V. Wirtschaftliche Betätigung außerhalb des Gemeindegebiets, § 107 III GO NRW

Interessen anderer Gemeinden zu beachten

Eine wirtschaftliche Betätigung außerhalb des Gemeindegebiets ist nur zulässig, wenn neben den Voraussetzungen des Abs. 1 die berechtigten Interessen der betroffenen kommunalen Gebietskörperschaften gewahrt sind, § 107 III S. 1 GO NRW.

464

> *Bsp.: Die Stadtwerke AG, deren Anteile vollständig in der Hand der Gemeinde sind, bietet Strom auch an Kunden außerhalb des Gemeindegebiets an.*

Hintergrund dieser Bestimmung ist, dass jegliche Tätigkeit der Gemeinde grundsätzlich auf ihr Gemeindegebiet beschränkt ist (vgl. auch Art. 78 II LV, § 2 GO NRW). Umgekehrt ist jede Gemeinde in ihrem Gebiet alleinige Trägerin der öffentlichen Aufgaben (Art. 78 II LV) bzw. der Angelegenheiten der örtlichen Gemeinschaft (Art. 28 II S. 1 GG). Die wirtschaftliche Betätigung einer Gemeinde auf dem Gebiet einer anderen Gemeinde ist ein Eingriff in die Selbstverwaltung dieser anderen Gemeinde.

hemmer-Methode: Ein Eingriff in die kommunale Selbstverwaltung kann durch jegliche andere staatliche Stelle erfolgen, und demnach auch durch eine andere Gemeinde! Beachten Sie in diesem Zusammenhang auch § 2 II S. 1 BauGB, der die Gemeinden verpflichtet, ihre Bauleitpläne aufeinander abzustimmen!

---

[765] GV.NW. 2010, S. 688.

§ 107 III GO NRW legitimiert diesen Eingriff, beschränkt jedoch zugleich dessen Zulässigkeit, indem auf die berechtigten Interessen der anderen Gemeinde Rücksicht zu nehmen ist.

> **hemmer-Methode:** Die Problematik der gebietsüberschreitenden wirtschaftlichen Betätigung der Gemeinde ist insbesondere durch die Liberalisierung des Energiemarkts aktuell geworden. Nach Abschaffung der Gebietsmonopole wird man eine gebietsüberschreitende Tätigkeit auch der kommunalen Unternehmen bejahen müssen. Andernfalls sind diese nicht konkurrenzfähig gegenüber anderen (insbesondere privaten) Anbietern.
> Ein Verbot der gebietsübergreifenden Tätigkeit würde daher langfristig einem weitgehenden Verbot der kommunalen wirtschaftlichen Betätigung in diesen Bereichen gleichkommen. Dies mag man, je nach Standpunkt, aus allgemeinpolitischen Erwägungen für zweckmäßig halten.
> Der Landesgesetzgeber hat sich jedoch (wie in den anderen Bundesländern auch) anders entschieden, wobei daneben fraglich wäre, ob dies nicht sogar von Art. 28 II S. 1 GG geboten ist, d.h. die wirtschaftliche Betätigung auch in diesen Bereichen zum Kernbereich kommunaler Selbstverwaltung zählt.[766]

Betätigung auf ausländischen Märkten

Die Zulässigkeit wirtschaftliche Betätigung auf ausländischen Märkten wurde in § 107 III S. 3 u. 4 GO NRW neu geregelt. Erforderlich ist danach, neben der Voraussetzungen des § 107 I S. 1 Nr. 1 und Nr. 2 GO NRW, eine Genehmigung (durch die Aufsicht).

VI. Nichtwirtschaftliche Betätigung außerhalb des Gemeindegebiets, § 107 IV GO NRW

Nichtwirtschaftliche Betätigung außerhalb des Gemeindegebiets

Schon vor der Einführung des § 107 IV GO NRW entsprach es der kommunalaufsichtlichen Praxis, auch bei nichtwirtschaftlicher Betätigung außerhalb des Gemeindegebiets das Vorliegen eines öffentlichen Zwecks zu fordern.

Durch jüngere Rechtsprechung[767] bestritten, ist diese Praxis nun auch durch die Gesetzesänderung bestätigt worden. Die Zulässigkeit erfordert demnach stets das Vorliegen der Voraussetzungen des § 107 I S. 1 Nr. 1 und Nr. 2 GO NRW.

... innerhalb der Bundesrepublik

Dies ergibt sich für die Betätigung innerhalb der Bundesrepublik Deutschland aus § 107 IV S. 1 GO NRW. Dort wird, in Parallele zur wirtschaftlichen Betätigung in diesem Bereich, zusätzlich die Wahrung der berechtigten Interessen der betroffenen kommunalen Gebietskörperschaften vorausgesetzt.

... im Ausland

Will die Gemeinde im Ausland nichtwirtschaftlich tätig werden, so ergeben sich obige Voraussetzungen aus § 107 IV S. 3 GO NRW. Gem. § 107 IV S. 4 GO NRW ist eine Genehmigung (der Aufsicht) erforderlich. Insoweit korrespondiert auch diese Vorschrift mit der Regelung zu wirtschaftlichen Tätigkeit im Ausland.

Ort der Betätigung

Entscheidend ist der Ort an dem die Tätigkeit erfolgt, nicht hingegen auf welchen Bereich sich diese erstreckt oder wo sich der Unternehmenssitz befindet.[768] Beispielhaft führt das OVG Münster ein Theater an. Dieses darf auch darauf ausgerichtet sein, einen entsprechenden Bedarf im Umland zu bedienen, ohne den Beschränkungen des § 107 IV GO NRW zu unterfallen.[769]

---

[766] Vgl. dazu Rehn/Cronauge, 2. Aufl. 36. Erg.Lfg. (2011), § 107 Anm. VIII.
[767] OVG Münster, NWVBl. 2005, 133 - 135 = **juris**byhemmer.
[768] OVG Münster, NWVBl. 2008, 418 (418) = **juris**byhemmer.
[769] OVG Münster, NWVBl. 2008, 418 (420) = **juris**byhemmer.

VII. Rechtsschutz privater Konkurrenten

Rechtsschutz

§ 107 I Nr. 1 GO NRW und die Subsidiaritätsklausel des § 107 I Nr. 3 GO NRW beschränken die wirtschaftlichen Betätigungen der Gemeinden auf solche, die einem öffentlichen Zweck dienen und durch Private nicht besser und wirtschaftlicher erfüllt werden können.

465

subjektiv-öffentliches Recht eines Privaten aus § 107 I GO NRW

Fraglich ist, ob private Konkurrenten erfolgreich gegen die Gemeinde vorgehen und die Einhaltung dieser Voraussetzung mittels einer Leistungs-Unterlassungs-Klage erzwingen können. Dazu ist erforderlich, dass § 107 I Nr. 1 u. 3 GO NRW ein subjektiv-öffentliches Recht für sie enthält.

466

Dies ist nach der **Schutznormtheorie** dann der Fall, wenn die Vorschrift nach dem erkennbaren Willen des Gesetzgebers nicht nur öffentliche Interessen, sondern gerade auch die Interessen eines abgrenzbaren Kreises dritter Personen schützen soll[770].

Für die Subsidiaritätsklausel ist dies umstritten.[771] Die ablehnende Entscheidung des BGH[772] betrifft lediglich die (allerdings vergleichbare) Frage, ob der Verstoß gegen § 107 I Nr. 3 GO NRW zu einem Unterlassungsanspruch privater Konkurrenten nach § 1 UWG führt. Ob ein subjektiv-öffentliches Recht besteht, ist damit nicht entschieden.[773] Gerichtlich durchsetzbarer Schutz ist jedenfalls nicht wegen Art. 12 GG oder Art. 14 GG geboten[774].

OVG: „öffentlicher Zweck" gem. § 107 I Nr. 1 GO NRW enthält subjektiv-öffentliches Recht!

Das OVG Münster sieht die Beschränkung auf den öffentlichen Zweck nach § 107 I Nr. 1 GO NRW als subjektiv-öffentliches Recht der örtlichen Wirtschaftsteilnehmer an.[775]

467

Als Begründung führt das Gericht u.a. an, dass insbesondere § 107 V GO NRW deutlich mache, dass der Schutz privater Interessen durch die Vorschrift bezweckt sei. Indem bestimmte Wirtschaftsteilnehmer und Interessenverbände vor bestimmten gemeindewirtschaftlichen Entscheidungen anzuhören seien, ergebe sich, dass nach dem Willen des Gesetzgebers deren Interessen bei der Entscheidung über die wirtschaftliche Betätigung zu berücksichtigen seien.

Daher bezweckten die Voraussetzungen des § 107 GO NRW einen Ausgleich der widerstreitenden Interessen, die durch die gemeindliche wirtschaftliche Betätigung berührt seien.[776]

Ob die Subsidiaritätsklausel nach § 107 I Nr. 3 GO NRW an sich drittschützend ist, lässt das Gericht offen. Darauf kommt es aber nach Auffassung des Gerichts auch nicht entscheidend an. Denn könne der öffentliche Zweck durch Private besser und wirtschaftlicher erfüllt werden, sodass die Voraussetzungen der Subsidiaritätsklausel nicht vorliegen, so greift bereits die Schranke des § 107 I Nr. 1 GO NRW ein. In diesem Fall „erfordert" der öffentliche Zweck die wirtschaftliche Betätigung nicht, vgl. Wortlaut des § 107 I Nr. 1 GO NRW.[777]

---

770 Ausführlich zur Schutznormtheorie Hemmer/Wüst, Verwaltungsrecht I, Rn. 117 ff.
771 Dazu Werner, VBlBW 2001, 206 (211 f.).
772 NJW 2002, 2781; a.A. noch BGHZ 82, 375, 397; OLG Düsseldorf, NWVBl. 2001, 443; 1997, 353.
773 Bejahend Held u.a. 25. NachLfg. (2010), § 107 GO NRW, Anm. 9. 4. 2. 3; vgl. auch Werner, VBlBW 2001, 206 (212).
774 Zu einem vergleichbaren Fall BVerwG DVBl. 1978, 639.
775 Vgl. die lesenswerte Entscheidung NWVBl. 2003, 462 = NVwZ 2003, 1520; zuletzt bestätigt in OVG Münster, NWVBl. 2008, 418 (418) = **juris**byhemmer.
776 OVG Münster, NWVBl. 2003, 462, 463 = **juris**byhemmer.
777 OVG Münster, NWVBl. 2003, 462, 463 = **juris**byhemmer.

> **hemmer-Methode:** Das Ergebnis dieses Begründungswegs ist identisch mit der Bejahung des Drittschutzcharakters der Subsidiaritätsklausel selbst. Das OVG weicht hier nur in der Begründung, nicht aber im Ergebnis von den Entscheidungen der OVG anderer Länder ab.

VIII. Zulässigkeit energiewirtschaftlicher Betätigung, § 107a I GO NRW

Neuer § 107a GO NRW

Der ebenfalls mit dem „Gesetzes zur Revitalisierung des Gemeindewirtschaftsrechts" neu eingeführte § 107a GO NRW stellt die Energiewirtschaft als eigene Kategorie neben die wirtschaftliche und nichtwirtschaftliche Tätigkeit.[778] Die Zulässigkeit von wirtschaftliche Betätigung in den Bereichen der Strom-, Gas- und Wärmeversorgung bestimmt sich nun ausschließlich nach § 107a I GO NRW.

467a

Voraussetzungen

Der öffentliche Zweck ist schon durch die Sachmaterie indiziert, § 107a I HS 1 GO NRW. Belange privater Drittanbieter sind unbeachtlich. Lediglich das Erfordernis, dass Art und Umfang der Tätigkeit in einem angemessenen Verhältnis zur Leistungsfähigkeit der Gemeinde stehen müssen (§ 107a HS 2 GO NRW), ist von den Voraussetzungen des § 107 GO NRW übernommen.

verbundene Dienstleistungen

Auch die mit den Bereichen Strom-, Gas- und Wärmeversorgung unmittelbar verbundene Dienstleistungen sind zulässig, sofern sie den Hauptzweck fördern, § 107a II GO NRW.

Überörtliche Tätigkeit im In- und Ausland

Auch überörtliche energiewirtschaftliche Tätigkeit ist möglich, § 107a III GO NRW. Neben den Voraussetzungen des Abs. 1 erfordert die überörtliche inländische Tätigkeit die Wahrung der berechtigten Interessen betroffener kommunalen Gebietskörperschaften, § 107a III S. 1 (evtl. auch S. 2) GO NRW. Die ausländische Tätigkeit richtet sich ebenfalls nach Abs. 1, ist aber genehmigungsbedürftig, § 107a III S. 3 und 4 GO NRW.

F) Privatrechtlich organisierte Unternehmen und Einrichtungen

Beteiligung der Gemeinde an privatrechtlich organisierten Unternehmen

§ 108 GO NRW enthält detaillierte Vorschriften über die Beteiligung der Gemeinde an Unternehmen in privater Rechtsform (AG, GmbH, eG). § 108 GO NRW enthält Anforderungen an das Unternehmen und die zivilrechtlichen Vertragsverhältnisses zwischen der Gemeinde und dem Unternehmen. Dies gilt sowohl für wirtschaftliche Betätigung (dann gilt § 108 I S. 1 Nr. 1 GO NRW) als auch für nichtwirtschaftliche Betätigung (dann greift § 108 I S. 1 Nr. 2 GO NRW).

468

Im Vergleich zu den umfangreichen Voraussetzungen der §§ 108 I S. 1 Nr. 1, 107 I GO NRW für ein Unternehmen sind die Anforderung an eine Einrichtung nun relativ gering.

Neufassung des § 108 I Nr. 2 GO NRW

§ 108 I Nr. 2 GO NRW wurde zum 29.12.2010 neu gefasst.[779] Der Verweis auf die Voraussetzungen des § 8 I GO NRW ist damit weggefallen. Damit sind nun auch Beschaffungs- und Dienstleistungsgesellschaften möglich.[780] Deren Zulässigkeit scheiterte zuvor noch an der fehlenden wirtschaftlichen, sozialen oder kulturellen Ausrichtung.[781]

---

778 Vgl. Begründung zum Gesetzesentwurf, Landtag NRW Drs. 15/27, zu Art. 2, S. 11.
779 Durch Art. 1 Nr. 3 des „Gesetzes zur Revitalisierung des Gemeindewirtschaftsrechts" GV.NW. 2010, S. 688.
780 Ausdrückliches Ziel, vor allem hinsichtlich kommunaler Zusammenarbeit, vgl. Landtag NRW Drs. 15/27, zu Art. 1, S. 12.
781 So noch bei VG Düsseldorf NWVBl. 2008, 190; aber bereits zwei Monate vor der Gesetzesänderung waren Beschaffungs- und Dienstleistungsgesellschaften möglich. Das OVG Münster stellte nämlich fest, dass sich der Verweis auf § 8 I GO NRW nicht auf „die wirtschaftlichen, sozialen oder kulturellen Ausrichtung" erstreckt, sondern nur auf die Voraussetzungen „Leistungsfähigkeit der Gemeinde" und „Erforderlichkeit der Einrichtung im Einzelfall", OVG Münster, NWVBl. 2011, S. 149 (150) = **juris**byhemmer.

§ 8 WIRTSCHAFTLICHE UND NICHTWIRTSCHAFTLICHE BETÄTIGUNG DER GEMEINDE

Bei mehrheitlicher Beteiligung legt § 108 II GO NRW der Gemeinde zusätzliche Pflichten auf. § 108 III GO NRW enthält darüber hinaus besondere Voraussetzungen, wenn das Unternehmen eine AG ist. § 108 IV GO NRW enthält entsprechende Regelungen bezüglich der GmbH.

> **hemmer-Methode:** §§ 108 ff. GO NRW haben keinen Einfluss auf das Zivilrecht[782] und richten sich nur an die Gemeinde, indem sie (öffentlich-rechtliche) Pflichten der Gemeinde begründen. Ist z.B. im Gesellschaftsvertrag eines Unternehmens, an dem die Gemeinde beteiligt ist, nicht sichergestellt, dass das Unternehmen auf den öffentlichen Zweck ausgerichtet ist (s. § 108 I Nr. 7 GO NRW), so führt dies nicht zur Unwirksamkeit des Gesellschaftsvertrags. Ebenso hat dies keine Auswirkung auf die zivilrechtliche Stellung der Gemeinde in dem Unternehmen. Ihr Stimmrecht als Gesellschafter oder Aktionär bleibt davon unberührt. Folge ist lediglich, dass die Gemeinde gegen § 108 I Nr. 7 GO NRW verstößt, indem sie an dem Unternehmen beteiligt ist. Die Rechtsaufsicht kann dies beanstanden und von der Gemeinde verlangen (mittels einer Anordnung aufgrund von § 120 I GO NRW), dass der Gesellschaftsvertrag geändert wird oder die Beteiligung veräußert wird.

mittelbare Beteiligungen

§ 108 V GO NRW betrifft mittelbare Beteiligungen an Unternehmen in Privatrechtsform, sog. Schachtelbeteiligungen. Ist eine Gemeinde, ein Gemeindeverband oder ein Zweckverband an einer Gesellschaft mit mehr als 25 % unmittelbar oder mittelbar beteiligt, so werden an das, dieses nachgeordnete Unternehmen betreffende, Handeln ihrer Vertreter spezielle Voraussetzungen gestellt.

469

Neben der Beteiligung an einem nachgeordneten Unternehmen ist nun auch ausdrücklich die Gründung eines solchen Unternehmens und die Erhöhung einer bereits bestehenden Beteiligung in den Wortlaut mit aufgenommen (§ 108 V S. 1a GO NRW), womit sich diesbezügliche Streitigkeiten erübrigt haben.

Ebenfalls neu ist das Ratsbeschlusserfordernis bei wesentlichen, das nachgeordnete Unternehmen betreffenden, Gesellschaftszweckänderungen, § 108 V S. 1b GO NRW

> *Bsp.:* Die Stadtwerke-GmbH, deren Gesellschaftsanteile vollständig von der Stadt gehalten werden, ist Gesellschafterin der Nahverkehrs-GmbH.
>
> Die Stadt darf als Gesellschafterin der Stadtwerke-GmbH einer Beteiligung an der Nahverkehrs-GmbH gem. § 108 V GO NRW nur zustimmen, wenn die dort genannten Voraussetzungen vorliegen.

Auch bei diesen mittelbaren Beteiligungen kann § 108 V GO NRW lediglich Pflichten der Gemeinde begründen, deren Beachtung die Rechtsaufsicht durchsetzen kann. Nicht aber kann der Landesgesetzgeber das (zivilrechtliche) Verhalten einer GmbH regeln, indem er der GmbH Beteiligungen verwehrt.[783]

§ 112 GO NRW betrifft weitere Pflichten der Gemeinde bei einer Beteiligung an privatrechtlich organisierten Unternehmen oder Einrichtungen.

---

782 Dies wäre dem Landesgesetzgeber wegen fehlender Gesetzgebungszuständigkeit verwehrt, vgl. Art. 55 EGBGB.

783 Dass aus Gründen der fehlenden Gesetzgebungszuständigkeit des Landes hier das öffentliche Kommunalrecht nicht das Zivilrecht überlagern kann, ergibt ich auch aus § 108 V S. 5 GO NRW, wonach die Gemeinde nicht verpflichtet ist, auf gesellschaftsrechtliche Gestaltungen hinzuwirken, die wegen entgegenstehenden Zivilrechts unzulässig (und unwirksam) wären.

§ 113 GO betrifft die Vertretung der Gemeinde in juristischen Personen des Privatrechts, an denen die Gemeinde unmittelbar oder mittelbar beteiligt ist. Durch die Ergänzungen dieser Vorschrift entfällt die Streitfrage, ob auch mittelbare Beteiligung erfasst ist. Von den zwingenden personellen Erfordernissen des Abs. 2 sind die mittelbaren Beteiligungen jedoch ausdrücklich ausgenommen, sofern ähnlich wirksame Vorkehrungen zur Einfluss- und Steuerungssicherung ergriffen werden können.

§ 115 I GO NRW enthält umfangreiche Anzeigepflichten u.a. im Zusammenhang mit Beteiligungen an juristischen Personen des Privatrechts.

hemmer-Methode: Juristische Personen des Privatrechts, deren Anteile ganz oder mehrheitlich von der Gemeinde oder einem anderen Hoheitsträger gehalten werden, sind nach h.M. nicht grundrechtsberechtigt.[784] Sie werden dem staatlichen Bereich zugerechnet, sodass die Grundrechte ihrem Wesen nach ebenso wenig auf sie anwendbar sind gem. Art. 19 III GG wie auf die juristischen Personen des öffentlichen Rechts. Umgekehrt wirkt die Bindung der öffentlichen Hand an die Grundrechte auch auf von dieser beherrschte gemischtwirtschaftliche Unternehmen unmittelbar.[785]

---

[784] **Hemmer/Wüst, Staatsrecht I, Rn. 24.**
[785] Vgl. **Life&Law 2011, 260 ff.**

§ 9 ÖFFENTLICHE EINRICHTUNGEN

A) Begriff der öffentlichen Einrichtung

Begriff der öffentlichen Einrichtung

Unter einer Einrichtung ist ein Bestand personeller, sachlicher und finanzieller Mittel zu verstehen.[786] Zum Teil wird angenommen, dass darüber hinaus auch Veranstaltungen und Unternehmungen unter den Begriff der Einrichtung fallen.[787] Wesentliches Merkmal einer Einrichtung ist ihr dauerhafter bzw. fortgesetzter Charakter.

470

> Eine öffentliche Einrichtung i.S.d. § 8 GO NRW liegt vor, wenn sie
> 1. im **öffentlichen Interesse** unterhalten und
> 2. durch einen gemeindlichen **Widmungsakt**
> 3. der **allgemeinen Benutzung** durch Gemeindeangehörige und ortsansässige Vereinigungen zugänglich gemacht wird[788] und
> 4. über die die Gemeinde die **Verfügungsgewalt** hat.

I. Unterhaltung im öffentlichen Interesse

Unterhaltung im öffentl. Interesse; Abgrenzung zu priv. Einrichtungen

Das Kriterium der „Unterhaltung im öffentlichen Interesse" dient der Abgrenzung zu den privaten Einrichtungen der Gemeinde, die sie zu den gleichen Bedingungen wie ein Privater zum Gebrauch anbietet und für die sie weder besondere Rechte genießt, noch den Einwohnern besondere Rechte einräumen will.

471

Bsp.: Mietwohnungen, Brauerei, Ratskeller, Kiesgrube.[789]

Ob eine Einrichtung öffentlich oder privat ist, kann anhand verschiedener Indizien ermittelt werden. Dabei liegt stets eine öffentliche und nicht eine private Einrichtung der Gemeinde vor, wenn die Einrichtung auf öffentlich-rechtlichen Verpflichtungen beruht, wie dies z.B. bei Schulen nach §§ 78, 79 SchulG der Fall ist.[790]

Besteht keine öffentlich-rechtliche Verpflichtung, ist insbesondere auf den Zweck abzustellen, dem die Einrichtung dienen soll. Dabei spricht entscheidend für das Vorliegen einer öffentlichen Einrichtung das Ziel der Gemeinde, mit der Einrichtung eine in ihren Aufgabenkreis fallende Aufgabe zu erfüllen.[791] Dementsprechend ist bei gemeindlichen Leistungseinrichtungen, d.h. Einrichtungen der Daseinsvorsorge, die für die Allgemeinheit faktisch nutzbar sind, im Zweifel anzunehmen, dass es sich um öffentliche Einrichtungen handelt.[792]

---

786 Vgl. Rehn/Cronauge, 2. Aufl. 36. Erg.Lfg. (2011), § 8 Anm. I 3; Held u.a. 25. NachLfg. (2010), § 8 GO NRW, Anm. 2. 1; vgl. auch OVG Lüneburg DÖV 1986, S. 341.

787 Vgl. Knemeyer, Rn. 236; a.A. Erichsen, § 10 A, S. 237: „ ... nicht das Oktoberfest selbst, wohl aber der von der Stadt bereitgestellte Festplatz ..." (Anm.: beide Ansichten führen - wie das Zitat zeigt - letztlich zu gleichen Ergebnissen).

788 Vgl. BayVGH BayVBl. 1969, S.102; Held u.a. 25. NachLfg. (2010), § 8 GO NRW, Anm. 2. 1; Rauball/Pappermann/Roters, § 18 GO NW, Rn. 1; ähnlich OVG Münster, OVGE 24, S. 175 (179).

789 Rauball/Pappermann/Roters, § 18 GO NW, Rn. 4.

790 Rehn/Cronauge, 2. Aufl. 36. Erg.Lfg. (2011), § 8 Anm. I 4.

791 OVG Münster, OVGE 24, S. 175 (179); Held u.a. 25. NachLfg. (2010), § 8 GO NRW, Anm. 2. 1.

792 Vgl. BayVGH, BayVBl. 1955, S. 59 (61).

KOMMUNALRECHT

Benutzungsverhältnis privat- oder öffentlich-rechtlich?

Ob das Benutzungsverhältnis (bei öffentlich-rechtlicher Trägerschaft) öffentlich-rechtlich oder privatrechtlich ausgestaltet ist, kann bisweilen schwierig zu beurteilen sein. Dies ist aufgrund Auslegung zu ermitteln. Dabei sind alle Umstände der Benutzung zu berücksichtigen. Kriterien sind:

⇨ Regelung der Benutzung durch Satzung oder „allgemeine Benutzungsbedingungen", d.h. AGB, die Vertragsbestandteil werden

⇨ die Zulassung: einseitiges Handeln durch Verwaltungsakt, oder Bezeichnung als „Mietvertrag" (der bloße Abschluss eines Vertrags ist nicht aussagekräftig, da auch ein öffentlich-rechtlicher Vertrag nach §§ 54 ff. VwVfG vorliegen kann)

⇨ Art und Bezeichnung der Gegenleistung (Gebühr oder Entgelt)

⇨ eine Rechtsbehelfsbelehrung

Zu beachten ist jedoch, dass auch bei Anschluss- und Benutzungszwang für eine öffentliche Einrichtung wie etwa die Fernwärmeversorgung das Benutzungsverhältnis dem Privatrecht unterfallen kann.[804]

480

im Zweifel öffentlich-rechtlich

Ist die Auslegung nicht eindeutig, ist im Zweifel von einem öffentlich-rechtlichen Benutzungsverhältnis auszugehen.

1. § 8 GO NRW als streitentscheidende Norm

streitentscheidende Norm

§ 8 GO NRW ist die streitentscheidende Norm, wenn es sich um eine öffentliche Einrichtung handelt. Es sollte daher bereits an dieser Stelle geprüft werden, ob die Begriffsmerkmale der öffentlichen Einrichtung vorliegen.

481

2. Zwei-Stufen-Theorie

doppeltes Wahlrecht der Gemeinde

a) Die Gemeinde hat ein Wahlrecht hinsichtlich der Trägerschaft (Organisationsform) und des Benutzungsverhältnisses. Probleme ergeben sich, wenn das **Benutzungsverhältnis privatrechtlich** ist. Nach dem oben Genannten ist dies entweder der Fall, wenn die Gemeinde als Träger der Einrichtung von ihrem Wahlrecht Gebrauch gemacht und das Benutzungsverhältnis privatrechtlich ausgestaltet hat, oder ein Privater Träger der Einrichtung ist.

482

Es stellt sich die Frage, ob der Streit um öffentliche Einrichtungen dann nicht eine privatrechtliche Streitigkeit ist, und der Verwaltungsrechtsweg ausscheidet.

Zwei-Stufen-Theorie

Wie bei Subventionen,[805] so findet auch bei öffentlichen Einrichtungen die Zwei-Stufen-Theorie Anwendung. Diese unterscheidet zwischen der ersten Stufe „Zulassung" (das „Ob") und der zweiten Stufe „Benutzungsverhältnis" (das „Wie").[806]

483

Dabei ist die erste Stufe stets öffentlich-rechtlich. Das Wahlrecht bezieht sich nur auf das Benutzungsverhältnis, nicht auf die Entscheidung über die Zulassung selbst. Auch wenn das Benutzungsverhältnis privatrechtlich abgewickelt wird, bleibt die Entscheidung über das Ob der Zulassung stets öffentlich-rechtlich.

---

804 BVerwG NVwZ 2005, 1072 = **juris**byhemmer.
805 Vgl. dazu **Hemmer/Wüst, Verwaltungsrecht II, Rn. 6 ff.**
806 Maurer Allg. VwR 17. Aufl. (2009), § 3 Rn. 26.

> **hemmer-Methode:** Sinn der Zwei-Stufen-Theorie ist es gerade, die (wichtigere) Entscheidung über die Zulassung überhaupt den Bindungen des öffentlichen Rechts zu unterwerfen. Das Benutzungsverhältnis soll dagegen zivilrechtlich sein können. Insoweit wird dem Bedürfnis nach größerer Flexibilität mit den Gestaltungsmöglichkeiten des Zivilrechts Rechnung getragen.

Übersicht zur Zwei-Stufen-Theorie bei öffentlicher Einrichtung

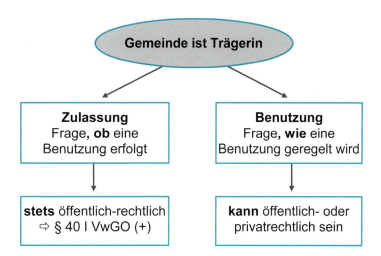

privater Träger: Verschaffungsanspruch gegen die Gemeinde aus § 8 II GO NRW

Der öffentlich-rechtliche Charakter der 1. Stufe gilt nicht nur bei der Trägerschaft der Gemeinde selbst. Auch bei Trägerschaft einer privaten Person hat der Einwohner einen öffentlich-rechtlichen Anspruch aus § 8 II GO NRW.[807]

Dieser richtet sich gegen die Gemeinde. Da die Gemeinde aber nicht der Träger ist, kann dieser Anspruch nur darauf gerichtet sein, dass die Gemeinde von ihren bestehenden Einwirkungsmöglichkeiten Gebrauch macht und den Träger zur Zulassung veranlasst. Es besteht demnach kein „Zulassungs-" Anspruch, sondern ein sog. **Verschaffungsanspruch** gegen die Gemeinde.[808] Auch dieser ergibt sich aus § 8 II GO NRW.

> **hemmer-Methode:** Der Bewerber kann auch gegen den privaten Träger selbst klagen. Dies ist allerdings eine zivilrechtliche Streitigkeit, für die der Verwaltungsrechtsweg nicht eröffnet ist[809].

Unterscheidung der beiden Stufen

b) Die beiden Stufen müssen genau unterschieden werden. Die Entscheidung über den Abschluss des zivilrechtlichen Vertrags gehört ohne Zweifel zur ersten Stufe. Ebenso liegt der Streit um die Benutzung nach erfolgter Kündigung durch den Einrichtungsträger auf der ersten Stufe und ist damit stets öffentlich-rechtlich.[810]

Wird nicht um die erste, sondern die zweite Stufe gestritten, so müssen Sie prüfen, ob das Benutzungsverhältnis öffentlich-rechtlich oder privatrechtlich ausgestaltet ist.

> *Bsp.:* Die Beteiligten streiten darum, ob der Nutzer verpflichtet ist, eine Versicherung für Schäden an der Einrichtung abzuschließen. Die Wirksamkeit der entsprechenden vertraglichen Klausel ist fraglich.

---

807 Rehn/Cronauge, 2. Aufl. 28. Erg.Lfg. (2004), § 8 Anm. II.4.
808 Maurer Allg. VwR 17. Aufl. (2009), § 3 Rn. 26; Rehn/Cronauge, 2. Aufl. 28. Erg.Lfg. (2004), § 8 Anm. II.1.
809 Rehn/Cronauge, 2. Aufl. 28. Erg.Lfg. (2004), § 8 Anm. II.4.; vgl. dazu BVerwG NVwZ 1991, 59 = **juris**byhemmer.
810 VG Düsseldorf, NWVBl. 2004, 33, 34 = **juris**byhemmer.

Die Streitigkeit betrifft die Einzelheiten des Benutzungsverhältnisses. Möchte der Nutzer gerichtlich feststellen lassen, dass die Klausel unwirksam ist, so ist hierfür der Zivilrechtsweg eröffnet, wenn das Benutzungsverhältnis zivilrechtlich ausgestaltet ist.

Einheitlichkeitstheorie (M.M.)

c) Eine M.M. lehnt die Zwei-Stufen-Theorie ab. Diese „Einheitlichkeitstheorie" sieht darin eine unnatürliche Aufspaltung eines einheitlichen Lebensverhältnisses mit der Konsequenz unterschiedlicher rechtlicher Anforderungen (öffentlich-rechtlich und privatrechtlich) und verschiedenen Rechtswegen.

486

Bei privater Trägerschaft seien zudem Klagen auf der ersten Stufe gegen die Gemeinde, auf der zweiten Stufe jedoch gegen den privaten Träger zu richten. Die Stufen seien häufig nur in der Theorie, kaum in der Praxis voneinander zu trennen.

Als Alternative wird ein einheitliches Benutzungsverhältnis vorgezogen, das sowohl Zulassung als auch die Nutzung umfasst. Dabei bestehe die Wahl zwischen Verwaltungsakt, öffentlich-rechtlichem und privatrechtlichem Vertrag. Dem Bedürfnis nach den Bindungen des öffentlichen Rechts kann bei privatrechtlicher Gestaltung nach den Grundsätzen des Verwaltungsprivatrechts Rechnung getragen werden[811].

II. Zulässigkeit der Klage

1. Statthafte Klageart

Verpflichtungsklage

Da die Zulassung durch einen **öffentlichen Träger** ein Verwaltungsakt ist, ist die Verpflichtungsklage die statthafte Klageart. Ist der Zeitraum für die begehrte Zulassung verstrichen, kommt auch eine Fortsetzungsfeststellungsklage analog § 113 I S. 4 VwGO in Betracht.[812]

487

bei privater Trägerschaft: Verpflichtungsklage oder allg. Leistungsklage

Fraglich ist die statthafte Klageart bei **privater Trägerschaft**, d.h. im Fall des sog. Verschaffungsanspruchs. Das Begehren ist darauf gerichtet, dass die Gemeinde auf den privaten Träger einwirkt, damit der Kläger die Einrichtung benutzen kann. Ein Verwaltungsakt wird nicht begehrt, vielmehr sind die Beziehungen zwischen der Gemeinde und dem privaten Träger zivilrechtlicher Natur. Der Verschaffungsanspruch ist ein öffentlich-rechtlicher Anspruch auf zivilrechtliches Tätigwerden der Gemeinde.

488

Von einer Verpflichtungsklage kann nur dann ausgegangen werden, wenn man die Entscheidung der Gemeinde als Verwaltungsakt konstruiert. Richtigerweise ist dieser Verschaffungsanspruch jedoch mit einer allgemeinen Leistungs-Vornahme-Klage geltend zu machen[813].

2. Klagebefugnis

möglicher Anspruch

Gemeindeeinwohner sowie Grundstückseigentümer und Gewerbetreibende (§ 8 III GO NRW) in der Gemeinde haben einen möglichen Anspruch aus § 8 II GO NRW. Auch der Verschaffungsanspruch ist in § 8 II GO NRW enthalten.

489

---

811   Zum Verwaltungsprivatrecht vgl. Maurer Allg. VwR 17. Aufl. (2009), § 3 Rn. 6 ff.
812   Bei Erledigung vor Klageerhebung doppelt analog.
813   So auch Püttner, DVBl. 1975, 353 (357).

§ 9 ÖFFENTLICHE EINRICHTUNGEN

Auswärtige haben keinen Anspruch aus § 8 II GO NRW

Auswärtige Personen, die weder in der Gemeinde wohnen noch einen Gewerbebetrieb oder ein Grundstück dort haben, sind nicht Berechtigte des Anspruchs nach § 8 II GO NRW. Da sie nicht Einwohner sind, haben Sie grundsätzlich keinen Anspruch auf Zulassung.

Anspruch aus der Widmung, wenn die Einrichtung auch Auswärtigen offen steht

Anders ist dies nur, wenn die Einrichtung nach dem Widmungszweck auch Gebietsfremden offen stehen soll. Die Widmung verleiht diesen dann ein subjektiv-öffentliches Recht (einen Anspruch). Sie haben zumindest einen Anspruch auf ermessensfehlerfreie Entscheidung. Hat die Gemeinde in der Vergangenheit tatsächlich Auswärtige zugelassen, so ist das Ermessen aufgrund der Selbstbindung der Verwaltung i.V.m. Art. 3 I GG auf Null reduziert.

> **Bsp.:** *Die Satzung der Stadtbibliothek bestimmt, dass Auswärtigen die Benutzung gestattet werden kann. In langjähriger Praxis erhielten Auswärtige ohne Weiteres Bibliotheksausweise und konnten die Bibliothek nutzen. Dem Auswärtigen A wird dies jedoch verweigert. A klagt.*
>
> Da es um die erste Stufe bei der Benutzung öffentlicher Einrichtungen geht, ist der Verwaltungsrechtsweg eröffnet. Die (Verpflichtungs-)Klage ist auch begründet, denn A hat einen Anspruch auf Zulassung. Anspruchsgrundlage ist die Satzung, die als Widmungszweck auch die Benutzung durch Auswärtige vorsieht. Zwar stellt die Satzung dies in das Ermessen. A hat jedoch nicht nur einen Anspruch auf ermessensfehlerfreie Entscheidung mit der Folge eines Bescheidungsurteils (§ 113 V S. 2 VwGO), da das Ermessen infolge der langjährigen Verwaltungspraxis auf Null reduziert ist und daher Spruchreife vorliegt. Das Gericht wird die Stadt verpflichten, A zuzulassen (§ 113 V S. 1 VwGO).

Exkurs: § 70 GewO

Anspruch aus § 70 I GewO

Ein Anspruch gegen die Gemeinde auf Zulassung zu einer öffentlichen Einrichtung kann sich auch aus § 70 I GewO ergeben.

490

§ 70 GewO gilt nur für „festgesetzte" Veranstaltungen

§ 70 GewO betrifft Veranstaltungen nach §§ 64 - 68 GewO, wie sich aus § 69 GewO ergibt. § 70 I GewO gibt Bewerbern einen Anspruch auf Zulassung (Teilnahme) gegen den Veranstalter.

Im „Normalfall" handelt es sich um einen privatrechtlichen Veranstalter. Wird die Veranstaltung nach § 69 GewO „festgesetzt", haben Bewerber gegen den Veranstalter aus § 70 GewO einen privatrechtlichen[814] Anspruch auf Teilnahme.

Anwendung der Zwei-Stufen-Theorie, wenn die Gemeinde Veranstalter ist

Ist die Gemeinde Veranstalter einer festgesetzten Veranstaltung, so richtet sich der Anspruch gegen die Gemeinde. Der Anspruch auf Zulassung ist öffentlich-rechtlich, denn auch i.R.d. § 70 GewO findet die Zwei-Stufen-Theorie Anwendung. Die Entscheidung über die Teilnahme (das „Ob") ist daher öffentlich-rechtlich, während für die Ausgestaltung des Benutzungsverhältnisses ein Wahlrecht der Gemeinde besteht.[815]

---

[814] H.M., nach a.A. ist der Anspruch öffentlich-rechtlich, da der private Veranstalter durch die Festsetzung beliehen wird, vgl. dazu Tettinger/Wank, GewO, § 70 Rn. 58.

[815] Tettinger/Wank, GewO, § 70 Rn. 59 ff.

Verhältnis des § 70 I GewO zu § 8 II GO NRW

Im Verhältnis zu § 8 II GO NRW gilt Folgendes: Ist eine Veranstaltung nach § 69 GewO festgesetzt, so gilt allein § 70 GewO für den Zulassungsanspruch. § 8 II GO NRW wird verdrängt und ist nicht anwendbar.[816] Ohne Festsetzung gilt allein § 8 II GO NRW, § 70 GewO ist dann nicht anwendbar.[817]

Exkurs Ende

3. Sonstige Zulässigkeitsvoraussetzungen

keine Besonderheiten

Bei den sonstigen Zulässigkeitsvoraussetzungen bestehen keine Besonderheiten.[818]

491

III. Begründetheit

Bestehen des Anspruchs aus § 8 II GO NRW

Es ist zu prüfen, ob ein Anspruch aus § 8 II GO NRW besteht. Voraussetzung hierfür ist, dass eine öffentliche Einrichtung vorliegt, der Kläger zu dem Kreis der berechtigten Personen zählt, und der Anspruch nicht ausgeschlossen ist.

492

Da die Voraussetzungen einer öffentlichen Einrichtung bereits geprüft wurden, kann insoweit nach oben verwiesen werden.

1. Berechtigter Personenkreis nach § 8 II - IV GO NRW

a) Einwohner

Einwohner (§ 8 I GO NRW)

Nur Einwohner haben nach § 8 II S. 2 GO NRW einen Anspruch auf Zulassung zu den öffentlichen Einrichtungen der Gemeinde.

493

hemmer-Methode: Dies können Sie auch schon in der Zulässigkeit bei der Klagebefugnis ansprechen. Achten Sie jedoch darauf, ihre Bearbeitung nicht „kopflastig" werden zu lassen. Gehört der Kläger nicht zu dem berechtigten Personenkreis, kann er noch als Auswärtiger einen Anspruch auf Zulassung haben. Wenn Sie im Ergebnis die Klagebefugnis bejahen, ist es empfehlenswert, die Einwohnereigenschaft erst in der Begründetheit zu prüfen.

Begriff des Wohnens

Gem. § 21 I GO NRW ist Einwohner, wer in der Gemeinde wohnt. Wohnung ist jeder umschlossene Raum, der zum Wohnen oder Schlafen benutzt wird.[819] Dazu gehören auch möblierte Zimmer sowie Wochenend- und Ferienhäuser. Erforderlich ist jedoch, dass der Raum auch zum Wohnen oder Schlafen von der betreffenden Person genutzt wird.

Unerheblich ist, ob die Person ihren Wohnsitz in der Gemeinde angemeldet hat. Die Erfüllung oder Nichterfüllung der melderechtlicher Verpflichtungen ist i.R.d. § 8 I GO NRW unerheblich.

---

816 Die Gemeinde oder sonstige Veranstalter sind nicht verpflichtet, die Veranstaltung festsetzen zu lassen. Dies liegt in ihrer eigenen Entscheidung. Der Sinn der Festsetzung besteht darin, dass eine Festsetzung bestimmte Vergünstigungen und Erleichterungen für die Veranstaltung gelten (sog. Marktprivilegien, s. Tettinger/Wank, GewO, § 69 Rn. 1. Nachteil ist jedoch der allgemeine Zulassungsanspruch nach § 70 GewO.
817 Tettinger/Wank, GewO, § 70 Rn. 5.
818 Zur Zulassung von Parteien s.u. Rn. 504 ff.
819 So auch in § 15 S. 1 MeldeGNW.

b) Gewerbetreibende und Eigentümer von Grundstücken in der Gemeinde (§ 8 III GO NRW)

Anspruch auf Benutzung wie Einwohner, ...

Personen, die nicht in der Gemeinde wohnen, jedoch Eigentümer eines Grundstücks auf dem Gemeindegebiet sind oder ein Gewerbe betreiben,[820] haben ebenso wie Einwohner einen Anspruch auf Zulassung zu den öffentlichen Einrichtungen der Gemeinde, die in der Gemeinde für Grundbesitzer und Gewerbetreibende bestehen.

... wenn die Einrichtung Grundstücken und Gewerbebetrieben dient

Ob eine Einrichtungen für Grundbesitzer und Gewerbetreibende besteht, ist nach ihrem Widmungszweck zu bestimmen. Es kommt darauf an, ob die Einrichtung für Grundstücke bzw. Gewerbebetriebe besteht, oder der Zweck der Einrichtung an das (sonstige) Wohnen und Leben in der Gemeinde anknüpft.

> *Bsp.:* Ist Metzgermeister M Inhaber einer Fleischerei in der Stadt Viehburg, wohnt er aber in der Nachbargemeinde, so ist er wie alle Einwohner von Viehburg berechtigt, den städtischen Schlachthof zu benutzen. Dieser ist eine öffentliche Einrichtung, die für alle die Gewerbetreibenden besteht, die Vieh schlachten. M ist aber nicht nach § 8 II GO NRW berechtigt, den städtischen Sportplatz von Viehburg zu benutzen.[821]

494

c) Juristische Personen und Personenvereinigungen (§ 8 IV GO NRW)

jur. Personen und Personenvereinigungen (§ 8 IV GO NRW)

Das für die Einwohner sowie auswärtige Personen, die Grundstückseigentümer oder Gewerbetreibende in der Gemeinde sind, geltende Recht zur Benutzung der öffentlichen Einrichtung gilt in gleicher Weise für juristische Personen und Personenvereinigungen.

§ 8 IV GO NRW ist notwendige Ergänzung, da § 8 II GO NRW auf den Begriff des „Einwohners" abstellt. Einwohner können jedoch nur natürliche Personen sein. Personenvereinigungen i.S.d. Abs. 4 sind alle teilrechtsfähigen Rechtssubjekte, wie OHG, KG und GbR sowie der nichteingetragene Verein.

> *Bsp.:* Der eingetragene Sportverein mit Sitz in der Gemeinde ist nach § 8 II, IV GO NRW zur Benutzung des gemeindlichen Sportplatzes berechtigt. Wird in obigem Beispiel die Fleischerei nicht von M, sondern der M-OHG betrieben, so ist diese gem. § 8 II, III, IV GO NRW zur Benutzung des Schlachthofs von Viehburg berechtigt.

495

2. Ausschluss des Benutzungsanspruchs

Grenzen des Zulassungsanspruchs

Der Anspruch aus § 8 II GO NRW besteht nur „i.R.d. geltenden Rechts". Grenzen für den Zulassungsanspruch bestehen durch

⇨ den Widmungszweck,

⇨ sonstige Ausschlussgründe, insbesondere aufgrund des Sicherheitsrechts, und

⇨ die Kapazität.

496

---

[820] Diese Personen werden auch als „Forensen" bezeichnet.
[821] Sondern allenfalls als Auswärtiger nach den o. dargestellten Grundsätzen.

a) Widmungszweck

Festlegung des Widmungszwecks durch Satzung

Zu den geltenden Rechtsvorschriften zählt insbesondere eine Satzung, in der die Gemeinde u.U. die Benutzung geregelt hat.[822] Werden Nutzungen in einer Satzung beschränkt oder ausgeschlossen, so müssen Sie ggf. an dieser Stelle inzident die Wirksamkeit der Satzung überprüfen.

hemmer-Methode: Aufgrund der allgemeinen Satzungsermächtigung nach § 7 I GO NRW hat die Gemeinde das Recht, die Benutzung umfassend durch Satzung zu regeln. Dies wird auf die sog. Anstaltsgewalt gestützt, die eine spezielle Satzungsermächtigung, wie sie ansonsten für Grundrechtseingriffe erforderlich ist, erübrigt.[823]

Bestimmung des Widmungszwecks im pflichtgemäßen Ermessen

Maßstab für die Überprüfung der Satzung ist, ob die Gemeinde von ihrem Ermessen, das ihr zusteht, fehlerfrei Gebrauch gemacht hat, oder aber diese Grenzen überschritten hat.

Werden bestimmte Nutzungen ausgeschlossen, die in der Einrichtung grundsätzlich möglich wären, so ist dies an Art. 3 I GG zu messen. Zu prüfen ist dann, ob es einen sachlichen Grund für die ungleiche Behandlung verschiedener Nutzungen gibt.

anderweitige Widmung

Besteht keine Satzung, so ist der Widmungszweck anhand der vorliegenden Widmung zu bestimmen.

Widmungszweck anhand der Verwaltungspraxis und der Art der Einrichtung

Handelt es sich wie häufig um eine lediglich konkludente Widmung, so ist der Umfang der zulässigen Nutzung aufgrund der bisherigen Verwaltungspraxis sowie der in der Einrichtung möglichen Nutzungen zu bestimmen.[824]

Bsp.: Die Stadthalle wurde bisher für alle Arten von Veranstaltungen genutzt. Literaturveranstaltungen fanden bisher nicht statt. Eine Satzung oder eine sonstige ausdrückliche Widmung gibt es nicht. Ein Antrag des Einwohners und Borussia-Anhängers A, eine Buchlesung mit Fußballspielern durchzuführen, wird von der Stadt abgelehnt, da für Literaturveranstaltungen kaum Interesse in der Bevölkerung bestehe.

Der Anspruch des A könnte ausgeschlossen sein, weil die Nutzung nicht dem Widmungszweck entspricht. Widmungszweck der Stadthalle waren hier mangels ausdrücklicher Regelung zunächst Veranstaltungen aller Art, die in einer Stadthalle durchgeführt werden können. Dazu zählen auch Literaturveranstaltungen.

nachträgliche Beschränkung des Widmungszwecks zulässig?

Möglich ist jedoch, den Widmungszweck nachträglich einzuschränken. Die Stadt könnte hier Literaturveranstaltungen ausgeschlossen haben. Besteht keine Satzung und ist die Widmung nicht ausdrücklich erfolgt, so kann die Widmung durch eine geänderte Vergabepraxis für die Zukunft eingeschränkt werden. Eine solche geänderte Vergabepraxis könnte in der Ablehnung des Antrags durch die Stadt gesehen werden. Die Stadt bringt darin zum Ausdruck, dass sie grundsätzlich keine Literaturveranstaltungen in der Stadthalle möchte. Dies wird man ausreichen lassen können.[825]

Diese Beschränkung des Widmungszwecks ist jedoch wegen Verstoß gegen Art. 3 I GG rechtswidrig und unwirksam. Das angebliche mangelnde Interesse der Bevölkerung ist kein sachlicher Grund, um diese Nutzung gegenüber anderen Nutzungen ungleich zu behandeln. Bestünde tatsächlich kein Interesse der Bevölkerung, so könnte dies allenfalls bei der Entscheidung über die Zulassung konkurrierender Nutzungsanträge berücksichtigt werden. A hat einen Anspruch auf Zulassung.

---

822 Vgl. zur Ermächtigung, die Benutzung einer öffentlichen Einrichtung durch Satzung zu regeln, u. Rn. 536.
823 OVG Münster, NWVBl. 2003, 104; s. Rn. 536 = **juris**byhemmer.
824 Vgl. dazu auch **Life&Law 2000, 58** = NVwZ-RR 1999, 574 ff.
825 Vgl. dazu die lesenswerte Entscheidung VGH Mannheim, NVwZ 1998, 541 = **juris**byhemmer.

b) Ausschluss aus sicherheitsrechtlichen Gründen

Störung der öffentlichen Sicherheit oder Ordnung ...

Die Zulassung kann abgelehnt werden, wenn mit hoher Wahrscheinlichkeit zu erwarten ist, dass die Benutzung der Einrichtung die öffentliche Sicherheit oder Ordnung stören wird.

500

... durch den Nutzer

Die Gefahr für die öffentliche Sicherheit oder Ordnung kann dabei zum einen durch den Veranstalter selbst ausgehen. Redner auf einer Versammlung können sich nach den §§ 185 ff. StGB strafbar äußern, oder zu Straftaten oder Ordnungswidrigkeiten aufrufen.[826]

... durch Dritte

Möglich ist jedoch auch, dass eine Störung durch Dritte bevorsteht. Ob aus diesem Grund die Zulassung abgelehnt werden kann, ist in entsprechender Anwendung der Polizeipflichtigkeit (§§ 17, 18, 19 OBG) zu entscheiden.

Sofern der Nutzer nicht ausnahmsweise als Zweckveranlasser verhaltensverantwortlich[827] ist, kann die Zulassung nur bei polizeilichem Notstand versagt werden.[828]

Gefahr für die Einrichtung selbst

Ferner ist ein Ausschluss möglich, wenn mit hoher Wahrscheinlichkeit mit einer Beschädigung der Einrichtung selbst durch die Nutzung zu rechnen ist.[829] Sofern eine solche Nutzung nicht ohnehin schon außerhalb des Widmungszwecks liegt, kann die Zulassung abgelehnt, eingeschränkt oder mit Auflagen versehen werden.

c) Kapazität

Anspruch durch vorhandene Kapazität beschränkt

Der Zulassungsanspruch nach § 8 II GO NRW besteht naturgemäß nur i.R.d. vorhandenen Kapazität. Ist die Kapazität erschöpft, ist der Anspruch ausgeschlossen. Der Einzelne hat keinen Anspruch auf Schaffung oder Erweiterung einer öffentlichen Einrichtung.[830]

501

Kein Problem ergibt sich, wenn die Einrichtung zu einem bestimmten Zeitpunkt tatsächlich schon vergeben wurde. Beantragt dann ein anderer Bewerber die Zulassung, so kann dieser mit Hinweis auf die ausgeschöpfte Kapazität abgelehnt werden.

Auswahlentscheidung bei Erreichen der Kapazitätsgrenze

Schwieriger ist es, wenn über die Anträge mehrerer Bewerber zu entscheiden ist. Dann muss eine **Auswahlentscheidung** getroffen werden.

502

zulässige Auswahlkriterien

Diese Auswahl steht grundsätzlich im pflichtgemäßen Ermessen des Einrichtungsträgers. Die Entscheidung muss jedoch aufgrund **zulässiger Auswahlkriterien** getroffen werden. Diese Kriterien müssen benannt werden, was bei einer Ablehnung insbesondere in der Begründung (§ 39 I VwVfG) zu erfolgen hat.

hemmer-Methode: Bisweilen wird die Zulassung als Ermessensentscheidung bezeichnet. Das ist nicht richtig, denn § 8 II GO NRW ist eine gebundene Entscheidung. Liegen die Voraussetzungen vor und fehlt es an Ausschlussgründen, so besteht ein Anspruch auf Zulassung, und nicht lediglich auf ermessensfehlerfreie Entscheidung. Nur bei Erreichen der Kapazitätsgrenze, d.h. bei mehr Bewerbern als freier Kapazität, besteht Ermessen, welche Auswahlkriterien angewendet werden. Nur dann und nur insoweit besteht Ermessen.

---

826 VGH Mannheim NJW 1987, 2698.
827 § 17 OBG.
828 § 19 OBG.
829 Vgl. Held u.a. 25. NachLfg. (2010), § 8 GO NRW, Anm. 3.2 (S. 8).
830 OVG Münster, NWVBl. 2004, 387 = **juris**byhemmer.

Zulässige Auswahlkriterien können sein:

⇨ zeitliche Priorität,[831] d.h. nach der Reihenfolge der Anträge,

⇨ „bekannt und bewährt",[832]

⇨ Wirtschaftlichkeit[833], z.B. bei einem Volksfest eine attraktive Mischung aus verschiedenen Angeboten,

⇨ Auswahl durch Los.[834]

Welche dieser zulässigen Kriterien angewendet werden, steht im Ermessen der Gemeinde. Dabei muss jedoch für alle Bewerber Chancengleichheit bestehen. Dies schließt es etwa aus, „bekannt und bewährt" als einziges Kriterium anzuwenden, denn die Auswahl darf nicht zu einem dauerhaften Ausschluss eines an sich geeigneten Bewerbers führen.

IV. Häufiges Klausurproblem: Zulassung politischer Parteien zu kommunalen öffentlichen Einrichtungen (Stadthallen)[835]

Problemkreise

Regelmäßig geht es hierbei in Praxis und Klausur um folgende Problemkreise:

1. Beteiligtenfähigkeit, § 61 VwGO

Parteifähigkeit politischer Parteien und ihrer Untergliederungen

Oft begehren ein Landesverband oder eine Ortsgruppe (wegen des örtlichen Bezugs als Zulassungsvoraussetzung, s.o.) einer Partei die Zulassung zu einer öffentlichen Einrichtung der Gemeinde. Bei diesen Untergliederungen der Parteien handelt es sich regelmäßig gerade nicht um eingetragene Vereine, welche als juristische Personen unproblematisch nach § 61 Nr. 1 VwGO parteifähig wären.

§ 3 ParteiG

In diesem Zusammenhang ist auf § 3 ParteiG zu achten, wonach sowohl die Partei als solche als auch ihre Gebietsverbände der höchsten Stufe (also die Landesverbände) grundsätzlich unter ihrem Namen klagen können. Da durch § 3 ParteiG insoweit eine Gleichstellung mit einer juristischen Person erfolgt, ergibt sich in diesen Fällen nach der Ansicht eines Teils der Literatur[836] die Beteiligungsfähigkeit bereits aus § 61 Nr. 1 VwGO. Folgt man dem nicht, weil § 61 Nr. 1 VwGO nur von juristischen Personen spricht, ergibt sich die Beteiligtenfähigkeit aus § 3 ParteiG unmittelbar, der als spezielle Regelung § 61 VwGO vorgeht.[837]

> **hemmer-Methode:** Die Fähigkeit, „im eigenen Namen zu klagen und verklagt zu werden", bedeutet nichts anderes, als Partei in einem Rechtsstreit sein zu können (Parteifähigkeit = Beteiligtenfähigkeit). § 3 ParteiG ist daher richtigerweise eine Spezialregelung der Beteiligtenfähigkeit für Parteien, die § 61 VwGO vorgeht.

---

831 VGH München, BayVBl. 1982, 658.
832 BVerwG DÖV 1982, S. 82 = **juris**byhemmer.
833 OVG Münster, OVGE 24, 175 (182).
834 VGH Kassel, NJW 1987, S. 146.
835 Vgl. hierzu Zundel, JuS 1991, S. 472.
836 Vgl. Kopp, 15. Aufl. (2007), § 61 VwGO, Rn. 6.
837 So Schoch/Schmidt-Aßmann/Pietzner, VwGO 20.Erg.Lfg. (2010), § 61 Rn. 2.

Ortsverbände der Parteien	Für die Ortsverbände oder Bürgerinitiativen gilt § 3 ParteiG (vgl. Wortlaut) nicht. Hier ist eine Beteiligtenfähigkeit nach § 61 Nr. 2 VwGO zu prüfen. Die Ortsverbände der Parteien sind Vereinigungen i.S.v. § 61 Nr. 2 VwGO, d.h. Personenmehrheiten, denen nach materiellem Recht (§ 8 IV GO NRW) das in Frage stehende oder berührte Recht gerade zustehen kann.[838]	507

Nach wohl h.M. muss eine Vereinigung i.S.v. § 61 Nr. 2 VwGO eine feste und auf Dauer ausgerichtete Organisation aufweisen.[839] Bürgerinitiativen fehlt eine solche i.d.R., was dazu führen würde, dass sie nicht beteiligtenfähig sind. Beteiligtenfähig sind aber auf jeden Fall die einzelnen, natürlichen Personen.

2. Versagungsgründe

Versagung der Zulassung — In der Praxis kommt es immer wieder vor, dass rechts- oder linksextreme (aber nicht verbotene) Parteien die Zulassung zu öffentlichen Einrichtungen begehren, was regelmäßig von der Gemeinde unerwünscht ist und zu erheblicher Unruhe innerhalb der Bevölkerung führt. Fraglich ist dann, unter welchen Voraussetzungen einer politischen Partei die Zulassung zur gemeindlichen Stadthalle versagt werden kann. — 508

Als Versagungsgründe kämen in Betracht:

⇨ Halle bereits belegt

Halle belegt — Der Anspruch auf Zulassung besteht nur i.R.d. Kapazitäten, d.h., dass eine Zulassung grundsätzlich ausgeschlossen ist, wenn die Halle zum fraglichen Termin bereits anderweitig vergeben ist. — 509

Wegen der herausgehobenen Stellung, die die Parteien von Verfassungs wegen genießen, Art. 21 GG, könnte die Gemeinde allerdings ausnahmsweise zum Widerruf des der anderweitigen Belegung zugrundeliegenden Verwaltungsakts nach § 49 II Nr. 3 VwVfG NRW verpflichtet sein. Selbst wenn man aber das nachträgliche Interesse der Partei an einer Nutzung der Halle als Änderung der Sachlage betrachtete, so tritt doch jedenfalls keine Gefährdung des öffentlichen Interesses ohne den Widerruf ein. Denn hierunter ist nur die Beseitigung oder Verhinderung eines sonst unmittelbar drohenden Schadens zu verstehen,[840] die bloße Förderung dieses Interesses genügt nicht. Mithin ist bei anderweitiger Hallenbelegung ein Zulassungsanspruch ausgeschlossen.

⇨ Halle für die X-Partei reserviert, obwohl diese keine konkreten Nutzungsabsichten angemeldet hat (fiktive Reservierung)

fiktive Reservierung — Verfassungsrechtlicher Auftrag der Parteien ist es nach Art. 21 GG, an der Willensbildung des Volkes mitzuwirken. Dies setzt aber voraus, dass den Parteien gleiche Wettbewerbschancen eingeräumt werden, da nur so die Bürger ihre Entscheidung ohne einseitige Beeinflussung treffen können. Der öffentlichen Gewalt ist daher jede Ungleichbehandlung der Parteien versagt, außer sie ist durch einen besonderen zwingenden Grund gerechtfertigt. — 510

---

838 Vgl. zu diesem Erfordernis Kopp/Schenke, 16. Aufl. (2009), § 61 VwGO, Rn. 9.
839 Vgl. dazu Kopp/Schenke, 16. Aufl. (2009), § 61 VwGO, Rn. 12.
840 Kopp/Ramsauer, 11. Aufl. (2010), § 49 VwVfG, Rn. 48.

Voraussetzung für Hallenversagen ist aber, dass die Kapazitäten tatsächlich nicht ausreichen. Die Kapazität der Halle darf nicht abstrakt beurteilt werden, die Ausrichtung muss immer am tatsächlichen Bedarf erfolgen. Es ist daher nicht möglich, die Halle zu reservieren ohne zu berücksichtigen, ob die Termine auch tatsächlich wahrgenommen werden. Es stünde sonst im Belieben der Stadt, durch Begründung entsprechender Ansprüche in ihrer Benutzungsordnung den Rechtsanspruch von Parteien geringerer Bedeutung auf formale Gleichbehandlung zu unterlaufen.

⇨ genereller Benutzungsausschluss

genereller Benutzungsausschluss

Sofern nicht bereits Parteien generell von der Benutzung der Einrichtung ausgeschlossen sind, was (theoretisch) möglich ist, wenn der Zweck oder die Beschaffenheit der Einrichtung es gebieten,[841] ist eine nachträgliche Änderung der Zweckbestimmung aus wichtigem Grund möglich.[842]

Erfolgt eine solche Änderung nach Antragstellung, ist aber grundsätzlich auf die Verhältnisse zum Zeitpunkt der Antragstellung abzustellen.[843]

⇨ Gefahr rechtswidrigen Verhaltens als Ausschlussgrund

angebliche Verfassungswidrigkeit ...

Besonders klausurrelevant in den „Stadthallenfällen" ist die Gefahr rechtswidrigen Verhaltens. Insoweit gilt zunächst das bereits oben Genannte.[844]

... trägt Ablehnung nicht

Häufig wird in diesem Zusammenhang angeführt, die Zulassung sei zu versagen, weil die **Partei verfassungswidrig sei** bzw. verfassungsfeindliche Ziele verfolge.[845] Diese Annahme kann jedoch unter keinen Umständen eine Ablehnung rechtfertigen. Denn nach Art. 21 II GG entscheidet das BVerfG über die Verfassungswidrigkeit von Parteien. Die Vorschrift ist so zu lesen, dass **nur** das BVerfG darüber entscheidet.

Parteienprivileg, Art. 21 II GG

Aus diesem **Entscheidungsmonopol** des BVerfG folgt das sog. **Parteienprivileg**: Solange das BVerfG nicht die Verfassungswidrigkeit einer Partei festgestellt hat, dürfen staatliche Stellen nicht von der Verfassungswidrigkeit ausgehen, sondern müssen die Partei wie jede andere behandeln. Dies gilt auch für Gemeinden bei der Entscheidung über die Zulassung zu öffentlichen Einrichtungen.

⇨ Furcht vor Ausschreitungen und Beschädigung der Einrichtung

drohende Krawalle

Dies kommt nur in Betracht, wenn es sich um eine konkrete Gefahr handelt, d.h. die Störung sicher zu erwarten ist und es auf andere Art und Weise (durch polizeiliche Maßnahmen) nicht möglich ist, diese Störungen zu unterbinden (ultima ratio).

Dies ergibt sich einmal aus der herausgehobenen Stellung, die die Parteien durch unsere Verfassung (Art. 21 GG) haben, aber auch bereits aus dem Grundsatz der Verhältnismäßigkeit, da polizeiliche Maßnahmen weniger einschneidend sind und die Aufrechterhaltung der öffentlichen Sicherheit und Ordnung gerade auch Aufgabe der Polizei ist.

---

841 Vgl. Bad.Württ. VGH BaWüVPR 1989, S. 58.
842 Vgl. OVG Münster, NJW 1976, S. 822 = **juris**byhemmer.
843 Vgl. BVerwGE 31, 368 = **juris**byhemmer.
844 Rn. 500 f.
845 Eine gleichlaufende Problematik besteht bei Versammlungsverboten.

§ 9 ÖFFENTLICHE EINRICHTUNGEN

Liegen die oben genannten Voraussetzungen vor, kommt ein Ausschluss aber auch dann in Betracht, wenn die Ausschreitungen von Dritten drohen (Gegendemonstrationen etc.), die Partei also Nichtstörer i.S.d. Ordnungsrechts ist.[846]

V. Klausurschema: Zulassung zu öffentlichen Einrichtungen der Gemeinde

Prüfungsschema

I. Verwaltungsrechtsweg (§ 40 I VwGO)

1. § 8 GO NRW als streitentscheidende Norm

⇨ Vorliegen einer öffentlichen Einrichtung ⇒ (1) Unterhaltung im öffentlichen Interesse (2) Widmung (3) Zugänglich für die allgemeine Benutzung durch Gemeindeangehörige (4) Verfügungsmacht der Gemeinde

2. Bei zivilrechtlicher Ausgestaltung des Benutzungsverhältnisses gilt nach h.M. die **Zwei-Stufen-Theorie**

II. Zulässigkeit

1. Klageart

⇨ grds. Verpflichtungsklage, bei privatem Träger der Einrichtung nach richtiger Auffassung allg. Leistungsklage, da die Gemeinde den Verschaffungsanspruch durch Einwirkung auf den privaten Träger erfüllt

2. Beteiligtenfähigkeit

⇨ bei Parteien ggf. aus § 3 ParteiG

⇨ bei Vereinigungen § 61 Nr. 2 VwGO i.V.m. § 8 II, IV GO NRW

3. Klagebefugnis (§ 42 II VwGO)

⇨ möglicher Anspruch auf Zulassung bzw. **Verschaffungsanspruch** aus § 8 II GO NRW, bei Parteien u.U. aus § 5 I ParteiG

4. Sonstige Zulässigkeitsvoraussetzungen

III. Begründetheit

§ 113 V S. 1 VwGO: Anspruch aus § 8 II GO NRW?

1. Öffentliche Einrichtung der Gemeinde

2. Berechtigter Personenkreis (§ 8 II - IV GO NRW)

3. Ausschluss des Benutzungsanspruchs

⇨ Widmungszweck

⇨ sonstige Ausschlussgründe, insbes. sicherheitsrechtlicher Art

⇨ Kapazität

---

846 Vgl. BVerwGE 31, S. 371 = **juris**byhemmer; Bad.Württ. VGH DÖV 1968, S. 178; NJW 1987, S. 832, S. 2697 = **juris**byhemmer; DÖV 1987, S. 254; OVG Lüneburg NJW 1985, S. 2347; NVwZ 1988, S. 638.

C) Anschluss- und Benutzungszwang

I. Bedeutung

Anschluss- und/oder Benutzungszwang nach § 9 S. 1 GO NRW

Nach § 9 S. 1 GO NRW kann die Gemeinde bei öffentlichem Bedürfnis für bestimmte öffentliche Einrichtungen einen Anschluss- und/oder Benutzungszwang vorschreiben.

hemmer-Methode: Auch wenn meist vom Anschluss- und Benutzungszwang die Rede ist und in der Praxis meist beides angeordnet wird, kann auch beispielsweise nur ein Anschlusszwang angeordnet werden. Der Verpflichtete muss dann lediglich diejenigen Vorkehrungen treffen, die ihm die jederzeitige Benutzung der Einrichtung ermöglichen. Für die Bereitstellung muss er dann ggf. nach Maßgabe einer Satzung i.S.v. § 6 KAG Gebühren entrichten. Zur tatsächlichen Nutzung der Einrichtung ist er dadurch hingegen nicht verpflichtet.

Anschlusszwang

Anschlusszwang ist die Verpflichtung, all diejenigen Vorkehrungen zu treffen oder zu dulden, die die jederzeitige Benutzung der öffentlichen Einrichtung ermöglichen.[847]

Bsp. 1: Verlegung des Hausanschlusses zum gemeindlichen Wasserleitungs- oder Kanalnetz.[848]

Bsp. 2: Anschlusszwang für ein Druckentwässerungssystem, bei dem die Anschlussnehmer für den Anschluss ihrer Grundstücke dort zunächst besondere Grundstücksentwässerungseinrichtungen wie Druckpumpe und Zerkleinerer beschaffen und unterhalten müssen[849]

Den Anschlusszwang kann die Gemeinde gem. § 9 S. 1 GO NRW nur „für die Grundstücke ihres Gebiets" anordnen, sodass nur Einrichtungen in Betracht kommen, die den Grundstücken dienen, also grundstücksbezogen sind.[850] Auch Grundstückseigentümer, die nicht in der Gemeinde wohnen, unterliegen demzufolge dem Anschlusszwang.[851]

Benutzungszwang

Benutzungszwang ist die Verpflichtung, (im Bedarfsfall) die öffentliche Einrichtung auch tatsächlich und ausschließlich zu benutzen und die Benutzung etwa vorhandener privater Einrichtungen zu unterlassen.[852]

Bsp.: Wird Benutzungszwang für die gemeindliche Wasserleitung vorgeschrieben, darf der eigene private Brunnen in dem Umfang nicht mehr genutzt werden, in dem der Benutzungszwang vorgeschrieben ist.[853]

Allerdings kann nicht verlangt werden, dass die privaten Einrichtungen unbrauchbar gemacht werden,[854] also z.B. ein privater Brunnen zugeschüttet wird.

---

847 Vgl. BayVGH BayVBl. 1961, S. 220; Bösche, S. 93 f.
848 Bösche, S. 94.
849 OVG Münster, NWVBl. 98, S. 154, 155.
850 Rauball/Pappermann/Roters, § 19 GO NW, Rn. 2.
851 Bösche, S. 94.
852 Vgl. BayVGH BayVBl. 1967, S. 137; Rehn/Cronauge, 2. Aufl. 36. Erg.Lfg. (2011), § 9 Anm. II 4.
853 Bösche, S. 94.
854 BayVGH n.F. 19, S. 163.

II. Voraussetzungen

Aufzählung der Einrichtungen abschließend

(1) Der Anschluss- und Benutzungszwang kann nur für die in § 9 GO NRW aufgeführten Einrichtungen angeordnet werden.

⇨ Ausdrücklich genannt sind Wasserleitungen, Kanalisation, Einrichtungen der Fernwärme und - allerdings nur hinsichtlich des Benutzungszwangs - Schlachthöfe.

⇨ Darüber hinaus kann ein Anschluss- und Benutzungszwang für „ähnliche der Volksgesundheit dienende Einrichtungen" angeordnet werden. Wie sich aus dem Wortlaut des § 9 GO NRW ergibt, ist es hierfür nicht ausreichend, dass eine Einrichtung schlechthin der Volksgesundheit dient, sie muss ihr vielmehr in ähnlicher Weise dienen wie Wasserleitung und Kanalisation.[855] Es handelt sich regelmäßig um Einrichtungen, die die Abwehr von Seuchen bezwecken. Weiterhin muss es sich um eine öffentliche Einrichtung i.S.d. § 8 I GO NRW handeln.[856] Sie muss schließlich den Grundstücken dienen, also grundstücksbezogen sein.[857] Dieses Merkmal soll eine Ausuferung kommunaler Machtbefugnisse verhindern.[858] Unter den Begriff der ähnlichen der Volksgesundheit dienenden Einrichtungen fallen z.B. nicht Gas- oder Elektrizitätswerke, gemeindliche Kultureinrichtungen o.Ä.,[859] wohl aber - auch bei Berücksichtigung des Merkmals der Grundstücksbezogenheit - Friedhöfe.[860]

⇨ Einrichtungen zur Abfallbeseitigung fallen nicht (mehr) unter § 9 GO NRW, da für sie in § 9 Ia S. 1 LAbfG die Möglichkeit, einen Anschluss- und Benutzungszwang anzuordnen, spezialgesetzlich geregelt ist. Nach § 9 Ia S. 2 LAbfG gilt § 9 GO NRW jedoch entsprechend.

⇨ Auch im Bereich der Straßenreinigung ist § 9 GO NRW nicht (mehr) anwendbar, da durch das StrReinG NW eine spezialgesetzliche Regelung getroffen wurde.[861]

nicht notwendig gemeindliches Eigentum

(2) Die Einrichtung, für die ein Anschluss- und Benutzungszwang angeordnet wird, muss nicht notwendig im Eigentum der Gemeinde stehen oder von ihr selbst betrieben werden.

Die Gemeinde kann sich auch eines privaten Unternehmers als „kommunalem Erfüllungsgehilfen" bedienen, der die Einrichtung betreibt. Im Verhältnis zum Benutzer bleibt aber auch dann die Gemeinde berechtigt und verpflichtet (z.B. zur Gebührenerhebung oder zum Erlass von Verwaltungsakten).

str.: Regelung des Benutzungsverhältnisses nur einheitlich ö.-r.

Ob der (notwendig öffentlich-rechtlich begründete) Anschluss- und Benutzungszwang es ausschließt, dass das Benutzungsverhältnis im Übrigen privatrechtlich geregelt wird, ist strittig.[862]

---

855 Bösche, S. 95.
856 Rauball/Pappermann/Roters, § 19 GO NW, Rn. 2.
857 Held u.a. 25. NachLfg. (2010), § 9 GO NRW, Anm. 2. 1.
858 OVG Rheinl.Pfalz DÖV 1971, S. 278 (279).
859 Vgl. Rehn/Cronauge, 2. Aufl. 36. Erg.Lfg. (2011), § 9 Anm. II 1.
860 OVG Münster, OVGE 25, S.106 (107); Rauball/Pappermann/Roters, § 19 GO NW, Rn. 2.
861 Vgl. Rehn/Cronauge, 2. Aufl. 36. Erg.Lfg. (2011), § 9 Anm. II 2.
862 Vgl. Held u.a. 25. NachLfg. (2010), § 9 GO NRW, Anm. 2. 2; Maurer Allg. VwR 17. Aufl. (2009), § 3, Rn. 26; auch von Danwitz, JuS 1995, S. 1 ff.

Eine „Beleihung" des Unternehmers mit Hoheitsrechten scheidet jedenfalls aus, weil dazu eine formell-gesetzliche Grundlage erforderlich ist,[863] die weder in § 8 noch § 9 GO NRW gesehen werden kann.[864]

Vorliegen eines öffentlichen Bedürfnisses

(3) Der Anschluss- und Benutzungszwang darf nur bei Vorliegen eines öffentlichen Bedürfnisses eingeführt werden.

520

Das öffentliche Bedürfnis muss nicht zwingend oder dringend sein, es genügt, wenn nach objektiven Maßstäben das Wohl der Gemeindeeinwohner gefördert wird.[865] Konkretisiert wird der Begriff des öffentlichen Bedürfnisses durch die Ausrichtung des § 9 GO NRW auf Einrichtungen, die der Volksgesundheit dienen. Ein Anschluss- und Benutzungszwang darf grundsätzlich nur im Interesse der Volksgesundheit, nicht aber aus anderen Erwägungen angeordnet werden.[866]

abzustellen auf gesamtes Versorgungsgebiet

Es ist nicht notwendig, dass die Gründe für das Vorliegen eines öffentlichen Bedürfnisses bei jedem einzelnen Betroffenen bzw. hinsichtlich jedes einzelnen Grundstücks vorliegen, vielmehr ist auf das gesamte Versorgungsgebiet abzustellen.[867]

rein fiskalische Gründe reichen nicht

Rein fiskalische Erwägungen, d.h. das bloße Bestreben, eine Einnahmequelle für die Gemeinde zu erschließen, rechtfertigen die Einführung eines Anschluss- und Benutzungszwangs nicht.[868] Doch ist im Interesse einer Gesamtversorgung die zwangsweise Beiziehung einer Minderheit auch dann zulässig, wenn sie nur deshalb erfolgt, um eine für alle tragbare und wirtschaftliche Erfüllung der Aufgabe zu ermöglichen und die für die finanzielle Selbsttragung der Einrichtung erforderlichen Einnahmen zu sichern (§ 77 II Nr. 1 GO NRW, § 6 I S. 3 KAG).[869]

Umfang der rechtlichen Überprüfung str.

Umstritten ist, ob das Vorliegen eines öffentlichen Bedürfnisses i.S.d. § 9 GO NRW in vollem Umfang gerichtlich nachprüfbar ist, oder der Gemeinde ein Beurteilungsspielraum zusteht.

521

Das OVG Münster[870] und mit ihm Teile der Literatur[871] verstehen das Merkmal des öffentlichen Bedürfnisses in § 9 GO NRW als einen Hinweis an den Rat, bei der Einführung des Anschluss- und Benutzungszwangs die örtlichen Verhältnisse und Besonderheiten sorgfältig zu prüfen.

Bei dieser Prüfung handele es sich nicht um die Unterordnung eines Sachverhalts unter gesetzliche Tatbestandsmerkmale, d.h. nicht um die Anwendung eines unbestimmten Rechtsbegriffs im herkömmlichen Sinne, sondern um eine Frage der Rechtspolitik und damit die Ausübung gesetzgeberischen Ermessens.

---

863 Vgl. BVerwG DVBl. 1970, S. 735; Maurer Allg. VwR 17. Aufl. (2009), § 23, Rn. 58.
864 Vgl. Rehn/Cronauge, 2. Aufl. 36. Erg.Lfg. (2011), § 9 Anm. II. 3.
865 Rehn/Cronauge, 2. Aufl. 36. Erg.Lfg. (2011), § 9 Anm. IV. 1.
866 OVG Münster, OVGE 24, 219 (222 f.); Körner, § 19 GO, Anm. 1; vgl. Schmidt-Aßmann in: Schmidt-Aßmann, Bes. VerwR, Rn. 114; a.A. BayVGHE 7, 16.
867 OVG Münster, OVGE 14, S.170 (182); Rauball/Pappermann/Roters, § 19 GO NW, Rn. 4; Held u.a. 25. NachLfg. (2010), § 9 GO NRW, Anm. 6. 3.
868 Held u.a. 25. NachLfg. (2010), § 9 GO NRW, Anm. 6. 3.
869 Vgl. BVerfGE 10, 89; BayVerfGHE 16, 128; BayVGHE 7, 12; 14, 24; Rehn/Cronauge, 2. Aufl. 36. Erg.Lfg. (2011), § 9 Anm. IV 1.
870 OVG Münster, NVwZ 1987, S. 727; OVGE 11, 196 (197 f.); 14, 170 (172); 18, 71 (72).
871 Rehn/Cronauge, 2. Aufl. 36. Erg.Lfg. (2011), § 9 Anm. IV 2; Körner, § 19 GO, Anm. 3; vgl. auch Erichsen, § 10 I 1, S. 255.

Daher sei dem Ortsgesetzgeber ein Ermessensspielraum eingeräumt, der nur daraufhin überprüft werden könne, ob

⇨ nach den vorgegebenen örtlichen Umständen Sinn und Zweck der Ermächtigung verkannt sind und

⇨ die generelle Anordnung des Zwangs im Ergebnis nicht unverhältnismäßig und somit unvertretbar erscheint.

Nach überwiegender Ansicht der Literatur[872] und der Rechtsprechung der anderen Oberverwaltungsgerichte[873] handelt es sich bei dem öffentlichen Bedürfnis um einen unbestimmten Rechtsbegriff, dessen Anwendung voller gerichtlicher (und aufsichtsbehördlicher) Nachprüfung unterliegt.

III. Verfassungsrechtliche Zulässigkeit des Anschluss- und Benutzungszwangs

Problem: Vereinbarkeit mit Grundrechten

Die Zulässigkeit des Anschluss- und Benutzungszwangs ist insbesondere im Hinblick auf die Grundrechte aus Art. 14, 12, 3 I, 2 I GG problematisch.

522

1. Eingriff in das Eigentum gem. Art. 14 I GG

Inhalts- und Schrankenbestimmung gem. Art. 14 I S. 2 GG

Indem der Anschluss- und Benutzungszwang stets grundstücksbezogen sein muss, wird an das Grundstückseigentum angeknüpft und damit in das Eigentumsgrundrecht gem. Art. 14 I GG eingegriffen.

523

Dies stellt eine Inhalts- und Schrankenbestimmung im Sinne der Rspr. des BVerfG zu Art. 14 GG dar, denn es wird eine Belastung für das Eigentum eingeführt. Eine Enteignung gem. Art. 14 III GG liegt nach dem BVerfG nur dann vor, wenn zielgerichtet eine konkrete, selbstständige, vermögenswerte Rechtsposition entzogen wird.[874] Dies ist bei einem Anschluss- und Benutzungszwang nicht der Fall.

Inhalts- und Schrankenbestimmungen nach Art. 14 I S. 2 GG sind grundsätzlich zulässig. Sie verstoßen jedoch gegen Art. 14 I GG, wenn sie im Einzelfall eine unverhältnismäßige Belastung zur Folge haben.

h.M.: rechtmäßig, wenn Befreiungstatbestände

Nach ganz h.M. stellt der Anschluss- und Benutzungszwang grundsätzlich eine rechtmäßige Inhalts- und Schrankenbestimmung i.S.v. Art. 14 I S. 2 GG dar.[875] Da jedoch in Einzelfällen ein unzumutbarer Eingriff vorliegen kann (auch im Hinblick auf Art. 3 I oder 2 I GG), sind in der Satzung ausreichende Befreiungstatbestände vorzusehen. Die Satzung ist sonst - zumindest teilweise - nichtig.

524

Die Möglichkeit, solche individuellen Ausnahmen in der Satzung zu regeln, ist ausdrücklich in § 9 S. 2 GO NRW erwähnt. Im Hinblick auf Art. 3 I GG, der eine grundsätzlich gleichmäßige Behandlung aller Pflichtigen fordert, müssen die Ausnahmen sachlich eindeutig gerechtfertigt sein.

---

872 Held u.a. 25. NachLfg. (2010), § 9 GO NRW, Anm. 6. 1; Rauball/Pappermann/Roters, § 19 GO NW, Rn. 4; Hofmann/Muth/Theisen, KommR NRW 14. Aufl. (2010), Kapitel 2.3.4.2.2, S. 223 f.; Bösche, S. 97.
873 BayVGH BayVBl. 1987, S. 139; Hess. VGH DVBl. 1975, 913 (914).
874 Vgl. Jarass/Pieroth, 11. Aufl. (2011), Art. 14 GG, Rn. 70.
875 Vgl. OVG Münster, OVGE 14, 170 (177 f.); 18, 153 (160); 24, 219 (220); Bösche, S. 99; BayVGH BayVBl. 1964, S: 94; BayVerfGH Bay-VBl. 1977, S. 694.

Die entsprechenden Regelungen dürfen der Verwaltung darüber hinaus kein Ermessen einräumen, d.h. bei Vorliegen der Voraussetzungen muss die Befreiung vom Anschluss- und Benutzungszwang zwingend vorgeschrieben sein.

hemmer-Methode: Die Regelungen über den Anschluss- und Benutzungszwang sind sehr klausurrelevant und auch in der Praxis häufig Anlass zur Streitigkeit.

Die Ausnahmetatbestände brauchen allerdings nicht im Einzelnen geregelt zu werden. Ausreichend ist es, in der Satzung zu bestimmen, dass Ausnahmen zuzulassen sind, wenn der Anschluss oder die Benutzung „aus schwerwiegenden Gründen auch unter Berücksichtigung der Erfordernisse des Gemeinwohls nicht zugemutet werden kann". Die Einzelfallentscheidung der Verwaltung ist gerichtlich voll überprüfbar.[876]

Anspruch auf Befreiung?
⇨ *Abwägung*

Ob im konkreten Fall ein Anspruch auf Befreiung besteht, ist durch eine Abwägung der privaten Interessen mit den öffentlichen Belangen zu ermitteln.

525

- *öffentliche Belange*

Auf Seiten der öffentlichen Belange wird dabei vor allem eine Rolle spielen, wie sich die Befreiung auf die übrigen Benutzungspflichtigen sowie auf die ordnungsgemäße Erfüllung der Aufgaben der Gemeinde als Trägerin der öffentlichen Einrichtung auswirkt. Insbesondere ist bedeutsam, ob im Hinblick auf den Gleichbehandlungsgrundsatz einer größeren Anzahl von Pflichtigen ebenfalls Befreiungen gewährt werden müssten und dadurch letztlich die Wirtschaftlichkeit der Einrichtung insgesamt gefährdet würde.[877]

- *private Interessen*

Die besonderen privaten Interessen können vielfältig sein; einige sollen am Beispiel des Anschluss- und Benutzungszwangs für eine gemeindliche Wasserversorgungsanlage erörtert werden:

eigene Wasserversorgungsanlage

⇨ Der Besitz einer ausreichenden eigenen Wasserversorgungsanlage kann für sich allein regelmäßig noch keine Befreiung vom Anschluss- und Benutzungszwang rechtfertigen.[878]

Eingriff in eingerichteten und ausgeübten Gewerbebetrieb

Im Hinblick auf Art. 14 GG kann eine Befreiung aber möglicherweise dann verlangt werden, wenn ein Eingriff in die Substanz des eingerichteten und ausgeübten Gewerbebetriebs vorliegt.

Bsp.: Denkbar ist, dass eine Gärtnerei wegen des außergewöhnlich hohen Wasserverbrauchs zu hohen finanziellen Belastungen ausgesetzt ist, wenn sie statt der eigenen die gemeindliche Wasserversorgungsanlage benutzen soll. Auch kann von einer Brauerei nicht verlangt werden, dass sie das Wasser aus der gemeindlichen Anlage verwendet, wenn dieses den Qualitätsansprüchen nicht genügt.[879]

Befreiung

⇨ Eine (befristete) Befreiung vom Benutzungszwang kommt für den Fall in Betracht, dass sich hohe Aufwendungen für eine eigene Wasserversorgungsanlage noch nicht amortisiert haben.[880]

---

876 OVG Münster, OVGE 14, 170 (180 f.); vgl. Held u.a. 25. NachLfg. (2010), § 9 GO NRW, Anm. 8; Rehn/Cronauge, 2. Aufl. 36. Erg.Lfg. (2011), § 9 Anm. VI 1 und 2.
877 BayVGH BayGT 1981, S. 88.
878 Vgl. Held u.a. 25. NachLfg. (2010), § 9 GO NRW, Anm. 8; Bösche, S. 98.
879 OVG Münster, OVGE 24, 219 (226 f.); Erichsen, § 10 I 3, S. 258.
880 Vgl. BayVGH BayGT 1980, S. 140; 1982, S. 47; Sendler, DÖV 1971, S. 23.

schlechte finanzielle Lage	⇨ Eine schlechte finanzielle Lage des Pflichtigen rechtfertigt grundsätzlich ebenfalls keine Befreiung vom Anschluss- und Benutzungszwang; ihr kann bei der Gebühren- oder Beitragserhebung durch Stundung oder (Teil-)Erlass Rechnung getragen werden.
unverhältnismäßige Aufwendungen	⇨ Denkbar ist eine Befreiung vom Anschluss- und Benutzungszwang hingegen für den Fall, dass die Aufwendungen für die Installation der notwendigen Vorrichtungen außer Verhältnis zum Grundstückswert stehen.

2. Eingriff in Art. 12 I GG eines privaten Anbieters

Konkurrenzunternehmen	Die Einführung eines Anschluss- und Benutzungszwangs kann aber nicht nur die Grundrechte des Pflichtigen berühren, sondern auch die eines privaten Unternehmens, das gleichartige Leistungen anbietet und nun durch das Quasi-Monopol der Gemeinde seinen Kundenstamm verliert.
Schutzbereich Art. 14 I GG (-), bloße Erwerbschance	Hier ist nach h.M.[881] schon der Schutzbereich des Art. 14 GG nicht berührt, weil der Unternehmer nur eine Erwerbschance wahrgenommen hat, auf deren Fortbestand er keinen Anspruch hat. Seine Position ist von vornherein mit dem Risiko der Einführung des Anschluss- und Benutzungszwangs belastet, weil § 9 GO NRW diese Möglichkeit vorsieht. Schließlich betrifft § 9 GO NRW genuin gemeindliche Aufgabenfelder.

hemmer-Methode: Art. 14 GG schützt das Erworbene, nicht den Erwerb.

Art. 12 GG: Eingriff (+), aber gerechtfertigt	Einen Eingriff in Art. 12 GG hat die Rechtsprechung zwar bejaht, aber als gerechtfertigt angesehen. Der Anschluss- und Benutzungszwang sei zur Abwehr von Gefahren für die Gemeinschaftsgüter Gesundheit und Umwelt unentbehrlich.[882]

IV. Besonderheiten für Einrichtungen zur Versorgung mit Fernwärme

Einrichtungen zur Fernwärmeversorgung	Zu den Einrichtungen, für die nach § 9 GO NRW ein Anschluss- und Benutzungszwang angeordnet werden kann, zählen ausdrücklich auch Einrichtungen zur Versorgung mit Fernwärme. Hierbei handelt es sich um Fernheizanlagen:

> **Bsp.:** *Heizkraftwerke, Heizwerke, Abwärmeanlagen zur Nutzung industrieller Abwärme sowie Wärmeverteileranlagen, etwa zur Beheizung und Brauchwassererwärmung von Wohnungen, gewerblichen Betrieben und Industrieanlagen.*[883]

öffentliches Bedürfnis	Voraussetzung für die Anordnung eines Anschluss- und Benutzungszwangs hinsichtlich der Fernwärmeversorgung ist zwar wie bei den anderen Einrichtungen i.S.d. § 9 GO NRW das Vorliegen eines öffentlichen Bedürfnisses, dieses ist aber nicht lediglich dann gegeben, wenn Aspekte der Erhaltung und Förderung der Volksgesundheit die Anordnung erfordern (vgl. Wortlaut der Vorschrift).

---

881 Vgl. BVerwG BayVBl. 1981, S. 601 = **juris**byhemmer; Held u.a. 25. NachLfg. (2010), § 9 GO NRW, Anm. 9; Rehn/Cronauge, 2. Aufl. 36. Erg.Lfg. (2011), § 9 Anm. I 4; krit. Schmidt-Aßmann in: Schmidt-Aßmann, Bes. VerwR, Rn. 117.
882 Vgl. BVerwG BayVBl. 1981, S. 601; BVerwGE 39, 159 (168) = **juris**byhemmer.
883 Held u.a. 25. NachLfg. (2010), § 9 GO NRW, Anm. 5.

Vielmehr kann ein öffentliches Bedürfnis im Fall der Fernwärmeversorgung auch durch andere Gesichtspunkte des Gemeinwohls begründet werden, wie etwa Gründe der Sicherung der örtlichen Energieversorgung, der Energieeinsparung oder auch des umfassenden Umweltschutzes schlechthin.[884]

Übergangsregelungen nach § 9 S. 4 GO NRW

Nach § 9 S. 4 GO NRW soll die Satzung im Falle des Anschluss- und Benutzungszwangs für Fernwärme zum Ausgleich sozialer Härten angemessene Übergangsregelungen enthalten.

Solche können etwa durch mögliche Auswirkungen auf das Mietniveau in innerstädtischen Ausbaugebieten für den Fall der Umlegung von Kosten des Fernwärmeanschlusses auf die Mieter aus einkommensschwachen Bevölkerungsgruppen entstehen. Als Übergangsregelungen dürften in erster Linie angemessene Übergangsfristen in Betracht kommen, z.B. für die Umrüstung bereits mit eigenen Heizanlagen ausgestatteter Gebäude. § 9 S. 4 GO NRW stellt lediglich in der Satzung vorzusehende Mindestanforderungen auf, die der Gemeinde einen weiten Ausgestaltungsspielraum belassen.[885]

Grundrechtsproblematik

Insbesondere im Zusammenhang mit einem Anschluss- und Benutzungszwang für Fernwärme spielen die oben angesprochenen grundrechtlichen Problematiken eine Rolle. So liegt ein Überschreiten der Zumutbarkeitsgrenze vor allen Dingen in den Fällen nahe, in denen die Betroffenen bereits über anderweitige immissionsfreie Heizsysteme verfügen. Eine Möglichkeit, zu verhindern, dass die Satzung wegen einer Verletzung des Art. 14 I GG nichtig ist (Stichwort unverhältnismäßige Inhalts- und Schrankenbestimmung), ist die Aufnahme von Entschädigungstatbeständen in die Satzung.[886]

528

---

884 Rehn/Cronauge, 2. Aufl. 36. Erg.Lfg. (2011), § 9 Anm. IV 1; Held u.a. 25. NachLfg. (2010), § 9 GO NRW, Anm. 6. 3.

885 Rehn/Cronauge, 2. Aufl. 36. Erg.Lfg. (2011), § 9 Anm. VIII; Held u.a. 25. NachLfg. (2010), § 9 GO NRW, Anm. 8.

886 Held u.a. 25. NachLfg. (2010), § 9 GO NRW, Anm. 8 u. 9; Rehn/Cronauge, 2. Aufl. 36. Erg.Lfg. (2011), § 9 Anm. III 2. a).

§ 10 RECHTSETZUNG

A) Überblick

Satzungsautonomie aus Art. 28 II S. 1 GG

Ein wesentlicher Bestandteil der gemeindlichen Befugnisse ist die Möglichkeit der Rechtsetzung. Diese ist auch von der Garantie der kommunalen Selbstverwaltung nach Art. 28 II S. 1 GG umfasst (sog. Satzungsautonomie).

Dies wird durch § 7 I S. 1 GO NRW verwirklicht, wonach die Gemeinden ihre Angelegenheiten durch Satzung regeln können, soweit die Gesetze keine Vorschriften enthalten. Zu den Angelegenheiten der Gemeinden zählen nicht nur die freiwilligen Aufgaben, sondern auch die Pflichtaufgaben und die Weisungsaufgaben. Nicht dazu zählen die Auftragsangelegenheiten.[887]

mögliche Regelungsinhalte von Satzungen

Satzungen enthalten üblicherweise abstrakt-generelle Regelungen. Dies ist jedoch weder ausnahmslos und noch zwingend der Fall. So enthält ein Bebauungsplan oder eine Satzung über die Benutzung einer öffentlichen Einrichtung ohne Zweifel konkrete Regelungen, die (theoretisch) ebenso Regelungsinhalt eines Verwaltungsakts gem. § 35 S. 2 VwVfG, d.h. einer Allgemeinverfügung sein könnten.

Ebenso enthalten Satzungen sowohl Regelungen, welche das Außenverhältnis der Gemeinde zu Einwohnern und sonstigen Privatpersonen betreffen, als auch Regelungen, die nur die Gemeindeverwaltung intern betreffen. Beispiele für letzteres sind etwa die Haushaltssatzung, aber auch Regelungen der Hauptsatzung[888].

hemmer-Methode: Die „Satzungen" sind kennzeichnend für die mittelbare Staatsverwaltung. Sie sind diejenigen Rechtssätze, die zur Regelung des eigenverantwortlich wahrzunehmenden Aufgabenbereichs erlassen werden. Den Satzungen werden üblicherweise die Rechtsverordnungen gegenübergestellt, die von der unmittelbaren Staatsverwaltung erlassen werden, also von Bund und Land. Allerdings kann auch den Trägern der mittelbaren Staatsverwaltung die Befugnis eingeräumt sein, Rechtsverordnungen zu erlassen, wie dies § 27 OBG vorsieht.[889]

Außer Satzungen erlassen die Gemeinden zudem Rechtsverordnungen, vgl. hierzu Rn. 577.

I. Pflicht zum Erlass bestimmter Satzungen

nur bei bestimmten Satzungen

Ob die Gemeinde eine Satzung erlässt, steht grundsätzlich in ihrem Ermessen. Eine Verpflichtung zum Satzungserlass besteht jedoch für die Hauptsatzung, § 7 III S. 1 GO NRW, und die Haushaltssatzung, § 78 I GO NRW.

II. Die Hauptsatzung

Hauptsatzung

Die GO NRW sieht in verschiedenen Vorschriften vor, dass bestimmte Regelungen durch die Hauptsatzung getroffen werden. Dies ist dahingehend zu verstehen, dass solche Regelungen **nur** in der Hauptsatzung getroffen werden können.

---

887 Held u.a. 25. NachLfg. (2010), § 7 GO NRW, Anm. 1.4. 1
888 Zur Hauptsatzung sogleich Rn. 532.
889 Zu den Verordnungen nach § 27 OBG vgl. **Hemmer/Wüst, Polizeirecht NRW, Rn. 501 ff.**

§ 7 III S. 3 GO NRW!

Der Zweck dieser Vorschriften ergibt sich aus § 7 III S. 3 GO NRW. Danach muss die Hauptsatzung vom Rat mit der Mehrheit der gesetzlichen Zahl der Mitglieder beschlossen werden (Wortlaut: der Bürgermeister stimmt mit ab). Demgegenüber genügt für den Ratsbeschluss über eine sonstige Satzung (wie für jeden Ratsbeschluss) die einfache Mehrheit der Stimmen (§ 50 I S. 1 GO NRW, auch hier stimmt der Bürgermeister mit ab). Ausreichend ist also die Mehrheit der abgegebenen Stimmen unter Nichtbeachtung der Enthaltungen und der ungültigen Stimmen, § 50 V GO NRW. Dass eine bestimmte Regelung in der Hauptsatzung zu treffen ist, führt demnach dazu, dass für diese Regelung eine **qualifizierte Mehrheit erforderlich** ist.

U.a. folgende Regelungen müssen bzw. können nur in der Hauptsatzung getroffen werden:

⇨ die Form öffentlicher Bekanntmachungen (§ 4 II S. 1 Bekanntm-VO),

⇨ die Bestimmung der Stadtbezirke (§ 35 IV S. 1 GO NRW) und die Entscheidungsbefugnisse der Bezirksvertretungen (§ 37 I S. 2 GO NRW),

⇨ die Regelung des Akteneinsichtsrechts der Bezirksvorsteher und Ausschussvorsitzenden, § 55 II HS 2 GO NRW,

⇨ die Zahl der Beigeordneten, § 71 I GO NRW,

⇨ abweichende Zuständigkeitsregelungen für Entscheidungen gegenüber Bediensteten in Führungsfunktion, § 73 III GO NRW.

III. Satzungsermächtigungen

allgemeine Satzungsermächtigung

Gem. § 7 I S. 1 GO NRW kann die Gemeinde für ihre Angelegenheiten Satzungen erlassen. Die Vorschrift ist die allgemeine Satzungsermächtigung für die Gemeinden. Für die Kreise gilt nach § 5 I S. 1 KrO NRW das Gleiche.

Art. 80 I S. 2 GG, wonach Inhalt, Zweck und Ausmaß bestimmt sein müssen, gilt nur für Ermächtigungen zum Erlass von Rechtsverordnungen, nicht auch für Satzungsermächtigungen.[890] Das Gleiche gilt für Art. 70 LV.

nicht ausreichend bei Grundrechtseingriffen

Satzungen, die mit Grundrechtseingriffen verbunden sind, sowie alle grundrechtswesentlichen Regelungen bedürfen jedoch einer besonderen gesetzlichen Ermächtigung. Die allgemeine Satzungsermächtigung nach § 7 I GO NRW reicht hierfür nicht aus[891].

hemmer-Methode: Dies folgt aus der Rspr. des BVerfG zum Grundsatz des Vorbehalts des Gesetzes und dem Demokratieprinzip, dass die für das Gemeinwesen wesentlichen Fragen durch den Parlamentsgesetzgeber selbst geregelt werden müssen („Wesentlichkeitstheorie", sog. Parlamentsvorbehalt).[892] Wesentlich bedeutet dabei insbesondere wesentlich für die Verwirklichung der Grundrechte. Der Parlamentsgesetzgeber muss alle wesentlichen Fragen selbst entscheiden, und darf sie nicht an die Verwaltung delegieren.

---

890 BVerfGE 33, 125 (157 f.) (Facharzt) = **juris**byhemmer; Jarass/Pieroth, 11. Aufl. (2011), Art. 80 GG, Rn. 3.
891 Held u.a 25. NachLfg. (2010), § 7 GO NRW, Anm. 1. 3 m.w.N.
892 BVerfGE 61, 260 (275); 88, 103 (116) = **juris**byhemmer; Pieroth/Schlink, Staatsrecht II 23. Aufl. (2007), Rn. 261 ff.

> Die Rspr. des BVerfG stellt an Ermächtigungen für Satzungen, die „wesentliche" Fragen betreffen, vergleichbare Anforderungen wie Art. 80 I S. 2 GG an Rechtsverordnungsermächtigungen.

besondere Satzungsermächtigungen

Daher finden sich besondere Satzungsermächtigungen in der GO NRW und in anderen Gesetzen: **535**

⇨ Satzung über den Anschluss- und Benutzungszwang, § 9 GO NRW

⇨ die Regelungen über die Hauptsatzung[893]

⇨ die Haushaltssatzung, § 78 I GO NRW

⇨ Bußgeldbewehrung, § 7 II GO NRW

⇨ Kommunalabgaben, § 2 KAG

⇨ Bebauungspläne, § 10 I BauGB

⇨ örtliche Bauvorschriften, § 86 BauO NRW

Problem bei Satzungen über öffentliche Einrichtungen

Eine Ausnahme vom Erfordernis einer besonderen Satzungsermächtigung wird für Satzungen über öffentliche Einrichtungen gemacht. Trotz Fehlens einer besonderen Ermächtigung soll der Erlass belastender Satzungsregelungen in diesem Bereich zulässig sein[894]. **536**

Hierfür wird z.T. § 8 II GO NRW als Legitimation herangezogen. Der Verwaltungsträger, der eine öffentliche Einrichtung zur Verfügung stelle, könne diejenigen Regelungen erlassen, die für einen geordneten Betrieb der Einrichtung erforderlich seien. Hierzu gehöre auch die Befugnis, den Zweck der Einrichtung zu bestimmen.

Ein anderer Ansatz sieht Benutzungssatzungen aufgrund einer sog. Anstaltsgewalt gerechtfertigt.[895] Dies bedeutet letztlich nichts anderes als die Annahme einer ungeschriebenen, gewohnheitsrechtlichen Rechtsgrundlage.

> **hemmer-Methode:** Dabei soll diese „Anstaltsgewalt" nicht nur den Erlass von Benutzungssatzungen ermöglichen, sondern auch ohne Satzung einseitige belastende Regelungen durch Verwaltungsakte i.R.d. Benutzungsverhältnisses zulässig sein.[896]

Beide Begründungen begegnen in rechtsstaatlicher Hinsicht und mit Blick auf die Rspr. des BVerfG Bedenken. Solange der Landesgesetzgeber aber nicht wie andere Landesgesetzgeber eine ausdrückliche Ermächtigung einführt, wird dies als Ermächtigung ausreichen müssen.

---

[893] S.o. Rn. 532.
[894] OVG Münster, DÖV 1995, 515; Rehn/Cronauge, 36. Erg.Lfg. (2011), § 8 Anm. II.1.; VGH BW BWGZ 1994, . 192; VGH Kassel DVBl 1994, S. 218, 220; OVG Lüneburg, NVwZ 1996, 810 = **juris**byhemmer.
[895] OVG Münster, NWVBl. 2003, S. 104 = **juris**byhemmer.
[896] OVG Münster, DÖV 1995, 515; NWVBl. 2003, 104 = **juris**byhemmer.

IV. Inkrafttreten

grds. einen Tag nach Bekanntmachung

Gem. § 7 IV S. 2 GO NRW treten Satzungen grundsätzlich am Tag nach ihrer Bekanntmachung[897] in Kraft, sofern kein anderer Zeitpunkt bestimmt ist. Es kann demnach ein Datum vor oder nach dem Zeitpunkt der Bekanntmachung vorgesehen sein. Liegt das bestimmte Datum vor der Bekanntmachung, so soll die Satzung rückwirkend gelten.

Dann ist zu prüfen, ob die Rückwirkung (verfassungsrechtlich) zulässig ist.[898]

> **hemmer-Methode:** Für die ordnungsbehördlichen Verordnungen nach §§ 25 ff. OBG, für die § 7 IV GO NRW nicht gilt, bestimmt § 34 S. 1 OBG, dass sie grds. eine Woche nach Verkündung in Kraft treten.

B) Prüfung der Wirksamkeit einer Satzung

unterscheiden: Rechtmäßigkeit und Wirksamkeit

Wie bei allen Regelungen ist auch bei Satzungen zwischen Rechtmäßigkeit und Wirksamkeit zu unterscheiden. Üblicherweise haben Rechtsverstöße bei Rechtsnormen deren Unwirksamkeit zur Folge.

Anders als bei Verwaltungsakten, deren Wirksamkeit nach § 43 I VwVfG nur von ihrer wirksamen Bekanntgabe abhängt, sofern sie nicht nichtig (§§ 44, 43 III VwVfG) sind, spielt daher die Unterscheidung zwischen Rechtmäßigkeit und Wirksamkeit bei Rechtsnormen regelmäßig keine Rolle. Etwas anderes gilt nur dann, wenn der Gesetzgeber die Folgen der Rechtswidrigkeit durch Unbeachtlichkeits- und Heilungsvorschriften abweichend vom Grundsatz der Unwirksamkeit besonders geregelt hat.

§ 7 VI GO NRW, §§ 214 ff. BauGB

Solche Regelungen finden sich für die Satzungen der Gemeinde in § 7 VI GO NRW, wobei diese Vorschrift auch für Flächennutzungspläne und sonstiges Ortsrecht gilt. Speziell für Satzungen nach dem BauGB (und für den Flächennutzungsplan) sind zudem §§ 214 ff. BauGB zu beachten.

Nach diesen Vorschriften sind bestimmte Rechtsverstöße bei Satzungen unbeachtlich. Da mithin nicht jeder Rechtsfehler die Unwirksamkeit der Satzung zur Folge hat, sind für die Satzungen der Gemeinde Rechtmäßigkeit und Wirksamkeit zu unterscheiden. Es ist daher zunächst die Rechtmäßigkeit zu prüfen, und im Falle der Rechtswidrigkeit zu untersuchen, ob dies zur Unwirksamkeit der Satzung führt.

> **hemmer-Methode:** Aus dem Rechtsstaatsprinzip wird geschlossen, dass eine Regelung, die gegen rechtliche Anforderungen verstößt, unwirksam ist.[899] Soll die Rechtswidrigkeit nicht zur Unwirksamkeit führen, so muss dies gesetzlich vorgesehen sein, wie für Verwaltungsakte in § 43 VwVfG.

I. Rechtmäßigkeit der Satzung

> **hemmer-Methode:** Haben Sie in der Klausur die Rechtmäßigkeit einer belastenden Maßnahme, insbesondere eines Verwaltungsakts, zu prüfen, deren Rechtsgrundlage eine Satzung ist, müssen Sie die Wirksamkeit der Satzung inzident prüfen.

---

[897] Vgl. Wahlhäuser, Wie werden Satzungen rechtsverbindlich? – Zu den rechtlichen Anforderungen, die in NRW an die Ausfertigung und die Bekanntmachung von kommunalen Satzungen gestellt werden, und ihre praktische Umsetzung -, NWVBl. 2007, S. 338 ff.
[898] S. Rn. 557.
[899] Vgl. Stelkens/Bonk/Sachs, VwVfG, 7. Aufl. (2008), § 43 Rn. 2a.

> Die Wirksamkeit einer Satzung ist grundsätzlich - zumindest kurz - zu prüfen[900]. Dies gilt ganz besonders dann, wenn Teile der Satzung im Sachverhalt wörtlich wiedergegeben sind!

1. Ermächtigung

besondere oder allgemeine Ermächtigung(en)

Ermächtigung der Gemeinde zum Erlass einer Satzung sind entweder die besonderen Ermächtigungen, oder die allgemeine Satzungsermächtigung nach § 7 I S. 1 GO NRW.

540

mehrere Ermächtigungen für eine Satzung möglich

Da die verschiedenen Regelungen einer Satzung u.U. auf unterschiedliche Ermächtigungen zu stützen sind, ist es erforderlich, für jede einzelne Regelung das Vorliegen einer Ermächtigung zu untersuchen, und - i.R.d. materiellen Rechtmäßigkeit der Satzung - die Voraussetzungen der jeweiligen Ermächtigung zu prüfen.

541

> *Bsp.:* So können z.B. der Anschluss- und Benutzungszwang sowie die Erhebung einer Benutzungsgebühr zusammen in einer Satzung geregelt sein.
>
> Ermächtigung für die Satzung, soweit sie den Anschluss- und Benutzungszwang vorsieht, ist § 9 GO NRW, während Ermächtigung für die Benutzungsgebühren § 2 KAG i.V.m. § 6 I KAG ist.

hemmer-Methode: Zweifel an der Wirksamkeit der Ermächtigung für die Satzung selbst können Sie bereits hier erörtern. Aber seien Sie damit äußerst zurückhaltend. Denn die Ermächtigung ist stets ein formelles Gesetz, dessen Gültigkeit in der Klausur grundsätzlich nicht in Frage zu stellen ist. Aber Vorsicht! Werden im Sachverhalt entsprechende Zweifel geäußert, müssen Sie diese prüfen!

2. Formelle Rechtmäßigkeit

a) Zuständigkeit

unterscheiden:

Wie bei jedem Handeln der Gemeinde ist auch für die Satzung zunächst zu fragen, ob die Gemeinde als solche zum Erlass dieser Satzungsregelung zuständig ist (Verbandszuständigkeit). Bejahendenfalls ist zu prüfen, ob das innerhalb der Gemeinde zuständige Organ gehandelt hat (Organzuständigkeit).

542

hemmer-Methode: Machen Sie in der Klausur immer deutlich, dass Sie diese Unterscheidung kennen, und unterteilen Sie Ihre Prüfung der Zuständigkeit entsprechend. Erst wenn Sie nämlich die Frage, ob die jeweilige Gemeinde überhaupt zuständig ist, bejaht haben, kommt es darauf an, ob auch innerhalb dieser Gemeinde das zuständige Organ tätig wurde.

aa) Verbandszuständigkeit

Verbandszuständigkeit der Gemeinde

Die sachliche Zuständigkeit der Gemeinde ergibt sich regelmäßig unproblematisch aus der Ermächtigung. Besteht keine besondere Satzungsermächtigung, so ist die Gemeinde nach § 7 I S. 1 GO NRW zum Erlass von Satzungen für ihre Angelegenheiten zuständig, sofern nicht gesetzlich etwas anderes bestimmt ist.

543

---

900 Das gilt auch für Rechtsverordnungen, anders aber bei formellen Gesetzen.

bb) Organzuständigkeit

Organzuständigkeit gem. § 41 I S. 1 GO NRW

Des Weiteren muss das richtige Gemeindeorgan handeln. Da keine Organzuständigkeit des Bürgermeisters begründet ist, ist für den Satzungserlass gem. § 41 I S. 1 GO NRW der Rat zuständig.

keine Übertragung auf Ausschuss oder Bürgermeister

Der Rat kann diese Zuständigkeit auch nicht auf einen beschließenden Ausschuss oder den Bürgermeister übertragen. Denn der Erlass von Satzungen gehört nach § 41 I S. 2f GO NRW zum Ausschlusskatalog der sog. Vorbehaltsaufgaben.

Umstritten ist jedoch, ob ausnahmsweise aufgrund des Eilentscheidungsrechts nach § 60 GO NRW die Zuständigkeit für den Erlass von Satzungen bei den dort genannten Personen liegt.[901]

544

Die örtliche Zuständigkeit der Gemeinde ist auf das Gemeindegebiet begrenzt. Probleme ergeben sich insofern bei Satzungen kaum.

b) Verfahren

aa) Beschlussfassung

ordnungsgemäße Beschlussfassung des Rats

Für das Verfahren ist erforderlich, dass der Rat ordnungsgemäß über die Satzung Beschluss fasst. Hier sind alle Voraussetzungen eines Ratsbeschlusses zu prüfen (ordnungsgemäße Einberufung, Beschlussfähigkeit, usw.).[902]

545

bb) Besondere Verfahrensanforderungen

für bestimmte Satzungen

Für die Haushaltssatzung gelten die besonderen Verfahrensanforderungen nach § 80 GO NRW.

546

In Fachgesetzen können an bestimmte Satzungen besondere Verfahrensanforderungen gestellt werden. Als wichtiges Beispiel seien hier §§ 1 ff. BauGB für den Bebauungsplan (und auch den Flächennutzungsplan) genannt.

hemmer-Methode: Der Flächennutzungsplan ist keine Satzung, da das BauGB dieses nicht bestimmt (vgl. aber § 10 I BauGB für den Bebauungsplan). Für seine Wirksamkeit stellen sich jedoch weitgehend identische Fragen wie für die Satzungen der Gemeinden, und der Flächennutzungsplan ist in § 7 VI GO NRW auch ausdrücklich erwähnt.

cc) Genehmigung

einzelne Genehmigungspflichten

Satzungen der Gemeinde bedürfen grundsätzlich keiner Genehmigung der Aufsichtsbehörde, vgl. auch § 7 I S. 2 GO NRW.

547

Für einzelne Satzungen bestehen jedoch Genehmigungspflichten. Der Genehmigung bedürfen gem. § 2 II KAG Satzungen über bestimmte Gemeindesteuern. Zudem sind bestimmte Bebauungspläne (§ 10 II BauGB) genehmigungsbedürftig.[903] Fehlt die Genehmigung, ist die Satzung rechtswidrig. Genehmigungspflichtig ist auch der Flächennutzungsplan, § 6 I BauGB.

---

901 S. Rn. 292 ff.
902 Dazu ausführlich Rn. 197 ff.
903 Von der Möglichkeit, gem. § 246 Ia BauGB eine Anzeigepflicht für alle Bebauungspläne einzuführen, hat das Land Nordrhein-Westfalen keinen Gebrauch gemacht (vgl. Battis/Krautzberger/Löhr, BauGB 11. Aufl. (2009), § 246 Rn. 8).

Die Genehmigung des Flächennutzungsplans steht nicht im Ermessen der Genehmigungsbehörde, wie sich aus § 6 II BauGB ergibt. Sie kann nur wegen Rechtsfehlern versagt werden.[904] Das Gleiche gilt für die Genehmigung der Bebauungspläne nach § 10 II BauGB, denn dessen S. 2 verweist auf § 6 II BauGB.

hemmer-Methode: Das Genehmigungserfordernis bezieht sich selbstverständlich nicht nur auf den (Neu-)Erlass einer Satzung, sondern auch auf deren Änderung oder Aufhebung.

Dagegen steht die Genehmigung bestimmter Steuersatzungen nach § 2 II KAG im Ermessen der zuständigen Ministerien (Innen-/Finanzministerium).[905]

Denn Zweck des Genehmigungserfordernisses ist es, eine Kollision mit Landessteuern zu verhindern, und auch zu prüfen, ob die Steuererhebung wirtschaftlich ist.

die sog. „Maßgabegenehmigung"

(1) Die Genehmigung muss grundsätzlich nach dem Beschluss über die Satzung, aber vor der Bekanntmachung erteilt werden. In der Praxis wird jedoch häufig die Genehmigung zu einem beschlossenen Satzungsentwurf mit der Maßgabe erteilt, noch bestimmte Punkte zu verändern. Der Rat beschließt dann die geänderte Satzung, und diese wird ausgefertigt und verkündet, ohne dass die Genehmigungsbehörde erneut tätig wird. In diesem Fall wurde dann die Genehmigung streng genommen vor dem Beschluss im Rat über die Satzung erteilt.

548

Eine solche Maßgabegenehmigung wird aber allgemein für zulässig gehalten.[906] Sie bedeutet zunächst die Ablehnung des beschlossenen Satzungsentwurfs. Gleichzeitig wird jedoch die Genehmigung für eine (andere) Satzung erteilt, die inhaltlich den geforderten Punkten entspricht. Da die Maßgabegenehmigung sich auf einen genau bestimmten Satzungsinhalt bezieht, schadet es nicht, dass sie vor dem eigentlichen Beschluss des Rats über die Satzung erteilt wurde.

Problem: Genehmigung erst nach Bekanntmachung erteilt

(2) Die Genehmigung muss grundsätzlich *vor* Ausfertigung und Bekanntmachung der Satzung erteilt werden, da die Satzung ohne erforderliche Genehmigung rechtswidrig (und unwirksam) ist. Würde die Genehmigung erst nachträglich erteilt, so wäre die Satzung von Anfang an unwirksam.

549

hemmer-Methode: Wie bei sonstigen Regelungen auch, beurteilt sich die Rechtmäßigkeit und Wirksamkeit einer Satzung grundsätzlich nach dem Zeitpunkt ihres Erlasses. Ist eine Satzung bei ihrem Erlass rechtswidrig und unwirksam, so bleibt sie dies auch. Das gleiche gilt grundsätzlich im umgekehrten Fall, wobei allerdings bestimmte Ausnahmen anerkannt sind („Rechtswidrigwerden einer Rechtsnorm",[907] z.B. durch eine fundamentale Änderung der gesellschaftlichen Umstände und Anschauungen, oder etwa die sog. „Funktionslosigkeit von Bebauungsplänen").

---

904 Battis/Krautzberger/Löhr, BauBG 11. Aufl. (2009), § 6 Rn. 2.
905 Driehaus (Hrsg.), Kommunalabgabenrecht, § 2 Rn. 117.
906 OVG Münster, OVGE 23, 240; Held u.a. 25. NachLfg. (2010), § 7 GO NRW, Anm. 2. 2.
907 BVerfGE 26, 116; 59, 336 (357); Kopp/Schenke, 16. Aufl. (2009), § 47 VwGO, Rn. 135.

Daran kann eine später erteilte Genehmigung nichts ändern[908]. Um die Satzung wirksam zu erlassen, wäre daher erneut das gesamte Verfahren zu durchlaufen, insbesondere mit der ordnungsgemäßen Beschlussfassung im Rat. Aus Gründen der Verfahrensökonomie wird es jedoch als ausreichend angesehen, dass die Satzung **erneut bekanntgemacht** wird. Es ist nicht das gesamte Rechtsetzungsverfahren zu wiederholen, insbesondere bedarf es keines nochmaligen Beschlusses des Rats.

> **hemmer-Methode:** Ist in der Satzung der Zeitpunkt des Inkrafttretens bestimmt, und erfolgt diese zweite Bekanntmachung vor diesem Zeitpunkt, so ergeben sich keine weiteren Probleme.[909]
> Ist allerdings ein Zeitpunkt für das Inkrafttreten bestimmt, der vor dieser zweiten Bekanntmachung liegt, so bedeutet dies, dass die Satzung rückwirkend gelten soll. Eine solche Rückwirkung ist jedoch nur in bestimmten Fällen zulässig[910].

c) Form

aa) Verfahren vor der Bekanntmachung, § 2 BekanntmVO

Ausfertigung

§ 2 BekanntmVO regelt das Verfahren vor der Bekanntmachung der Satzung. Insbesondere hat der Bürgermeister gem. § 2 III BekanntmVO schriftlich zu bestätigen, dass der Wortlaut der Satzung mit den Ratsbeschlüssen übereinstimmt.

550

Sinn dieser Ausfertigung[911] ist es, mit öffentlich-rechtlicher Wirkung zu bezeugen, dass der Inhalt der Originalurkunde mit dem Willen des rechtsetzenden Organs übereinstimmt. Zudem bezeugt die Ausfertigung, dass die Voraussetzungen für das Zustandekommen des Gesetzes beachtet wurden.[912]

> **hemmer-Methode:** Ausfertigung ist die Herstellung der Originalurkunde durch Unterzeichnung des Textes des Gesetzes, wie er von dem rechtsetzenden Organ beschlossen wurde.[913] Der späteren Bekanntmachung muss diese Originalurkunde zugrundegelegt werden. Die Ausfertigung ist für alle Rechtsnormen aus Gründen der Rechtssicherheit erforderlich[914]. Für Bundesgesetze und Bundesrechtsverordnungen schreibt Art. 82 I GG die Ausfertigung vor.[915]

bb) Öffentliche Bekanntmachung

öffentliche Bekanntmachung

Gem. § 7 IV S. 1 GO NRW sind Satzungen öffentlich bekannt zu machen.[916] Die Einzelheiten sind in §§ 3, 4 BekanntmVO geregelt.

551

---

908 Eine Rückwirkung dieser Genehmigung, wie z.B. bei der Genehmigung von Rechtsgeschäften im Zivilrecht, wird man aus rechtsstaatlichen Gründen nicht annehmen können: Denn es muss im Zeitpunkt der Bekanntmachung beurteilt werden können, ob eine Rechtsnorm rechtmäßig und wirksam ist oder nicht. Dies wäre bei einer Genehmigung, die erst später erteilt wird, nicht der Fall. Vgl. VGH BW ESVGH 11, S. 106 = **juris**byhemmer.

909 Wenn kein besonderer Zeitpunkt bestimmt ist, treten Satzungen am Tag nach ihrer Bekanntmachung in Kraft, § 7 IV S. 2 GO NRW.

910 Zur Rückwirkung von Satzungen s.u. Rn. 557.

911 Held u.a. 25. NachLfg. (2010), § 7 GO NRW, Anm. 5.4.

912 Vgl. § 2 I S. 1 BekanntmVO.

913 Jarass/Pieroth, 11. Aufl. (2011), Art. 82 GG Rn. 2 (für Bundesgesetze); Quecke/Schmid, SächsGO, § 4 Rn. 55 (für kommunale Satzungen).

914 VGH BW BWGZ 1989, 435; BayVGH NVwZ-RR 1990, 588 = **juris**byhemmer.

915 Vgl. auch Art. 71 I, II LV.

916 Vgl. Wahlhäuser, Wie werden Satzungen rechtsverbindlich? – Zu den rechtlichen Anforderungen, die in NRW an die Ausfertigung und die Bekanntmachung von kommunalen Satzungen gestellt werden, und ihre praktische Umsetzung -, NWVBl. 2007, S. 338 ff.

> **hemmer-Methode:** Die BekanntmVO über die öffentlichen Bekanntmachungen gilt nicht nur für die Bekanntmachung von Satzungen, sondern auch für sonstige ortsrechtliche Bestimmungen der Gemeinde, § 1 II BekanntmVO. Zudem gelten die Bestimmungen gem. § 52 III GO NRW auch für öffentliche Bekanntmachungen der Gemeinde nach der GO NRW oder anderen Rechtsvorschriften, wie etwa die öffentliche Bekanntmachung von Zeit, Ort und Tagesordnung der Ratssitzung nach § 48 I S. 4 GO NRW.

drei Alternativen für die öffentliche Bekanntmachung

(1) § 4 I BekanntmVO enthält drei Alternativen („Formen"), wie öffentliche Bekanntmachungen der Gemeinde erfolgen können:

⇨ im Amtsblatt der Gemeinde,

⇨ in einer oder mehreren in der Hauptsatzung bestimmten, regelmäßig, mindestens einmal wöchentlich erscheinenden Zeitung(en), oder

⇨ durch Anschlag an der Bekanntmachungstafel der Gemeinde und an den sonstigen hierfür bestimmten Stellen während der Dauer von mindestens einer Woche.

Dabei muss zugleich durch das Amtsblatt, die Zeitung oder das Internet auf den Anschlag hingewiesen werden.

Festlegung durch die Hauptsatzung, § 4 II S. 1 BekanntmVO

Gem. § 4 II S. 1 BekanntmVO ist die Form der öffentlichen Bekanntmachung durch die Hauptsatzung zu bestimmen. Dies bedeutet, dass sich die Gemeinde für eine der drei Alternativen **entscheiden muss**. Diese Entscheidung muss in der Hauptsatzung erfolgen. Die Entscheidung muss eindeutig und generell sein, und sie muss für alle Satzungen gelten.[917]

Zweck ist es, die Einwohner in die Lage zu versetzen, sich durch Verfolgen nur einer der Alternativen (Amtsblatt, Zeitung **oder** Anschlag) über die Rechtsetzung einer Gemeinde zu informieren. Der Einzelne soll sich darauf verlassen können, dass die Satzungen dauerhaft in einer bestimmten Art und Weise bekannt gemacht werden.[918]

> **hemmer-Methode:** Daraus wird man zu schließen haben, dass die Gemeinde diese Bekanntmachungsform in der Hauptsatzung nicht zu häufig ändern darf. Denn der Zweck des § 4 II S. 1 BekanntmVO würde unterlaufen, wenn ein ständiges Wechseln zwischen den Alternativen der Bekanntmachung möglich wäre. Allerdings wird man auch keine zeitlich unbeschränkte Unveränderbarkeit annehmen. Man wird daher das Ermessen der Gemeinde im Hinblick auf die Änderung der Bekanntmachungssatzung dahingehend einschränken müssen,[919] dass eine Änderung nicht vor Ablauf mehrerer Jahre seit der letzten Änderung zulässig ist.

Unzulässig wäre es daher, wenn die Hauptsatzung bestimmt, dass dem Bürgermeister im Einzelfall die Entscheidung über die Bekanntmachungsform überlassen wird.[920]

Gem. § 3 I BekanntmVO sind Satzungen in vollem Wortlaut bekanntzumachen. Enthält eine Satzung Pläne oder zeichnerische Darstellungen (wie etwa Flächennutzungs- und Bebauungspläne), so sieht § 3 II BekanntmVO bestimmte Erleichterungen für die Bekanntmachung vor.

---

917 Held u.a. 25. NachLfg. (2010), § 7 GO NRW, Anm. 5.9 b).
918 OVG Münster, DÖV 1960, 954.
919 Allgemein zum Satzungsermessen der Gemeinde u. Rn. 558 ff.
920 In diese Richtung auch VGH ESVGH 19, S. 25, 27.

Notbekanntmachung

Für dringliche Fälle enthält § 4 IV BekanntmVO die Möglichkeit einer Notbekanntmachung, die in der Hauptsatzung näher bestimmt sein muss.

Gem. § 6 IV BekanntmVO ist ein Belegstück des Druckwerks aufzubewahren. Eine Verletzung dieser Pflicht führt allerdings nicht zur Unwirksamkeit der Satzung.[921]

Bebauungsplan

(2) § 7 IV S. 1 GO NRW und die BekanntmVO gelten auch für Bebauungspläne, da diese als Satzungen beschlossen werden (§ 10 I BauGB). Zwar bestimmt § 10 III S. 1 BauGB, dass der Bebauungsplan ortsüblich bekannt zu machen ist. Diese Vorschrift wird jedoch so verstanden, dass eine Ausfüllung durch den Landesgesetzgeber zulässig ist, oder aber der Begriff der „ortsüblichen Bekanntmachung" in § 10 III S. 1 BauGB wird so ausgelegt, dass er mit der öffentlichen Bekanntmachung in § 7 IV S. 1 GO NRW, §§ 1 ff. BekanntmVO übereinstimmt. Jedenfalls wird nicht daran gezweifelt, dass die landesrechtlichen Vorschriften über die Bekanntmachung von Satzungen auch für Bebauungspläne gelten[922].

Flächennutzungsplan

(3) Etwas anderes gilt für Flächennutzungspläne. Zwar ist in § 6 V S. 1 BauGB bestimmt, dass deren Genehmigung ortsüblich bekannt zu machen ist. Der Flächennutzungsplan ist jedoch keine Satzung, und § 7 IV S. 1 GO NRW und § 1 I BekanntmVO gelten nur für Satzungen. Zwar bestimmt § 1 II BekanntmVO, dass die BekanntmVO auch für sonstige ortsrechtliche Bestimmungen gilt. Davon werden insbesondere Verordnungen erfasst.

Die Geltung für den Flächennutzungsplan ist jedoch zweifelhaft, da die Vorschrift, anders als etwa § 7 VI GO NRW, den Flächennutzungsplan nicht ausdrücklich mit einbezieht.[923] Das Landesrecht in Nordrhein-Westfalen enthält demnach keine Vorschriften über die ortsübliche Bekanntmachung der Genehmigung des Flächennutzungsplans gem. § 6 V S. 1 BauGB. Die dafür geltenden Anforderungen sind daher durch Auslegung des Begriffs zu ermitteln. Letztlich ist aber nicht daran zu zweifeln, dass eine Bekanntmachung wie für eine Satzung auch für den Flächennutzungsplan ausreichend ist.

3. Materielle Rechtmäßigkeit

hemmer-Methode: Bei der Prüfung der materiellen Rechtmäßigkeit einer Satzung ist es besonders wichtig, auf die Hinweise im Sachverhalt zu achten. Versuchen Sie, dem Ersteller der Klausur wie im Dialog möglichst nahe zu kommen. Jeder Satz der Aufgabenstellung muss in Ihrer Bearbeitung aufgegriffen, juristisch übersetzt und argumentativ bewältigt werden. Ein festes Schema für die Prüfung der materiellen Rechtmäßigkeit gibt es nicht, dies hängt ganz von der Satzungsermächtigung und dem Inhalt der Satzung ab. Im Folgenden werden die klausurtypischen Probleme, die unabhängig von einem bestimmten Satzungsinhalt immer wieder auftauchen, dargestellt.

---

921 OVG Münster, NWVBl. 2005, S. 142.
922 Schrödter, BauGB, § 10 Rn. 64; Ernst/Zinkahn/Bielenberg/Krautzberger, BauGB 98.Lfg. (2011), § 10 Rn. 117.
923 Auch § 52 III GO NRW bezieht sich nur auf öffentliche, nicht auf ortsübliche Bekanntmachungen.

4. Voraussetzungen der Ermächtigung und Vereinbarkeit mit sonstigem, höherrangigem Recht

a) Voraussetzungen der Ermächtigung[924]

in den besonderen Satzungsermächtigungen

Voraussetzung für die Rechtmäßigkeit der Satzung ist, dass sie den Anforderungen der Ermächtigung entspricht. Solche enthalten die besonderen Satzungsermächtigungen regelmäßig. So bestimmt § 9 GO NRW, dass der Anschluss- und Benutzungszwang durch Satzung nur dann vorgeschrieben werden kann, wenn es sich um die dort genannten Einrichtungen (Wasserleitung, Abwasserbeseitigung, usw.) handelt, und ein „öffentliches Bedürfnis" für den Zwang besteht. § 2 KAG sieht für alle Abgabensatzungen vor, dass sie einen bestimmten Mindestinhalt haben müssen (Abgabenschuldner, Abgabengegenstand, usw.).

555

b) Sonstiges höherrangiges Recht

auch Verfassungsrecht

Neben der Ermächtigung können in dem Gesetz oder in anderen Gesetzen weitere rechtliche Anforderungen an die Satzung enthalten sein. Als Beispiel sei hier § 6 KAG für die Bemessung von Benutzungsgebühren genannt.

556

5. Ermessen

a) Ermessensvoraussetzungen

Wenn formelle und materielle Voraussetzungen vorliegen, ist dem Rat als Satzungsgeber ein Ermessen eröffnet. Es gilt die übliche Ermessensfehlerlehre. Immer wieder in Klausuren zu prüfen ist Verfassungsrecht:

⇨ Gleichbehandlungsgrundsatz, Art. 3 GG

⇨ sonstige Grundrechte

⇨ Bestimmtheit der Satzungsregelungen

⇨ Verhältnismäßigkeit

⇨ Rechtsstaatsprinzip ⇨ Rückwirkungsverbot[925]

Exkurs: Rückwirkung

Rückwirkung

Eine echte Rückwirkung, d.h. die Anknüpfung von Rechtsfolgen an einen in der Vergangenheit bereits abgeschlossenen Sachverhalt, ist zu Lasten des Einzelnen grundsätzlich unzulässig. Ausnahmen hiervon sind insbesondere:[926]

⇨ bei vorheriger unklarer, verworrener Rechtslage,

⇨ wenn zuvor erlassene Rechtsvorschriften unwirksam sind,

⇨ bei zwingenden Gründen des Allgemeinwohls,

557

---

924 Bzw. der verschiedenen Ermächtigungen, wenn die Satzung auf mehreren beruht.
925 Dazu ausführlich **Hemmer/Wüst, Staatsrecht II, Rn. 131 ff.**
926 Vgl. dazu Held u.a. 25. NachLfg. (2010), § 7 GO NRW, Anm. 2. 1. 1.

⇨ wenn der Belastete aus anderen Gründen mit einer Rückwirkung rechnen musste,[927] oder

⇨ in Bagatellfällen.

Exkurs Ende

b) Das Satzungsermessen

Satzungsermessen der Gemeinde

Jeder Normgeber hat bei der Rechtsetzung ein Normsetzungsermessen. Dieses folgt denknotwendig aus dem Umstand, dass der zuständige Normgeber darüber entscheidet, ob er eine Norm erlässt, und ebenso über den Inhalt der Norm zu entscheiden hat.

hemmer-Methode: Bei (formellen) Gesetzen wird in diesem Zusammenhang häufig von einer „Einschätzungsprärogative" oder dem „gesetzgeberischen Gestaltungsspielraum" gesprochen.

grds. Ermessen bzgl. Ob und Inhalt einer Satzung

Ein solches Normsetzungsermessen steht auch der Gemeinde bei dem Erlass von Satzungen zu. Dies kann als Satzungsermessen bezeichnet werden. Die Gemeinde hat daher grundsätzlich Ermessen, ob sie eine Satzung erlässt, sofern sie nicht zum Erlass einer Satzung verpflichtet ist (Pflichtsatzungen).[928] Zudem steht der Inhalt der Satzung grundsätzlich im Ermessen der Gemeinde, welches durch das höherrangige Recht begrenzt ist.

Das Satzungsermessen der Gemeinde ist ferner durch die kommunale Selbstverwaltungsgarantie gem. Art. 28 II S. 1 GG geschützt.

Da die Gemeinde das Recht hat, die örtlichen Angelegenheiten in eigener Verantwortung zu regeln, folgt daraus grundsätzlich eine Gestaltungsfreiheit, soweit keine rechtlichen Bindungen bestehen.

Prognosespielraum

Entsprechend ergibt sich für Satzungen, die eine Prognose erfordern, dass die Gemeinde (wie jeder andere Normgeber) einen Einschätzungs- und Prognosespielraum hat. Dabei kann nicht gefordert werden, dass die zweckmäßigste, „vernünftigste" oder „gerechteste" Lösung gewählt wird.[929]

hemmer-Methode: Das Satzungsermessen ist das Argument, das bei der Überprüfung einer Satzung für deren Rechtmäßigkeit „streitet". Z.B. kann die Gemeinde in einer Benutzungssatzung für eine öffentliche Einrichtung bestimmte Nutzungsarten ausschließen. Dies steht grundsätzlich in ihrem Satzungsermessen, sofern die dadurch eintretende Ungleichbehandlung verschiedener Nutzungen sachlich gerechtfertigt werden kann. Lässt sich für die ausgeschlossene Nutzung „Sport" in der gemeindlichen Mehrzweckhalle nicht mit Sicherheit sagen, dass diese Nutzung stets die Gefahr einer Beschädigung der Halle darstellt, so kann die Rechtmäßigkeit mit dem Satzungsermessen der Gemeinde „gehalten" werden: Es ist jedenfalls nicht unvertretbar, von einer erhöhten Schadensgeneigtheit auszugehen, und es steht deshalb im Ermessen der Gemeinde, diese Nutzung generell auszuschließen.

---

927 Vgl. dazu BVerwG NWVBl. 2003, 213: Die Ankündigung einer Gesetzes- oder Verordnungsänderung lässt den Vertrauensschutz nicht bereits zu diesem Zeitpunkt entfallen, sondern erst mit dem rechtsgültigen Beschluss der Änderung durch das entsprechende Organ = **juris**byhemmer.

928 Kommt die Gemeinde einer Pflicht zum Erlass einer Satzung nicht nach, so kann die Aufsichtsbehörde diese im Wege der Ersatzvornahme (§ 123 II GO NRW) erlassen, OVG Münster, NWVBl. 2011, 103 (104) = **juris**byhemmer; NWVBl. 2007, 347 ff.

929 VGH BW ESVGH 26, S. 51, 55.

Bauleitplanung

Bei den Bebauungsplänen besteht das Satzungsermessen insbesondere in der planerischen Gestaltungsfreiheit der Gemeinde. Die Planung der Gemeinde setzt eine Abwägungsentscheidung (§ 1 V, VI BauGB) voraus, die demgemäß nur auf rechtliche Abwägungsfehler kontrolliert werden darf. Das Gleiche gilt für den Flächennutzungsplan.[930]

II. Wirksamkeit der Satzung

1. Unbeachtlichkeit nach § 7 VI GO NRW

hemmer-Methode: § 7 VI GO NRW gilt auch für sonstiges Ortsrecht und Flächennutzungspläne. Zu dem sonstigen Ortsrecht gehören v.a. die Rechtsverordnungen, wie z.B. die Verordnungen aufgrund § 27 OBG. Die Unbeachtlichkeit von Verstößen gegen die Befangenheitsregelung gem. § 54 IV GO NRW hat neben § 7 VI GO NRW für Satzungen, sonstiges Ortsrecht und Flächennutzungspläne keine Bedeutung, da Verstöße gegen § 31 GO NRW bereits durch § 7 VI GO NRW erfasst werden.

a) Voraussetzungen der Unbeachtlichkeit

aa) Erfasste formelle Fehler

Vorschriften der GO NRW

(1) § 7 VI GO NRW gilt nur für die Verletzung von Verfahrens- und Formvorschriften nach der GO NRW oder aufgrund der GO NRW. Vorschriften „aufgrund der GO NRW" sind die Rechtsverordnungen nach § 133 GO NRW, nicht aber kommunalrechtliche Gesetze wie z.B. GkG und KAG, oder die Vorschriften über das Verfahren bei ordnungsbehördlichen Verordnungen nach §§ 25 ff. OBG.

560

Verfahrens- und Formvorschriften

(2) Weiter geht es nur um Verfahrens- und Formvorschriften. Davon nicht erfasst sind zum einen materielle Rechtsfehler, zum anderen Zuständigkeitsverstöße.

561

Ausnahmen

(3) Bestimmte Verfahrens- und Formvorschriften werden in § 7 VI S. 1a u. b GO NRW von der Unbeachtlichkeitsregelung ausgenommen.

562

Dies sind

⇨ eine erforderliche Genehmigung (§ 7 VI S. 1a Alt. 1 GO NRW), und

⇨ die öffentliche Bekanntmachung der Satzung nach § 7 IV S. 1b GO NRW i.V.m. BekanntmVO.

hemmer-Methode: Machen Sie sich klar, dass Genehmigung und öffentliche Bekanntgabe i.R.d. § 7 VI GO NRW eine doppelte Bedeutung haben: Dass eine Unbeachtlichkeit ausgeschlossen ist, wenn eine Genehmigung fehlt oder die Bekanntmachung nicht ordnungsgemäß war, hat zum einen zur Folge, dass eine Verletzung dieser formellen Anforderungen nie unbeachtlich sein kann. Zum anderen schließt ein Verstoß gegen ein Genehmigungserfordernis oder die Bekanntmachungsvorschriften (BekanntmVO) auch die Unbeachtlichkeit anderer Verfahrens- und Formverstöße aus. Die Anzeige (lit. a Alt. 2), die Nichtbeanstandung (lit. c) und die Geltendmachung (lit. d) haben dagegen nur die letztgenannte Funktion, da sie für die Rechtmäßigkeit der Satzung unbeachtlich sind!

---

930 Zur Bauleitplanung vgl. **Hemmer/Wüst, Baurecht NRW,** Rn. 101 ff.

> **hemmer-Methode:** Für die Rechtmäßigkeit und Wirksamkeit der Satzung ist der unterbliebene Hinweis unbeachtlich.[940] Gewisse Parallelen lassen sich zur Rechtsbehelfsbelehrung nach § 58 I VwGO ziehen. Die fehlerhafte oder fehlende Rechtsbehelfsbelehrung hat ebenfalls auf die Rechtmäßigkeit des Verwaltungsakts keinen Einfluss. Sie führt lediglich dazu, dass die Monatsfristen der §§ 70 I, 74 I VwGO nicht gelten (sondern die Jahresfrist nach § 58 II S. 1 VwGO).

b) Die Wirkung der Unbeachtlichkeit nach § 7 VI GO NRW

Wirksamkeit der Satzung

Liegen die Voraussetzungen vor, so sind die erfassten[941] Rechtsfehler unbeachtlich. § 7 VI GO NRW formuliert, „die Verletzung ... kann ... nicht mehr geltend gemacht werden ... ".

Dies bedeutet zunächst, dass die Satzung wirksam ist. Sie ist also „gültig" i.S.v. § 47 VwGO, und stellt ebenso eine wirksame Rechtsgrundlage für belastende Maßnahmen dar.

> **hemmer-Methode:** Ob § 7 VI GO NRW nur die Wirksamkeit der Satzung herbeiführt, oder sogar ihre Rechtmäßigkeit, ist im Wesentlichen eine dogmatische Frage. In aller Regel kommt es nur auf die Wirksamkeit und nicht auf die Rechtmäßigkeit an.[942]

Dies gilt unproblematisch für die Zeit nach Ablauf der Jahresfrist. Für den Zeitraum zuvor müssen zwei verschiedene Fragen auseinander gehalten werden: Ist die Rechtslage nach Ablauf der Jahresfrist zu beurteilen, so wird man aus § 7 VI GO NRW („kann nicht mehr geltend machen") schließen, dass in jedem Fall die Unbeachtlichkeit eingetreten ist, wenn die Voraussetzungen des § 7 VI GO NRW vorliegen. Dies insbesondere auch gerade dann, wenn der für die Entscheidung maßgebliche Zeitpunkt innerhalb der Jahresfrist liegt.

Da die Anordnung des § 7 VI GO NRW demzufolge so zu verstehen ist, dass die Satzung „als von Anfang an gültig" angesehen werden soll, ist auch für die Zeit vor Ablauf des Jahres von der Gültigkeit auszugehen, **sobald die Jahresfrist abgelaufen ist**. Dies kann nur dann relevant werden, wenn es auf die Rechtslage in diesem Zeitraum ankommt. Dies ist im folgenden Bsp. der Fall:

> **Bsp.:** Der Rat beschließt eine Satzung über die Wassergebühren. In der Sitzung war der Rat jedoch nicht beschlussfähig. Die Beschlussunfähigkeit wurde auch festgestellt. Ansonsten hat die Satzung keine Rechtsfehler. Die Satzung wird am 15.01. ordnungsgemäß bekanntgemacht. Ein ordnungsgemäßer Hinweis nach § 7 VI S. 2 GO NRW liegt ebenfalls vor. Am 01.09. wird W aufgrund der Satzung durch Bescheid zu Wassergebühren für die zurückliegenden Monate Februar bis Juli in Höhe von 300,- € herangezogen. W klagt rechtzeitig. Wie muss das Verwaltungsgericht entscheiden, wenn mittlerweile der 16.01. des Folgejahres abgelaufen ist?
>
> I. Der Verwaltungsrechtsweg ist gem. § 40 I VwGO eröffnet. Insbesondere liegt nicht die abdrängende Sonderzuweisung nach § 33 FGO vor, denn diese erfasst nicht die Kommunalabgaben.

---

940 Held u.a. 25. NachLfg. (2010), § 7 GO NRW, Anm. 6. 7. Da § 7 VI 2 GO NRW damit keine Verfahrens- oder Formvorschrift ist, kommt auch eine „Unbeachtlichkeit" eines Verstoßes nach § 7 VI GO NRW selbst nicht in Betracht.

941 Rn. 560 ff.

942 Anders u.U. im Zusammenhang mit Schadensersatzansprüchen wegen rechtswidrigen Verhaltens, z.B. eine Amtshaftung gem. § 839 BGB i.V.m. Art. 34 S. 1 GG. Vgl. zu dem Parallelproblem des § 46 VwVfG Kopp/Ramsauer, 11. Aufl. (2010), § 46 VwVfG, Rn. 1.

II. Zulässigkeit

1. Statthaft ist die Anfechtungsklage, denn W begehrt die Aufhebung eines Verwaltungsakts.

2. Als Adressat eines belastenden Verwaltungsakts ist er in seinem Grundrecht aus Art. 2 I GG betroffen und damit klagebefugt gem. § 42 II VwGO.

3. Der Durchführung eines nach §§ 68 ff. VwGO grundsätzlich erforderlichen Vorverfahrens bedarf es gem. § 110 I S. 1 JustG NRW nicht.

4. W hat die Klagefrist nach § 74 I VwGO eingehalten.

III. Begründetheit

Die Klage ist begründet, wenn der Verwaltungsakt rechtswidrig ist und W in seinen Rechten verletzt, § 113 I S. 1 VwGO.

1. Rechtsgrundlage für den Verwaltungsakt könnte die Satzung über die Wassergebühren sein. Voraussetzung hierfür ist, dass die Satzung wirksam ist.

Da der Rat bei dem Satzungsbeschluss nicht beschlussfähig war, verstößt die Satzung gegen § 49 GO NRW. Dieser Fehler könnte jedoch nach § 7 VI GO NRW geheilt sein.

Der Verstoß gegen die Beschlussfähigkeit nach § 49 GO NRW ist ein Verfahrensfehler nach der GO NRW, der auch nicht nach § 7 VI S. 1a u. b GO NRW von der Unbeachtlichkeit ausgeschlossen ist.

Die Jahresfrist ist mittlerweile abgelaufen. Eine Beanstandung des Bürgermeisters liegt nicht vor.

Auch wurde der Fehler nicht gerügt (§ 7 VI S. 1d GO NRW). Da auch der Hinweis nach § 7 VI S. 2 GO NRW ordnungsgemäß erteilt wurde, liegen die Voraussetzungen der Unbeachtlichkeit vor. Damit ist von der Wirksamkeit auszugehen.

Fraglich ist jedoch, ob dies auch für die Zeit während des Laufs der Jahresfrist gilt, und die Unbeachtlichkeit nach § 7 VI GO NRW „ex tunc" auf den Erlass der Satzung zurückwirkt, oder nur zu einer Wirksamkeit „ex nunc" ab Ablauf der Jahresfrist führt. Genau auf diesen Zeitraum kommt es hier auch an. Denn für die Beurteilung der Rechtmäßigkeit eines Verwaltungsakts ist grundsätzlich der Zeitpunkt der letzten Behördenentscheidung maßgeblich.[943]

hemmer-Methode: Völlig unproblematisch wäre es daher, wenn der Verwaltungsakt erst nach dem 15.01. des Folgejahres ergangen wäre.

Aus der Formulierung „nicht mehr" in § 7 VI GO NRW wird man jedoch entnehmen, dass nach Ablauf der Jahresfrist jegliche Geltendmachung der erfassten Verfahrens- und Formfehler ausgeschlossen sein soll, unabhängig davon, ob der für die Entscheidung maßgebliche Zeitpunkt vor oder nach Ablauf der Frist lag. Demnach ist die Satzung wirksam und Rechtsgrundlage für den Bescheid. Sofern der Bescheid im Übrigen rechtmäßig ist, ist die Klage des W unbegründet und damit nicht erfolgreich.

hemmer-Methode: Merken können Sie sich, dass es nur darauf ankommt, ob vor oder nach Ablauf der Jahresfrist die Wirksamkeit der Satzung zu beurteilen ist. Entscheidet das Gericht vor Ablauf der Jahresfrist, so kann es nicht von der Wirksamkeit der Satzung ausgehen, da dann die Voraussetzungen des § 7 VI GO NRW (noch?) nicht vorliegen.

---

[943] Hemmer/Wüst, Verwaltungsrecht I, Rn. 389.

> Das gilt auch für die Normenkontrolle nach § 47 I Nr. 1 VwGO. Bei der Entscheidung des Gerichts nach der Jahresfrist kommt es in vielen prozessualen Konstellationen ohnehin nicht auf diese „Rückwirkung" an. Denn in der Verpflichtungssituation ist für den Anspruch des Klägers in aller Regel der Zeitpunkt der letzten mündlichen Verhandlung maßgeblich.

2. §§ 214 ff. BauGB

§§ 214 ff BauGB

Unbeachtlichkeitsvorschriften für die Bauleitpläne enthalten auch die §§ 214 ff. BauGB.[944]

III. Prüfungsschema

Prüfungsschema

Ausgangspunkt für die Prüfung der Satzung in der Klausur ist die Frage nach ihrer Wirksamkeit (Gültigkeit). Dies gilt sowohl für die „prinzipale" Kontrolle (Normenkontrolle nach § 47 I Nr. 1 VwGO), als auch bei der Klage gegen eine belastende Einzelmaßnahme, für die es darauf ankommt, ob die Satzung wirksame Rechtsgrundlage ist.

Bei der Überprüfung gemeindlicher Satzungen bietet sich folgende Prüfungsreihenfolge an:

I. Rechtmäßigkeit der Satzung

  1. Formelle Rechtmäßigkeit

    a) Zuständigkeit

      aa) Verbandszuständigkeit

       ⇨ sachlich und örtlich

      bb) Organzuständigkeit

       ⇨ Rat, § 41 I S. 1 GO NRW (Organzuständigkeit des Bürgermeisters gem. § 60 II GO NRW in Eilfällen str.)

    b) Verfahren

      aa) Beschlussfassung im Rat

      bb) Spezialgesetzliche Verfahrensanforderungen

       ⇨ z.B. für den Bebauungsplan §§ 1 ff. BauGB

      cc) Genehmigung, falls erforderlich

    c) Form

      ⇨ Öffentliche Bekanntmachung, § 7 IV GO NRW i.V.m. BekanntmVO

      ⇨ In der Hauptsatzung der Gemeinde muss eine der drei Formen des § 4 I BekanntmVO festgelegt sein

  2. Materielle Rechtmäßigkeit

    ⇨ **höherrangiges Recht:** Voraussetzungen der Ermächtigungsgrundlage und sonstiges höherrangiges Recht (Grundrechte, Bestimmtheit, Verhältnismäßigkeit, Rückwirkungsverbot)

    ⇨ **Satzungsermessen der Gemeinde** zu beachten

II. Wirksamkeit der Satzung

  1. Unbeachtlichkeit nach § 7 VI GO NRW

  2. Spezielle Unbeachtlichkeitsvorschriften

    ⇨ z.B. §§ 214 ff. BauGB

---

[944] Zu §§ 214 ff. BauGB vgl. **Hemmer/Wüst, Baurecht NRW,** Rn. 558 ff.

C) Rechtsverordnungen

besondere Ermächtigung erforderlich

Sind die Gemeinden dazu besonders ermächtigt, können sie auch Rechtsverordnungen erlassen. Wichtigster Fall ist der Erlass einer Verordnung nach §§ 25 ff. OBG durch die Gemeinde. §§ 25 ff. OBG enthalten spezielle Verfahrensvorschriften, die denen der Gemeindeordnung vorgehen. Soweit ein Beschluss des Rats erforderlich ist, gelten die Regelungen über die Beschlussfassung wie für Satzungen.

577

hemmer-Methode: Gem. § 27 IV S. 1 OBG werden die ordnungsbehördlichen Verordnungen vom Rat bzw. vom Kreistag (nicht vom Kreisausschuss, vgl. § 26 I S. 2f KrO NRW) erlassen.

Art. 70 I LV für Rechtsverordnungen!

Abgesehen von diesen Besonderheiten gelten die gleichen Regelungen wie für Satzungen. Zu beachten ist allerdings, dass Ermächtigungsgrundlage und die Rechtsverordnung selbst den Anforderungen des Art. 70 I LV entsprechen müssen.

578

I. Ermächtigungsgrundlage[945]

II. Formelle Rechtmäßigkeit

1. Zuständigkeit

   a) Verbandszuständigkeit

   = örtliche und sachliche Zuständigkeit der Gemeinde. Sie ergibt sich aus §§ 1, 3 - 5 OBG (bzw. entsprechenden Vorschriften anderer Gesetze)

   b) Organzuständigkeit

   Rat, § 27 IV S. 1 OBG

2. Verfahren

   a) Ordnungsgemäßer Ratsbeschluss

   b) Zustimmung

   Soweit gesetzlich vorgeschrieben, § 30 Nr. 4 OBG

3. Form

   a) Die Mindestformvoraussetzungen sind in § 30 Nr. 1 - 7 OBG geregelt, beachte auch § 31 III OBG

   b) Ausfertigung (§ 33 S. 2 OBG)

   c) Verkündung (§ 33 S. 2 OBG)

III. Materielle Rechtmäßigkeit

⇨ **höherrangiges Recht:** ausdrücklich in § 28 OBG, Voraussetzungen der Ermächtigungsgrundlage und sonstiges höherrangiges Recht (Grundrechte, Bestimmtheit, Verhältnismäßigkeit, Rückwirkungsverbot)

⇨ **Normsetzungsermessen** zu beachten

---

hemmer-Methode: Bei der Prüfung einer Verordnung ist bei der Frage, wann eine Grundrechtsprüfung anhand der Verordnung selbst, wann anhand der Ermächtigungsnorm vorgenommen werden muss, etwas Fingerspitzengefühl erforderlich.

---

[945] Jede Rechtsverordnung bedarf gem. Art. 80 GG einer Ermächtigungsgrundlage, unabhängig von ihrem Inhalt.

> Als Faustregel kann man sich merken, dass bei einer Ermächtigungsnorm, die dem Verordnungsgeber keinerlei Ausgestaltungsspielraum lässt bzw. bei einer Verordnung, die nur den Inhalt der Ermächtigungsnorm wörtlich wiedergibt, der mögliche Grundrechtsverstoß in der Ermächtigungsnorm selbst begründet sein muss. Dann bietet es sich aber auch an, diese in den Mittelpunkt der Prüfung zu stellen.

D) Rechtsschutz gegen Satzungen und Verordnungen der Gemeinde

Rechtsschutz nach § 47 I Nr. 1 VwGO gegen Satzungen nach dem BauGB

Gem. § 47 I VwGO kann ein Antrag auf Überprüfung bestimmter Rechtsvorschriften durch das OVG gestellt werden. Die Normenkontrolle ist gem. § 47 I Nr. 1 VwGO für die Satzungen nach dem BauGB statthaft.

Da der nordrhein-westfälische Landesgesetzgeber nicht von der Möglichkeit der Nr. 2 Gebrauch gemacht hat, alle Rechtsvorschriften im Rang unter dem Landesgesetz der Normenkontrolle zu unterstellen, ist die Normenkontrolle auf die in Nr. 1 genannten Vorschriften beschränkt.

Fraglich ist, ob der Einzelne in anderer Weise als durch eine Normenkontrolle Rechtsschutz gegen Rechtsvorschriften erlangen kann.

Diese Frage stellt sich allgemein und nicht nur in Nordrhein-Westfalen und den Bundesländern, die von der Möglichkeit nach § 47 I Nr. 2 VwGO keinen Gebrauch gemacht haben. Sieht der Landesgesetzgeber aber keine Normenkontrolle nach § 47 I Nr. 2 VwGO vor, so wird die Frage nach dem Rechtsschutz gegen Rechtsvorschriften noch bedeutsamer als in den anderen Ländern.

> **hemmer-Methode:** Dies ist ein Problem des allgemeinen Verwaltungsrechts und des Verwaltungsprozessrechts, weniger des Kommunalrechts. Die Frage des Rechtsschutzes gegen Rechtsvorschriften stellt sich ebenso bei Gesetzen, Rechtsverordnungen und Satzungen anderer staatlicher Stellen.

Als Rechtsschutzmöglichkeiten kommen eine allgemeine verwaltungsgerichtliche Feststellungsklage gem. § 43 I VwGO, oder eine Verfassungsbeschwerde nach Art. 93 I Nr. 4a GG in Betracht.

I. Feststellungsklage gem. § 43 I VwGO

feststellungsfähiges Rechtsverhältnis?

Problematisch bei der Zulässigkeit der Feststellungsklage ist das feststellungsfähige Rechtsverhältnis. Nach h.M. ist folgendes zu beachten:

nicht bei Ungültigerklärung einer Rechtsvorschrift

(1) Beantragt der Kläger die Überprüfung und Ungültigerklärung einer Rechtsvorschrift, so stellt dies kein feststellungsfähiges Rechtsverhältnis dar.[946]

> *Bsp.:* § 5 der Wasserversorgungssatzung der Gemeinde sieht vor, dass alle Grundstücke im Gemeindegebiet einem Anschluss- und Benutzungszwang für die gemeindlichen Wasserversorgungseinrichtungen unterliegen. X beantragt beim VG festzustellen, dass § 5 der Satzung ungültig ist.

---

946 Sodan/Ziekow, VwGO, § 47 Rn. 88.

Die Klage ist unzulässig. Eine Feststellungsklage ist nicht statthaft, denn dem Antrag liegt kein feststellungsfähiges Rechtsverhältnis zugrunde. Ein Rechtsverhältnis i.S.d. § 43 VwGO muss stets zwischen zwei Personen (oder zwischen einer Person und einer Sache) bestehen, und es muss ein **konkretes Rechtsverhältnis** sein. Diese Voraussetzung erfüllt die Rechtsfrage, ob § 5 der Satzung ungültig ist, nicht.

hemmer-Methode: Ein direkt und ausschließlich gegen die Vorschrift gerichteter, „prinzipaler" Antrag ist nur i.R.d. § 47 VwGO statthaft. Dies ist gerade eine Besonderheit der Normenkontrolle! Geht es demnach um einen Bebauungsplan oder eine sonstige Satzung nach dem BauGB, so ist der Antrag, § XY der Satzung für ungültig zu erklären, gerade nach § 47 I Nr. 1 VwGO statthaft!

Feststellung konkreter Rechte oder Pflichten: Rechtsverhältnis (+)

(2) Ein feststellungsfähiges Rechtsverhältnis ist nach h.M. dagegen die Frage, ob den Einzelnen bestimmte Rechte oder Pflichten aus einer Rechtsvorschrift treffen.[947]

Bsp.: In obigem Bsp. beantragt X nicht, § 5 der Satzung für ungültig zu erklären, sondern er beantragt festzustellen, dass sein im Gemeindegebiet gelegenes Grundstück nicht dem Anschluss- und Benutzungszwang unterliegt, oder, dass er berechtigt ist, Wasser aus einer anderen Quelle als der gemeindlichen Wasserversorgungseinrichtung zu beziehen.

Diese Frage betrifft ein konkretes Rechtsverhältnis zwischen X und der Gemeinde. Es geht um die konkrete Pflicht des X, den Anschluss seines Grundstücks an die Einrichtung zu dulden und keine anderen Bezugsquellen für Wasser zu nutzen.

Bei der Entscheidung über den Antrag ist dann (fast nur) zu prüfen, ob die Satzung wirksam ist. Es kommt zu einer Inzidentprüfung der Satzung.

hemmer-Methode: Der entscheidende Unterschied liegt in dem Rechtsschutzbegehren und der darauf folgenden Entscheidung des Gerichts: Die Feststellung der Ungültigkeit der Vorschrift würde u.a. die Frage aufwerfen, ob die Ungültigkeit allgemeinverbindlich ist oder nicht. Diese Frage stellt sich bei einer Entscheidung des Gerichts, dass den Kläger eine bestimmte Pflicht trifft oder nicht trifft, nicht. Zudem ist die Ungültigkeitserklärung speziell durch § 47 VwGO geregelt, der nur für bestimmte Rechtsvorschriften gilt. Eine derartige Feststellungsklage würde § 47 VwGO überspielen und weitgehend überflüssig machen.

Möglichkeit der Durchsetzung der Pflicht schließt Feststellungsklage nicht aus

(3) Der Betroffene muss auch nicht abwarten, dass eine weitere Maßnahme ergeht, wenn er gegen die betreffende Rechtsvorschrift verstößt.

In obigem Beispiel könnte man vertreten, dass X abwarten muss, ob die Gemeinde den Anschluss- und Benutzungszwang durchsetzt, z.B. durch Erlass einer Anordnung gestützt auf § 14 OBG, die X untersagt, Wasser aus einer anderen Quelle zu beziehen. Oder, wenn die Satzung dies vorsieht (§ 7 II S. 1 GO NRW), dass die Gemeinde ein Ordnungsgeld gegen ihn verhängt.

Gegen eine solche weitere Maßnahme, die in der Regel ein Verwaltungsakt sein wird, kann der Betroffene vorgehen. Die Frage ist aber, ob es ihm zuzumuten ist, eine solche weitere Maßnahme abzuwarten, und sich ggf. bußgeldpflichtig zu machen. Dies wird man zu verneinen haben.

---

947 BVerwGE 111, 276, 278; Schoch/Schmidt-Aßmann/Pietzner, VwGO 20.Erg.Lfg. (2010), § 43 Rn. 25; Sodan/Ziekow, VwGO, § 47 Rn. 88.

kein Unterschied zwischen Vollzugsnormen und ausführungsbedürftigen Vorschriften

(4) Nach h.M. besteht die Möglichkeit dieser Inzidentüberprüfung auch unabhängig davon, ob es sich um eine Vollzugsnorm (sog. self-executing-Norm) handelt, oder aber eine Vorschrift vorliegt, die erst noch eines behördlichen Ausführungsaktes bedarf.[948]

> Die Satzung über den Anschluss- und Benutzungszwang in obigem Beispiel ist eine Vollzugsnorm, denn die Pflicht trifft den Einzelnen kraft dieser Vorschrift, ohne dass es eines weiteren Vollzugsakts bedarf.
>
> *Bsp. (für eine Nicht-Vollzugsnorm):* Die Hundesteuersatzung sieht vor, dass die Gemeinde Hundesteuern in Höhe von 150,- € pro Hund und Jahr erhebt.
>
> Die Satzung ermächtigt die Gemeinde, gegenüber den Hundehaltern die Steuer festzusetzen. Aufgrund der Satzung an sich sind diese (noch) nicht zur Leistung verpflichtet.

II. Verfassungsbeschwerde, Art. 93 I Nr. 4a GG

Verfassungsbeschwerde: Beschwerdegegenstand (+)

Eine Verfassungsbeschwerde kann gegen jeden Akt der öffentlichen Gewalt gerichtet werden, Art. 93 I Nr. 4a GG. Darunter fallen ohne Zweifel Satzungen und Rechtsverordnungen der Verwaltung. Sie sind taugliche Beschwerdegegenstände. Es ist daher nicht zweifelhaft, dass überhaupt Rechtsschutz durch die Verfassungsbeschwerde gegen Rechtsvorschriften grundsätzlich möglich ist.

Rechtswegerschöpfung

Wichtig für die Verfassungsbeschwerde und deren praktische Bedeutung ist, ob ein Rechtsweg besteht, der gem. § 90 II BVerfGG vor Erhebung der Verfassungsbeschwerde ausgeschöpft werden muss.

Für die Rechtsvorschriften kommt es somit auf die obige Frage des Rechtsschutzes des Einzelnen gegen Rechtsvorschriften an. Der h.M. folgend, besteht ein solcher Rechtsweg, der dann auszuschöpfen ist, bevor erfolgreich Verfassungsbeschwerde eingelegt werden kann.

> **hemmer-Methode:** Auch diese Konsequenz spricht für die h.M., die eine Feststellungsklage nur bei Vorliegen eines konkreten Rechtsverhältnisses zulässt. Es erscheint sachgerechter, die Verwaltungsgerichte mit der Rechtmäßigkeit und Wirksamkeit kommunaler Satzungen und anderer untergesetzlicher Rechtsvorschriften zu befassen, anstatt ohne weiteres die Möglichkeit einer Verfassungsbeschwerde zu eröffnen.

---

[948] Kopp/Schenke, 16. Aufl. (2009), § 43 VwGO, Rn. 8b.

§ 11 KOMMUNALE ZUSAMMENARBEIT

A) Überblick

privatrechtliche/öffentlich-rechtliche Organisationsform

Kommunale Zusammenarbeit kann sowohl privatrechtlich als auch öffentlich-rechtlich stattfinden (§ 1 III GkG). Wenn und soweit kommunale Körperschaften in privatrechtlicher Weise zusammenarbeiten, unterliegen sie in jedem Fall dem Privatrecht. Zusätzliche Vorgaben können sich aus öffentlichem Recht ergeben (z.B. nach §§ 107 ff. GO NRW). Abgesehen von den Fällen der Beleihung kann in privat-rechtlichen Organisationsformen Dritten gegenüber nur privatrechtlich vorgegangen werden, weswegen sich eine solche Organisationsform nicht in allen Fällen als zweckmäßig erweist. Der Vorteil privatrechtlichen Handelns liegt in der größeren Beweglichkeit und schnelleren Anpassungsfähigkeit.[949] Während im Privatrecht grundsätzlich Formfreiheit herrscht, sind die Gemeinden und Gemeindeverbände bei der Wahl einer öffentlich-rechtlichen Rechtsform grundsätzlich an Organisationsformen des Gesetzes über die kommunale Zusammenarbeit (GkG) gebunden.[950]

586

I. Privatrechtliche Zusammenarbeit

privatrechtliche Zusammenarbeit

Die Gemeinden können insbesondere Aktiengesellschaften, Gesellschaften mit beschränkter Haftung (z.B. für Verkehrs- oder Versorgungsbetriebe) oder Vereine (z.B. Volkshochschule, Naturparkverein) gründen.

587

II. Öffentlich-rechtliche Möglichkeiten kommunaler Zusammenarbeit

vier Arten

Das GkG enthält vier Möglichkeiten öffentlich-rechtlicher Zusammenarbeit:

⇨ Kommunale Arbeitsgemeinschaft, §§ 2, 3 GkG

⇨ Zweckverband, §§ 4 ff. GkG

⇨ öffentlich-rechtliche Vereinbarung, §§ 23 ff. GkG.

neu:

⇨ gemeinsames Kommunalunternehmen, §§ 27, 28 GkG i.V.m. § 114a GO NRW.

588

hemmer-Methode: Neben dem GkG sehen andere Gesetze für einzelne Bereiche weitere Möglichkeiten der Zusammenarbeit vor, wie den Planungsverband, § 205 BauGB, die Zweckverbandssparkasse, § 32 I Nr. 1 SpkG und den Schulverband, § 78 VIII SchulG.

B) Kommunale Arbeitsgemeinschaft

lockerste Form der Zusammenarbeit

Die kommunalen Arbeitsgemeinschaften (§§ 2, 3 GkG) stellen die lockerste Form der kommunalen Zusammenarbeit dar, weil mit ihrer Gründung keine Übertragung von Aufgaben und Befugnissen verbunden ist. Sie dient lediglich der Beratung und Unterstützung der beteiligten Gemeinden.

589

---

949 Stober, S. 173.
950 Hofmann/Muth/Theisen, KommR NRW 14. Aufl. (2010), Kapitel 6.1, S. 580; Schlink, DVBl. 1982, S. 769 (773).

KOMMUNALRECHT

Bildung durch öffentlich-rechtlichen Vertrag

Die kommunale Arbeitsgemeinschaft wird durch öffentlich-rechtlichen (koordinationsrechtlichen) Vertrag i.S.d. § 54 S. 1 VwVfG NRW gebildet. An der Bildung der Arbeitsgemeinschaft können nur Gemeinden und Gemeindeverbände beteiligt sein.

Später können allerdings auch sonstige Körperschaften, Anstalten und Stiftungen des öffentlichen Rechts sowie natürliche und juristische Personen des Privatrechts aufgenommen werden[951] (§ 2 I S. 1 u. 2 GkG). Durch den Vertrag entsteht keine neue juristische Person, aber eine Bindung der Vertragsparteien.[952]

zulässige Zwecke

Die zulässigen Zwecke einer Arbeitsgemeinschaft sind in § 2 II GkG beschrieben. Insbesondere geht es um die Koordination von Angelegenheiten, die die Beteiligten gemeinsam berühren.

keine bindende Beschlussfassung

Mit der Bildung der Arbeitsgemeinschaft verpflichten sich ihre Mitglieder lediglich, diejenigen Angelegenheiten, die Gegenstand der Vereinbarung sind, in der Arbeitsgemeinschaft miteinander zu beraten, bevor ihre jeweiligen Organe darüber entscheiden, eine weitergehende Bindung kommt nicht zustande. § 3 I GkG beschränkt die Möglichkeiten der Arbeitsgemeinschaft darauf, den Mitgliedern Anregungen zu geben, eine bindende Beschlussfassung ist ausgeschlossen.[953]

C) Zweckverband

> **hemmer-Methode:** Kommunale Gemeinschaftsarbeit ist ein weiter und ungenauer Begriff. Eine Zusammenarbeit von Gemeinden kann auch informell stattfinden, d.h. durch Gespräche, Beratungen und andere Vorgehensweisen, sowie durch den Abschluss von (öffentlich-rechtlichen oder privatrechtlichen) Verträgen. Von rechtlichem Interesse und daher auch klausurrelevant sind jedoch die gesetzlich bestimmten Möglichkeiten. Wichtig ist, dass es bei Zweckverband und öffentlich-rechtlicher Vereinbarung nicht nur um eine irgendwie geartete Zusammenarbeit von Gemeinden geht, sondern um die „Verschiebung" von Aufgaben von Gemeinden auf eine neue juristische Person des öffentlichen Rechts (Zweckverband) oder von einer Gemeinde zur anderen (öffentlich-rechtliche Vereinbarung). Das Gesetz ermöglicht, die Zuständigkeiten für bestimmte Aufgaben zu verändern.

Inhalt und Mitglieder

Die Gemeinden und Gemeindeverbände können sich gem. § 4 I GkG zu Zweckverbänden zusammenschließen, um Aufgaben, zu deren Wahrnehmung sie berechtigt oder verpflichtet sind, gemeinsam zu erfüllen. Neben mindestens einer Gemeinde oder einem Gemeindeverband können auch sonstige juristische Personen des öffentlichen Rechts dem Zweckverband angehören. Gleiches gilt für juristische Personen des Privatrechts und natürliche Personen, wenn die Erfüllung der Verbandsaufgaben dadurch gefördert wird und Gründe des öffentlichen Wohls nicht entgegenstehen (vgl. § 4 II S. 1 und 2 GkG).

590

> *Bsp.:* Zweckverbände sind z.B. Schulträgerverbände, Abfallbeseitigungsverbände, Volksschulverbände, Abwasserverbände oder Trägerverbände für kommunale Studieninstitute.[954]

Zweckverbände können jede Aufgabe wahrnehmen, zu deren Erledigung auch die beteiligten Gemeinden und Gemeindeverbände befugt sind, soweit nicht eine entgegenstehende gesetzliche Regelung besteht (§ 1 I S. 1 u. 2 GkG).

---

[951] Sundermann, S. 234.
[952] Hofmann/Muth/Theisen, KommR NRW 14. Aufl. (2010), Kapitel 6.1.1, S. 582.
[953] Sundermann, S. 235.
[954] Hofmann/Muth/Theisen, KommR NRW 14. Aufl. (2010), Kapitel 6.1.3, S. 586.

§ 11 KOMMUNALE ZUSAMMENARBEIT

Mehrfachzweckverband

Insbesondere ist es auch zulässig, mehr als eine Aufgabe auf einen einzelnen Zweckverband zu übertragen (sog. Mehrfachzweckverband). An dieser schon durch das Gesetz von 1961 eingeführten Möglichkeit, konnte angesichts des früheren Wortlautes („um einzelne Aufgaben" § 4 I GkG a.F.) gezweifelt werden. Daher ist der missverständliche Zusatz „einzelne" mit der letzten Reform weggefallen.

Körperschaft des öffentlichen Rechts

Der Zweckverband ist nach § 5 I S. 1 GkG eine Körperschaft des öffentlichen Rechts mit dem Recht auf Selbstverwaltung nach § 5 I S. 2 GkG und folglich eine juristische Person des öffentlichen Rechts.

591

Gem. § 5 II GkG ist der Zweckverband ein Gemeindeverband. Er wird allerdings gleichwohl nicht von den Gewährleistungen der Art. 28 II GG, Art. 78 LV erfasst, da ihm zwar durchaus mehrere, aber keinesfalls alle Aufgaben übertragen werden können, sodass das Aufgabenfeld eines Zweckverbandes ausschließlich gegenstandsbezogen ist. Es ist nicht - wie für einen Gemeindeverband im Sinne der Verfassungsnormen erforderlich - gebietsbezogen und damit universal (Fehlen der Gebietshoheit).[955]

Bildung grundsätzlich durch öffentlich-rechtlichen Vertrag, Freiverband

Grundsätzlich erfolgt die Bildung des Zweckverbands durch öffentlich-rechtlichen (koordinationsrechtlichen) Vertrag nach § 54 S. 1 VwVfG NRW zwischen den Beteiligten (Freiverband).

592

Vertragsgegenstand ist die Verbandssatzung, deren Mindestinhalt in § 9 II GkG festgelegt ist. Die Verbandssatzung bedarf der Genehmigung der in § 29 I GkG bestimmten Aufsichtsbehörde (§ 10 I GkG). Verbandssatzung und Genehmigung sind in der nach § 11 I GkG bestimmten Form bekanntzumachen. Der Zweckverband entsteht dann frühestens am Tag nach der Veröffentlichung (§ 11 II GkG).

hemmer-Methode: Die Verbandssatzung ist eine eigentümliche Konstruktion. Sie wird nicht wie eine „normale" Satzung von einem kollegialen Vertretungsorgan beschlossen, sondern „vereinbart". Änderungen der Verbandssatzung werden allerdings nicht vereinbart, sondern (wie bei einer sonstigen Satzung auch) von dem Kollegialorgan, der Verbandsversammlung, beschlossen, vgl. § 20 I GkG. Grund für diese Besonderheit ist, dass die Verbandssatzung, sofern sie genehmigt wird, eine neue juristische Person hervorbringt, den Zweckverband. Da dieser zuvor nicht existierte, kann er auch keine (Verbands-)Satzung erlassen. Die Bildung der neuen juristischen Person liegt in der Hand der beteiligten Gemeinden. Diese entscheiden darüber, ob diese juristische Person „ins Leben gerufen" wird.

Pflichtverband

Für Pflichtaufgaben können die Gemeinden und Gemeindeverbände gem. § 13 GkG durch die Aufsichtsbehörde zwangsweise zu einem Zweckverband zusammengeschlossen werden (sog. Pflichtverband, legaldefiniert in § 4 I GkG), wenn dies aus Gründen des öffentlichen Wohls dringend geboten ist. Hierfür muss den Beteiligten zunächst die Möglichkeit einer freiwilligen Bildung gegeben werden. Ihnen ist gem. § 13 I, II S. 1 GkG eine angemessene Frist zu setzen.[956]

593

hemmer-Methode: Der Pflichtverband ist einer der wenigen Stellen, an denen die Unterscheidung zwischen freiwilligen und Pflichtaufgaben (§§ 2, 3 I GO NRW) relevant wird.

Kommt der Zweckverband innerhalb der Frist nicht zustande, verfügt die Aufsichtsbehörde nach vorheriger Anhörung der Beteiligten (vgl. § 13 II S. 3 GkG) gem. § 13 II S. 1 GkG die Bildung des Zweckverbands als Pflichtverband und erlässt die Verbandssatzung.

---

955 Erichsen, § 13 B 1 c, S. 322; Bösche, S. 376.
956 Vgl. Erichsen, § 13 B 1 b cc, S. 321.

Das weitere Verfahren bestimmt § 13 III GkG. Fristsetzung und Verfügung sind Verwaltungsakte (§ 13 I GkG ist die Ermächtigungsgrundlage), die verwaltungsgerichtlich angefochten werden können.[957]

gesetzlicher Zweckverband

594 Ein zwangsweiser Zusammenschluss von Gemeinden und Gemeindeverbänden zu einem Zweckverband hinsichtlich freiwilliger Aufgaben ist nur durch Gesetz möglich (§ 22 I GkG). Voraussetzung ist gem. § 22 II GkG, dass die Aufsichtsbehörde die Gründe der beabsichtigten Maßnahme mit den Betroffenen vorher in mündlicher Verhandlung erörtert und den Beteiligten eine angemessene Frist zur Bildung des Zweckverbandes setzt.

Folgen der Bildung

595 Gem. § 6 I GkG gehen auf den Zweckverband das Recht und die Pflicht der an ihm beteiligten Gemeinden und Gemeindeverbände zur Erfüllung der Aufgaben, die dem Verband gestellt sind, über. Der Zweckverband ist damit berechtigt und verpflichtet, anstelle der ihm angehörenden Gebietskörperschaften zu handeln. Dritte können diesbezügliche Rechte nur noch ihm gegenüber geltend machen.

Übergang von Zuständigkeiten und Befugnissen auf den Zweckverband

Mit der wirksamen Bildung des Zweckverbands gehen Zuständigkeiten und Befugnisse für diese Aufgaben auf den Zweckverband über.

Dies bedeutet insbesondere, dass der Zweckverband anstelle der Verbandsmitglieder für diese Aufgaben zuständig ist, und ihm auch die Befugnisse und Ermächtigungen im Rahmen dieser Aufgaben zustehen.

> *Bsp.: Die Gemeinden A, B und C bilden den Zweckverband „Wasserversorgung". In der Verbandssatzung werden dem Zweckverband alle Aufgaben im Zusammenhang mit der Wasserversorgung übertragen. Nach Genehmigung der Verbandssatzung erlässt der Zweckverband eine Satzung über den Anschluss- und Benutzungszwang.*
>
> *Ermächtigungsgrundlage für diese Satzung ist § 9 GO NRW. Der Zweckverband ist insbesondere gem. § 9 I GO NRW, § 6 I GkG i.V.m. der Verbandssatzung zuständig, denn die Zuständigkeit ist mit der wirksamen Bildung des Zweckverbands gem. der Verbandssatzung auf den Zweckverband übergegangen. Dabei umfasst die Wasserversorgung auch den Anschluss- und Benutzungszwang für diese Einrichtung.*
>
> *Hätte nicht der Zweckverband, sondern eine der Mitgliedsgemeinden A, B oder C die Satzung erlassen, wäre diese mangels (Verbands-) Zuständigkeit der Gemeinde formell rechtswidrig.*

Verfahren und innere Verfassung

596 Auf das Verfahren des Zweckverbands und seine innere Verfassung finden die Vorschriften der Gemeindeordnung entsprechende Anwendung, soweit nicht in der Verbandssatzung oder durch Gesetz etwas anderes bestimmt ist (§ 8 I GkG).

Organe des Zweckverbands

Organe des Zweckverbands sind gem. § 14 I GkG die Verbandsversammlung und der Verbandsvorsteher.

Verbandsversammlung

Beschlussorgan des Zweckverbands ist die Verbandsversammlung, in die jedes Mitglied mindestens einen Vertreter entsendet (§ 15 I S. 1 u. 2 GkG). Sind natürliche oder juristische Personen des Privatrechts beteiligt, dürfen ihre Stimmen grundsätzlich die Hälfte der in der Verbandssatzung festgelegten Stimmenzahl nicht erreichen, sodass eine Mehrheit der öffentlich-rechtlichen Mitglieder garantiert ist, § 15 I S. 3 GkG.

---

[957] Erichsen, § 13 B 1 b cc, S. 321.

Zur Wahl der Vertreter der Gemeinden und Gemeindeverbände vgl. § 15 II und III GkG. Die Verbandsversammlung wählt nach § 15 IV GkG aus ihrer Mitte einen Vorsitzenden und dessen Stellvertreter. Zu Besonderheiten des Verfahrens im Übrigen vgl. § 15 V und VI GkG.

Verbandsvorsteher

Darüber hinaus wählt die Verbandsversammlung einen Verbandsvorsteher (vgl. § 16 I GkG). Wählbar sind nur Hauptverwaltungsbeamte der zum Zweckverband gehörenden Gemeinden und Gemeindeverbände. Die Einschränkung des § 16 I HS 2 GkG a.F., wonach der Kandidat nicht bereits der Verbandsversammlung angehören durfte, ist weggefallen.[958] Der Vertreter des Verbandsvorstehers wird nicht gewählt, seine Funktion nimmt vielmehr kraft Gesetzes der allgemeine Vertreter des zum Verbandsvorstand gewählten Hauptverwaltungsbeamten in der jeweiligen Gemeinde bzw. dem Gemeindeverband wahr.

597

Aufgabe des Verbandsvorstehers ist es, gem. § 16 II GkG insbesondere die laufenden Geschäfte sowie nach Maßgabe der Gesetze, der Verbandssatzung und der Beschlüsse der Verbandsversammlung die übrige Verwaltung des Zweckverbands zu führen. Er vertritt diesen auch gerichtlich und außergerichtlich. Zu seinen Aufgaben im Übrigen vgl. §§ 16 ff. GkG.

Änderungen der Satzung, Auflösung

Änderungen der Verbandssatzung und die Auflösung des Verbands sind in § 20 GkG geregelt, der Wegfall von Verbandsmitgliedern in § 21 GkG.

D) Öffentlich-rechtliche Vereinbarung

Bildung durch öffentlich-rechtlichen Vertrag

Nach § 23 I GkG können Gemeinden und Gemeindeverbände vereinbaren, dass einer der Beteiligten einzelne Aufgaben der anderen in seine Zuständigkeit übernimmt oder sich verpflichtet, solche Aufgaben für die übrigen Beteiligten durchzuführen.

598

Bei dieser Vereinbarung handelt es sich um einen öffentlich-rechtlichen (koordinationsrechtlichen) Vertrag i.S.d. § 54 S. 1 VwVfG NRW. Anders als ein Vertrag über die Bildung einer Arbeitsgemeinschaft kann die öffentlich-rechtliche Vereinbarung jedoch Rechtswirkungen gegenüber Dritten erlangen, insbesondere indem Zuständigkeiten verlagert werden (vgl. § 23 II GkG).

zu unterscheiden sind zwei Formen

Hinsichtlich der möglichen Inhalte einer öffentlich-rechtlichen Vereinbarung ist zu differenzieren:

599

Verschiebung der Zuständigkeit

Die Beteiligten können vereinbaren, dass einer der Beteiligten einzelne Aufgaben der übrigen Beteiligten in seine Zuständigkeit übernimmt (§ 23 I Alt. 1 GkG, sog. „delegierende Vereinbarung").

600

Dadurch gehen das Recht und die Pflicht zur Erfüllung der betreffenden Aufgabe auf den übernehmenden Beteiligten über (vgl. § 23 II S. 1 GkG). Dieser handelt **in eigenem Namen** und trägt in jeder Hinsicht die Verantwortung. Den übrigen Beteiligten kann nach § 23 III GkG ein Mitwirkungsrecht eingeräumt werden.[959] Der Übernehmende kann gem. § 25 I GkG ermächtigt werden, die Benutzung einer Einrichtung durch den Erlass einer für das gesamte Gebiet geltenden Satzung zu regeln.

---

958 Durch Gesetz vom 28.03.2000 GVBl. NRW S. 245.
959 Erichsen, § 13 B 2 b, S. 326.

> *Bsp.:* Im Gebiet der Beteiligten A, B und C wird die Trinkwasserversorgung auf C übertragen. Ist C dazu ermächtigt, kann er etwa durch Satzung einen Anschluss- und Benutzungszwang anordnen. Auch für die Durchsetzung dieser Regelung wäre dann C allein zuständig. Der Bürger in A erhielte die Anschlussverfügung von C und hätte Rechtsbehelfe auch diesem gegenüber einzulegen.[960]

601 Wird dagegen lediglich vereinbart, dass ein Beteiligter einzelne Aufgaben für die übrigen Beteiligten durchführt (§ 23 I Alt. 2 GkG), so bleiben Rechte und Pflichten der übrigen Beteiligten als Träger der Aufgabe unberührt (vgl. § 23 II S. 2 GkG, sog. „mandatierende Vereinbarung").

Der Verpflichtete handelt **in fremden Namen**. Er **vertritt** die Gemeinde, deren Aufgabe er wahrnimmt,[961] sodass er zwar i.R.d. Vereinbarung sachentscheidungsbefugt ist, die Sachentscheidung aber den Vertretenen zugerechnet wird und sie die Verwaltungsverantwortung tragen.[962] Rechtsbeziehungen zwischen dem durchführenden Beteiligten und dem Einzelnen im Außenverhältnis entstehen nicht.

> *Bsp.:* Bei den Beteiligten A, B, C und D hat die Stadt D eine leistungsfähige Datenverarbeitungsanlage mit Druckerei, in der A, B und C ihre Steuerbescheide rechnen und drucken lassen. Als Absender (erlassende Behörde i.S.d. § 37 II VwVfG NRW) erscheinen in den Bescheiden aber jeweils A, B und C; daher sind auch die Rechtsmittel jeweils gegen A, B und C zu richten.[963]

Form und Verfahren

602 Die Vereinbarung ist gem. § 24 I S. 1 GkG schriftlich zu schließen. Die betroffenen Aufgaben sind so präzise wie möglich zu bestimmen und es muss festgelegt werden, ob eine delegierende oder eine mandatierende Vereinbarung vorliegt. In der Vereinbarung soll nach § 23 IV GkG eine angemessene Entschädigung vorgesehen werden, die die Kosten der Übernahme oder Durchführung decken soll.[964]

Die Vereinbarung bedarf weiterhin gem. § 24 II S. 1 GkG einer Genehmigung der in § 29 IV S. 2 GkG bestimmten Aufsichtsbehörde und ist gem. § 24 III GkG öffentlich bekanntzumachen. Wirksam wird sie frühestens am Tag nach der Bekanntmachung im Veröffentlichungsblatt der Aufsichtsbehörde (vgl. § 24 IV GkG).

Pflichtregelung

603 Grundsätzlich steht der Abschluss einer öffentlich-rechtlichen Vereinbarung im Ermessen der Gemeinden und Gemeindeverbände.

Allerdings kann die zuständige Aufsichtsbehörde (vgl. § 29 IV S. 2 GkG) gem. § 26 I GkG die Gemeinden und Gemeindeverbände unter Setzung einer angemessenen Frist zum Abschluss einer Vereinbarung zur Erfüllung von Pflichtaufgaben verpflichten, wenn dies aus Gründen des öffentlichen Wohls erforderlich ist. Sind die Gemeinden auch nach Ablauf der Frist noch untätig geblieben, kann die Aufsichtsbehörde gem. § 26 II GkG nach vorheriger mündlicher Verhandlung mit den Beteiligten die anstelle der Vereinbarung erforderlichen Regelungen treffen (Pflichtregelung).[965]

---

[960] Hofmann/Muth/Theisen, KommR NRW 14. Aufl. (2010), Kapitel 6.1.2, S. 584.
[961] Held u.a. 25. NachLfg. (2010), § 23 GkG Anm. 6. 2.
[962] Erichsen, § 13 B 2 c, S. 326.
[963] Hofmann/Muth/Theisen, KommR NRW 14. Aufl. (2010), Kapitel 6.1.2, S. 583.
[964] Vgl. Erichsen, § 13 B 2 d, S. 327.
[965] Vgl. Bösche, S. 380.

Kündigung grds. frei	Während freiwillig abgeschlossene öffentlich-rechtliche Vereinbarungen nach Maßgabe ihres Inhalts frei kündbar sind (vgl. § 23 V GkG), bedarf es für die Kündigung einer Pflichtregelung der Genehmigung der Aufsichtsbehörde (vgl. § 29 IV S. 2 GkG), die diese nur erteilen wird, wenn die Gründe für die zwangsweise Regelung entfallen sind.[966]
Aufsicht	Durch den Abschluss einer öffentlich-rechtlichen Vereinbarung wird die Zuständigkeit der für die Beteiligten jeweils maßgebenden Aufsichtsbehörden grundsätzlich nicht berührt. Sie haben gem. § 29 IV S. 1 GkG weiterhin die ordnungsgemäße Durchführung der Aufgaben innerhalb ihres Verwaltungsbezirks zu überwachen. Ausnahmen gelten nur für die im Zusammenhang mit der Vereinbarung erforderlichen Genehmigungen sowie die Anordnung der Pflichtenregelung (vgl. § 29 IV S. 2 GkG).

E) Das gemeinsame Kommunalunternehmen

neue Kooperationsform	Neu hinzugetreten[967] ist das „gemeinsame Kommunalunternehmen" in §§ 27, 28 GkG. Dieser Zusammenschluss führt zu einer juristischen Person des öffentlichen Rechts, die im Wesentlichen der Anstalt des öffentlichen Rechts entspricht. Die Vorschriften des § 114a GO NRW und der Kommunalunternehmensverordnung (KUV)[968] gelten gem. § 27 I S. 2 GkG entsprechend, werden aber durch die §§ 27, 28 GkG modifiziert.
Unterschied zum Zweckverband:	Im Unterschied zum Zweckverband ist die Bildung eines gemeinsamen Kommunalunternehmens nur Gemeinden und Kreisen erlaubt.
Unterschied zur Anstalt des öffentlichen Rechts:	Zu den Regelungen des § 114a GO NRW enthalten die §§ 27, 28 GkG keine wesensverändernden Modifikationen. Die Erforderlichkeit ergänzender Ausführungen ergibt sich unmittelbar aus der Frage, wie die an die Stelle einer einzelnen Gemeinde (in § 114a GO NRW) tretende Gemeinschaft von Gemeinden und Kreisen zusammen wirken.
Unternehmensgründung	So ordnet § 27 II S. 1 GkG den Erlass einer Unternehmenssatzung als Gründungserfordernis an. Gleiches gilt gem. § 27 II S. 2 GkG, wenn eine der genannten Parteien einem bestehenden gemeinsamen Kommunalunternehmen beitritt oder ein solches durch Beitritt in eine bestehende Anstalt des öffentlichen Rechts entstehen soll. Auch kann ein solches Unternehmen durch die Verschmelzung zweier bestehender gemeinsamer Kommunalunternehmen entstehen, wofür ebenfalls eine Unternehmenssatzung deren Träger erforderlich ist, § 27 III GkG. Die Mindestanforderungen an den Inhalt dieser Satzung sind in § 28 I GkG i.V.m. § 114a II S. 2 GO NRW geregelt.
Unternehmenssatzung	Wie mehrere unabhängige kommunale Körperschaften zusammen eine Satzung erlassen können, ist § 27 IV GkG zu entnehmen. Danach bedarf es übereinstimmender Beschlüsse der Vertretung der Träger, also der Gemeinderäte (gem. §§ 40 II S. 1, 41 I S. 2l GO NRW) und der Kreistage (gem. § 26 I S. 1 u. 2l KrO NRW) und nicht etwa der Bürgermeister oder Landräte. Daneben ist gem. § 27 IV S. 2 ff. GkG die Genehmigung durch die Aufsichtsbehörde erforderlich, welche aber nach dessen S. 3 fingiert werden kann.

---

966 Vgl. Hofmann/Muth/Theisen, KommR NRW 14. Aufl. (2010), Kapitel 6.1.2, S. 585.
967 Durch das Gesetz zur Stärkung der kommunalen Selbstverwaltung, Landtag NRW Drs. 14/3979, S. 111.
968 HR 24b.

Satzungsänderung, Unternehmensauflösung und Austritt eines Trägers	Gleiche Voraussetzungen sind auch an die Änderung der Unternehmenssatzung und die Auflösung des Unternehmens zu stellen, § 27 VI S. 1 GkG. Hingegen kann für den Austritt einzelner Träger der Beschluss der Vertretung des Austretenden genügen, sofern die Unternehmenssatzung eine diesbezügliche Bestimmung enthält (§ 27 VI S. 2 GkG).
Ausgliederung von Regie- und Eigenbetrieben.	Es besteht i.R.d. Gründung eines gemeinsamen Kommunalunternehmens die Möglichkeit Regie- und Eigenbetriebe, sowie eigenbetriebsähnliche Einrichtungen im Wege der Gesamtrechtsnachfolge auszugliedern, § 27 II S. 3 GkG. Diese Ausgliederung stellt eine gem. § 1 II UmwG[969] zulässige landesgesetzliche Sonderform der Umwandlung des Betriebes dar. Die Ausgliederung ist gem. § 27 II S. 4 GkG in der Satzung zu bezeichnen.
weitere ergänzende Vorschriften	In § 28 GkG befinden sich weitere Ergänzungen der Vorschriften des § 114a GO NRW. In Abs. 2 wird die Zusammensetzung des Verwaltungsrates des Unternehmens festgelegt. Abs. 3 bestimmt eine gesamtschuldnerische Haftung der Träger. Ein Zustimmungserfordernis für Unternehmensbeteiligung und Stammkapitalerhöhungen ist Abs. 4 S. 1 zu entnehmen. Abs. 4 S. 2 enthält bezüglich Satzungen ein Weisungsrecht der Träger an den Verwaltungsrat. Abs. 5 ermächtigt das Innenministerium zum Erlass von Rechtsverordnungen.

604b

F) Sonderproblem der zusätzlichen originären Aufgabenzuteilung an die Mittleren und Großen kreisangehörige Städte nach § 4 I GO NRW

Problemstellung	Ein Sonderproblem i.R.d. kommunalen Zusammenarbeit ergibt sich aus der Einschränkung der grundsätzlichen Anwendbarkeit des GkG auf alle Gemeinden und Gemeindeverbände (§ 1 I S. 1 GkG) durch § 1 I S. 2 Alt. 2 GkG. Danach ist die gemeinsame Wahrnehmung von Aufgaben unzulässig, wenn diese durch Gesetz ausgeschlossen wurde. Ein explizites Verbot durch Gesetz ist nicht zu fordern, denn dazu hätte es keiner weiteren Anordnung im GkG bedurft. Vielmehr ist es ausreichend, dass die gesetzliche Aufgabenzuweisung durch Auslegung eine der Kooperation entgegenstehenden Regelung zu entnehmen ist.[970]
	Nun besteht seit der Neuregelung des damaligen § 3a der GO NW a.F. (der Vorgängernorm des heutigen § 4 GO NRW) durch das 1. Funktionalreformgesetz (1. FRG) vom 11.07.1978[971] die Möglichkeit Mittleren und Großen kreisangehörigen Städten neben den Aufgaben nach § 2 und 3 GO NRW durch Gesetz oder Rechtsverordnung weitere Aufgaben zu übertragen (heute § 4 I GO NRW). In Verbindung mit eben diesen Gesetzen und Rechtsvorschriften entfaltet das 1. FRG die Sperrwirkung des § 1 I S. 2 Alt. 2 GkG.[972]
alte Ausnahme	Zu diesem generellen Ausschluss der Kooperation i.R.d. Sonderzuweisungen i.S.d. § 4 I GO NRW, wurden 2004 mit dem neuen § 4 V GO NW a.F.[973] zwei Ausnahmen eingeführt.

---

969 Schönfelder 52a.
970 OVG Münster NVwZ 1987, S. 153.
971 GVBl. NRW S. 290.
972 OVG Münster NVwZ 1987, S. 153.
973 Eingeführt durch das Gesetz zur Stärkung der regionalen und interkommunalen Zusammenarbeit der Städte, Gemeinden und Kreise in Nordrhein-Westfalen, vom 03.02.2004 GVBl. NRW S. 96.

So konnten diese Aufgaben zur Effizienzsteigerung gem. §§ 23 ff. GkG von einer benachbarten anderen Mittleren oder Großen kreisangehörigen oder einer benachbarten kreisfreien Stadt übernommen oder durch diese durchgeführt werden (§ 4 V S. 1a GO NW a.F.) oder vom Kreis übernommen werden (§ 4 V S. 1b GO NW a.F.). Ausgeschlossen war die Kooperation ferner in den Fällen des § 3 VI GO NRW, welcher gem. § 4 V S. 2 GO NW a.F. entsprechende Anwendung fand.

Neuregelungen

Durch die jüngste Reform wurden die Möglichkeiten der kommunalen Zusammenarbeit erneut erheblich erweitert.[974] Der alte Abs. 5 ist nun in Abs. 8 neu gefasst worden.

keine Effizienzsteigerungserfordernis

Die erste Neuerung ist das generelle Wegfallen des Erfordernisses der Effizienzsteigerung. Insoweit vertraut der Gesetzgeber nun auf die Vernunft des Verantwortungsträgers, dass bei der Aufgabenerfüllung keine Qualität eingebüßt wird und die Kosten möglichst gesenkt werden.[975]

Aufgabenübernahme durch den Kreis

Bezüglich der Möglichkeit die i.S.d. § 4 I GO NRW zugeteilten Aufgaben gem. §§ 23 ff. GkG vom Kreis übernehmen zu lassen, kam es zu keiner darüber hinausgehenden Änderung. Diese Option ergibt sich nun aus § 4 VIII S. 1b GO NRW.

Kooperation einzelner Gemeinden

Die interkommunale Kooperation wurde jedoch völlig neu gestaltet. Durch § 4 VIII S. 1a GO NRW wurde eine weitreichende Öffnungsklausel eingeführt. So können künftig benachbarte Gemeinden gleich welcher Art einzelne oder mehrere Aufgaben i.S.d. § 4 I GO NRW in der Gestalt gemeinsam wahrnehmen, dass eine von ihnen diese übernimmt oder für die anderen durchführt (§§ 23 ff. GkG). Entscheidende Voraussetzung ist gem. § 4 VIII S. 2 GO NRW, dass diese Gemeinden in der Summe ihrer Einwohner die jeweilige Einwohnerzahl des Abs. 2 S. 1 oder des Abs. 3 S. 1 überschreiten (legal definiert als „additiver Schwellenwert").

Entkoppelung von der Aufgabenträgerschaft

Besondere Erwähnung gebührt der gänzlichen Entkoppelung von der Aufgabenträgerschaft der Beteiligten. So besteht nun nicht nur die Möglichkeit der Kooperation der Mittleren und Großen kreisangehörigen Städte untereinander und mit kreisfreien Städten. Vielmehr muss noch nicht einmal eine der beteiligten Gemeinden die Voraussetzung für sich allein erfüllen.

Fiktion der Gemeindeklassifizierung

Darüber hinaus ordnet § 4 VIII S. 3 GO NRW an, dass die übernehmende oder durchführende Gemeinde, soweit die Voraussetzungen des Abs. 8 S. 2 erfüllt sind, als Mittlere bzw. Große kreisangehörige Städte gelten. Dadurch können diese Gemeinden selbst die Aufgaben an sich ziehen, welche auch den Mittleren bzw. Große kreisangehörigen Städten nur auf eigenen Antrag übertragen werden. (z.B. Träger der öffentlichen Jugendhilfe zu werden § 2 S. 1 AG KJHG)

Benehmen und Ausschlussgründe

Gem. § 4 VIII S. 5 GO NRW soll die dem Kreis Aufgaben nehmende Vereinbarung im Benehmen mit dem betroffen Kreis erfolgen. Diese der Streitvermeidung dienende Regelung begründet keinerlei Vetorechte. Ferner finden § 3 VI GO NRW und seine Ausschlussgründe auch weiterhin entsprechende Anwendung, nun gem. § 4 VIII S. 7 GO NRW.

---

974 Erläuternd hierzu: Faber NWVBl. 2008, S. 54 (55 f.).
975 So Begründung des Gesetzesentwurf, Landtag NRW Drs. 14/3979, zu Art. I, Nr. 4 f, S. 131.

§ 12 KOMMUNALES HAUSHALTSRECHT

Regelung in §§ 75 ff. GO NRW

Das gemeindliche Haushaltsrecht ist in den §§ 75 ff. GO NRW geregelt.

605

allgemeine Haushaltsgrundsätze

Die zentralen Grundsätze des Haushaltsrechts normiert § 75 GO NRW. Sie sind bei allen haushaltswirtschaftlich relevanten Maßnahmen der Gemeinde zu beachten, angefangen bei der Finanz- und Haushaltsplanung über die Durchführung des Haushalts bis hin zu seiner endgültigen Abwicklung und Abrechnung. Ihre Nichtbeachtung stellt einen Verstoß gegen geltendes Recht dar.[976] Nach § 75 GO NRW hat die Gemeinde

- ihre Haushaltswirtschaft so zu planen und zu führen, dass die stetige Erfüllung ihrer Aufgaben gesichert ist (Abs. 1 S. 1, Grundsatz der Aufgabensicherung),
- wobei den Erfordernissen des gesamtwirtschaftlichen Gleichgewichts (vgl. § 1 StWG) Rechnung zu tragen ist (Abs. 1 S. 3);
- die Haushaltswirtschaft ist weiterhin sparsam, effizient und wirtschaftlich zu führen (Abs. 1 S. 2, Grundsatz der Sparsamkeit und Wirtschaftlichkeit)[977] und
- der Haushalt hat schließlich ausgeglichen zu sein (Abs. 2, Grundsatz des Haushaltsausgleichs).

Haushaltssatzung

Nach § 78 I GO NRW hat die Gemeinde für jedes Jahr eine Haushaltssatzung zu erlassen, vgl. zum Erlassverfahren die Besonderheit des § 80 GO NRW. Wichtigster Teil der Haushaltssatzung ist der Haushaltsplan, vgl. § 79 GO NRW (zum Inhalt i.Ü. § 78 II GO NRW). Er enthält die im Haushaltsjahr zu erwartenden Einnahmen (vgl. § 79 I Nr. 1 GO NRW) und zu leistenden Ausgaben (vgl. Nr. 2). Seine Gliederung in einen Verwaltungs- und einen Vermögensplan, in Gesamtplan und Einzelpläne wird durch die GemHVO NRW[978] im Einzelnen vorgegeben.[979]

606

Haushaltsdurchführung und -abrechnung

Die Haushaltssatzung ist Rechtsgrundlage für die Haushaltswirtschaft der Gemeinde.[980] Mit dem Inkrafttreten der Haushaltssatzung ist die Gemeindeverwaltung daher ermächtigt, die im Haushaltsplan veranschlagten Ausgaben zu tätigen bzw. die vorgesehenen Verpflichtungen (vgl. § 79 I Nr. 3 GO NRW) einzugehen. Die Abwicklung der Geldgeschäfte ist im Einzelnen durch die GemHVO NRW[981] geregelt. Nach Abschluss des Haushaltsjahres ist die Verwaltung zur Rechnungslegung verpflichtet (vgl. § 95 GO NRW, §§ 37 ff. GemHVO NRW), an die sich die örtliche und die überörtliche Rechnungsprüfung anschließen (vgl. §§ 101 ff., 105 GO NRW).[982]

607

---

976 Rehn/Cronauge, 36. Erg.Lfg. (2011), § 75 Anm. I 3).
977 Insbesondere von Kommunen mit defizitärem Haushalt bei jeder einzelnen Maßnahme zu beachten, OVG Münster, NWVBl. 2010, S. 30.
978 HR 26.
979 Schmidt-Aßmann in: Schmidt-Aßmann, Bes. VerwR, Rn. 134.
980 Held u.a. 25. NachLfg. (2010), § 78 GO NRW, Anm. 1.
981 Die alte GemKVO NRW wurde mit Gesetz vom 16.11.2004 (GVBl.NRW S. 644) aufgehoben. Ihr Regelungsgehalt wurde modifiziert in das GemHVO NRW integriert.
982 Schmidt-Aßmann in: Schmidt-Aßmann, Bes. VerwR, Rn. 135.

§ 12 KOMMUNALES HAUSHALTSRECHT

Haushaltsführung vor Bekanntgabe der Haushaltssatzung

Das Budgetrecht liegt unübertragbar beim Rat, § 41 I S. 2h GO NRW. Um diese Ratsentscheidung von bereits getätigten haushaltswirtschaftlicher Verwaltungstätigkeit unbeeinflusst zu halten, regelt § 82 GO NRW die Grenzen der vorläufigen Haushaltsführung.[983] Die Beschränkungen gelten für den Zeitraum bis die neue Haushaltssatzung bekannt gemacht wird.

... bzgl. Aufwendungen und Ausgaben

Nach § 82 I Nr. 1 GO NRW darf die Gemeinde nur Aufwendungen entstehen lassen und Ausgaben leisten, die rechtliche Verpflichtungen erfüllen oder zur Weiterführung notwendiger Aufgaben unaufschiebbar sind. Aus der ersten Variante ergibt sich, dass hinsichtlich der Weiterführung der Aufgabe in der zweiten Variante gerade keine rechtliche Verpflichtung bestehen muss. Erfasst wird etwa die Fortführung der bestehenden Einrichtungen.[984]

... bzgl. Realsteuern

§ 82 I Nr. 2 GO NRW fixiert die Realsteuern (legaldefiniert in § 3 II AO = Grundsteuer und Gewerbesteuer) auf dem Niveau des Vorjahres. Verdrängt wird die Regelung, sofern die Hebesätze durch eine gem. § 16 II GewStG oder § 25 II GrundStG erlassene Hebesatzung auf mehrere Jahre festgesetzt wurden.[985]

... bzgl. Krediten

§ 82 I Nr. 3 und II GO NRW regeln die Zulässigkeit von Kreditaufnahmen. Zulässig sind Umschuldung (Abs. 1 Nr. 3) und auf ein Viertel des Vorjahres beschränkte Kreditaufnahmen (Abs. 2).

Haushaltswirtschaft der Kreise

Die Haushaltswirtschaft der Kreise läuft in weiten Teilen gleich, da § 53 I KrO NRW die §§ 75 bis 118 GO NRW für entsprechend anwendbar erklärt, sofern sich aus den §§ 53 ff. KrO NRW nichts anderes ergibt. Ein entscheidender Unterschied liegt darin, dass Kreise keine Steuern erheben und somit die in § 56 KrO NRW geregelte Kreisumlage die einzige nicht unmittelbar gegenleistungsbezogene Einnahmequelle ist.[986] Über deren Höhe wird im Rahmen der Haushaltssatzung entschieden. Die kreisangehörigen Gemeinden sind gem. § 55 KrO NRW im Vorfeld der Haushaltssatzungsaufstellung anzuhören.[987]

---

[983] Held u.a. 25. NachLfg. (2010), § 82 GO NRW, Anm. 1.2.

[984] OVG Münster, NWVBl. 2010, S. 30 (31) = **juris**byhemmer; dort auch die Klarstellung, dass § 82 I Nr. 1 Var. 1 GO NRW nicht der Lösung haushaltswirtschaftlicher Probleme dient. D.h.: Ob sich die Kommune das Verfolgen der Aufgabe wirtschaftlich leisten kann oder es nicht dessen Einsparung bedarf, ist kein Kriterium.

[985] Vgl. Held u.a. 25. NachLfg. (2010), § 82 GO NRW, Anm. 2.2.

[986] Vgl. Held u.a. 25. NachLfg. (2010), § 53 KrO NRW, Anm. 1.3.: weist auch auf die Jagdsteuer hin (nur marginal und nur bis Ende 2012 erhoben).

[987] OVG Münster, NWVBl. 2011, S. 19 = **juris**byhemmer, klarstellend, dass der Normwortlaut („bei der Aufstellung") hinsichtlich des Normzwecks entsprechend auszulegen ist.

§ 13 EXKURS:[988] GEMEINDLICHES ABGABENRECHT

A) Überblick

Finanzhoheit ⇨ aufgabenadäquate Mittelausstattung u. Gestaltungsspielraum

Wesentlicher Bestandteil des gemeindlichen Selbstverwaltungsrechts ist die Finanzhoheit. Denn ohne eigene Finanzierungsmittel ist eine eigenverantwortliche Aufgabenerfüllung nicht möglich, die Selbstverwaltung wäre weitgehend staatlicher Bestimmung ausgesetzt.[989] Die Finanzhoheit gewährleistet den Gemeinden - i.R.d. Gesetze - über eine aufgabenadäquate Finanzausstattung (vgl. Art. 106 V - VIII GG) hinaus auch einen gewissen eigenen Gestaltungsspielraum bei der Mittelbeschaffung und -bewirtschaftung, d.h. Einnahme-, Ausgabe- und Haushaltshoheit.[990] Insbesondere ist deshalb das System staatlicher Mittelzuweisungen so zu gestalten, dass ein Höchstmaß an gemeindlicher Eigenverantwortlichkeit sowohl bezüglich der Einnahmen- als auch bezüglich der Ausgabenentscheidungen gewährleistet ist[991] (problematisch insoweit: staatliche Zweckzuweisungen[992]).

unmittelbar aus Garantie der Selbstverwaltung kein „Steuerfindungsrecht"

Das Selbstverwaltungsrecht umfasst dagegen nicht ein Steuerfindungsrecht (= das Recht, neben den gesetzlich geregelten Steuern neue Steuern einzuführen und zu erheben).[993] Zwar gewährleistet Art. 79 S. 1 LV den Gemeinden das Recht auf Erschließung eigener Steuerquellen, doch ist damit lediglich die Befugnis eingeräumt, zu entscheiden, ob und in welchem Umfang sie von den ihnen durch Gesetz erschlossenen Steuerquellen Gebrauch machen.[994] Art. 79 S. 1 LV verpflichtet allerdings den Landesgesetzgeber, im Rahmen seiner Gesetzgebungskompetenz den Gemeinden einen Bereich eigenverantwortlicher Abgabenerhebung einzuräumen.[995] Das ist hinsichtlich der Erhebung örtlicher Verbrauchs- und Aufwandsteuern (vgl. Art. 105 IIa GG) durch § 3 I KAG[996] geschehen, vgl. auch § 77 II Nr. 2 GO NRW.

Einnahmen = Abgaben u. sonstige Einnahmen

Die Einnahmen der Gemeinden setzen sich zusammen aus öffentlichen Abgaben (= Steuern, Gebühren, Beiträge, sonstige Abgaben) und sonstigen Einnahmen (= Finanzzuweisungen nach FAG[997] und privatrechtlich erzielten Einnahmen).

> *Bsp.: Beispiele für letztere sind Mieterträge, Zinsen aus Kapitalvermögen, Zuwendungen durch Schenkungen oder Verfügungen von Todes wegen.[998]*

---

988 Das Kommunalabgabenrecht ist nicht Prüfungsgebiet im Ersten und Zweiten Staatsexamen, vgl. §§ 11 II Nr. 13b, 52 I JAG.
989 VerfGH NRW, NVwZ 1994, S. 68 = **juris**byhemmer; DVBl. 1989, S. 151 (152); Knemeyer, Rn. 112.
990 Hofmann/Muth/Theisen, KommR NRW 14. Aufl. (2010), Kapitel 2.2.5.4, S. 106 f.; Erichsen, § 9 A, S. 163 f.; Knemeyer, Rn. 112; vgl. BVerfGE 26, S. 228 (244).
991 Knemeyer, Rn. 114.
992 Vgl. Schmidt-Jortzig, Rn. 788 und 795 m.w.N.; Erichsen, § 9 B 2 e aa (b), S. 197 f. m.w.N.
993 Vgl. OVG Münster, OVGE 12, S. 86 (98 f.); BayVerfGH, BayVBl. 1989, S. 237 = **juris**byhemmer; Erichsen, § 13 B 2 a, S. 176.
994 Erichsen, § 13 B 2 a, S. 176.
995 Vgl. OVG Münster, OVGE 12, 89 (98).
996 HR 130.
997 Sa (E) 751.
998 S.a. Henneke, Jura 1986, S. 573.

B) Kommunalabgaben

I. Begriffe

Def.: Abgaben

Abgaben sind hoheitlich geltend gemachte Geldforderungen, die bei Erfüllung eines gesetzlich festgelegten Tatbestands von allen erhoben werden und der Deckung des Finanzbedarfs eines Hoheitsträgers zur Erfüllung seiner Aufgaben dienen.[999]

Steuern, Gebühren, Beiträge, sonstige Abgaben

Die Abgaben[1000] werden eingeteilt in Steuern, Gebühren, Beiträge und sonstige Abgaben.

Kommunalabgaben ⇨ Gläubiger Kommune

Kommunalabgaben sind solche Abgaben, deren Gläubiger eine Kommune (Gemeinde, Kreis) ist.

Def.: Steuern ⇨ § 3 I AO

Steuern sind nach § 3 I AO[1001] Geldleistungen, die nicht eine Gegenleistung für eine besondere Leistung darstellen und von einem öffentlich-rechtlichen Gemeinwesen zur Erzielung von Einnahmen allen auferlegt werden, bei denen der Tatbestand zutrifft, an den das Gesetz die Leistungspflicht knüpft; die Erzielung von Einnahmen kann Nebenzweck sein (man spricht dann von einer „Lenkungssteuer").[1002]

Unterschied zu Gebühren u. Beiträgen

Gebühren und Beiträge unterscheiden sich von der Steuer dadurch, dass sie für eine Gegenleistung des Hoheitsträgers erhoben werden (sog. Entgeltabgaben).

Def.: Gebühren ⇨ § 4 II KAG

Gebühren sind nach § 4 II KAG öffentlich-rechtliche Geldleistungen für die tatsächliche Benutzung öffentlicher Einrichtungen und Anlagen (Benutzungsgebühren) oder die Inanspruchnahme der Verwaltung (Verwaltungsgebühren).[1003]

Def.: Beiträge

Beiträge sind öffentlich-rechtliche Geldleistungen, die zur Deckung des Investitionsaufwands für öffentliche Einrichtungen und Anlagen von denjenigen erhoben werden, denen die Möglichkeit der Inanspruchnahme dieser Einrichtungen besondere Vorteile bietet (vgl. § 8 II KAG, §§ 127 ff. BauGB).[1004]

Unterschied Gebühr/Beitrag

Die Gebühr knüpft an die tatsächliche Inanspruchnahme an, wobei die Benutzungsgebühr ihrem Wesen nach laufend erhoben wird; die Gebühr setzt also eine konkrete Gegenleistung voraus. Der Beitrag wird einmalig erhoben und knüpft lediglich an die Benutzungsmöglichkeit, also an den allgemeinen Vorteil einer konkreten Einrichtung an.[1005]

sonstige Abgaben

Sonstige Abgaben sind solche, die nicht unter die genannten Regeltypen fallen. Die Rechtsnatur dieser Abgaben kann nicht generell, sondern lediglich aus den Eigenheiten der jeweiligen Abgabe unter Abgrenzung gegenüber den Merkmalen der herkömmlichen Arten ermittelt werden.[1006]

---

[999] BayVGH, BayVBl. 1985, S. 754; Driehaus, § 1 KAG, Rn. 33.
[1000] Vgl. hierzu auch **Hemmer/Wüst, Staatsrecht II, Rn. 307 ff.**
[1001] Steuergesetze Textsammlung 800.
[1002] Vgl. zu Vergnügungssteuer OVG Münster, NWVBl. 2007, 159 = **juris**byhemmer.
[1003] Vgl. zur Gestaltung von Gebühren OVG Münster, NWVBl. 2007, 110 = **juris**byhemmer.
[1004] Vgl. zum Kindergartenbeitrag OVG Münster, NWVBl. 2007, S. 26; zum Kanalanschlussbeitrag OVG Münster, NWVBl. 2007, S. 151 = **juris**byhemmer.
[1005] OVG Münster, OVGE 36, 21 f.; Wilke in: Püttner, HKWP Bd. 6, S. 249.
[1006] Knemeyer, Rn. 277.

Die Qualifizierung kann z.B. von Bedeutung sein für die Frage der Anwendbarkeit des § 80 II Nr. 1 VwGO. Keine „öffentlichen Abgaben" i.S.v. § 80 II Nr. 1 VwGO sind etwa Ausgleichsabgaben (str.)[1007] und die Erstattung von Kosten für Grundstücksanschlüsse nach § 10 KAG.[1008]

II. Allgemeines

1. Rechtsgrundlage für kommunale Abgaben

Bundesrecht

⇨ Realsteuern (Gewerbesteuer, Grundsteuer; vgl. GewStG[1009], GrStG[1010])

⇨ Erschließungsbeiträge, §§ 127 - 135 BauGB

Landesrecht

⇨ § 9 II LAbfG[1011] i.V.m. KAG

⇨ § 19a StrWG NRW (Sondernutzungsgebühren)

⇨ Abgaben nach dem KAG

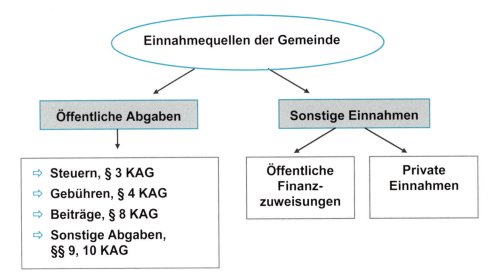

2. Verwaltungsverfahren

allg. Vorschriften §§ 12 ff. KAG

Die allgemeinen Vorschriften des KAG (III. Teil) gelten, soweit gesetzlich nichts anderes geregelt ist, auch für Kommunalabgaben, die aufgrund anderer Gesetze erhoben werden (§ 1 III KAG). § 12 KAG erklärt weitgehend die Abgabenordnung für anwendbar.

[1007] Kopp/Schenke, 16. Aufl. (2009), § 80 VwGO, Rn. 57; a.A. Schmitt Glaeser, Rn. 262.
[1008] OVG Münster, NJW 1977, S. 214; Driehaus, § 10 KAG, Rn. 4.
[1009] Steuergesetze Textsammlung 450.
[1010] Steuergesetze Textsammlung 420.
[1011] HR 127.

§ 13 EXKURS: GEMEINDLICHES ABGABENRECHT

Bsp.: Die Erhebung von Erschließungsbeiträgen für Erschließungsanlagen i.S.v. § 127 II BauGB ist in §§ 127 ff. BauGB detailliert geregelt. Daneben gelten gem. § 1 III KAG die allgemeinen Vorschriften der §§ 12 - 22a KAG, nicht jedoch die §§ 1 -11 KAG, da diese von der Verweisung in § 1 III KAG nicht erfasst sind (und die §§ 127 ff. BauGB insoweit ohnehin eine abschließende Regelung des Bundes enthalten).

3. Rechtsweg

keine Zuweisung zum FG

Streitigkeiten über Kommunalabgaben werden vor dem Verwaltungsgericht entschieden. Es besteht keine besondere Zuweisung an die Finanzgerichte (Ausnahme: Gewerbe- und Grundsteuer).

4. Abgabensatzungen

Mindestinhalt

Zentrale Vorschrift für die Abgabensatzungen nach dem KAG ist § 2 KAG. Die einzelnen möglichen Satzungsgegenstände sind in §§ 3 ff. KAG geregelt. Der Mindestinhalt der Satzung ergibt sich aus § 2 I S. 2 KAG. Danach muss die Gemeinde regeln:

⇨ den Kreis der Abgabenschuldner

⇨ den Abgabentatbestand, d.h. den Tatbestand aufgrund dessen die Abgabe erhoben wird

⇨ einen Abgabenmaßstab

⇨ den Abgabensatz, d.h. die Größenordnung, in der die Abgabe erhoben wird (= Geldbetrag pro Maßstabseinheit)

⇨ den Zeitpunkt der Fälligkeit der Abgabe.

hemmer-Methode: Fehlt eines dieser Merkmale, ist die Satzung bereits aus diesem Grund ganz bzw. teilweise - sofern es sich um eine abtrennbare Regelung innerhalb der Satzung handelt (Rechtsgedanke des § 139 BGB) - nichtig.

III. Steuern nach dem KAG

Steuern subsidiär

Steuern sind gegenüber besonderen Entgelten (Beiträgen und Gebühren) subsidiär, § 77 II GO NRW,[1012] vgl. auch § 3 II S. 1 KAG.

Steuerfindungsrecht nach § 3 I KAG

Nach § 3 I KAG haben die Gemeinden ein prinzipielles Steuerfindungsrecht, sie sind also befugt, (selbst) eigene Steuerquellen zu erschließen. Verfassungsrechtliche Grundlage ist Art. 79 S. 1 LV. Inhaltlich ist dieses Steuerfindungsrecht allerdings beschränkt. Grenzen ergeben sich insbesondere aus der Tatsache, dass es den Gemeinden einfachgesetzlich durch das Land eingeräumt wurde. Den Ländern ist nämlich nach Art. 105 IIa GG lediglich die ausschließliche Gesetzgebungskompetenz hinsichtlich der örtlichen Verbrauchs- und Aufwandsteuern übertragen, solange und soweit sie nicht bundesrechtlich geregelten Steuern gleichartig sind.

[1012] Vgl. OVG Münster, NVwZ 1990, S. 393 = **juris**byhemmer; Rehn/Cronauge, 2. Aufl. 36. Erg.Lfg. (2011), § 76 GO, Anm. III 1.

Da die Gemeinden aber keine über die des Landes hinausgehende steuerrechtliche Kompetenz haben können, ist das Steuerfindungsrecht nach § 3 I KAG inhaltlich beschränkt

⇨ auf örtliche Verbrauchs- und Aufwandsteuern

⇨ solange und soweit sie nicht bundesrechtlich geregelten Steuern gleichartig sind.[1013]

616 Örtlich sind solche Steuern, die an örtliche Gegebenheiten, vor allem an der Belegenheit einer Sache oder an einen Vorgang im Gebiet der steuererhebenden Gemeinde anknüpfen und wegen der Begrenzung ihrer unmittelbaren Wirkung auf das Gemeindegebiet nicht zu einem die Wirtschaftseinheit berührenden Steuergefälle führen können[1014] (sog. örtliche Radizierung).

Aufwandsteuern sind Steuern auf die in der bestimmten Einkommensverwendung für den persönlichen Lebensbedarf (nicht: Kapitalanlagen, Aufwand für den Einkommenserwerb[1015]) zum Ausdruck kommende wirtschaftliche Leistungsfähigkeit.[1016] D.h., angeknüpft wird daran, dass die konkrete Art der Einkommensverwendung zeigt, dass der Steuerpflichtige wirtschaftlich leistungsfähig ist (dass es ihm gut geht, weil er sich diese Dinge leisten kann).

Bsp.: Hundesteuer,[1017] *Vergnügungsteuer*[1018]

Zulässig ist auch eine Zweitwohnungssteuer. Diese kann auch Campingwagen umfassen. Nicht erforderlich ist, dass ein luxuriöser Aufwand betrieben wird.[1019]

Verbrauchssteuern

617 Bei Verbrauchssteuern handelt es sich um Steuern, die auf den Verbrauch einer Sache an Ort und Stelle abstellen bzw. deren Erhebung an den Übergang einer Sache aus dem steuerlichen Nexus in den nichtgebundenen Verkehr anknüpft.[1020]

Bsp.: Getränkesteuer.

Gleichartigkeit

618 Die örtlichen Verbrauchs- und Aufwandssteuern dürfen nicht bundesrechtlich geregelten Steuern gleichartig sein, vgl. Art. 105 IIa GG. Gleichartigkeit ist dann gegeben, wenn zwei Steuern in artbestimmenden Merkmalen, nämlich im steuerbegründenden Tatbestand, im damit maßgebenden Steuergegenstand, im Steuermaßstab, in der wirtschaftlichen Auswirkung übereinstimmen und dieselbe Quelle wirtschaftlicher Leistungsfähigkeit abschöpfen.[1021]

unzulässige Steuern

Unzulässig ist nach § 3 I S. 3 KAG die Erhebung einer Steuer auf die Erlangung der Erlaubnis, Gestattung oder Befugnis zum Betrieb eines Gaststättengewerbes. Jagdsteuern können nach § 3 I S. 2 KAG nur von den kreisfreien Städten und Kreisen erhoben werden.

1013 Driehaus, § 13 KAG, Rn. 5 ff.
1014 BVerfGE 16, 306 (327) = **juris**byhemmer.
1015 Vgl. Bayer in: Püttner, HKWP Bd. 6, S. 166 f.
1016 BVerfGE 16, 64 (74); 49, 343 (345) = **juris**byhemmer.
1017 Zur Hundesteuer vgl. auch OVG Münster, NWVBl. 2001, S. 434 = **juris**byhemmer; Vorinstanz VG Gelsenkirchen, NWVBl. 2001, S. 316 = **juris**byhemmer: Erhöhte Steuer für gefährliche Hunde ist zulässig.
1018 BVerwG NVWZ 2004, S. 1128 = **juris**byhemmer.
1019 VG Münster, NWVBl. 2004, S. 437.
1020 BVerfGE 16, S. 64 (74) = **juris**byhemmer.
1021 BVerfGE 65, S. 325 (351).

IV. Gebühren und Beiträge

1. Zweck

Kosten der Verwaltungstätigkeit

Verwaltungsgebühren sollen die Kosten decken, die bei der Erbringung einer besonderen Leistung, d.h. einer Amtshandlung oder sonstigen Tätigkeit der Verwaltung durch Personal entstehen, vgl. § 5 KAG.

619

Finanzierung kommunaler Einrichtungen

Benutzungsgebühren und Beiträge dienen der Finanzierung kommunaler Einrichtungen. Beiträge dienen zur Deckung des Investitionsaufwands, vgl. § 8 KAG. Benutzungsgebühren dienen sowohl der Deckung des Investitionsaufwands als auch des Unterhaltsaufwands, vgl. § 6 KAG.

Wahlrecht der Gemeinde

Die Gemeinde hat grundsätzlich die Wahl, ob sie Benutzungsgebühren oder Beiträge oder beides erheben will.[1022] Bei Straßenbaumaßnahmen kommen nur Beiträge in Betracht, da die Benutzung i.R.d. Gemeingebrauchs grundsätzlich unentgeltlich ist, vgl. § 14 IV StrWG NRW.

grds. auch keine Pflicht, Gebühren und Beiträge zu erheben

Grundsätzlich besteht auch keine Pflicht, überhaupt Beiträge oder Gebühren zu erheben (vgl. aber §§ 6 I S. 1, 8 I S. 2 KAG, § 127 I BauGB, §§ 75 II S. 1, 77 II GO NRW).

2. Beiträge, § 8 KAG

Investitionsaufwand

Die Erhebung von Beiträgen kommt bei der Herstellung, Anschaffung, Erweiterung oder Verbesserung öffentlicher Einrichtungen in Betracht, vgl. § 8 I, II KAG.

620

> **Bsp.:** Kanalsysteme, Wasserversorgungsanlagen, Müllabfuhr, Ortsstraßen, Parks.

Erhebung: Ermessen

Sie steht grundsätzlich im Ermessen der Gemeinde - Ausnahme: § 8 I S. 2 KAG („sollen").

hemmer-Methode: Beiträge nach § 8 KAG dürfen nur für den Investitionsaufwand, nicht dagegen für den Betriebsaufwand (dafür gilt § 6 KAG) erhoben werden. Zinslasten aus Finanzierungsdarlehen gehören noch zum Investitionsaufwand.[1023]

Beitragspflichtige

Beitragspflichtig sind gem. § 8 II S. 2 u. 3 KAG Grundstückseigentümer und Erbbauberechtigte; vgl. hierzu unten Rn. 454.

Beitragshöhe

Für die Beitragshöhe gilt das Äquivalenzprinzip, § 8 II S. 2, VI KAG; vgl. dazu Rn. 457 ff. Eine Vorfinanzierung ist ausnahmsweise zulässig, vgl. § 8 VIII KAG. Auch ist es gem. § 8 IV S. 6 KAG ausnahmsweise möglich, den genauen Abgabesatz erst im Beitragsbescheid festzulegen. Grundsätzlich können die gesamten Investitionskosten umgelegt werden; kommt die Einrichtung aber (auch) der Allgemeinheit zugute, ist eine Eigenbeteiligung der Gemeinde vorzusehen, vgl. § 8 IV S. 4 KAG.

1022   Driehaus, § 4 KAG, Rn. 150; vgl. aber VG Regensburg BayVBl. 1980, S. 669.
1023   Vgl. BVerwG NJW 1974, S. 2147 = **juris**byhemmer.

3. Benutzungsgebühren, § 6 KAG

Benutzungsgebühren

§ 4 KAG gibt den Gemeinden und Gemeindeverbänden i.V.m. § 6 KAG die Möglichkeit, für die tatsächliche Benutzung ihrer öffentlichen Einrichtungen und ihres Eigentums Gebühren zu erheben. Eine Pflicht zur Gebührenerhebung besteht ausnahmsweise gem. § 6 I S. 1 KAG dann, wenn eine Einrichtung oder Anlage überwiegend dem Vorteil einzelner Personen oder Personengruppen dient und kein privatrechtliches Entgelt gefordert wird. Grundsätzlich steht der Satzungserlass im Ermessen der Gemeinde.

Gebührenpflichtige

Der Gebührenpflichtige ergibt sich aus dem Wesen der Gebühr; es ist der tatsächliche Nutzer.

V. Sonstige Abgaben

sonstige Abgaben

Sonstige Abgaben, die nicht ohne weiteres in die „klassische" Dreiteilung in Steuern, Beiträge und Gebühren einzureihen sind, sind z.B. der Kostenersatz für Grundstücksanschlüsse (§ 10 KAG) sowie die besonderen Wegebeiträge nach § 9 KAG.

Auch der Fremdenverkehrsbeitrag (§ 11 V KAG) und der Kurbeitrag (§ 11 I KAG) werden als „Beitrag besonderer Art" bzw. „beitragsähnliche Abgabe" bezeichnet.[1024]

1. Fremdenverkehrsbeitrag, § 11 V KAG

beitragspflichtig, wer Vorteile aus Fremdenverkehr hat

Zum Gegenstand und zu den Voraussetzungen der Abgabe vgl. § 11 V, VI KAG. Beitragspflichtig sind neben Gastwirten, Hoteliers und sonstigen Vermietern von Fremdenzimmern auch Ärzte und Zahnärzte, nicht aber Rechtsanwälte.[1025]

Bei sonstigen Handwerk-, Gewerbe- und Handeltreibenden ist darauf abzustellen, ob ihnen der Fremdenverkehr typische oder der Lebenserfahrung nach offensichtliche finanzielle Vorteile bringt.

> **Bsp.:** Typische Vorteile i.d.S. zieht der Souvenirverkäufer, offensichtliche Vorteile i.d.S. zieht der Friseur, Apotheker, Lebensmittelhändler.

Herangezogen werden können nicht unselbstständig Tätige, wohl aber z.B. der Verpächter eines Fremdenverkehrsbetriebes.

Beitragshöhe

§ 11 V, VI KAG enthalten keine Regelung hinsichtlich des Maßstabes für die Beitragshöhe. Anknüpfungspunkt für die Beitragsbemessung ist jedoch - wie sich aus § 11 VI S. 1 KAG ergibt - der besondere wirtschaftliche Vorteil, der dem Beitragspflichtigen durch den Fremdenverkehr geboten wird. Demnach ist die Beitragshöhe nach dem jeweiligen Vorteil zu bemessen.[1026] Eine Begrenzung in der Höhe, die nicht allen Pflichtigen zugutekommt und somit zu einer relativ stärkeren Belastung derjenigen Pflichtigen führt, die unter dieser Höchstgrenze liegen, ist ebenso unzulässig (Verstoß gegen Art. 3 I GG) wie die Festsetzung eines Mindestbetrags (Verstoß gegen das Äquivalenzprinzip).

1024 Vgl. BayVerfGH BayVBl. 1986, S. 175 = **juris**byhemmer; Driehaus, § 11 KAG, Rn. 6 und 67.
1025 Vgl. Scholz, S. 122.
1026 Driehaus, § 11 KAG, Rn. 112 ff.

§ 13 EXKURS: GEMEINDLICHES ABGABENRECHT

2. Kurbeitrag, § 11 I, II KAG

Gegenstand des Kurbeitrags

Zum Gegenstand des Kurbeitrags und zu den Beitragspflichtigen vgl. § 11 I S. 1, II KAG.

624

> **hemmer-Methode:** Lesen Sie bitte die jeweiligen Vorschriften genau. Zu den Beitragspflichtigen können z.B. auch Personen gehören, die ihren Zweitwohnsitz in der Gemeinde haben; vgl. § 11 II S. 1 KAG. Auch Bewohner von Nachbargemeinden, die die Gemeinde zu Kurzwecken aufsuchen, fallen hierunter.

Beitragshöhe

Hinsichtlich der Beitragshöhe ist zu berücksichtigen, dass es gegebenenfalls erforderlich sein kann, die Höhe der Beiträge nach Kurbezirken zu staffeln, wenn aufgrund der räumlichen Distanz von Unterkünften und Kureinrichtungen diese nicht von allen Kurgästen in etwa gleichem Maße in Anspruch genommen werden können. I.Ü. gilt das Kostendeckungsprinzip, vgl. § 11 I KAG.

3. Grundstücksanschlusskosten, § 10 KAG

Kostenersatz, nicht öffentl. Abgabe

Hierbei handelt es sich um einen Kostenersatz, nicht um eine öffentliche Abgabe, weshalb auch § 80 I Nr. 1 VwGO nicht gilt.

625

Von der Erhebung dieses Kostenersatzes können die Gemeinden auch ganz absehen und stattdessen diese Kosten auf Beiträge gem. § 8 KAG oder Gebühren gem. § 6 KAG umlegen. I.Ü. vgl. § 10 KAG.

VI. Der Grundstücksbegriff im Kommunalabgabenrecht

wirtschaftl. Grundstücksbegriff

Für die Beitragspflicht ist in der Regel vom wirtschaftlichen Grundstücksbegriff auszugehen, nicht vom Grundstück, wie es im Grundbuch eingetragen ist. Denn der Beitrag bemisst sich nach dem Vorteil für das Grundstück. Für diesen sind aber nicht formalrechtliche Überlegungen des Grundbuchrechts, sondern die wirtschaftlichen Auswirkungen maßgebend. Da eine wirtschaftliche Nutzung in aller Regel baulicher oder gewerblicher Art ist, muss als Grundstück die (demselben Eigentümer gehörende) Grundfläche angesehen werden, die selbstständig baulich oder gewerblich genutzt und selbstständig an die öffentliche Anlage angeschlossen werden kann.[1027]

626

> *Bsp.:*[1028] Können mehrere zusammenhängende Grundstücke desselben Eigentümers nicht jeweils für sich, sondern nur zusammenhängend baulich genutzt werden, benötigt die Grundstücksgesamtheit nur einen Anschluss an die Wasserversorgungsanlage. Eine Beitragserhebung für jedes Buchgrundstück wäre in diesem Fall unzulässig.

grundbuchrechtl. Grundstücksbegriff

Der grundbuchrechtliche Grundstücksbegriff ist maßgebend bei Erschließungsbeiträgen[1029] nach dem BauGB und bei Straßenausbaubeiträgen nach § 8 I S. 2 KAG[1030].

kein Verstoß gegen Gleichheitsgrundsatz

Dass zu Beiträgen nach § 8 KAG nur die Grundstückseigentümer und Erbbauberechtigten herangezogen werden, nicht aber die Mieter und Pächter, verstößt nicht gegen den Gleichheitssatz.[1031]

[1027] Driehaus, § 8 KAG, Rn. 611.
[1028] Nach BayVGH BayVBl. 1985, S. 495 = **juris**byhemmer.
[1029] Vgl. zum Erschließungsbeitrag OVG Münster, NWVBl. 2007, S. 345 = **juris**byhemmer.
[1030] Driehaus, § 8 KAG, Rn. 393; das OVG Münster ging lange auch hier vom materiellen (= wirtschaftlichen) Grundstücksbegriff aus, der derzeitige Standpunkt ist unklar, vgl. Driehaus a.a.O.
[1031] Vgl. BayVerfGH BayVBl. 1977, S. 241 und 400 = **juris**byhemmer.

Denn durch den Beitrag wird der Vorteil abgegolten, den die Möglichkeit der Inanspruchnahme einer Einrichtung bietet, während es auf die tatsächliche Inanspruchnahme nicht ankommt. Dieser Vorteil wächst dem Grundstück aber auf Dauer zu (Werterhöhung!), sodass die alleinige Heranziehung der Eigentümer und Erbbauberechtigten gerechtfertigt ist.

VII. Bemessungsgrundsätze

Äquivalenzprinzip gebührenimmanent, Kostendeckungsprinzip nur, wenn gesetzl. vorgesehen

Für die Bemessung der Gebühren und Beiträge gelten das Kostendeckungsprinzip und das Äquivalenzprinzip.[1032] Das Kostendeckungsprinzip ist im Gegensatz zum Äquivalenzprinzip dem Gebührenbegriff nicht immanent,[1033] d.h. es kommt nur zur Anwendung, wenn eine entsprechende gesetzliche Regelung besteht.

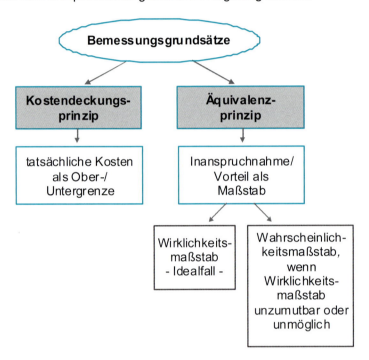

1. Kostendeckungsprinzip, vgl. § 6 I S. 3 KAG

Kostendeckung ⇨ Ober- und Untergrenze der Abgabe

Das Kostendeckungsprinzip hat zweierlei Funktionen: Es dient sowohl dem Schutz der Gemeindefinanzen als auch dem Schutz des Bürgers und kann daher Ober- und Untergrenze der Kommunalabgaben bestimmen.

Bei Beiträgen darf kein Gewinn erwirtschaftet werden, eine nicht voraussehbare, verhältnismäßig geringe Überdeckung ist jedoch unerheblich.[1034] Die Investitionen dürfen erst ab dem Zeitpunkt berücksichtigt werden, zu welchem die Einrichtung dem Abgabepflichtigen zur Verfügung steht; jedenfalls ist eine Vorfinanzierung über Gebühren und Beiträge grundsätzlich unzulässig (Ausnahmen: § 8 VIII KAG und § 133 III BauGB).

1032 Zum Verhältnis der beiden Prinzipien vgl. Stephan, Jura 1970, S. 867 ff., 877 f., s.a. Knemeyer, Rn. 279 Fn. 30.
1033 Vgl. BVerwGE 12, 162 (170); 13, 214 (222); Scholz, S. 127 m.w.N. = jurisbyhemmer.
1034 Vgl. BVerwG NVwZ 1989, S. 571 = **juris**byhemmer; BayVGH BayVBl. 1983, S. 305 = **juris**byhemmer; VG Gelsenkirchen NWVBl. 1994, S. 275 f. = **juris**byhemmer; Driehaus, § 6 KAG, Rn. 27 ff..

2. Äquivalenzprinzip, vgl. §§ 6 III S. 1, 8 II S. 2, IV S. 4, VI KAG

Äquivalenzprinzip als Ausformung des Verhältnismäßigkeitsgrundsatzes und des Gleichheitssatzes

Das Äquivalenzprinzip ist eine spezielle Ausformung des Verhältnismäßigkeitsgrundsatzes und des Gleichheitssatzes. Es besagt, dass zwischen Leistung und Gegenleistung kein Missverhältnis bestehen darf und dass der Maßstab der Abgabe so gestaltet werden muss, dass die Pflichtigen je nach Höhe des Vorteils bzw. des Ausmaßes der Inanspruchnahme stärker oder geringer belastet werden.

Anwendungsbereich

Für Benutzungsgebühren ist diese Forderung in § 6 III S. 1 u. 2 KAG verankert. Für Verwaltungsgebühren fehlt zwar eine vergleichbare ausdrückliche Regelung, doch lässt sich aus der bundesverfassungsrechtlichen Natur des Äquivalenzprinzips ableiten, dass es auch auf diese anwendbar ist.

Mit der gleichen Argumentation lässt sich schließlich vertreten, dass es ebenfalls für Beiträge - auch sie werden für eine Gegenleistung des Verwaltungsträgers erhoben - gilt.[1035]

ggf. Eigenbeteiligung

Im Einzelfall kann aufgrund des Äquivalenzprinzips eine Eigenbeteiligung der Gemeinde vorzusehen sein, vgl. § 8 IV S. 4 KAG. Regelmäßig ist dies beim Straßenausbau angezeigt, auch für Straßenreinigungsgebühren hat die Rechtsprechung einen Eigenanteil der Gemeinde wegen des Allgemeininteresses gefordert.[1036] Der ganz allgemeine Vorteil, den eine Abwasserbeseitigungsanlage für den Umweltschutz mit sich bringt, führt dagegen noch nicht zu einer Eigenbeteiligungspflicht der Gemeinde.[1037]

Gebührenstaffelung nach sozialen Gesichtspunkten

Bei Benutzungsgebühren kann sich das Problem stellen, ob eine Gebührenstaffelung (in beschränktem Maße) nach sozialen Gesichtspunkten zulässig ist.

Bsp.: Kindergartensatzungen

Die Rechtsprechung[1038] hat eine Staffelung in begrenztem Umfang für zulässig erachtet.

grds. Wirklichkeitsmaßstab, wenn nicht praktikabel: Wahrscheinlichkeitsmaßstab

Bei der Verteilung des beitrags- bzw. gebührenfähigen Aufwands unter die Benutzer ist grundsätzlich ein Wirklichkeitsmaßstab anzulegen (z.B. durch Verwendung von Wasser-, Strom- oder Gaszählern). Wenn die Anwendung des Wirklichkeitsmaßstabs aus praktischen Gründen versagt (technisch unmöglich oder mit einem unzumutbaren Aufwand verbunden wäre), darf ein Wahrscheinlichkeitsmaßstab zugrunde gelegt werden, vgl. § 6 III S. 2 KAG. Dieser Maßstab braucht nur sicherzustellen, dass die nach der Lebenserfahrung wahrscheinlichen Unterschiede des Ausmaßes der Benutzung berücksichtigt werden. Er kann auf typische Durchschnittsfälle abstellen (Grundsatz der Typengerechtigkeit).

Gewisse Unebenheiten im Einzelfall sind bei dem notwendigerweise pauschalierenden Wahrscheinlichkeitsmaßstab auch im Interesse der Praktikabilität der Abgabenerhebung hinzunehmen.[1039]

1035   Driehaus, § 4 KAG, Rn. 48; vgl. auch VG Frankfurt a.M. NVwZ-RR 1994, S. 415.
1036   BVerwG BayVBl. 1989, S. 567 = **juris**byhemmer.
1037   Vgl. OVG Rheinl.Pfalz DVBl. 1980, S.
1038   Vgl. Hess, VGH NJW 1977, S. 452 = **juris**byhemmer; OVG Lüneburg OVGE 35, 455 = **juris**byhemmer.
1039   Driehaus, § 4 KAG, Rn. 49 f.

Zwischen mehreren geeigneten Maßstäben kann die Gemeinde auswählen (beschränktes Auswahlermessen), sie muss nicht unbedingt den zweckmäßigsten, vernünftigsten, gerechtesten oder wirklichkeitsnahesten Maßstab zugrunde legen.[1040]

Bsp.: Gängige Beitragsmaßstäbe sind: Wasserversorgung, Entwässerung: Grundstücksfläche und tatsächliche (oder: zulässige) Geschossfläche; Straßenbau: Grundstücksfläche und zulässige Geschossfläche.

Bsp.: Zulässige Gebührenmaßstäbe sind: Entwässerung: aus der Anlage entnommenes Wasser abzüglich des nachweislich auf dem Grundstück verbrauchten Wassers; Müllabfuhr: Zahl und Größe der Tonnen; Personenmaßstab (beides mit und ohne Degression zulässig[1041]); ungeeignet: Anzahl der Räume;[1042] Haushalt;[1043] Straßenreinigung: Straßenfrontlänge und Reinigungskosten (Häufigkeit der Reinigung).

hemmer-Methode: Auch hier gilt: Lernen Sie diese Maßstäbe nicht auswendig. Nutzen Sie vielmehr die Informationen des Sachverhalts für Ihre Argumentation. Dies sollte in jedem Falle reichen, um zu einer vertretbaren Lösung zu kommen.

Bsp.:[1044] Der Rat der Gemeinde Berg hatte in der letzten Sitzung der alten Wahlperiode beschlossen, dass die Grundstücke im Ortsteil Oberberg vom Anschluss- und Benutzungszwang für die in der Gemeinde Berg gerade errichtete gemeindliche Wasserversorgungsanlage ausgenommen werden sollten. In dieser Sitzung war auch der Gemeindebürger Sorglos anwesend, der diesen Beschluss zu seiner Zufriedenheit vernahm. Sorglos betreibt nämlich eine Brunnenanlage auf seinem Grundstück in Oberberg, von welcher aus er bereits bisher die Grundstücke im Ortsteil Oberberg mit Trinkwasser versorgte.

Am 14.02.2010 erhob der Landrat L als zuständige Aufsichtsbehörde Einspruch gegen die Gültigkeit der Wahl des neuen Rats vom 24.01.2010, weil wesentliche Bestimmungen über das Wahlgeheimnis verletzt worden seien. Der neue Rat beschloss daraufhin am 05.03.2010, dass die Wahl gültig sei. Gegen diesen Beschluss erhob L am 01.04.2010 Klage beim zuständigen Verwaltungsgericht. Gleichwohl beschloss der Rat am 02.04.2010 eine Satzung über die gemeindliche Wasserversorgung. In dieser wurde, abweichend von dem früheren Beschluss, auch für die Grundstücke in Oberberg der AuB-Zwang angeordnet. Maßgeblich hierfür war vor allem, dass es Sorglos anscheinend mit der Einhaltung von Hygienevorschriften nicht so genau nahm. Tatsächlich kam es in letzter Zeit gehäuft vor, dass Haushalte im Ortsteil Oberberg mit bakteriell verunreinigtem Trinkwasser versorgt wurden. Die Satzung wurde am 09.04.2010 im Amtsblatt der Gemeinde Berg bekannt gemacht.

Sorglos ist der Ansicht, dass er durch die Satzung in seiner Betätigung als Wasserversorgungsunternehmer unzulässig eingeschränkt werde, weil die Gemeinde Berg ihre Wasserversorgungsanlage vergrößern wolle und nicht mehr ihn mit der Versorgung des Ortsteils Oberberg beauftragen wolle. Auch sei dies den dortigen Grundstückseigentümern wegen des Anschluss- und Benutzungszwangs nicht mehr möglich. Er bezweifelt außerdem das ordnungsgemäße Zustandekommen der Satzung. Nach der Ungültigkeitserklärung der Wahl hätte der Rat keine Satzung mehr beschließen dürfen.

1040 Vgl. BVerwGE 31, 33 = **juris**byhemmer; BayVGH n.F. 33, S. 64; Driehaus, § 4 KAG, Rn. 51.
1041 BayVGH BayVBl. 1984, S. 496; 1985, S. 17; FSt 1984 Nr. 263.
1042 OVG Münster, KStZ 1968, S. 246.
1043 OVG Lüneburg NVwZ 1985, S. 441.
1044 Angelehnt an Bayer. Examensklausur 6, 1975/II, abgedruckt in BayVBl. 1978, S. 412 f., S. 446 ff.

§ 13 EXKURS: GEMEINDLICHES ABGABENRECHT

Auch sei die Satzung inhaltlich rechtswidrig, da die Grundstücke im Ortsteil Oberberg nicht entsprechend dem Beschluss des „ordentlich" zusammengesetzten alten Rats vom Anschluss- und Benutzungszwang befreit seien. Die Gemeinde Berg ist hingegen der Auffassung, dass sie angesichts der Missstände in der Wasserversorgung mit einer Regelung nicht hätte warten können, bis über die Gültigkeit der Wahl entschieden sei.

Bereits am 12.05.2010 gab das von L angerufene Verwaltungsgericht der Wahlprüfungsklage statt. Diese Entscheidung wurde rechtskräftig.

Auszug aus der vom Rat beschlossenen Satzung:

„§ 1

Die Gemeinde Berg bestimmt zur Verhütung von Gefahren für die öffentliche Gesundheit den Anschluss- und Benutzungszwang für die von ihr betriebene Wasserversorgungsanlage.

§ 2

Dem Anschluss- und Benutzungszwang unterfallen sämtliche im Gemeindegebiet gelegenen bebauten Grundstücke. Verpflichtete i.S.d. Satzung sind die jeweiligen Grundstückseigentümer. Vom Anschluss- und Benutzungszwang sind landwirtschaftliche Betriebe ausgenommen.

§ 3

Zur Sicherstellung des Anschluss- und Benutzungszwangs sind die Grundstückseigentümer mit Ausnahme der Eigentümer landwirtschaftlicher Betriebe verpflichtet, alle privaten Wasserversorgungsanlagen (Brunnen etc.) zu beseitigen.

Die Neuanlegung solcher Anlagen ist verboten. Beauftragte der Gemeinde dürfen nach vorheriger Anmeldung jederzeit die Grundstücke zum Zwecke der Überprüfung der vorstehenden Bestimmungen betreten.

§ 4

Für die Benutzung der gemeindlichen Wasserversorgung wird eine Gebühr erhoben. Die Gebühr wird auf der Grundlage der Geschossflächenzahl der jeweiligen Grundstücksbebauung berechnet.

§ 5

Zur Vermeidung von unzumutbaren Härten kann die Gemeinde in Einzelfällen die Befreiung von den Bestimmungen dieser Satzung erteilen.

§ 6

Diese Satzung tritt am Tage nach ihrer Bekanntmachung in Kraft."

Die prozessualen Möglichkeiten des Sorglos (S), gegen die Satzung vorzugehen, und die Erfolgsaussichten eines etwaigen Rechtsmittels sind gutachtlich zu würdigen. Was ist ihm zu raten?

hemmer-Methode: Beachten Sie die Fallfrage! Sie sollen hier Ihren „Mandanten" rechtlich beraten. D.h. Sie müssten auch, falls mehrere Rechtsbehelfe erfolgversprechend sind, dem Mandanten denjenigen nahe legen, mit dem er sein Ziel am effektivsten erreichen kann.

Lösung:

I. Prozessuale Möglichkeiten

1. Normenkontrollklage, § 47 VwGO

Eine Normenkontrollklage nach § 47 VwGO gegen im Rang unter dem Landesgesetz stehende Rechtsvorschriften ist - abgesehen von den in § 47 I Nr. 1 VwGO aufgeführten baurechtlichen Satzungen - nur dann zulässig, wenn der Landesgesetzgeber dies bestimmt hat, vgl. § 47 I Nr. 2 VwGO. Eine entsprechende Vorschrift gibt es in Nordrhein-Westfalen nicht, sodass eine abstrakte Normenkontrolle nach § 47 VwGO als Rechtsbehelf für S ausscheidet.

2. Inzidente Normenkontrolle nach der VwGO

a) Anfechtungsklage, § 42 I Alt. 1 VwGO

S könnte den Erlass eines Verwaltungsaktes aufgrund der Satzung abwarten und dagegen mit der Anfechtungsklage (Inzidentprüfung der Satzung) vorgehen. Dagegen spricht jedoch, dass die Satzung in wesentlichen Teilen Bestimmungen enthält, die nicht mehr der Konkretisierung durch einen Verwaltungsakt bedürfen (§§ 1 - 4). Ein Vorgehen im Wege der Anfechtungsklage ist daher zumindest zeitlich ungewiss und deshalb nicht empfehlenswert.

b) Feststellungsklage, § 43 I Alt. 1 VwGO

Möglicherweise kann sich S jedoch im Wege der Feststellungsklage gem. § 43 I Alt. 1 VwGO gerichtlich gegen die Satzung zur Wehr setzen. Dem könnte entgegenstehen, dass eine solche Klage eine nach nordrhein-westfälischem Recht nicht vorgesehene Normenkontrolle darstellte. Ob eine Feststellungsklage nach § 43 VwGO dennoch zulässig ist, ist umstritten, vgl. oben Rn. 425. Käme man zu dem Ergebnis, dass eine Feststellungsklage nicht grundsätzlich unzulässig ist, wären im Folgenden die Sachurteilsvoraussetzungen zu prüfen.

aa) Das Klagebegehren des S müsste auf die Feststellung des Bestehens oder Nichtbestehens eines Rechtsverhältnisses gerichtet sein. Ein Rechtsverhältnis i.S.d. § 43 I VwGO ist die sich aus einem konkreten Sachverhalt aufgrund öffentlich-rechtlicher Vorschriften ergebende rechtliche Beziehung mehrerer Rechtssubjekte untereinander oder eines Rechtssubjekts zu einer Sache. S begehrt die Feststellung, dass die Anordnung eines Anschluss- und Benutzungszwangs für den Ortsteil Oberberg durch die Satzung vom 02.04.2010 rechtswidrig und damit nichtig sei. Im Streit steht damit die Anwendung der betreffenden Satzung und sich daraus ergebender Rechte und Pflichten des S und mithin ein Rechtsverhältnis.

bb) S müsste weiterhin ein berechtigtes Interesse an der baldigen Feststellung haben, § 43 I VwGO. Als solches ist jedes nach vernünftigen Erwägungen und der Lage des Falls aufgrund einer gesetzlichen Regelung oder allgemeiner Rechtsgrundsätze anzuerkennende Interesse rechtlicher, wirtschaftlicher oder ideeller Art anzusehen. Im vorliegenden Fall hat S jedenfalls ein wirtschaftliches Interesse an der baldigen Feststellung.

cc) Auch die Subsidiaritätsklausel des § 43 II VwGO könnte der Zulässigkeit der Feststellungsklage nicht entgegengehalten werden. Zwar besteht die Möglichkeit, gegen einen aufgrund der Satzung ergangenen Verwaltungsakt Anfechtungsklage zu erheben, allein zum gegenwärtigen Zeitpunkt liegt ein solcher nicht vor. Gleichzeitig entfaltet die Satzung bereits derzeit unmittelbar gegenüber S rechtliche Wirkungen (vgl. oben), die Anordnung des Anschluss- und Benutzungszwangs ist eine sog. selbstvollziehende Regelung. Die Feststellungsklage zunächst grundsätzlich für statthaft zu erklären, S dann aber auf die künftige Möglichkeit einer Anfechtungsklage zu verweisen, wäre widersinnig.

dd) Weitere Bedenken hinsichtlich der Zulässigkeit einer Feststellungsklage bestehen nicht, die Klage wäre mithin zulässig.

3. Verfassungsbeschwerde, Art. 93 I Nr. 4a GG, §§ 13 Nr. 8a, 90 ff. BVerfGG

a) S ist antragsberechtigt („Jedermann").

b) Die gemeindliche Satzung ist zulässiger Prüfungsgegenstand der Verfassungsbeschwerde.

c) Eine Verletzung der Grundrechte des S aus Art. 14, 3 I, 13 VII, 12 I GG erscheint möglich.

d) S ist selbst, gegenwärtig und unmittelbar durch die Satzung betroffen, da sie nicht mehr vollzugsbedürftig ist (vgl. §§ 1 - 4). Unschädlich ist insoweit, dass auf der Grundlage der Satzung noch Verwaltungsakte erlassen werden können.

e) Problematisch könnte das Erfordernis der Rechtswegerschöpfung (§ 90 II BVerfGG) sein, weil S sowohl im Wege der Anfechtungsklage als auch im Wege der Feststellungsklage eine inzidente Überprüfung der Satzung erreichen könnte. Nach dem Grundsatz der Subsidiarität der Verfassungsbeschwerde wäre eine solche Möglichkeit ausreichend, um zur Unzulässigkeit des Antrags zu führen.

Ausnahmsweise ist jedoch auch in diesen Fällen eine Verfassungsbeschwerde zulässig, wenn durch die Anrufung der Fachgerichte ein effektiver Rechtsschutz im Hinblick auf die geltend gemachte Grundrechtsverletzung nicht mehr gewährleistet ist. Dies ließe sich im vorliegenden Fall mit der Begründung vertreten, dass die Satzung den S schon mit ihrem Inkrafttreten zu unwiderruflichen Entscheidungen oder Dispositionen - Aufgabe seines Gewerbebetriebes - veranlasst.[1045] Daher wäre auch eine Verfassungsbeschwerde gegen die Satzung vom 02.04.2010 zulässig.

II. Materielle Rechtslage

1. Verstöße gegen höherrangiges Recht außer Verfassungsrecht

a) Ordnungsgemäßes Zustandekommen der Satzung

Die Voraussetzungen des § 9 GO NRW (öffentliches Bedürfnis und Einrichtung i.S.d. § 9 GO NRW) sind nach dem Sachverhalt gegeben.

Der Rat war für den Erlass der Satzung zuständig, § 41 I S. 1 u. 2f. GO NRW.

b) Ungültigkeit der Wahl

Ob dann, wenn einer Wahlprüfungsklage (vgl. § 41 KWahlG NRW) stattgegeben wird und infolgedessen eine Wiederholungswahl durchzuführen ist (vgl. § 40 Ib KWahlG NRW i.V.m. § 42 KWahlG NRW), vorher gefasste Beschlüsse des Rats unwirksam sind, ist im KWahlG NRW ausdrücklich lediglich im Hinblick auf einzelne Vertreter geregelt. Nach § 40 III S. 2 KWahlG NRW bleibt die Rechtswirksamkeit der bisherigen Tätigkeit im Wahlprüfungsverfahren ausgeschiedener Vertreter von ihrem Ausscheiden unberührt. Gleiches hat aber zu gelten, wenn der Rat insgesamt neu zu wählen ist, weil anderenfalls für die gesamte Dauer des Wahlprüfungsverfahrens eine Unsicherheit über die Befugnisse der Gemeindeorgane bestünde.

1045 Vgl. BVerfGE 75, 108 (145 f.); 79, 1 (20).

Aus einer Zusammenschau der §§ 40 III S. 2, 42 KWahlG NRW ergibt sich darüber hinaus, dass im Falle von Neuwahlen des gesamten Rats maßgeblicher Zeitpunkt nicht bereits der der Unanfechtbarkeit des Beschlusses nach § 40 I KWahlG NRW oder der der Rechtskraft des verwaltungsgerichtlichen Urteils sein kann (vgl. § 40 III S. 1 KWahlG NRW), sondern erst auf den Zeitpunkt des ersten Zusammentretens des neuen Rats abzustellen ist. Anderenfalls wäre die Gemeinde in der Zwischenzeit - maximal vier Monate, vgl. § 42 IV KWahlG NRW - handlungsunfähig.

Zum Zeitpunkt der Beschlussfassung durch den Rat war über die Ungültigkeit der Wahl noch nicht einmal rechtskräftig entschieden, sodass die Satzung nicht bereits aus diesem Grund unwirksam ist.

c) Verstöße gegen sonstiges Recht

Die Erhebung von Benutzungsgebühren ist in § 6 KAG geregelt. Nach § 2 I KAG können diese nur aufgrund einer Abgabensatzung erhoben werden, die jedenfalls den Kreis der Abgabenschuldner, den Abgabentatbestand, Abgabenmaßstab, Abgabensatz sowie die Fälligkeit der Abgabe regelt. In § 4 der Satzung fehlt zumindest die Festlegung des Abgabensatzes - d.h. desjenigen Geldbetrages, der für jede Maßstabseinheit zu zahlen ist - sowie eine Regelung hinsichtlich der Fälligkeit der Abgabe. Bereits aus diesem Grund ist die Gebührenregelung in § 4 unwirksam.

§ 4 der Satzung ist darüber hinaus auch deshalb nichtig, weil er einen unzulässigen Bemessungsmaßstab für anwendbar erklärt. Hier ist nichts ersichtlich, warum nicht auch auf einen Wirklichkeitsmaßstab, etwa durch Verwendung von Wasserzählern, zurückgegriffen werden könnte.

Erst wenn dies aber tatsächlich unmöglich oder mit unzumutbaren Schwierigkeiten verbunden wäre, würde die Möglichkeit zur Verwendung eines Wahrscheinlichkeitsmaßstabes offen stehen, vgl. § 6 III S. 2 KAG.

2. Verstöße gegen Verfassungsnormen

a) Verstoß gegen Art. 14 GG

Der in der Satzung geregelte Anschluss- und Benutzungszwang bedeutet keine Enteignung, es liegt vielmehr eine inhaltliche Beschränkung des Eigentums vor, vgl. allgemein Rn. 193 ff. und in Bezug auf Konkurrenten Rn. 200 a.E.

Ebenfalls nicht gegeben ist ein Anspruch auf Entschädigung wegen enteignungsgleichen Eingriffs, da die Satzung nur die tatsächlichen Erwerbsmöglichkeiten des S schmälert, die von vornherein mit dem Risiko der Einführung eines Anschluss- und Benutzungszwangs belastet waren, vgl. Rn. 200 a.E.

S kann sich auch nicht darauf berufen, schützenswert darauf vertraut zu haben, dass der Ortsteil Oberberg vom AuB-Zwang ausgenommen wird. Zunächst sind nämlich Ratsbeschlüsse jederzeit abänderbar. Darüber hinaus stellte der konkrete Beschluss, von dem er als Zuschauer in der Sitzung erfuhr, vor seinem Vollzug ohnehin ein schlichtes Verwaltungsinternum dar, zeigte also noch keinerlei Außenwirkung.

Die Befreiungsbestimmung in § 5 der Satzung stellt die Befreiung in das Ermessen der Gemeinde. Verlangt man für derartige Härteklauseln im Hinblick auf Art. 14 GG, dass sie einen gebundenen Anspruch gewähren, wäre auch diese Bestimmung unzulässig.

b) Verstoß gegen den Gleichheitssatz, Art. 3 I GG

Die Herausnahme der landwirtschaftlichen Betriebe aus dem Anschluss- und Benutzungszwang ist nicht mit dem Gleichheitssatz vereinbar, da allein die Tatsache, dass Landwirtschaft betrieben wird, eine Ungleichbehandlung ansonsten gleicher Sachverhalte nicht zu rechtfertigen vermag. Selbst wenn man auf die schlechte finanzielle Lage vieler landwirtschaftlicher Betriebe abstellte, könnte dies eine Ungleichbehandlung nicht rechtfertigen, da dann voneinander völlig unabhängige Sachverhalte miteinander verknüpft würden.

Zwar kann die Gemeinde gem. § 9 S. 3 GO NRW bestimmte Personengruppen vom Anschluss- und Benutzungszwang ausnehmen, doch muss eine solche Maßnahme im Hinblick auf Art. 3 I GG sachlich gerechtfertigt sein. Hierfür ist vorliegend nichts erkennbar, sodass § 2 der Satzung insoweit rechtswidrig und somit unwirksam ist.

c) Verstoß gegen Art. 13 VII GG

Nach der Formulierung und dem Sinn und Zweck des § 3 der Satzung umfasst das jederzeitige Betretungsrecht der „Grundstücke" auch Hausgärten und Wohnungen. Es fällt also in den Schutzbereich des Art. 13 GG. Unter den Gesetzesvorbehalt des Art. 13 VII GG fallen jedoch auch Gesetze im nur materiellen Sinne, also auch die gemeindliche Satzung.[1046] Ferner ließe sich argumentieren, die Satzung sei aufgrund eines Gesetzes (GO NRW) zustande gekommen. Sehr fraglich erscheint jedoch, ob das Betretungsrecht zur Verhütung dringender Gefahren für die öffentliche Sicherheit und Ordnung erforderlich ist. Hier ließen sich sicherlich beide Ansichten vertreten.

Zur Bejahung der Erforderlichkeit ließe sich z.B. an die Notwendigkeit der Kontrollen wegen der Einhaltung von Hygienevorschriften anknüpfen. Dann müsste man sich aber noch mit der Verletzung des Zitiergebots, Art. 19 I S. 2 GG, auseinandersetzen.

d) Verstoß gegen Art. 12 GG

Zwar liegt in der Untersagung des Betriebs der eigenen Brunnenanlage des S eine Zulassungssperre, diese ist jedoch wegen überragender Gründe des Allgemeinwohls (Gesundheit) zulässig.

1046 Str., vgl. Seifert/Hömig, Art. 13 GG, Rn. 12 m.w.N.

WIEDERHOLUNGSFRAGEN:	RANDNUMMER

§ 1 EINLEITUNG

1. Welche wichtigen kommunalrechtlichen Normen kennen Sie? 2

§ 2 KOMMUNALE SELBSTVERWALTUNG

1. Wo ist die Garantie der kommunalen Selbstverwaltung gesetzlich verankert? 5
2. Welche Reichweite hat die Gewährleistung der kommunalen Selbstverwaltung? 6
3. Warum ist der Begriff mittelbare Staatsverwaltung als Bezeichnung für die Verwaltungstätigkeit der Gemeinden problematisch? 8
4. Wie prüfen Sie die Garantie der kommunalen Selbstverwaltung als Abwehrrecht? 9
5. Wie lassen sich aus Art. 28 II GG, 78 LV subjektive Rechte zugunsten der Gemeinden ableiten? 11
6. Nennen Sie Hauptaufgaben der Gemeinden! .... 15 ff.
7. Wie grenzen Sie den Kernbereich vom Randbereich der kommunalen Selbstverwaltung ab? .... 29 ff.
8. Nennen Sie wesentliche Elemente des Schutzbereichs der Selbstverwaltungsgarantie! .... 12 ff., 31 ff.
9. Unter welchen Voraussetzungen sind Eingriffe in den Randbereich zulässig? 31
10. Welche Leistungsrechte werden von dem kommunalen Selbstverwaltungsrecht umfasst? 36
11. Stellen Sie das Verhältnis Selbstverwaltung der Gemeinden/Selbstverwaltung der Kreise dar! 37
12. Stellen Sie die Argumentation des BVerfG zur Grundrechtsfähigkeit von Gemeinden dar! 48
13. Was tragen Vertreter der Literatur gegen die Position des BVerfG vor? 54

§ 3 DIE GEMEINDEN UND GEMEINDEVERBÄNDE IM STAATSAUFBAU

1. In welchen Organisations- und Handlungsformen kann die Gemeinde am Rechtsverkehr teilnehmen? 58
2. Zwischen welchen Arten von Verwaltung unterscheiden Sie? 58
3. Wodurch unterscheiden sich freiwillige und pflichtige Selbstverwaltungsaufgaben? .... 63 ff.
4. Wodurch unterscheiden sich die Pflichtaufgaben zur Erfüllung nach Weisung von den (klassischen) Selbstverwaltungsaufgaben? 66
5. Was versteht man unter Aufgabendualismus, was unter Aufgabenmonismus? .... 68 ff.
6. Wodurch unterscheiden sich die Auftragsangelegenheiten von den Pflichtaufgaben zur Erfüllung nach Weisung und den Selbstverwaltungsaufgaben? 69
7. Wodurch unterscheiden sich die Fälle der Organleihe von den Auftragsangelegenheiten? ..... 75 f.

§ 4 AUFSICHT

1. Wonach richtet sich der Umfang der staatlichen Aufsicht über das Handeln der Gemeinde? 84
2. Nennen Sie Mittel präventiver Aufsicht! .... 88 ff.
3. Wann steht der Aufsichtsbehörde im Rahmen einer Genehmigungserteilung neben der Rechtmäßigkeits- auch eine Zweckmäßigkeitskontrolle zu? 95
4. Was ist Sinn und Zweck der Beanstandung nach § 119 GO NRW? 100
5. Haben Bürgermeister oder Gemeinde eine Klagemöglichkeit gegen die Anweisung nach § 119 GO NRW? 101
6. Nennen Sie die Voraussetzungen einer Ersatzvornahme nach § 123 II GO NRW! 111

WIEDERHOLUNGSFRAGEN

7. Was geschieht, wenn die Gemeinde die Anordnung nach § 123 I GO NRW mit Klage angefochten hat? *112*

8. Wie und unter welchen Voraussetzungen kann die Gemeinde gegen eine Ersatzvornahme vorgehen? *117*

9. Wer ist bei Rechtsmitteln Dritter gegen Ersatzvornahmemaßnahmen richtiger Klagegegner? *118*

10. Was spricht nach h.M. für die Geltung des Opportunitätsprinzips i.R.d. allgemeinen Aufsicht? *122*

11. Welcher Rechtsnatur sind die Maßnahmen der allgemeinen Aufsicht? *125, 130*

12. Welchen Umfang hat die Sonderaufsicht? *135*

13. Wie werden sonderaufsichtliche Weisungen durchgesetzt? *138*

14. Welcher Rechtsnatur sind sonderaufsichtliche Weisungen? *138*

15. Welchen Umfang hat die Fachaufsicht in Auftragsangelegenheiten? *150*

16. Welcher Rechtsnatur sind die fachaufsichtlichen Weisungen in Auftragsangelegenheiten? *155, 157*

17. Wie werden Weisungen in den Fällen der Organleihe durchgesetzt? *160*

§ 5 HANDELN DER GEMEINDE

1. Nennen Sie die Hauptorgane der Gemeinde! *166*

2. Wie ist hinsichtlich ihrer Zuständigkeit zu differenzieren? *166*

3. Wie ist i.R.d. Organkompetenz weiter zu differenzieren? *167*

4. Warum ist der Rat kein Parlament? *167*

5. Nehmen die Ratsmitglieder ein Ehrenamt i.S.d. § 28 II GO NRW wahr? *168*

6. Welches ist das wichtigste Recht der Ratsmitglieder und wodurch wird es insbesondere abgesichert? *169, 171*

7. Wen trifft die Verschwiegenheitspflicht aus § 30 GO NRW und worauf bezieht sie sich? *173*

8. Gilt das Vertretungsverbot des § 32 I S.2 GO NRW auch für die Mitglieder einer Anwaltssozietät, die keine Ratsmitglieder sind? *175*

9. Welche Rechtsfolgen zieht ein Verstoß gegen das Vertretungsverbot nach sich? *182*

10. Was regelt § 13 KWahlG? *186f*

11. Wo ist das Prinzip der Allzuständigkeit des Rates geregelt? *195*

12. Wie wird das Prinzip der Allzuständigkeit des Rates durchbrochen? Nennen Sie ein Beispiel! .... *195 f.*

13. Welcher Rechtsnatur ist die Geschäftsordnung des Rates und welche Folgen ergeben sich daraus? .... *200 f.*

14. In welcher Form kann Rechtsschutz gegen die Geschäftsordnung begehrt werden? *202*

15. Welche Bedeutung hat die öffentliche Bekanntmachung der Tagesordnung des Rates? *205*

16. Werden bei Feststellung der Beschlussfähigkeit des Rates nach § 49 I S.1 GO NRW die Ratsmitglieder mitgezählt, die nach § 31 GO NRW von der Mitwirkung ausgeschlossen sind? *207*

17. Greift die Fiktion des § 49 I S.2 GO NRW auch dann, wenn allen Ratsmitgliedern einschließlich des Vorsitzenden bewusst ist, dass es an der Anwesenheit der Hälfte der gesetzlichen Mitgliederzahl fehlt? *208*

18. Kann die Beschlussfähigkeit auch dann durch § 49 II GO NRW begründet werden, wenn der Rat in der ersten Sitzung deswegen nicht beschlussfähig war, weil die Mehrzahl seiner Mitglieder nach § 31 GO NRW von der Entscheidung ausgeschlossen war? *210*

19. Gilt § 80 II Nr.2 VwGO (analog) für den Ausschluss eines Zuhörers als Maßnahme der Sitzungspolizei? *249*

20. Sind während der Ratssitzungen Tonbandaufnahmen zulässig? *250*

21.	Welche Arten von Ausschüssen lassen sich unterscheiden und wofür ist diese Unterscheidung wichtig?	*252 f.*
22.	Wie werden die Ausschüsse gebildet?	*255*
23.	Ist der Rat verpflichtet, die Zahl der Ausschussmitglieder so festzulegen, dass alle Fraktionen in den Ausschüssen vertreten sind?	*259*
24.	Haben fraktionslose Ratsmitglieder einen Anspruch auf Mitarbeit in mindestens einem Ausschuss?	*265*
25.	Warum können einzelne Ausschussmitglieder nach ihrer Wahl nicht durch Mehrheitsbeschluss des Rates wieder abberufen werden?	*266*
26.	Haben die Fraktionen ein Abberufungsrecht hinsichtlich der von ihnen vorgeschlagenen Ausschussmitglieder?	*268*
27.	Welche Aufgaben hat der Bürgermeister als Chef der Verwaltung?	*286*
28.	Definieren Sie den Begriff der Geschäfte der laufenden Verwaltung!	*288*
29.	Unter welchen Voraussetzungen greift das Dringlichkeitsbeschlussrecht des Bürgermeisters nach § 60 I S.2 GO NRW?	*295*
30.	Was ergibt sich aus der Unterscheidung zwischen Vertretungsmacht und Geschäftsführungsbefugnis in § 63 I GO NRW etwa für einen ohne entsprechenden Ratsbeschluss durch den Bürgermeister abgeschlossenen zivilrechtlichen Vertrag?	*300*
31.	Welche Folgen hat ein Verstoß gegen die Formvorschriften des § 64 GO NRW?	*314*
32.	Handelt es sich bei vom Bürgermeister gegen Ratsmitglieder eingesetzten Ordnungsmitteln um Verwaltungsakte?	*379*
33.	Hat der Bürgermeister auf Verlangen eines Ratsmitglieds ein Rauchverbot für Ratssitzungen zu erlassen?	*382*

§ 6 KOMMUNALVERFASSUNGSSTREIT

1.	Welche Fallkonstellationen sind bei der KVS zu unterscheiden?	*346 ff.*
2.	Welche Problemfälle hinsichtlich der Eröffnung des Verwaltungsrechtsweg, § 40 I VwGO, gibt es?	*351*
3.	Warum ist die Bezeichnung "kommunalverfassungsrechtliche Streitigkeit" zumindest irreführend?	*355*
4.	Ist die kommunalverfassungsrechtliche Streitigkeit eine besondere Klageart?	*355*
5.	Wie ist beim Prüfungspunkt Klageart vorzugehen?	*355 ff.*
6.	Worauf stellt die h.M. für die Beteiligungsfähigkeit von Kollegialorganen/eines Organwalters ab?	*363*
7.	Wann ist im Rahmen einer kommunalverfassungsrechtlichen Streitigkeit die Klagebefugnis gegeben?	*366 ff.*

§ 7 MITWIRKUNGSRECHTE DER EINWOHNER UND BÜRGER

1.	Welche Voraussetzungen hat ein Einwohnerantrag?	*419 ff.*
2.	Welche Voraussetzungen hat ein Bürgerentscheid?	*428 ff.*

§ 8 WIRTSCHAFTLICHE UND NICHTWIRTSCHAFTLICHE BETÄTIGUNG DER KOMMUNEN

1.	Nennen Sie öffentlich-rechtliche Organisationsformen kommunaler Wirtschaftsunternehmen!	*449, 454*
2.	Definieren Sie den Begriff der wirtschaftlichen Betätigung!	*450*
3.	Welche Zulässigkeitsvoraussetzungen bestehen hinsichtlich wirtschaftlicher Betätigung der Gemeinde?	*459 ff.*
4.	Nennen Sie privatrechtliche Organisationsformen kommunaler Wirtschaftsunternehmen!	*453, 457*
5.	Wonach bestimmt sich die Zulässigkeit des Betriebs eines Unternehmens oder einer Einrichtung in privater Rechtsform?	*459 ff.*

WIEDERHOLUNGSFRAGEN

6. Können sich konkurrierende private Anbieter auf die §§ 107 ff. GO NRW berufen? *466*

§ 9 ÖFFENTLICHE EINRICHTUNGEN

1. Nennen Sie die Voraussetzungen einer öffentlichen Einrichtung i.S.v. § 8 GO NRW! *470*
2. Gegen welche Einrichtungen ist im Rahmen des Merkmals "allgemeine Benutzung durch Gemeindeangehörige und ortsansässige Vereinigungen zugänglich gemacht" abzugrenzen? *473*
3. Wann hat die Gemeinde die Verfügungsmacht über eine Einrichtung? *474*
4. Welche Besonderheit besteht bei einem privaten Betreiber der öffentlichen Einrichtung? .... *474 ff.*
5. Gegen wen sind Ansprüche aus § 8 GO NRW zu richten? *475*
6. Erläutern Sie das Stichwort Formenwahlfreiheit bei der Benutzungsregelung öffentlicher Einrichtungen und zeigen Sie seine Grenzen auf! .... *478 ff.*
7. Wonach unterscheidet die "Zwei-Stufen-Theorie"? *483*
8. Welche Fallgruppen lassen sich bilden? .... *484 f.*
9. Was wird gegen die "Zwei-Stufen-Theorie" vorgebracht? *486*
10. Wer ist nach § 8 GO NRW anspruchsberechtigt? *489*
11. Wonach richtet sich die Parteifähigkeit politischer Parteien und ihrer Untergliederungen im verwaltungsgerichtlichen Verfahren? .... *504 ff.*
12. Nennen Sie mögliche Versagungsgründe für den Zulassungsantrag politischer Parteien! .... *508 ff.*
13. Welche Voraussetzungen hat die Anordnung eines Anschluss- und/oder Benutzungszwangs nach § 9 GO NRW? *518*
14. Unter welchen Voraussetzungen stellt die Anordnung eines Anschluss- und Benutzungszwangs durch Satzung eine rechtmäßige Inhalts- und Schrankenbestimmung i.S.d. Art. 14 I GG dar? *523*
15. Welche Besonderheit gilt bei der Anordnung eines Anschluss- und Benutzungszwangs für Einrichtungen zur Versorgung mit Fernwärme hinsichtlich des öffentlichen Bedürfnisses? *527*

§ 10 RECHTSSETZUNG

1. Wodurch unterscheiden sich Satzungen und Rechtsverordnungen voneinander? *530*
2. Inwiefern ist die Generalermächtigung des § 7 I GO NRW in ihrer Geltung beschränkt? *534*
3. Warum ist § 7 I GO NRW als Ermächtigungsgrundlage für Eingriffe in die Grundrechte zu unbestimmt? *534*
4. Welche Arten kommunaler Satzungen lassen sich unterscheiden? *535*
5. Warum sind Satzungen im Falle ihrer Rechtswidrigkeit grundsätzlich nichtig und welche Besonderheit gilt für kommunale Satzungen? *538*
6. Wie sind Satzungen - abweichend vom üblichen Prüfungsaufbau - praktikabler Weise zu prüfen? .... *540 ff.*
7. Welche Rechtsnatur hat eine aufsichtsbehördliche Genehmigung? .... *547 ff.*
8. Was ist im Rahmen der materiellen Rechtmäßigkeit von Satzungen zu prüfen? *554*
9. In welchen Fällen sind Verstöße gegen Verfahrens- und Formvorschriften der Gemeindeordnung immer beachtlich? *562*
10. Nennen Sie Möglichkeiten gerichtlicher Satzungsüberprüfung! *579*
11. Ist die Verwaltung zur Verwerfung kommunaler Satzungen befugt? *585*

§ 11 KOMMUNALE ZUSAMMENARBEIT

1. Nennen Sie Rechtsformen kommunaler Zusammenarbeit! .... *587 f.*
2. Welche Arten sind in den Kommunalgesetzen (wo) geregelt? *588*

3. Wie werden diese Formen kommunaler Zusammenarbeit begründet? 589
4. Worin besteht der Hauptunterschied der Zweckvereinbarung im Vergleich zur Arbeitsgemeinschaft? .... 589 ff.

§ 12 KOMMUNALES HAUSHALTSRECHT

§ 13 GEMEINDLICHES ABGABENRECHT

1. Welche gemeindlichen Einnahmearten kennen Sie? Wie unterscheiden sie sich? Definieren Sie die einzelnen Einnahmearten! .... 609 ff.
2. Wodurch unterscheiden sich Benutzungsgebühren und Beiträge? .... 610, 619 ff.
3. Nennen Sie den Mindestinhalt einer Abgabesatzung nach dem KAG! 614
4. Inwiefern ist das Steuerfindungsrecht der Gemeinden aus § 3 I KAG begrenzt? 615
5. Erläutern Sie den Grundstücksbegriff des KAG! 626
6. Was bedeutet Kostendeckungsprinzip? 628
7. Was bedeutet Äquivalenzprinzip? 629

STICHWORTVERZEICHNIS

Die Zahlen verweisen auf die Randnummern des Skripts

A

Abgabenhoheit	19
Abgabenrecht	608
Abgabensatzung	614
Äquivalenzprinzip	627; 629
Beiträge	619; 620
Bemessungsgrundsätze	627
Gebühren	619; 620
Haushaltsrecht	605
Kostendeckungsprinzip	627
Rechtsgrundlagen	611
Steuern	615 ff.
Abwahl	
eines Ausschussmitglieds	266
des Bürgermeisters	279
Allzuständigkeit der Gemeinde	24
Anschluss- und Benutzungszwang	515
Verfassungsrechtliche Zulässigkeit	522
Voraussetzungen	518
Äquivalenz	627; 629
Atomwaffenfreie Zone	191
Aufgabendualismus	68
Aufgabenmonismus	69
Aufsicht	83
(siehe unter *Staatsaufsicht*)	
Auftragsangelegenheiten	150
Ausschüsse	
Abwahl der Mitglieder	266
Befugnisse	256
Bildung	255
Formen	
freiwillige	255
pflichtige	255; 256
Wahl	262

B

Beigeordnete	325
Beiträge	619; 620
Bezirksvertretungen	334
Bürger	412
Bürgerbegehren	427; 428
Bürgerentscheid	427; 441
Bürgermeister	166
Beanstandungsrecht	319
Befangenheit	245
Chef der Verwaltung	286
Dringlichkeitsentscheidungen	295
Hausrecht	217; 248
Rechtsstellung	280
Vertretung der Gemeinde	299
Vertretung des Bürgermeisters	320
Wahl	278

D

Dringlichkeitsentscheidungen	295

E

Ehrenamt	168, 321
Einrichtungen	
öffentliche E.	470
Zulassungsanspruch	478, 514
Einwohner	412

F

Fachaufsicht (siehe Staatsaufsicht)	
Fernwärme	527
Finanzhoheit	18; 608
Fraktion	351
Außenrechtsbeziehungen	352
Innenrechtsbeziehungen	351; 353
Fremdenverkehrsbeitrag	623

G

Gebühren	619; 621
Gemeinde	
Aufgaben	62
Gemeindehoheiten	15
Verbandszuständigkeit	190
Geschäfte der laufenden Verwaltung	287
Grundrechtsfähigkeit der Gemeinde	48
Grundstücksanschlusskosten	625

H

Haushaltsrecht	605
Hausrecht	217; 248

I

Interorganstreit	347
Intraorganstreit	347

K

Kommunale Arbeitsgemeinschaft	589
Kommunale Zusammenarbeit	586; 588
Kommunalverfassungsstreitigkeit	202; 346
Ausschluss eines Ratsmitglieds	380
Begriff	346
Beteiligungsfähigkeit	362
Interorganstreit	347
Intraorganstreit	347
Klagearten	355
Klagebefugnis	366
Rechtswegeröffnung	350
richtiger Klagegegner	371
Konkurrentenklage (priv. Anbieter)	465 f.
Kostendeckungsprinzip	627; 628

STICHWORTVERZEICHNIS

Kreisangehörige Gemeinden 79; 81
Kreisfreie Gemeinde 79
Kreisausschuss 344
Kreistag 343
Kurbeitrag 624

L

Landrat 345
Landkreis 77

M

Mitwirkungsrecht 409 ff.
Mitwirkungsverbot 229; 233; 234

O

Öffentliche Einrichtung 470
    Anschluss- und Benutzungszwang 474
    Anspruch auf Benutzung 473; 496
    Begriff 470
    Benutzung 473
    Parteien 504
    Zulassung 478; 514
    Z. politischer Parteien 504
    Zwei-Stufen-Theorie 482
Öffentlich-rechtliche Vereinbarung 598
Opportunitätsprinzip 122
Organleihe 75
    Fach- und Dienstaufsicht 158; 76

P

Parteien 504
Personalhoheit 17
Pflichtaufgaben 65
Planungshoheit 20
Privatrechtliche Zusammenarbeit 587

R

Rat 166; 167
    Auflösung 120
    Ausschüsse 251 ff.
    Beschlussfähigkeit 207
    Beschlussverfahren 222 f.
    Einberufung 199
    Geschäftsordnung 200
    Öffentlichkeit 212
    Organzuständigkeit 195
    Sitzungszwang 211
    Verfahren 197
    Wahlverfahren 224
Ratsmitglied
    Ausschluss 225
    besondere Treuepflicht 172
    Grundsatz des freien Mandats 169
    Mitwirkungsverbot 229; 234
    Offenbarungspflicht 183
    Verschwiegenheitspflicht 173
    Vertretungsverbot 175
    Wahl und Rechtsstellung 168; 184
Rauchverbot 217
Raumplanungshoheit 21
Rechtsetzung 529
    Satzungen 530; 531; 532
    Satzungserlassverfahren 542; 546
    Verordnungen 530; 577; 578

S

Sachkundige
    Bürger 260
    Einwohner 261
Satzung 530; 531; 532
Autonomie 22
    Erlassverfahren 542; 546
    freiwillige Satzungen 534
    Pflichtsatzungen 531
    Rechtsschutz 579
    Wirksamkeit 538; 560
Selbstverwaltungsrecht 5
    Allzuständigkeit 24
    Eingriffe
        Kernbereich 31
        Randbereich 34
    Finanzhoheit 18
    Personalhoheit 17
    Planungshoheit 20
    Sinn und Zweck 7
Staatsaufsicht 83
    allgemeine Aufsicht 85
    Aufsichtsbehörden 86
    Aufsichtsführung 122
    Aufsichtsmittel 87, 152
    Fachaufsicht
        in Auftragsangelegenheiten 150
        in Fällen der Organleihe 158
        präventive 88
        repressive 96
    Rechtsschutz der Gemeinde 125; 142; 154
    Sonderaufsicht 142
Steuerhoheit
    der Gemeinden 19
Subsidiaritätsklausel 462

U

Unternehmen der Gemeinde 454; 448
    öffentlich-rechtliche Organisationsform 454

privatrechtliche Organisationsform	453; 457
Rechtsschutz priv. Konkurrenten	465
Zulässigkeit	459

V

Verwaltungshoheit	**16**
Verwaltungsvorstand	**333**

W

Widmung öffentlicher Einrichtungen	**472**
Wirkungskreis	
Allseitigkeit des gemeindlichen W.	61

Z

Zweckverband	**590**
Zwei-Stufen-Theorie	**482**

Repetitorium hemmer
[hemmer.individual]

hemmer.individual

Unser Spezialangebot für alle Studenten und Referendare, die individuelle Betreuung suchen.

Wenn Sie

+++ sich noch nicht examenssicher fühlen
+++ ein Prädikatsexamen anstreben
+++ oder Ihre Examensnote verbessern wollen

dann ist dieses Angebot das Richtige für Sie:

Wir bieten Ihnen

+++ individuellen Einzelunterricht oder Unterricht in der Mini-Gruppe (max. 3 Teilnehmer) +++ mit ausführlicher Klausurenkorrektur und Analyse der individuellen Schwächen durch professionelle Repetitoren mit langjähriger Unterrichtserfahrung +++

Nähere Auskünfte zu unserem Angebot erhalten Sie unter: **0931 - 797 82 30**
Wir bieten Ihnen ein unverbindliches Beratungsgespräch in unserer Zentrale an

www.hemmer.de

Juristisches Repetitorium hemmer

Mergentheimer Str. 44 / 97082 Würzburg
Tel.: 0931-7 97 82 30 / Fax: 0931-7 97 82 34